續資治通鑑

第二册

宋真宗咸平元年戊戌起
宋仁宗景祐四年丁丑七月止

卷二十至四十

中華書局

續資治通鑑卷第二十

賜進士及第兵部尚書兼都察院右都御史總督湖北湖南等處地方軍務兼理糧餉世襲二等輕車都尉畢沅編集

宋紀二十

起著雍閹茂（戊戌）正月，盡屠維大淵獻（己亥）五月，凡一年有奇。

真宗膺符稽古神功讓德文明武定章聖元孝皇帝 帝名恆，太宗第三子也，母曰元德皇后李氏。后夢以裾承日有娠，開寶元年十二月二日，生帝於開封府第，赤光照室，左足指有文，成「大」字。幼而聰睿，與諸王戲，好作戰陣之狀，自稱元帥。太祖愛之，撫而問曰：「天子好作否？」對曰：「由天命耳。」初名德昌，太平興國八年，授檢校太保、同中書門下平章事，封韓王，改名元休；端拱元年，封襄王，改元侃；淳化五年九月，進封壽王，加檢校太傅、開封尹；至道元年八月，立爲皇太子，改今名，仍判府事。

咸平元年遼統和十六年。（戊戌、九九八）

1春，正月，辛酉朔，改元。

2癸亥，賜近臣歲節宴於宰相呂端第。自是遂以爲例。

3乙丑，遼主如長濼。

4丙寅，有司上皇太后李氏謚曰元德。

5翰林學士楊礪等受詔知貢舉，請對，帝召坐，語之曰：「貢舉當選擢寒俊，精求藝實，以副朕心。」

6壬申，昭宣使王延德上太宗皇帝南宮事迹三卷，命送實錄院。

7癸酉，始令諸王府記室、翊善、侍讀等官分兼南北宅教授。時又有伴讀，然無定員。

8甲戌，詔：「諸路場務逋欠官物，令主典備償者，監臨官非同爲欺隱，勿令塡納。」

9初，李至判國子監，校定諸經音疏，薦「國子博士杜鎬、直講孫奭、崔頤正，皆苦心強學，博貫九經，問義質疑，有所依據，望令重加刊正，除去舛謬。」太宗從之。鎬，無錫人；頤正，封丘人。丁丑，帝訪羣臣通經義者，至復以頤正對，卽召頤正至後苑，講尙書大禹謨，賜五品服。他日，謂輔臣曰：「頤正講誦甚精，卿等更於班行中選經明行修之士，具以名聞。」自是，日令頤正赴御書院待對，講尙書至十卷。

10戊寅，帝御崇政殿，召御龍直二百七十餘人，閱試武藝，遷擢者二十六人。

11庚辰，監察御史韓見素表求致仕，時年四十八。帝問輔臣曰：「見素齒髮尙少，遽求致仕，何也？」呂端曰：「見素性恬退，喜修煉。」帝難之。李至曰：「近世朝行中，躁進者多，知止者少，若允其請，亦足激勸薄俗。」帝默然，乃授刑部員外郎，致仕。見素，鳳翔人，退居華山，年八十餘乃卒。

12 甲申，有彗出營室北，光芒尺餘。

二月，壬辰，帝召輔臣曰：「彗出甚異，柰何？」呂端等言：「變在齊、魯之分。」帝曰：「朕以天下爲憂，豈獨一方邪？」李至曰：「陛下此言，可以卻妖星矣。」甲午，詔百官極言得失，避正殿，減常膳。

13 丙午，遼以監門衞上將軍耶律伊囉舊作喜羅，今改。爲中書（臺）省左相。

14 乙未，慮囚，老幼、疾病流以下聽贖，杖以下釋之。詔諸州長吏平決獄訟，申理冤濫。

15 吏部郎中、直集賢院田錫出知泰州，未之任，會星變，錫上疏言：「李繼遷不合與夏州，又不合呼之爲趙保吉。以臣愚蒙，料彼變詐，必不肯久奉朝命，永保塞垣。是時事舛誤之大者。」又言：「密院公事，宰相不得與聞，中書政事，樞密使不得與議，致兵謀不精，國計未善。去年靈州之役，關西民無辜而死者十五萬餘，咎將誰執！此政化堙鬱之大者也。」疏奏，即日召對移晷。將行，又貢封事，復召對，謂曰：「卿第去，不半歲，召卿歸矣。事當面論者，聽乘傳赴闕。」再遣中使賜與甚厚。

16 丁酉，彗滅。

17 戊戌，詔以久停貢舉，頗滯時才，令禮部據合格人內進士放五十人，諸科百五十人，來歲不得爲例。

18 三月，壬申，賜進士汝陽孫僅等宴瓊林。僅，何弟也。

19 先是吏部銓擬官，告身悉書其過犯，癸酉，詔自今勿復書。

20 初，宗正少卿趙安易言：「別廟祭饗，懿德皇后在淑德皇后之上，臣未測升降之由，請改正之。」太宗不許。及議合食，有司咸請以懿德升配。安易又言：「序以後先，當用淑德配食。」詔尙書省集議及禮官同詳定。上議曰：「淑德皇后，生無位號，歿始追崇，況在初潛，早已薨謝。懿德皇后，享封大國，作配先朝，雖不及臨御之期，已夙彰賢懿之美。請奉懿德皇后神主升配太宗室。」詔從之，其淑德皇后仍舊別廟祭饗。

21 辛巳，以趙保吉歸順，遣使諭陝西，縱綏、銀流民還鄉，家給米一石。

22 是月，女眞遣使貢於遼。

23 夏，四月，己丑朔，詔諸州長吏潔除牢獄，疏理淹繫，有疾病及貧乏者療治資給之。

24 壬寅，趙保吉遣弟繼瑗入謝。

25 癸卯，遼以崇德宮所隸州縣被水，賑之。

26 帝謂宰相曰：「諸路逋欠，先朝每有赦宥，皆令蠲放，而有司尙更理督，頗聞細民愁歎。」己丑，遣使乘傳按百姓逋欠，悉除之。用判理欠司王欽若之言也。除逋欠凡一千餘萬，釋繫囚三千餘人。帝由是眷欽若益厚。

27 丁未，遼罷民輸官俸，出內帑給之。

己酉，祈雨。

28 乙卯，遼主如木葉山。

29 五月，戊午朔，日有食之。【考異】遼史不書，今從宋史及契丹國志。

30 甲子，以旱，幸大相國寺祈雨，升殿而雨。

31 丁卯，遼主祀木葉山，告來歲南伐。

32 庚辰，鐵驪貢於遼。

33 乙酉，遼主還上京。太后命婦人有〔年〕九十者賜以物。

34 六月，戊子朔，遼主祭祖、懷二陵。

35 庚寅，密州發解官鞠傳，坐薦送非其人，當贖金，特詔停任。帝謂輔臣曰：「凡所舉官，多聞謬濫。宜選擇舉主，以類求人。今外官要切惟轉運使，卿等可先擇人，後令舉之。」辛卯，詔於常參官內舉材堪轉運使者，不限人數。

36 詔議太祖廟稱號。先是判太常禮院李宗訥請改僖祖以下稱號，下尚書省集議。時張齊賢言：「爲人後者爲之子，安得宗廟中有伯氏之稱！」詔禮官詳定。禮官引春秋閔、僖同爲一代及晉惠、懷、唐中、睿故事，請太祖、太宗昭穆同位。詔都省復集議，議同齊賢，又詔禮官再討典故。禮官言：「按太宗饗祀太祖二十有二年，稱曰孝弟，此不易之制。唐玄宗謂中宗爲皇伯考，德宗謂中宗爲高伯祖。伯氏之稱，復何不可！臣等參議，自今合祭日，太祖、太宗依典儀，同位異坐，太祖位仍舊稱孝子。」奏可。宗訥，昉子也。

37 秋，七月，丁巳朔，遼主錄囚聽政。

38 廣西轉運使陳堯叟上言：「所部諸州，土風本異，地少蠶桑，其民除耕水田外，惟種痲苧，周歲三收。布出之時，每端只售百錢，蓋織者衆而市者少故也。今臣以國家軍須所急，布帛爲先，因勸諭部民廣植痲苧，以錢鹽折變收市之，未及二年，已得三十七萬餘匹。望自今許以所種痲苧頃畝折桑棗之數，諸縣令佐依例書曆爲課，民以布赴官賣者，免其算稅。如此，則布帛上供，泉貨下流，公私交濟，其利甚博。」詔從之。

39 八月，丁亥朔，詔三司「經度茶、鹽、酒稅以充歲用，勿得增加賦斂，重困黎元，諸色費用並宜節約，并條析未盡事件以聞。」

40 辛卯，京西轉運使合肥姚鉉上言：「諸路官吏或強明治事、惠愛及民者，則必立教條，除其煩擾。然所更之弊，事多不便於狡胥，俟其罷官，悉藏記籍。害公蠹政，莫甚於茲。應知州、府、軍、監、通判、幕職、州縣官，於所在有經畫利濟，事可經久者，歲終書曆，替日錄付新官，俾之遵守，不得妄信下吏，輒有改更。若灼然不便，州以上聞，幕職以下聞於長吏，俟報改正。語曰：『舊令尹之政，必以告新令尹。』此實聖人之格言，國家之急務也。」從之。

41 乙巳，工部侍郎、集賢院學士錢若水等上太宗實錄八十卷。帝覽書流涕，賜詔褒諭。時若水判集賢，因用院印，史館無所預，纔九月而畢。

初，太宗有畜犬甚馴，常在乘輿左右，及駕崩，犬輒號叫不食，因送永熙寢宮。李至嘗作歌紀其事以遺若水，其斷章云：「白鱗朱鴈且勿書，勸君書此懲浮俗。」若水不爲載。呂端雖爲監修，未嘗涖局，書成不署端名，至抉其事以爲專美。若水稱詔旨專修，不隸史局，又援唐朝故事以折之，時議不能奪。

42 癸丑，詔：「監倉京朝官，無得以羨餘爲課。」

43 九月，丁巳朔，遼主駐得勝口。

44 己未，秦國延壽保聖夫人劉氏卒，發哀苑中，輟朝三日，給鹵簿以葬。

45 先是太宗命張洎重修太祖實錄，未成而卒，己巳，詔宰相呂端、集賢院學士錢若水同領其事。若水懇辭，帝曰：「卿新修太宗實錄甚周備，太祖時多缺漏，故再命卿，毋多讓也。」

46 豹林谷隱士种放母死，貧不克葬，遣僮奴告於翰林學士宋湜等。湜與錢若水、王禹偁同上言：「先帝嘗加召命，今無以葬母，欲行私覲，恐掠朝廷之美。」壬申，優詔賜放粟帛緡錢。

47令綾錦院改織絹。甲申，始以新織絹進御。

48舊制，國子監、開封府舉人有與發解官親戚者，止兩司更互考試，帝慮涉私徇，是秋，特選官別試。

49冬，十月，丙戌朔，日有食之。【考異】遼史不載是月日食，今從宋史及契丹國志。徐氏後編失書。

50宰相呂端久病，詔免朝謁，就中書視事，累疏求解，戊子，罷爲太子太保。初，李惟清自知樞院左遷御史中丞，意端抑己，及端免朝謁，乃彈奏常參官有疾告踰年受俸者，又教人訟堂吏過失，欲以累端。端曰：「吾直道而行，無所愧，風波之言，不足慮也。」

51加張齊賢兵部尚書，與參知政事李沆並平章事。

參知政事李至，罷爲武勝節度使。至以目疾解機務，及授旄鉞，入見懇辭，帝曰：「此唐朝故事，廢久矣，特命振舉，示優賢也。」又賜御製詩寵其行。

52己丑，參知政事溫仲舒，罷爲禮部尚書；樞密副使夏侯嶠，罷爲戶部侍郎。以樞密副使向敏中爲兵部侍郎、參知政事；翰林學士楊礪爲工部侍郎，宋湜爲給事中，並爲樞密副使。

53先是有攀附居近職者，乘寵放恣，民家子既定婚，強娶之，其家詣開封訴焉。知府事畢士安即請對，白其事，卒得民家子還其父母，使成婚。攀附者日夜訴士安於帝前，士安因求解府事，帝許之，復入翰林爲學士。翰林學士承旨宋白，嘗獻擬陸贄牓子集，帝察其意欲干事任，乃命白權知開封府。既而白倦於聽斷，不半歲，亦丐罷云。

54 庚寅，帝謂輔臣曰：「羣臣中有謗言達於朕聽者，詢之似得其實。然人誰無過，能遷革則善矣，朕固不以一眚廢終身之用也。」

55 乙未，宰相張齊賢、李沆入對，帝諭之曰：「先朝皆有成憲，但與卿等遵守，期致和平耳。」

時戚里有分財不均者更相訟，又入宮自訴，齊賢請自治之，乃坐相府，召而問曰：「汝非以彼所分財多，汝所分少乎？」曰：「然。」命具款。乃召兩吏令甲家入乙舍，乙家入甲舍，貨財無得動，分書則交易之。明日，奏聞，帝大悅曰：「朕固知非卿莫能定也。」

初，張齊賢爲戶部尚書，詔同監察御史王濟編敕（次）、删定制敕。舊條，持杖行劫，不計有贓無贓，悉抵死，齊賢議貸不得財者。濟曰：「以死懼之尚不畏，可緩其死乎？」與齊賢廷諍數四，詞氣甚厲，手疏言齊賢腐儒，不知時要。帝問輔臣：「孰可從者？」呂端請詔百官集議，幷劾濟。未幾，齊賢入相。丁酉，齊賢奏：「臣今在中書，不欲與庶僚爭較曲直，願收前詔。」帝嘉其容物，遂罷集議，濟得免劾。刑名卒如齊賢之請，而犯盜者歲亦不增。

56 己酉，崇政殿視事，至午而罷。帝自卽位，每日御前殿，中書、樞密院、三司、開封府、審刑院及請對官以次奏事，至辰後還宮進食；少時復出，御後殿視諸司事，或校閱軍士武藝，日中而罷；夜則召儒臣詢問得失，或至夜分還宮，率以爲常。

57 癸丑，命錢若水等覆考開封府得解進士試卷。

故事，京府解十人已上，謂之等甲，非文業優贍有名稱者不取。時以高輔堯爲首，錢易次之。易不平，遂上書指陳發解官所試朽索馭六馬賦及詩、論、策題，意涉譏訕。又進士數百輩詣府訟薦送不當。輔堯亦投牒遜避，請以易爲首。開封府以聞，故有是命。

時翰林學士承旨宋白深右易，考官度支員外郎馮拯奏易與白交結狀，帝大怒，遣中使下拯御史獄。拯力言易無行，不可冠多士，帝亦以士流紛競，不可啓其端，且欲鎭浮俗，乃詔釋拯，罷兩制議及覆考，止令若水等擢文行兼著者一人爲首。乃以孫暨爲第一，輔堯第二，易第三，餘並如舊。暨，開封人也。

58 十一月，丙辰朔，河西軍右廂副使、歸德將軍折逋游龍鉢來朝。河西軍，卽西涼府也。龍鉢四世受朝命爲酋長，雖貢方物，未嘗自行，今始至，獻馬二千餘匹。加龍鉢安遠大將軍。

59 戊午，帝謂輔臣曰：「國家所謹，儉約爲先，節用愛人，民俗自化。」張齊賢曰：「書稱大禹克儉於家。老氏三寶，儉居其一。上之所好，下必從之，上好儉則國有餘財，下不僭則家有餘資，自然廉讓興行，盜賊鮮少。」

60 三司上經費之數，帝曰：「先帝以財賦國之大本，莫不求諸中道而爲永制。」輔臣曰：「先帝非止愛人嗇費，至於節損服用，御澣濯之衣，蓋前古哲王莫能偕也。」

帝初命三司具中外錢穀大數以聞，鹽鐵使陳恕久不進，帝命輔臣詰之，恕曰：「天子富於春秋，若知府庫充羨，恐生侈心，故不敢進。」帝聞而善之。

61 甲子，詔葺歷代帝王陵廟。

62 是月，置估馬司，估蕃部及進貢馬價。凡市馬之處，河東府州、岢嵐軍，陝西秦、渭、涇、原諸州，川峽益、黎等州，皆置務，歲得五千餘匹，以布帛茶他物準其直。

63 遼遣使册王誦爲高麗國王。

64 十二月，丙戌朔，【考異】遼史本紀失書朔，今考補。遼裕悅舊作于越，今改。宋國王耶律休格舊作休哥，今改。薨，輟朝五日。

休格有公輔器，及膺邊塞重任，知略弘遠，料敵如神。每戰勝，讓功諸將，故士卒樂爲用。身更百戰，未嘗戮一無辜。高粱河之捷，尤爲南軍所畏，白溝以南欲止兒啼，輒曰：「裕悅至矣！」休格以燕民疲弊，省賦稅，恤孤寡，戒戍兵無犯宋境，雖馬牛逸於北者，悉還之，邊境以寧。遼主詔立祠南京。【考異】王氏續通鑑作十一月休格死，然遼史聖宗紀實係十二月。薛氏宋元通鑑、徐氏後編俱仍王氏之舊，誤矣，今改正。

65 遼進封皇弟恆王隆慶爲梁國王，南京留守；鄭王隆祐爲吳國王。

66 丙午，給事中柴成務奏上新定編敕共八百五十六條，請鏤板頒下，與律令格式、刑統同行，優詔褒答。

67 甲寅，知制誥王禹偁，坐修太祖實錄以意輕重其間，落職知黃州。【考異】杜大圭名臣集王禹偁傳云：咸平初，求補外，守本官知黃州，蓋傳聞之誤。禹偁落職知黃州，非自求補外也。長編註引舊傳，以爲由于譏訕，此誤以出知滁州之事而牽合於黃州。禹偁小畜集有黃州謝上表，李燾據之，定爲由史事而出外，是矣。東都事略亦云：修太祖實錄，禹偁直書其事，執政以禹偁爲輕重其間，出知黃州。今從事略。

68 是歲，以如京使柳開知代州，至，葺城壘，修戰具，諸將多沮議不協。開謂其從子曰：「吾觀昴星有光，雲多從北來犯，境上寇將至矣。吾聞師克在和，今諸將怨我，一旦寇至，我其危哉！」因上言請徙他州，尋改知忻州。

69 遼放進士楊文立等二人。

二年 遼統和十七年。（己亥、九九九）

1 春，正月，乙卯朔，遼主如長春宮。

2 甲子，詔：「尚書丞、郎、給、舍，舉升朝官可守大州者各一人，俟使三任有政績，當議奬其善舉，有贓私罪，亦連坐之。」

3乙丑，命禮部尚書溫仲舒知貢舉，御史中丞張詠、刑部郎中·知制誥師頏同知貢舉，仍當日入貢院。始封印卷首。頏，內黃人。

4禮部侍郎楊徽之，以衰疾求解職，甲戌，授兵部侍郎，依前兼祕書監。及占謝，便殿命坐，勞問久之，且曰：「圖書之府，清淨無事，可以養性也。」徽之純厚淸介，尤疾非道干進者，嘗言：「溫仲舒、寇準用搏擊取貴仕，使後輩務習趨競，禮俗浸薄。」世謂其知言。

5二月，丙申，以趙普配饗太祖廟庭。

6辛丑，太常丞、判三司催欠司王欽若，表述帝登位以來，放天下逋欠錢物千餘萬，釋繫囚三千餘人，請付史館。帝謂近臣曰：「茲事先帝方欲行之，朕奉成先志耳。」因命學士院召試欽若。及覽所試文，謂輔臣曰：「欽若非獨敏於吏事，兼富文詞，今西掖闕官，可特任之。」即拜右正言，知制誥。

7己酉，帝謂宰相曰：「聞朝廷中有結交朋黨、互扇虛譽、速求進用者，浮薄之風，誠不可長。」乃命降詔申警，御史臺糾察之。

8祕書監楊徽之薦著作佐郎、通判泰州戚綸，文學純謹，宜在儒館。三月，甲寅朔，【考異】長編失書朔，今考補。以綸爲祕閣校理。綸父同文，隱居教授，學者不遠千里而至，登科者五十六人，門人追號曰堅素先生。

9 丙辰，命度支郎中裴莊等分詣江南、兩浙，發廩粟賑饑民，除其田租。

10 癸亥，詔：「今歲舉人頗衆，若依去年人數取合格者，慮有所遺落，進士可增及七十人，諸科增及一百八十人。」禮部尋以孫暨二百五十人名聞，內諸科一舉者六人，特黜去之，餘並賜及第。

11 京西轉運副使、太常博士、直史館眉山朱台符上言：「陛下受命，與物更始，授繼遷以節鉞，加黎桓以王爵，咸命使者鎭撫其邦；惟彼契丹，未蒙渥澤，非所以昭王道之無偏也。臣愚以爲宜因此時，擇文武才略習知邊境之士，爲一介之使，以嗣位服除，禮當修好，與之盡棄前惡，復尋舊盟，利以貨財，許以關市，如太祖故事，則兩國既和，無北顧之憂，可以專力西鄙，繼遷當自革心而束手，是一舉而兩獲也。」台符又自請北使，時論稱之。

12 甲戌，詔：「川峽、廣南、福建路官丁憂，許給驛歸。」先是小官遠任遭喪，多芒屨策杖，流落不能歸，故有是詔。

13 秦悼王旅葬涪陵，閏月，詔擇汝、鄧間地改葬。

14 庚寅，詔有司，力役無名、營繕不急者，悉罷之。

15 皇太后居西宮嘉慶殿，宰相引漢、唐故事，上宮名曰萬安，從之。

16 帝以亢旱，詔中外臣庶並直言極諫。時有上封指中書過失請罷免者，帝覽之不悅，謂宰相曰：「此輩皆非良善，止欲自進，當譴責以警之。」李沆進曰：「朝廷比開言路，苟言之當理，宜加旌賞，不則留中可也。況臣等非才，備員台輔，如蒙罷免，乃是言事之人有補朝廷。」帝曰：「卿眞長者！」

17 以河北轉運使、右諫議大夫索湘爲戶部使。

湘質朴少文，而長於吏事，歷任邊部，所至必廣儲蓄，爲備豫計，出入軍旅間，著能名。先在河北，凡擾民事，多奏罷之。又，自京輦茶至榷場，事最煩擾，復多損敗，湘建議，請許商賈緣江載茶詣邊郡入中，既免道途之耗，復有征算之益。又，威虜、靜戎軍，歲燒邊草地以虞南牧，言事者請於北寨山麓中興置銀冶；湘以爲召寇，亦奏罷之。

18 詔三館寫四部書二本，一置禁中之龍圖閣，一置後苑之太清樓，以備觀覽。

19 京西轉運副使朱台符上疏，請重農積穀，任將選兵，愼擇守令，考課黜陟，輕徭節用，均賦愼刑，責任大臣，與圖治道，優詔褒答。

20 丙午，詔：「江、浙饑民入城池漁采勿禁。」

21 夏，四月，丙辰，詔：「文武羣臣封事，閤門晝時進入，勿致稽留。」

22 辛酉，御史中丞張詠上言：「請自今御史、京朝使臣受詔推劾，不得求升殿取旨及詣中書咨稟。」從之。

23丙寅，河東轉運使掖人宋摶言：「大通監冶鐵盈積，可供諸州軍數十年鼓鑄，請權罷采取以紓民。」詔從其請。時西北二邊屯師甚廣，摶經制饋餉，以幹治稱，朝廷難其代，凡十一年不徙。

24丙子，帝謂輔臣曰：「庶官中求才幹則不乏，詢德行則罕見其人。夫德爲百行之本，德行之門必有忠臣孝子，豈無德行者能全其忠孝乎！又，庶官所掌之務，多不修舉，而捃拾他局利害，以圖進身。若能自幹本局，則百職不嚴而肅，又何患乎政事之撓瀆哉！」

25以御史中丞張詠爲工部侍郎，知杭州。

詠既至，屬歲歉，民多私鬻鹽以自給，捕犯者數百人，詠悉寬其罰而遣之。官屬請曰：「不痛繩之，恐無以禁。」詠曰：「錢唐十萬家，飢者八九，苟不以鹽自活，一旦蜂起爲盜，則其患深矣。俟秋成當仍舊法。」

有民家子與姊訟家財，壻言：「妻父臨終，此子才三歲，故命掌資產，且有遺書，令異日以十之三與子，七與壻。」詠覽之，以酒酹地曰：「汝妻父，智人也。以子幼甚，故託汝，儻遽以家財十之七與子，則子死於汝手矣。」亟命以七分給其子，餘三給壻。皆服詠明斷。

26先是左正言耿望知襄州，建議：「襄陽縣有淳河，舊作隄截水入官渠，溉民田三千頃。宜城縣有蠻河，溉田七百頃，又有屯田三百餘頃。請於舊地兼括荒田，置營田上中下三務，調夫五百築隄，仍集鄰州兵，每務二百人，開河，市牛七百頭分給之。」帝曰：「屯田廢久矣，苟如此，亦足爲勸農之始。」令望躬按視，卽以爲右司諫、京西轉運使，與副使朱台符並兼本路制置營田事。是歲，種稻三百餘頃。

汝州舊有洛陽南務，遣內園兵士種稻，雍熙中，以所收薄，且擾人，廢之，賦貧民。於是從台符之請，復募民二百餘戶，自備耕牛，就置團長，京朝官專掌之，墾六百頃，導汝水澆溉，歲收二萬三千石。

27 五月，丙戌，詔：「天下貢舉人應三舉者，今歲並免取解，自餘依例舉送。」

28 帝謂宰相曰：「近聞風俗侈靡，公卿士庶服用踰制，至有鎔金飾衣，或以珠翠者。」張齊賢曰：「此弊當亟懲。先責大臣之家，使各遵朴素，則可以導民宣化矣。」丁亥，令有司禁臣庶泥金鋪翠之飾，違者坐其家長。

29 丁酉，以殿中丞馬元方權戶部判官，從戶部使陳恕所奏也。元方嘗建言：「方春，民乏絕時，請預貸庫錢，約至夏秋令輸絹於官。」公私便之。朝廷因下其法於諸道，令預買絹，蓋始於此。

30 乙巳，幸樞密使曹彬第問疾，賜白金萬兩，問以後事，對曰：「臣無事可言。臣子璨、瑋，材器皆堪任將帥。」又問其優劣，曰：「璨不如瑋。」

先是知雄州何承矩奏遼謀入邊，帝以問彬，對曰：「太祖英武定天下，猶委孫全興經營和好。陛下初登極時，承矩常發書道意，臣料北鄙終復成和好。」帝曰：「此事朕當屈節爲天下蒼生，然須執紀綱，存大體，卽久遠之利也。」

嘗有詔聽民越拒馬河抵契丹中市馬，承矩言：「緣邊戰櫂司，自淘河至泥姑海口，屈曲九百里許，天設險固，眞地利也。太宗置塞（寨）二十八，鋪百二十五，命廷臣十一人，戍卒三千餘，部舟百艘，往來巡警以屏姦詐，則緩急之備，大爲要害。今聽公私貿市，則人馬交度，深非便宜。若然，則寨、鋪爲虛設矣。」帝納其言，卽停前詔。

續資治通鑑卷第二十一

賜進士及第兵部尚書兼都察院右都御史總督湖北湖南等處地方軍務兼理糧餉世襲二等輕車都尉　畢沅　編集

宋紀二十一 起屠維大淵獻(己亥)六月，盡上章困敦(庚子)三月，凡十月。

眞宗膺符稽古神功讓德文明武定章聖元孝皇帝

咸平二年 遼統和十七年。(己亥、九九九)

1 六月，丁巳，宰臣監修國史李沆等上重修太祖實錄五十卷，帝覽之，降詔嘉奬，賞賜有差。

2 戊午，樞密使兼侍中曹彬卒。帝臨其喪，哭之慟，贈中書令，追封濟陽郡王，謚武惠。彬仁恕清謹，被服雅同儒者。尤疏財，未嘗聚蓄，伐二國，秋毫無所取。位兼將相，不以等威自異，造其門者皆爲揖客。不名下吏，每白事，不冠不見。其爲藩帥，遇朝士於途，必引車避之，過市則戒騶御不令傳呼。北征之失律也，趙昌言表請行軍法；及昌言知延州還，因事被劾，不得入見，彬在宥密，遽爲帝請，乃許朝謁。彬歸休閒閤，門無雜賓。保功名，守法度，近代良將，稱爲第一。

3祕書丞何亮，初通判永興軍，詔與轉運使陳緯同往靈州經度屯田。及還，乞召對，因上安邊書曰：「臣竊料今之議邊事者不出三途：以靈武居絕塞之外，宜廢之以休中國飛輓之費，一也；輕議興師，深入窮追，二也；厚之以恩，守之以信，姑息而羈縻之，三也。

臣以爲靈武遠隔塞外，有飛輓之勞，無毫髮之利。然地方千里，表裏山河，水甘土厚，草木茂盛，眞牧放耕戰之地。一旦捨之以資西戎，則以豺狼之心，據廣饒之地以梗中國，此西戎之患未可量者一也。自環、慶至靈武僅千里，西域戎人剖分爲二，故地隘勢弱，不能爲中國之大患。如捨靈武，則西域戎人合而爲一，此西戎之患未可量者二也。冀之北土，馬之所生，自契丹分據之後，無匹馬南來，備征帶甲之騎，獨取於西戎之西偏。如捨靈武，復使西戎合而爲一，夏賊桀黠，服從諸戎，俾秦、涇、儀、渭之西北，戎人復不得貨馬於邊郡，則未知中國戰馬從何而來，此西戎之患未可量者三也。若夫深入窮追，則夏賊度勢不能抵，必奔遁絕漠，王師食盡，不能久留，師退而賊復擾，此輕議興師之不利者一也。寇至而不戰，則邊郡被其害，寇至而戰，則邊郡之兵不足以當西戎之衆，此輕議興師之不利者二也。清遠西北曰旱海，蓋靈武要害之路，而白、馬二將奔敗之地也。如王師薄伐，無功而還，則夏賊必據要害之路以阻絕河西糧道，此輕議興師之不利者三也。自國家有事於西戎，關右之民未能息肩，而一旦薄伐無功，河西路阻，則必幹運飛輓，大興征討以通糧道，疲民重困，盜賊多有，此輕議興師之不利者四也。若示恩信，姑息而羈縻之，則戎人貪惏無厭，雖存臣事之名，終多反覆之志，必將服從諸戎，爲中國大患，此不可一也。自白、馬二將奔敗之後，夏賊得志，擇靈武山川之險而分據之，侵河外膏腴之地而墾闢之，逼近城池，意在吞噬，譬猶伏虎，見便則動，如國家止以恩信羈縻之，則一朝之患卒然而作，此不可二也。

夫以三患、四不利、二不可爲防邊之重，旣未見其可，則在臣愚慮，不出二策。自清遠至靈武，有溥樂，有耀德，蓋水草之地，爲河西之糧道，而悉有古城之迹存焉。夏賊西掠諸戎，則此其要害之路，故每揚言曰，朝廷如修溥樂城，我必力爭。如以修護清遠爲名，而時納修城創宇之具，延、環、清遠多積軍儲，且以數歲漸計之，使民無所傷而賊不能知。一旦興師數萬以城溥樂，朝發清遠，日未中而至。其師則戰士三居其一，以備寇也；役卒三居其二，以荷器具而齎軍儲也。計城之功，不過十日，而使戰士自齎三(十)日糧，則城畢功而食有餘矣。」

又曰：「國家之城溥樂也，必潛師于延、環、清遠以觀賊之變，宜分環州、清遠爲二道，一道傍山而北，軍于賊之後，一道過長嶺直趨溥樂，軍于賊之前，而使城溥樂之兵軍其中。賊以溥樂孤軍悉衆來寇，而卒然三軍鼎峙，則其心駭矣。又令延州之師入其境，毆其畜產，俘其老弱而空其巢穴，靈武之衆收河外之地，復賀蘭之境，杜三山之口以斷其奔路，則其衆必起攜貳之志，其將必無制勝之方，而獨使保吉桀黠，志在決戰，能無敗乎！破而擒之，此萬世之功也。」

4令祕書省正字邵煥於祕閣讀書，從其請也。祕閣讀書自煥始。煥，睦州人，以童子得官，時年十二。

5癸酉，都官郎中劉蒙叟上言曰：「陛下已周諒闇，方勤萬務。伏望崇儉德，謹守前規，無自矜能，勿作奢縱；厚三軍之賜，輕萬姓之徭，使化育於生靈，聲教加於夷夏。且萬國已觀其始，惟陛下愼守其終，思鮮克之言，戒性習之漸，日謹一日，雖休勿休，則天下幸甚！」帝嘉納之。召試學士院，命以本官直史館。

6秋，七月，帝聞契丹將入邊，甲申，以馬步軍都虞候傅潛爲鎭、定、高陽關行營都部署，富州刺史張昭允爲都鈐轄。

7宰相張齊賢請給外任官職田，詔三館、祕閣檢討故事，申定其制，以官莊及遠年逃田充，悉免其稅。

8己丑，以橫海軍節度使王顯爲樞密使。

9甲辰，幸國子監，召學官崔偓佺講尙書大禹謨。還，幸崇文院，登祕閣，觀太宗聖製墨蹟，惻愴久之。賜祕書監、祭酒以下器幣。偓佺，頤正弟也。

10 丙午，置翰林侍讀學士，以兵部侍郎楊徽之、戶部侍郎夏侯嶠、工部郎中李文仲爲之。置翰林侍講學士，以國子祭酒邢昺爲之。初，太宗命文仲爲翰林侍讀，寓直禁中，以備顧問，然名秩未崇。帝特建此職，擇老儒舊德以充選，班秩次翰林學士，祿賜如之。設直廬於祕閣，侍讀更直，侍講長上，日給尙食珍膳，夜則造〔迭〕宿，令中使日具當宿官名，于內東門進入。自是召對詢訪，或至中夕焉。

11 是月，帝諭宰臣，令寫錄內外官歷任功過，編册進內，其該恩復用者，別編以備觀覽。

12 八月，辛亥朔，帝御文德殿，百官入閤，右司諫、直史館孫何次當待制，獻疏曰：「六卿分職，邦家之大柄也。故周之會府，漢之尙書，立庶政之根本，提百司之綱紀，令、僕率其屬，丞、郎分其行，二十四司粲然星拱，六職舉而天下之事備矣。有唐貞觀之風，最爲稱首。於時封疆甚廣，經費尤多，亦不聞別分利權，改創使額，而軍須取足。明皇北事奚、契丹，南征閤羅鳳，召發既廣，租調不充，於是蕭景、楊釗始以他官判度支，而宇文融爲租調地稅使，雖利孔始開，然版籍根本尙在南宮。肅、代之世，物力蕭然，於是有司之職盡廢，而言利之臣攘臂于其間矣。征稅多門，本於專置使額，故德宗之初，首降詔書，追行古制，天下錢穀，皆歸文昌，咸謂太平可致。而天未悔禍，叛亂相仍，經費不充，使額又建，於是裴延齡以利誘君，甚於前矣。憲、穆而下，或迫于軍期，切于國計，用救當時之急，率以權宜裁定。五代短促，曾不是思。國家三聖相承，垂統立制，宜罷三司使額，還之六卿。

或曰：祿百辟，贍六軍，皆是物也。臣亦有其說。夫鹽鐵者，蓋筦榷山海之謂也，物非自集，須假牢盆。戶部者，蓋均一征稅之謂也，而財非自生，須計田賦。度支者，蓋供億軍國之謂也，而粟非自行，須資漕運。但檢押專一，相沿置之耳。今莫若謹擇戶部尙書一人，專掌鹽鐵使事，俾金部郎中、員外分判之。又擇侍郎二人，分掌度支、戶部（使）事，各以本曹郎中、員外分判之。則三使洎判官，雖省猶不省也。仍命左右司郎中、員外總知帳分，句稽遺失。則進無掊刻之虞，退有詳練之名，職守有常，規程既定，周官唐式，可以復矣。」

13 癸丑，右正言、知制誥、判大理寺王欽若上言：「本寺公案常有五十至七十道，近者三十日內絕無。昔漢文帝決獄四百，唐太宗族〔放〕罪三百九十人，然猶書之史册，號爲刑措。當今四海之廣，而刑奏止息，逮乎逾月，足彰恥格之化。請付史館，用昭聖治。」從之。

14 己卯，羣臣上尊號曰崇文廣武聖明仁孝皇帝。

15 丁巳，大宴崇德殿，始作樂。

16 癸亥，判大理寺王欽若上言：「本寺案牘簡少，請罷詳斷官四員，止留八員。」從之。

17 丙寅，大閱。丁卯，近臣、諸軍將校、內職皆賜飲。詔：「大閱所踐民田，蠲其租。」

18 癸酉，樞密副使、工部侍郎楊礪卒。帝謂宰臣曰：「礪介直淸苦，方當任用，遽此淪謝，甚可悼也！」卽冒雨臨其喪。礪僦舍委巷中，乘輿不能入，帝爲步進，嗟憫久之。贈兵部尙書，中使護葬。

19 乙亥，以曹彬配饗太祖廟庭，薛居正、潘美、石熙載配饗太宗廟庭。

20 丙子，以司封郎中、知制誥朱昂爲傳法院譯經潤文官。始，太宗作聖教序，帝亦繼作。又嘗著釋氏論，以爲釋氏戒律之書，與周、孔、荀、孟迹異道同。鹽鐵使陳恕嘗建議，以爲傳法院費國家供億，力請罷之，言甚懇，帝不許。

21 九月，庚辰朔，日有食之。【考異】遼史不書是月日食，今從宋史及契丹國志。

22 遼主如南京，以皇弟梁王隆慶爲先鋒，率師南伐。

23 樞密都承旨開封王繼英，以契丹大入，請北巡，帝納之。丙戌，命繼英馳傳詣鎭、定、高陽關路視行宮頓置，宣慰將士。

24 甲午，奉安太宗聖容於啓聖院新殿，帝拜而慟，左右皆掩泣。

25 遼北院樞密使魏王耶律色珍舊作斜軫，今改。【考異】遼史色珍傳不言其封魏王，但云加守太保而已，今從本紀書之。從太后南伐，癸卯，卒於軍。色珍威名亞於休格，（舊作休哥。）其歿也，太后親爲哀臨，仍給葬具。以韓德讓兼知北院樞密使事。

26初，傅潛遣先鋒田紹斌、石普等戍保州，普陰與知州楊嗣議出兵擊敵，及夜，普、嗣未還，紹斌疑其敗衄，卽領衆援之。普、嗣果爲敵所困，渡嚴涼河，頗喪師徒。及紹斌至，卽合勢疾戰，斬首二千餘級，獲馬五百匹。

27冬，十月，戊午，增置福建路惠民倉，從庫部員外郎成肅之請也。

28癸酉，遼師攻遂城，城小無備，衆恟懼。楊延朗集丁壯護守，時冱寒，延朗命汲水注城外，及旦，冰堅不可攻，遼師解去。

蕭繼遠攻狼山鎭石砦，破之。初，耶律鐸軫性疏簡，不修小節，人多短之，至是命總羸師以從。及戰，鐸軫取緋帛被介冑以自標顯，馳突出入，格殺甚衆。太后望見，喜而召語曰：「卿戮力如此，何患不濟！」厚賞之。

29丙子〔寅〕，令諸路轉運使申淳化惠民之制，歲豐熟則增價以糴，饑歉則減直而出之。

(校者按：此條應移28癸酉前。)

30如京使柳開上言：「臣蒙陛下自代州移知忻州，每見北界歸明人言契丹排比南侵，又聞河北邊上屯結甚衆，數侵犯雁門、寧化等軍。度其陰謀，必不輕退，深恐大寒之際，轉肆衝突。臣愚乞陛下速起聖駕，徑至鎭州，躬御六師，奮揚威武，勿生遲疑之慮，勿聽猶豫之謀，周世宗及我太祖、太宗近事，皆可法也。況陛下諒陰三年，禮無違者，復此順動，其誰敢當！聖駕若過河北，契丹當自引退。四方無思不服，正在此舉矣。」

[81]十一月，丙戌，合祭天地於圜丘，奉太祖、太宗並配，大赦天下。御朝元殿，受册尊號。

[82]乙未，詔以邊境驛騷，取來月暫幸河北。【考異】宋史作乙未，長編引實錄作十二月辛亥。今考東都事略亦作十一月乙未，與宋史同，今從之。命宣徽北院使周瑩爲隨駕前軍都部署，邕州觀察使劉知信副之，內侍都知楊永遵爲排陣都監；保平節度使、駙馬都尉石保吉爲北面行營先鋒都部署，磁州防禦使康廷翰副之，洺州團練使上官正爲鈐轄。

己酉，以宰相李沆爲東京留守，濠州刺史李著爲大內都部署，權知開封府魏羽判留司，三司鹽鐵使陳恕爲隨駕轉運使。十二月，辛亥，以太子太師分司西京張永德爲京城內外都巡檢使。

甲寅，車駕發京師。辛酉，宴從臣於行宮。以王超等爲先鋒，仍示以陣圖，俾識其部分。甲子，次大名府，帝御鎧甲於中軍，樞密使王顯、副使宋湜分押後陣，橫亙數十里。

[83]西川自李順平後，人心未寧。益州鈐轄符昭壽，彥卿子也，驕恣，不親戎務，多集錦工織作纖麗，所須物輒抑市人買配，踰時不給其直，又縱部曲略取之，僕使凌忽軍校，其下皆怨。知州牛冕，寬弛無政事。時神衛軍戍成都者兩指揮，都虞候王均及董福分主之。福御衆整肅，故所部優贍；均縱其下飲博，軍裝悉以給費。甲子，冕與昭壽大閱于東郊，蜀人聚

觀，兩軍衣服鮮、弊不等，均所部慚憤，出不遜語。

34 初，河北轉運使裴莊屢條奏傅潛無將略，恐失機會，樞密使王顯庇之，奏至，輒不報。潛屯於定州，緣邊城堡悉飛書告急，潛畏懦，閉門自守，將校請戰者輒醜言詈之。遼師既破狼山寨，遂引兵趨寧邊軍及祁、趙，大縱鈔劫，游騎出邢、洺間，百姓驚擾，攜挈老幼爭入城郭，鎭、定路不通者踰月。朝廷屢間道遣使督潛會諸路兵合擊，其都監秦翰及定州行營都部署范廷召等屢促之，皆不聽。廷召怒，因詬潛曰：「公恇怯乃不如一嫗耳！」促之不已，潛乃分騎八千、步二千付廷召，令於高陽關逆擊，仍許出軍爲援，卒逗遛不發。

丙子，詔百官各上封章直言邊事，于是工部侍郎、集賢院學士錢若水言：「傅潛領數萬雄師，閉門不出，坐視契丹俘掠生民，上則辜委注之恩，下則挫鋭師之氣。軍法曰：『臨陣不用命者斬。』今若申明軍法，斬潛以徇，然後擢取如楊延朗、楊嗣者五七人，增其爵秩，分授兵柄，不出半月，可以坐清邊塞。然後鑾輅還京，則天威備于四海矣。」右司諫梁顥亦言：「用兵之道，在明賞罰。兵法曰：『罰不行，則譬如驕子，不可用也。』昨者命將出師，乘秋備塞，而傅潛奉明詔，握重兵，逗撓無謀，遷延翫寇，以致邊塵晝驚，聖主櫛沐，此所謂以賊遺君父者也。以軍法論，合斬潛以徇軍中，降詔以示天下。」

35 府州言官軍入遼地五合川，拔黃太尉砦，殲其衆，焚其車帳，獲馬牛萬許。

36丁卯，召見大名府父老，勞賜之。

37戊寅晦，知益州牛冕以酒犒隊伍，而鈐轄符昭壽則無所設，軍士益忿，故趙延順等八人謀作亂。

38是歲，遼放進士初錫等四人。

三年 遼統和十八年。（庚子、一〇〇〇）

1春，正月，己卯朔，駐驛大名府，詔幷代都部署高瓊等分屯冀州、邢州。

2益州戍卒趙延順等爲亂，擊殺鈐轄符昭壽，據甲仗庫取兵器。是日，益州官吏方賀正旦，聞變，皆奔竄，知州牛冕及轉運使張適縋城出奔，惟都巡檢使劉紹榮冒刃格鬭。延順等卽欲奉紹榮爲帥，紹榮攝弓大罵曰：「我燕人也，比歸大朝，肯與汝同逆邪？亟殺我！」延順等亦不敢加害。都監王澤聞變，召王均謂曰：「汝所部兵亂，盍自往撫之。」延順見均至，卽率衆踴躍，奉均爲主。指揮使孫進不從，殺之，紹榮縊死，均僭號大蜀，改元化順，署置官稱，以小校張鍇爲謀主。辛巳，率衆陷漢州。牛冕等奔東川。

3遼師至瀛州，范廷召自中山分兵禦敵，結方陣以出。遼梁王隆慶，問諸將誰敢當者，蕭柳曰：「若得駿馬，則願爲之先。」隆慶授以中騎，柳攬轡謂諸將曰：「陣若動，諸君急攻。」遂馳而前。陣少移，隆慶乘勢攻之，廷召軍遂亂。柳中流矢，裹創而戰，衆皆披靡。

先是廷召乞援於高陽關，都部署洛陽康保裔卽選精銳赴之。壬午，至瀛州西南裴郵，廷召約以詰朝合戰。及夕，廷召潛師遁，保裔不之覺。遲明，遼師圍之數重，左右請易甲突圍出，保裔曰：「臨難無苟免，此吾效死之日矣！」遂大呼決戰，凡數十合，兵盡矢窮，士卒以勁弩擊敵，殺傷甚衆，而援兵不至，與部將宋順俱被執。高陽關鈐轄張凝、高陽關副部署李重貴，率援兵從後至，亦爲遼師所圍，力戰，乃得出。遼師遂自德、棣濟河，掠淄、齊而去。

帝初聞保裔被擒，密詔走馬承受太原夏守贇廉問，守贇遽言保裔定死。於是優詔贈侍中，以其子繼英爲六宅使、順州刺史，餘子孫悉加秩，又遣使存問其母。繼英奉告命，泣謝曰：「臣父不能決勝而死，免罪及孥，幸矣，顧蒙非常之恩！」帝慰勞之。【考異】東都事略及長編，俱云保裔死之，老學菴筆記亦云戰歿，宋史列保裔于忠義傳。然遼史聖宗紀：十七年，次瀛州，與宋軍戰，擒其將康保裔、宋順。十九年，以所俘宋將康昭裔爲昭順軍節度使。昭裔，卽保裔，名氏小異，遼史多如此。惟遼史于上年南伐事，連而書之，宋史則繫于正月癸未，此當以宋史爲據，至昭裔被擒，後仕于遼，則當以遼史爲據。然猶曰遼人紀事之書也。宋史文苑傳載路振祭戰馬文云：「契丹至高陽關，執大將康保裔，咸平六年，謝德權入對，亦言康保裔被擒。」是當時之人，俱以爲保裔被擒而非戰歿于陣矣。田雯黔書言貴州有康保裔廟，此因其子繼英後爲貴州團練使，故立廟貴州。黔書又言其時著靈爽，此流俗附會之談，不足爲據。

4 乙酉，鎭、定、高陽關路行營都部署傅潛、都鈐轄張昭允並削奪官爵，潛流房州，昭允通州。潛子內殿崇班（從政）、從範亦除名，隨父流所，仍籍其家。錢若水等議潛等罪當斬，詔特貸其死，中外無不憤惋。

5 遼師退，帝使貝、冀行營副部署王榮以五千騎追躡之。榮受命恇怯，數日不敢行，伺遼師渡河而後發。遼師剽淄、齊者數千騎，尙屯泥沽，榮不欲見敵，遂以其騎略河南岸而還。

庚寅，范廷召遣使告捷，言大破契丹於莫州，奪還所掠老幼及鞍馬兵仗無算。帝作喜捷詩，羣臣稱賀。廷召以功加檢校太傅，餘將校恩賜有差。李重貴歎曰：「大將陷歿而吾輩計功，何面目也！」【考異】長編云：范廷召追契丹，丁亥，至莫州東三十里，大破之，斬首萬餘級，獲所掠老幼數萬口，鞍馬兵仗不可勝紀，餘衆遁逃出境。庚寅，遣使奏捷。宋史眞宗紀亦云：范廷召追契丹至莫州，斬首萬餘級。然考諸遼史，是役未嘗以敗歸。在遼人或諱言其敗，而路振祭戰馬文，具言王榮恇怯之狀，是諸將之畏葸縱敵，宋人亦自言之矣。廷召纍敗之餘，何以遽能大捷，不過邀其輜重，小有斬獲而已。眞宗親駐大名，恥于無功而還，藉是爲文飾耳。今用宋史列傳酌書之。

6 王均自漢州引衆攻綿州，不能克，直趨劍門。先是知劍州李士衡，聞寇作，以城難守，卽焚倉庫，運金帛，東保劍門。是日均至，士衡與劍門都監裴臻逆擊，敗之，斬首數十級，揭榜招降脅從者，得千餘人，悉置麾下。均衆乏食疲弊，不敢由故道，徑由陰平還成都。

7 壬辰，樞密副使宋湜卒于師。

8 遼主還，次南京，賞有功將士，罰不用命者，命諸軍各還本道。

9 甲午，駕發大名府。是日，次德清軍，帝始聞王均反，卽以戶部使、工部侍郎雷有終知益州，兼提擧川、峽兩路軍馬，幷命御廚使李惠、洛苑使石普、供備庫副使李守倫並爲川、峽兩路捉賊招安使，帥步騎八千往討之。

10 初，知蜀州楊懷忠聞成都亂，卽調鄉丁會諸州巡檢兵刻期進討，丙申，攻成都，先鋒自北門入，遂燒子城。時王均從劍門還，猶未至，懷忠與賊將崔照、魯麻胡等陣於江瀆廟前，自晨至夕，戰數合，懷忠兵勢不敵，引衆退保江原。

11 庚子，至自大名府。李沆爲東京留守，不戮一人而輦下清肅。

12 癸卯，翰林侍讀學士、兵部侍郎兼祕書監楊徽之卒，贈兵部尙書，謚文莊，賜其家錢絹，遣中使護喪事，錄其外孫宋綬爲太常寺太祝。綬，平棘人也。徽之無子，而宋氏婦賢明知書，有禮法，子綬能自立于時。

13 乙巳，王均復入成都。

14 二月，辛亥，翰林學士王旦等三人權知貢舉。

15 楊懷忠檄嘉、眉七州調軍士民丁再攻成都。時王均方遣趙延順攻邛、蜀州，懷忠逆擊之，賊稍卻。懷忠與轉運使陳緯退軍笮橋，背水列陣，寨于樠木橋南，以扞邛、蜀之路。賊黨三道來攻，出官軍後，焚江原神祠，斷邛、蜀援路。懷忠三道分兵以抗之，斬首五百餘級，驅其衆入皁江，獲甲弩甚衆，乘勝逐賊至成都南十五里，寨于雞鳴原以俟王師。均亦閉成都東門以自固。

16 己未，命宰相李沆爲元德皇太后園陵使。始議立陵名，禮官引漢、唐故事，言帝后同陵謂之合葬，同塋兆謂之祔葬，今園陵鵲臺在永熙陵封地之內，恐不須別建陵號，從之。

17 綿、漢、龍、劍都巡檢使張思鈞引兵克復漢州，雷有終等與思鈞帥大軍進討，列寨升仙橋；壬戌，賊衆來襲，有終擊走之。

18 癸亥，樞密使王顯罷。以周瑩爲宣徽南院使，王繼英爲北院使，並知樞密院事；翰林學士、中書舍人王旦爲給事中，同知樞密院事。

19 甲子，諸軍校以次遷補，多自陳其勞績者，御前忠佐馬步軍都軍頭呼延贇獨進曰：「臣月俸百千，所用不及半，忝幸多矣。自念無以報國，不敢更望升擢，正恐福過災生。」拜謝而退，衆嘉其知分。贇初從太宗征太原，左右言：「自此取幽州，猶熱鐵翻餅耳！」贇獨曰：

「此餅難翻，言者不足信也。」太宗不從，卒無功而還。

20 丁卯，王均開益州城，僞爲遁狀，雷有終與上官正、石普等率兵徑入，李繼昌疑有備，亟止之，不聽，因獨還。官軍多分剽民財，部伍不肅，賊閉關發伏，布牀榻于路口，官軍不得出，頗爲賊所殺，李惠死之。有終等緣堞而墜，獲免，遂退保漢州。益州民人迸走郊落，賊皆遣騎追殺，或囚繫入城，支解族誅以恐衆。均又脅士民、僧道之少壯者爲兵，先刺手背，次髡首，次黥面，給軍裝令乘城，與舊賊黨相間。有終乃揭榜招脅從者，至則於其衣袂署字釋之，日數百計。楊懷忠度賊衆復南出，引所部屯于合水尾、浣花等處，樹機石，設笓籬以拒之。有終等復入漢州，遣軍列寨彌牟鎭，賊黨來攻，有終擊敗之，斬首千餘級。

21 丙子，曲宴近臣于後苑，帝作中春賞花釣魚七言詩，儒臣皆賦，遂射于水亭，盡歡而罷。自是著爲定制。

22 是月，遼主如延芳淀。

23 三月，戊寅朔，日有食之。【考異】遼史不書，今從宋史。

24 帝之在大名也，有詔調丁夫十五萬修黃、汴河。鹽鐵判官、監察御史王濟以爲勞民，請徐圖之；乃命濟馳往經度，還奏，減其十之七。宰相張齊賢以河決爲憂，因對，并召濟入見。齊賢請令濟署狀保河不決，濟曰：「河決亦陰陽災沴所致，宰相若能和陰陽，弭災沴，爲國家致太平，河之不決，臣亦可保。」齊賢曰：「若是，則今非太平邪？」濟曰：「北有契丹，西有繼遷，兩河、關右歲被侵擾。以陛下神武英略，苟用得其人，可以馴致，今則未也。」帝動容，獨留濟，問以邊事，濟曰：「陛下承二聖之基，擁萬方之衆，蠢茲小醜，敢爾憑陵，蓋謀謨當位之臣，未有如昔人者，衆皆謂國家所恃獨一洪河耳。此誠急賢之秋，不然，臣懼敵人將飲馬于河渚矣。」退而著備邊策十五條以獻。

于是選官判大理寺，帝曰：「法寺宜擇當官不回者，王濟有特操，可試之。」甲申，以濟權判大理寺。

25 禮部上合格舉人，甲午，帝御崇政殿親試，賜陳堯咨以下二百七十一人進士及第，一百四十三人同本科及三傳、學究出身。堯咨，堯叟之弟也。又命侍讀學士邢昺等考校諸科，得四百三十二人，賜及第同出身。又試進士五舉、諸科八舉及嘗經廷試而不錄者，得九十七人，賜同出身。賜宴日，出御詩褒寵之。帝連日臨軒，初無倦怠之色。所擢凡千百餘人，其中有自晉天福中隨計者，推恩之廣，近代所未有。

26 是春，帝以手詔訪知開封府錢若水備禦邊之策。若水上言曰：「臣聞唐室三百餘祀，魏博一鎮，戎兵少于今時，而無邊患者，何也？蓋當日幽薊爲唐北門，命帥屯兵，阨其險阻，是以邊馬不敢南牧。自晉祖割地之後，朝廷自定州西山東至滄海，千里之地，皆須應敵。是以設三關，分重兵以鎭之，少失隄防，則戎人內侵。晉末直渡長河，漢初屢侵邊徼，周祖在位，復擾中山，世宗臨朝，來寇上黨，此皆見于史氏，陛下之所明知也。臣愚以爲不得幽州城，敵不可滅。今之急務，一曰擇郡守，二曰募鄉兵，三曰積芻粟，四曰革將帥，五曰明賞罰。略陳大綱，如可施行，則當詳具條奏。」

續資治通鑑卷第二十二

賜進士及第兵部尚書兼都察院右都御史總督湖北湖南等處地方軍務兼理糧餉世襲二等輕車都尉畢沅編集

宋紀二十二 起上章困敦(庚子)四月，盡重光赤奮若(辛丑)十二月，凡一年有奇。

眞宗膺符稽古神功讓德文明武定章聖元孝皇帝

咸平三年 遼統和十八年。(庚子、一〇〇〇)

1 夏，四月，以梁鼎制(置)陝西青白鹽事。初，解州池鹽通商販易，鼎請官自鬻，朝廷是其議，故用之。鼎至解池，禁止商販，官運赴鄜、延、環、慶等州，公私大擾

2 知雄州何承矩上言曰：「臣聞兵家有三陣：日月風雲，天陣也；山陵水泉，地陣也；兵車士卒，人陣也。今用地陣而設險，以水泉而作固，建設陂塘，亙連滄海，縱有邊騎，何懼奔衝！昨者契丹入邊，高陽一路，東負海，西抵順安，士庶安居，即屯田之利也。今順安至西山，地雖數軍，路才百里，縱有丘陵岡阜，亦多川瀆泉源，儻因而廣之，制爲塘埭，則可戢敵騎，息邊患矣。

今緣邊守將，多非其才，伏望遴擇疆吏，出牧邊民，厚之以俸祿，使悅其心，借之以威權，使嚴其令。然後深溝高壘，秣馬厲兵，爲戰守之備；修仁立德，布政行惠，廣安輯之道；訓士卒，闢田疇，勸農耕，蓄芻粟，以備凶年；完長戟，修勁弩，謹烽燧，繕堡戍，以防外患，來則禦之，去則備之。如此，則邊地安堵矣。

且邊鄙之人，多負壯勇，識外蕃之情僞，知山川之形勢，望于邊郡置營召募，不須等其人才，止求少壯武力，令及萬人，俟契丹有警，任知勇將統而用之，乃中國之長策也。」

3 庚戌，太子太保呂端卒，贈司空，謚正惠。端有器量，雖屢經擯退，未嘗以得喪介懷，平居不蓄貲產。及爲相，持重識大體，以淸淨簡易爲務。太宗時，欲相端，左右或曰：「端爲人糊塗。」太宗曰：「端小事糊塗，大事不糊塗。」遂決意相之。趙普在中書，端時爲參政，普嘗謂人曰：「吾觀呂公奏事，得嘉賞未嘗喜，遇抑挫未嘗懼，眞台輔器也！」端兩使絕域，其國歎重之，後有使往者，每問端爲宰相否，其名顯如此。

4 乙卯，改葬元德皇太后。

5 丙辰，王均自升仙橋分路來襲官軍，雷有終率軍逆擊，大敗之，殺千餘人，均單騎還城。

6 初，供備庫副使李允則知潭州，將行，帝召謂曰：「朕在南衙，畢士安道卿家世，今以湖南屬卿。」

允則始至，州大火，民無居舍，多凍死。允則亟取官竹假民爲屋，及春而償，民無流徙，官用亦不乏。馬氏暴斂州人，歲出絹，謂之地稅；及潘美定湖南，計屋每間輸絹三尺，謂之屋稅；營田戶給牛，歲輸米四斛，牛死猶輸，謂之枯骨稅；民輸茶，初以九斤爲一大斤，後益至三十五斤。允則請除之，稅茶則以十三斤半爲定制。又，山田可以蒔禾而民惰不耕，乃下令，月給馬芻，皆輸本色，由是山田悉墾。會歲饑，欲發官廩，先賑而後奏，轉運使以爲不可，允則曰：「須報必踰月，則飢者無及矣！」不聽。明年，又饑，復欲先賑，轉運使固執不可，允則請以家貲爲質，乃得發廩賤糶。因募飢民堪征役者隸軍籍，得萬人，轉運使請發所募兵禦邵州蠻，允則曰：「今蠻不擾，無名益戍，是長邊患也。且兵皆新募，飢瘠未任出戍。」遂奏罷之。

至是民列允則治狀，詣安撫使者請留，使者以聞，詔書嘉獎。及召還，連對三日，帝曰：「畢士安不謬知人矣！」

7 壬戌，賜應制舉人林陶同進士出身。陶就試學士院，不及格，帝方欲求俊茂，特獎之。

8 壬申，知益州牛冕，削籍流儋州；西川轉運使張適，削籍授連州參軍。初，張詠自蜀還，聞冕代己，曰：「冕非撫衆才。」既而果然。

9 五月，丁丑朔，詔：「天下死罪減一等，流以下釋之。益州軍民爲王均脅從者，如能歸順，並釋之。」

10 先是宰相張齊賢上言：「今之所患，錢貨未多。望擇使臣往，逐處相度添價，及招誘人戶淘采鉛錫，仍按行銅山易得薪炭處，置監鑄錢，如此，二年間可得百五十萬貫。」即遣虞部員外郎馮亮、內供奉官白承睿往幹其事。庚申〔辰〕，亮等言：「饒、池、江、建州歲鑄錢百三十五萬貫，銅鉛皆有餘羨，乃以亮爲江南轉運副使兼提點江南、福建路鑄錢事，承睿同提點。

11 六月，戶部判官、右司諫孫何，出爲京東轉運副使。

何上疏曰：「國家共治之任，牧守爲本；親民之官，令長爲急，前代刺史入爲三公，郎官出宰百里，其遴選可知也。今則兼隋、唐取士之法，參周、漢考績之制；然而資蔭登朝，居千騎之長，胥徒祗役，分百里之封，目不知書，心惟黷貨。望令審官院、吏部銓，凡京朝官藉蔭入仕者，非灼然績狀，勿與知州、州縣官，流外出身者，非有履行殊常，不擬縣令。庶分流品，用勸士民。又，三司掌錢刀，籠天下貨財，古之李悝、耿壽昌、劉晏、第五琦之流，雖名聚斂之臣，頗負經通之略，皆民不加賦，兵有羨糧。厥後三建使額，分其利權，胥吏千餘，官僚兼倍，各爲刑獄，迭下符移，行之於外，滋章頗甚。臣權沿計局，嘗與丁謂、朱台符共酌，三部文移之類，可以減半。望擇近臣識治體幹敏者，與三部衆官減省。又，法官之任，人命所縣，今吏部擬授之際，但問資歷相當，精律令者或令捕盜，懵章程者或使詳刑，動致紛拏，卽議停替，小則民黎負屈，大則旱暵延災。欲望自今司理、司法，並擇明法出身者授之，不足，卽於見任司戶、簿、尉內選充，又不足，則選嫻書判、練格法者考滿無私過，越資擬授。庶臻治古之化，用開太平之基。」未幾，徙兩浙轉運使。何性卞急，不容物，爲使者，專任峻刻，所至州郡，刺察苛細，胥吏日有捶楚，官屬多罹譴罰，人不稱賢。

12 秋，七月，丙申，江南轉運使任中正言：「準詔，以饒州置場，買納浮梁、婺源、祁門縣茶，不便於民。令臣與三班借職胡澄審行計度。今臣等親到饒、歙二州茶倉，詢問逐處民俗，皆言溪灘險惡，轉輸艱阻，願各復往日倉廒，就便輸納。及浮梁縣民李思堯等各願自備材木，起創倉廒。」從之。仍降詔曰：「山澤之征，所宜公共；苟便於民，豈圖羨贏！而言事之臣，不明大體，務爲改革，罔恤烝黔。特命使車，往詢疾苦，用循舊制，式遂輿情。已令制置茶鹽、江南轉運使並依任中正所奏。」

13 八月，乙卯，以濟州賊魏捷補龍猛軍隊長。捷趫勇過人，衆目爲「撼動山」。至是詣登聞院，自陳爲惡黨所脅制，願首罪效力。帝召見，賜錦袍、銀帶而錄之

14 王均自升仙橋之敗，撤橋塞門。雷有終等率官軍直抵城下，造梯衝洞車攻具，遣諸將分路攻城。賊盡驅凶黨以拒官軍，趙延順中流矢死。然每攻城則雨甚，城滑不能上。官軍爲洞屋以攻城，賊鑿地道出掩之，多溺壕中死，軍勢小衄。賊大宴其黨，歌吹之聲達于城

外。時方暑濕，攻城者多被疾，有終市藥他州，自合以療之。

詔復遣入內副都知秦翰爲兩路捉賊招安使。翰既至，與有終協議，于城北魚橋別築土山，是月，克城北羊馬城。遂設鴈翅勢敵棚覆洞車以進逼其城，賊亦對設敵棚，號「喜相逢樓」。九月，戊寅，官軍焚其敵樓，賊氣始奪，乃築月城自固。

15 庚寅，始置羣牧司，令樞密直學士陳堯叟爲制置使。馬政舊皆騏驥兩院監官專之，至是，內外廐牧之事，自騏驥院而下，悉聽命於羣牧司。

16 王均多爲藥矢射官軍，中者必死，雷有終募敢死士穴城，間道蒙氈秉燧而入，悉焚其守具。甲午，令東西南寨鼓譟攻城，有終與石普分主二洞屋以進。普乃穴城爲暗門，門成，賊攢戟擁路，衆未敢進，有二卒出請行，許以厚賞，乃麾戈直衝之，賊鋒稍卻，遂克其城。有終登城樓下瞰，賊猶以餘衆寨於天長觀前，密設礮架於文翁坊。高繼勳白轉運使馬亮，願得稭稈油籸，合衆執長戟巨斧，秉炬以進，悉焚之。楊懷忠又焚其天長觀前寨，追至大安門，復敗之，前後殺賊三千餘人。是夕，均突圍而遁，有終疑有伏，遣人於街郭縱火。詰朝，與秦翰登門樓，牙吏有受官職者，捕得，立樓下，乃積薪于旁，厝火其上，盡索受僞署者，命左右捽投火中，自辰至晡，焚數百人，頗爲寃酷。李繼昌嚴戒部下，無擾民者，獲婦女童幼，置空寺中，分兵守衛，事平，遣還其家。

17是秋，遼主獵於諸山。北院樞密使韓德讓舉南院侍郎蕭和綽舊作合卓，今改。爲中丞。和綽起家刀筆吏，無完行，不爲時議所許，惟德讓稱其謹恪。遼主以德讓所薦，遂見擢用。

18冬，十月，王均自成都趨富順監，所過脅軍民斷橋塞路，焚倉庫而去。雷有終先命楊懷忠領虎翼軍追之，後二日，石普繼往，以全軍爲後援。均黨至富順監，將結筏渡江，趨戎、瀘蠻境。懷忠距富順六十〔七〕里，於楊家市少憩，賊衆在後者邀戰，懷忠遣親信五騎登高原覘賊。懷忠語左右曰：「縱賊渡江，後悔無及。石侯將至，當以奇兵取之。」乃臨江列陣擊之，賊衆散走。有拏舟將渡江而遁者，懷忠合强弩射之，溺者數艘。懷忠張旗鳴鼓入城，均方在監署，其黨多醉，均窮蹙，縊死，虎翼軍校魯斌，斬其首以詣懷忠，又獲僭僞法物旌旗甲馬甚衆，擒其黨六千餘人，逆徒殲焉。懷忠旋軍，出北門，石普始至，奪均首，馳歸成都，梟于北市。辛亥，有終遣官馳奏益州平，賜錦袍、銀帶、器帛。

19命翰林學士承旨宋白等修續通典。

20乙丑，詔赦川峽路死罪，以雷有終爲保信留後，秦翰等九人並遷秩。是役也，楊懷忠之功居最，爲石普所掩，帝廉得其狀，擢懷忠崇儀使、領恩州刺史。他日，帝謂宰相曰：「雷有終頃居三司，自謂公幹廉潔，昨兩川盜起，因命翦除，頗聞有終乘其擾攘，貪黷財貨。如是，則王澤安得下流，遠俗何由丕變！言行相戾，乃如是邪！」

21 丙寅，以翰林學士王欽若、知制誥梁顥分爲川、峽安撫使。

22 延州言破大盧、小盧等十族，獲人畜二十萬。

23 十一月，甲戌朔，遼授李繼遷子德明爲朔方節度使。【考異】遼史作德昭，蓋避諱改。

24 壬午，令常參官轉對如故事。

25 門下侍郎兼兵部尚書、平章事張齊賢，與李沆並相，情好不協。辛卯，日南至，羣臣朝會，齊賢被酒，冠弁欹側，幾顚仆殿上。御史中丞劾齊賢失儀，齊賢自陳，因感寒，飲酒禦之，遂至醉，頓首謝罪，帝曰：「卿爲大臣，何以率下！朝廷有憲典，朕不敢私。」甲午，齊賢罷守本官。

26 十二月，壬子，詔有司别錄轉對章疏一本留中。

27 庚申，罷京畿均田稅。

28 丙寅，開封府奏獄空，詔嘉之。

29 兵部郎中、知兗州韓援上言：「邇者亢旱傷稼，天其或者以陛下春秋鼎盛，兆民樂業，萬一聖心忽生驕佚，故暫加災眚，用儆睿聰。昔魏鄭公對唐太宗曰：『貞觀之初，聞善若驚，五六年間，猶悅以從諫，自茲厥後，漸惡直言。』此譏其漸怠於政也。臣伏覩先帝享國久長，未嘗一日曠於萬幾。願陛下守太祖之丕圖，遵太宗之遺訓，兢兢業業，無怠無荒。臣又聞治國在遠佞人，今朝廷無邪佞之徒，然事生隱微，宜防未兆，勿使小人乘間而進。居安念危，在治防亂，天下幸甚！」疏奏，召授歸闕，授史館修撰。

30 初，濮州有盜夜入城，略知州王守信，監軍王昭度。知黃州王禹偁聞之，以爲國家武備不修，故盜賊竊發近輔，因奏疏曰：「易曰：『王公設險以守其國，』又曰：『重門擊柝，以待暴客，』傳曰：『預備不虞，古之善教也。』自五季亂離，各據城壘，繕治兵甲，豆分瓜剖，七十餘年。太祖、太宗削平僭僞，當時議者，乃令江、淮諸郡毀城隍，收兵甲，撤武備者三十餘年。書生領州，大郡給二十人，小郡減五人，以充常從。號曰長吏，實同旅人；名爲郡城，蕩若平地。雖則尊京師而抑郡縣，爲強榦弱枝之術，亦匪得其中道也。救弊之道，在乎從宜。漢高懲暴秦郡縣之失，封建其子弟；及七國勢強，文、景乃行削奪。唐德宗乘安、史厭兵，遂有貞元姑息之政；憲宗覩齊、蔡亘猾，遂有元和討賊之議 蓋見幾而作，爲社稷遠圖，疾若轉規，不可膠柱。今江、淮諸郡，大患有三：城池墮圮，一也；甲仗不完，二也；兵不服習，三也。濮賊之興，慢防可見。望陛下特行神斷，參之廟算，如且因而修治，不欲張皇，凡江、浙、荆湖、淮南、福建等郡，約民戶衆寡，城池大小，並許置本城守捉軍士三五百人，勿令差出，止於城中閱習弓劍。然後漸葺城壘，繕完甲冑，郡國張禦侮之備，長吏免剽略之虞。」疏奏，帝嘉納之。

31 河北、河東強壯，自五代時瀛、霸諸州已有之。是歲，始詔：「河北民家二丁、三丁籍一，四丁、五丁籍二，六丁、七丁籍三，八丁以上籍四，爲強壯。五百人爲指揮，置指揮使。百人爲都，置正副都頭二人，節級四人。所在置籍，擇善射者第補校長，聽自置馬，勝甲者蠲其戶。」後尋募其勇敢，團結附大軍，爲柵，官給鎧甲。

32 遼以四軍都指揮使蕭柳爲北女眞詳袞，舊作詳穩，今改。政濟寬猛，部民畏愛。後遷東路統軍使，秩滿，百姓願留復任，從之。

33 是歲遼放進士南承保等三人。

四年遼統和十九年。（辛丑，一〇〇一）

1 春，正月，中外官上封事者甚衆。詔樞密直學士馮拯、陳堯叟詳定利害以聞。

2 庚寅，知河南府、武勝節度使李至卒，贈侍中。至好賢樂善，爲學精力；然剛嚴簡貴，人士罕登其門。【考異】宋史本傳云：少育於知審，及貴，即逐其養子以利其資。長編亦載其事，又引或說，以爲至爲參政，辭位不受祿，制行甚高，恐毀之或損其眞，則仁甫亦疑而不信矣。今刪。

3 召西川轉運使、兵部員外郎馬亮入朝，問以蜀事。初，雷有終既平賊，誅殺不已，亮多所全活。城中米斗千錢，亮出廩米，裁其價，人賴以濟。及至京師，會械送爲賊所詿誤者八十九人，知樞密院事周瑩欲盡誅之，亮言：「愚民脅從者衆，此特百之一二，餘皆竄伏山林。

若不貸此，則反側之人，聞風疑懼，一唱再起，是滅一均，生一均也。」帝悟，悉宥之。二月，加直史館，復遣還部。時諸州鹽井歲久泉涸，而官督所負課繫捕者，州數百人，亮盡釋之而廢其井；又除屬郡舊逋官物二百餘萬。

4 宰相李沆等以旱，表求罷；不許。戊午，雨。自去冬旱，帝每御蔬菜，憂問切至。是日，方臨軒決事，雨沾衣，左右進蓋，卻而不御。

5 壬戌，樞密直學士馮拯、陳堯叟上言：「請令羣臣子弟奏補京官或出身者，並試讀一經，寫家狀，以精熟爲合格。」從之。

6 祕書丞、知金州臨川陳彭年上疏言五事：一曰置諫官，二曰擇法吏，三曰簡格令，四曰省官員，五曰行公舉。疏奏，並從之。帝因謂輔臣曰：「自今諫官宜精擇其人。」

7 甲子，三司都催欠司引對逋負官物人，帝親辨問，凡七日。釋二千六百餘人，蠲所逋負物二百六十餘萬；已經督納而非理者，以內庫錢還之，身歿者給其家。

8 丙寅，詔：「學士，兩省、御史臺五品，尚書省諸司四品以上，於內外京朝、幕職、州縣官及草澤中，舉賢良方正能直言極諫各一人，不得以見任轉運使及館閣職事人應詔。」

9 三月，辛巳，分川、峽爲益、利、梓、夔州四路。

10 兵部尚書張齊賢上言：「終南山處士种放，守道遺榮，棲遲衡泌，願備賢良方正之舉。」

詔賜裝錢五萬，令京兆府遣官詣山備禮發遣，放辭不至。

11 先是三院御史多出外任，風憲之職用他官兼領，乃詔本司長吏自薦其屬，俾正名而舉職。壬午，以太常博士張巽爲監察御史，從新制也。

12 己丑，宴射後苑。帝言及大射、投壺、鄉飲酒之禮，因命直館各賦射宮詩。凡節序賜宴，則宗室、禁軍大校、牧伯、諸司皆令習射。

13 庚寅，以左僕射呂蒙正、兵部侍郎、參知政事向敏中並守本官、同平章事。國初至是三入相者，惟趙普及蒙正焉。

14 初，乾元曆氣朔漸差，詔判司天監京兆史序等編新曆。於是曆成來上，賜名儀天，頒行之。

15 辛卯，參知政事王化基罷爲兵〔工〕部尙書。化基任中書，不以蔭補諸子官，然能訓導，皆有所立。

16 以同知樞密院事王旦爲工部侍郎、參知政事，樞密直學士馮拯、陳堯叟並爲給事中，同知樞密院事，禮部郎中薛映、兵部員外郎梁鼎、左司諫楊億並知制誥。帝初欲用著作佐郎、直集賢院梅詢，命中書召試映、鼎及詢等。宰相李沆素不喜詢，言於帝曰：「梅詢險薄不可用，楊億有盛名。」帝驚喜曰：「幾忘此人。」又以億望實素著，但召映、鼎就試，翼日，與億並命。

17 以國子監經籍賜潭州岳麓書院，從知州李允則請也。

18 壬辰，遼皇后蕭氏，以罪降爲貴妃。

19 遼賜大丞相韓德讓名德昌。德昌自拜大丞相，進王齊，總二樞府事，寵任益隆。先是有圖魯卜舊作烏不呂，今改。者，從伐宋，嘗以言觸德昌，德昌怒，詰之，圖魯卜詞無所撓，德昌笑而釋之。至是德昌薦圖魯卜材可任統軍使，太后曰：「彼嘗不遜於卿，何善而薦？」德昌曰：「於臣猶不屈，況於其餘！若任使之，必能鎮撫諸藩。」太后從之

20 夏，四月，丁未，以吏部員外郎陳省華爲鴻臚少卿。時省華子堯叟擢任樞密，故特優寵之。

21 壬子，詔：「京朝官及吏部選人，親老無兼侍者，特與近任。」

22 回鶻來貢，請助討李繼遷。

23 審官院初引對京官于崇政殿，遷秩有差。京朝官磨勘引對自此始。

24 乙未，翰林學士王欽若使西川還，對于崇政殿；即日，以欽若爲左諫議大夫，參知政事。

25 辛未，帝御崇政殿試制舉人，得祕書丞查道、進士陳越入第四等，定國軍節度推官王曙

入次等，以道爲左正言、直史館，越將作監丞，曙著作佐郎。曙，河南人。

26五月，庚辰，翰林學士、吏部郎中、知制誥朱昂罷爲工部侍郎，致仕。

昂有清節，淡于榮利，初爲洗馬，十五年不遷，不以屑意，及在內署，非公事不至兩府。帝知其素守，故每加褒進。昂累章告病，帝不得已從之，謂輔臣曰：「昂侍朕左右，未嘗以私事干朕，今其歸老，可給全俸。」詔本府歲時省問，如有奏章，許附驛以聞。又命其子正辭知公安縣，使得就養。舊制，致仕官止謝殿門下，于是帝特延見，命坐，勞問久之，令候秋涼上道，復遣中使錫宴於玉津園，兩制、三館儒臣皆預，仍詔賦詩餞行。

27丙戌，遼册蕭氏爲齊天皇后。后即太后弟平州節度使輝依（舊作隗因。）之女，韓德昌之甥也。年十二選入掖庭，美而才，至是册爲后，事太后甚謹，太后亦以德昌故深愛之。后嘗以草莛爲殿式，密付有司，令造清風、天祥、八方三殿，既成，益寵異。所乘車置龍首、鴟尾，飾以黃金，又造九龍輅、諸子車，以白金爲浮圖，各有巧思。夏秋從行山谷間，花木如繡，車服相錯，人望之以爲神仙。【考異】徐氏後編作六月契丹册其后蕭氏爲齊天皇后，然遼史聖宗紀自在五月丙戌，非六月也。又聖宗先有廢蕭后，齊天少入掖庭，至是始立爲后耳，非本爲皇后而至是加册號也。徐氏亦誤會。

28六月，汰冗吏，諸路計省十九萬五千八百二人。

29丁巳，詔：「東川民田先爲江水所害者，除其租。」

30 遼以所俘將康昭裔爲昭順軍節度使。

31 初，黃州境二虎鬭，其一死，食之殆半；羣鷄夜鳴，經月不止；仲冬，雷震暴作。知州王禹偁手疏言之，引洪範陳戒，且自劾。帝亟命中使乘驛勞問，醮禳之。又詢於日官，言守土者當其咎。帝惜禹偁才名，卽命徙知蘄州，至未踰月卒。戊午，訃聞，帝嗟悼，厚賻其家，賜一子出身。

禹偁詞學敏贍，爲後進宗師，直躬行道，遇事敢言。雖履危困，封奏無輟，嘗云：「吾若生元和時，從事於李絳、崔羣間，斯無愧矣。」然性剛直，不能容物，太宗嘗命宰相切戒之。其爲文亦多涉規諷，以是不容於時。

32 初，田錫知泰〔秦〕州，幾三年不得代。錫上章自陳，卽詔歸闕。屢召對言事，嘗奏曰：「舊有御覽，但記分門事類，臣願鈔略四部，別爲御覽三百六十卷，萬幾之暇，日覽一卷。又采經史要切之言爲御屛風十卷，置扆座之側，則治亂興亡之事常在目矣。」帝善其言，詔史館以羣書借之，仍免其集賢校讎之職。至是先上御覽三十卷，御屛風五卷，手詔褒答之。

33 丁卯，詔：「州縣學校及聚徒講誦之所，並賜九經。」

34 戊申，出陣圖示宰相，命督將練士以備北邊。

35 秋，七月，庚午朔，以河朔饋運勞民，詔轉運使減徭役存恤。

36己卯，邊臣言契丹謀入邊，以山南東道節度使王顯爲鎭、定、高陽關三路都部署，天平節度使王超爲副都部署。

37丙戌，遼以東京統軍使耶律諾袞舊作奴瓜，今改。爲南府宰相。

38八月，帝以邊臣玩寇，朔方餉道愈艱，辛丑，命兵部尙書張齊賢爲涇、原等州、保安等軍安撫經略使，知制誥梁顥副之，卽日馳騎而往。

39己酉，復親試制舉人，得成安縣主簿丁遜、舒州團練推官孫僅入第四等，並爲光祿寺丞、直集賢院；祕書丞何亮、懷州防禦推官孫暨入第四次等，以亮爲太常博士，暨爲光祿寺丞。

40初，太常寺丞陳堯佐爲開封府推官，坐言事切直，貶潮州通判。潮去京七千里，民俗陋鄙，堯佐至州，修孔子廟，作韓愈祠堂，率其民之秀者使就學。鱷魚復出害人，堯佐捕得，更爲文，鳴鼓於市而戮之，潮人以比韓愈。三歲，召還，命直史館。堯佐，堯叟弟也。

41甲子，職方員外郎丹陽吳淑上言：「諸路所納閏年圖，當在職方收掌，近者並納儀鸞司。伏以天下山川險要，皆王室之祕奧，國家之急務，故周禮職方氏掌天下圖籍，又詔土訓以夾王車。漢祖入關中，蕭何獨取秦圖籍，由是周知險要。豈有忽而不顧哉！請令以今閏所納圖並上職方。又，州郡地里，犬牙相入，向者獨畫一州地形，則不可以傅合他郡，望令諸路轉運使每十年名畫本路圖上職方，使知天下山川險要。」從之。

42 帝以巴、蜀地遠，時有寇盜，丁卯，命戶部員外郎南豐曾致堯等分往川、峽諸州提視〔舉〕軍器，察官吏能否。

43 戊辰，社，宴宰相於中書。

44 九月，知封駁司陳恕請鑄本司印，詔：「如有封駁事，取門下省印用之。」因遂改知封駁司爲兼門下封駁事。

45 丙戌，翰林學士承旨宋白等上新修續通典二百卷，詔付祕閣。

46 先是詔國子監祭酒邢昺等校定周禮、儀禮、公羊、穀梁傳正義，丁亥，昺等上其書，凡一百六十五卷，命模印頒行，賜宴國子監。於是九經疏義悉具。

47 庚寅，詔陝西民家出一丁，號保毅軍，凡得六萬七千八百九十五人；其緣邊軍士先選中者並升爲禁軍，號保捷軍。

李繼遷陷清遠軍。

48 辛卯，遼主如南京。冬，十月，己亥朔，南伐；壬寅，次鹽溝。徙封皇弟吳王隆祐爲楚王，留守京師。丁未，命皇弟梁王隆慶統先鋒軍以進

49 帝語近臣曰：「近者慶州地再震，昨司天奏熒惑犯輿鬼，秦分野當有災，宜戒邊將以靜。

且上天垂象示戒，可不恐懼修省！」知樞密院王繼英曰：「妖不勝德。」帝曰：「朕何德可恃！」同知樞密院陳堯叟曰：「陛下克己愛民，河防十餘溢而不決，歲復大稔，此聖德格天所致也。」帝曰：「天不欲困生靈耳，豈朕德能感之！自此益須防戒。」

50 己酉，張齊賢上言：「請募江、淮、荆湖丁壯八萬以益戍兵，廣邊備。」帝曰：「此不唯動搖人心，抑又使南方之人遠戍西鄙，亦非便也。」遂寢其奏。

51 庚戌，帝以陝西二十三州圖示輔臣，歷指山川險易、蕃部居處。又指秦州曰：「此州在隴山之外，號爲富庶，且與羌戎接畛，昨已命張雍出守，冀其綏撫有方也。」次復指殿北壁靈州圖曰：「此馮業所畫，頗爲周悉，山川形勢如此，安得知勇之士爲朕守之乎？」又指南壁甘、伊、涼等府圖，及東壁幽州已北契丹圖曰：「契丹所據地，南北千五百里，東西九百里，封域非廣也，而燕薊淪陷，深可惜耳！」

52 甲寅，北面前陣鈐轄張斌，與遼師遇於長城口，時積雨，遼人弓用皮弦皆緩濕，斌擊敗之。漸近界首，遼伏騎大起，而三路統帥未及進，前陣兵少，爲遼師所乘，退保威虜軍。【考異】宋史：張斌破契丹於長城口。遼史云：遼軍與宋兵戰於遂城，敗之。蓋此戰前後互有勝負，故兩國各言其勝也。又宋史作己未遼史作甲寅，繫日互異。據長編亦作甲寅，與遼史合，今從之。

詔高陽三路兵增騎二萬爲前鋒，又命將五人各領騎三千陣於先鋒之前，別命莫州都部署桑贊領萬人居莫州、順安軍爲奇兵以備邀擊，北平寨部署荆嗣領萬人以斷西山之路。

53 詔：「購館閣逸書，每卷給千錢；及三百卷者，當量材錄用。」

54 丙寅，遼主以泥淖，命班師。

55 十一月，丙子，王顯奏前軍與契丹戰，大破之，斬二萬餘人，獲其統軍鐵林。【考異】玉壺清話云：契丹領數騎獵於威勝軍，王顯襲擊，大破之。然是役實遼人領兵南下，非獵也。九朝編年備要云李繼宣敗遼于山谷，宋史不載，他書亦無可考。太平治迹統類所載，與長編同。惟宋史作壬申，長編作丙子，繫日少異，今從長編。

56 職方員外郎吳淑，上疏請復古車戰之法，累數千言，帝稱其博贍。

57 丁亥，御崇和殿，閱張去華所著元元論及授田圖，謂近臣曰：「經國之道，必以養民務穡爲先。朕常冀邊鄙稍寧，兵革粗足，則可以力行其事，使吾民富庶也。」

58 先是邊臣議城綏州，大屯兵積穀以遏党項，朝臣互執利害，久未決。十二月，中書、樞密會議，向敏中、周瑩、王繼英、馮拯、陳堯叟，皆曰修之便。帝以境土遐邈，不可遙度，乃命比部員外郎洪湛、閤門祗候程順等同往按視。

59 時靈州孤危，丁卯，詔羣議棄守之宜。知制誥楊億即日奏疏，請棄靈州，退保環、慶。帝訪於左右，咸以爲靈武乃必爭之地，苟失之，則緣邊諸州亦不可保，帝頗然之。宰相李沆奏曰：「若繼遷不死，靈州必非朝廷所有。莫若發單車之使，召州將部分戍卒居民，委其空壘而歸，如此，則關右之民息肩矣。」

60閏月，洪湛等使還，言城綏州，其利七而害有二。丙戌，詔築綏州城。

61戊寅，李繼遷蕃族訛遇等歸順。

62己卯，以兵部尚書張齊賢爲右僕射。

63壬午，靈州言河外砦主李瓊等以城降西夏，帝念其力屈就禽，特釋其親屬。

64甲午，以王超爲西面行營都部署，環慶路部署張凝副之，秦翰爲鈐轄，領步騎六萬援靈州。

65是月，以西涼府六谷首領巴勒結舊作潘羅支，今改。爲靈州西面都巡檢使。會西涼使至，言六谷分左右廂，左廂副使折逋游龍鉢實參巴勒結軍事，宜授以官，乃以游龍鉢領宥州刺史。

66遼大丞相韓德昌，以南京、平州歲不登，奏免百姓農器錢，又請平州郡商賈價。是年，詔減關市稅，復免南京、平州租稅，從德昌之言也。【考異】是年，遼置閏在十一月，宋置閏在十二月，兩國置閏不同。蓋宋人新用儀天曆也。遼史本紀：閏月，減關市稅。十二月，庚辰，免南京、平州租稅。今併書歲末。

續資治通鑑卷第二十三

賜進士及第兵部尚書兼都察院右都御史總督湖北湖南等處地方軍務兼理糧餉世襲二等輕車都尉 畢沅 編集

宋紀二十三 起玄黓攝提格(壬寅)正月，盡昭陽單閼(癸卯)六月，凡一年有奇。

眞宗膺符稽古神功讓德文明武定章聖元孝皇帝

咸平五年 遼統和二十年。(壬寅、一〇〇二)

1 春，正月，庚子，遼主如延芳淀。

2 壬寅，帝謁啓聖院太宗神御殿。初，太祖、太宗每歲上元幸佛寺，然後御樓觀燈。帝自畢諒陰，以啓聖院太宗降誕之地，聖容在焉，前期往拜，至望夕乃幸他寺，遂爲制。

3 甲辰，以右僕射張齊賢爲邠、寧、環、慶、涇、原、儀、渭、鎭戎軍經略使，判邠州，令環慶、涇原兩路及永興軍駐泊兵並受齊賢節度。專爲經略使自此始。

4 初，慶州發兵護芻糧詣靈州，殿中丞鄭文寶，素知西邊山川險易，上言必爲繼遷所敗。已而轉運使陳緯果沒于賊，三年九月事。賊進陷清遠軍。四年九月事。文寶時居母喪，即命相府召文寶，詢其策略，文寶因獻河西隴右圖，且言靈州可棄。於是遣王超西討，丁未，詔起復文寶爲工部員外郎，同句當陜西隨軍轉運使事。

5 戊申，以吏部郎中田錫權句當通進、銀臺司兼門下封駁事。錫再掌銀臺，每覽天下章疏，有言民飢盜起及詔敕不便者，悉條奏其事，帝對宰臣稱錫爲得爭臣之體。

6 辛酉，女眞宰相伊勒希達舊作夷离底，今改。入貢於遼。

7 壬戌，環慶部署張凝襲諸蕃，焚族帳二百餘，斬首五千級，降九百餘人。

8 癸亥，改命張齊賢判永興軍府兼馬步軍部署，罷經略使之職。

9 帝謂宰相呂蒙正等曰：「朕每遇將臣，未嘗不與細論利害，然未有能出奇策者。今已復春時，汲汲經營，將來猶慮不及。中書、樞密院可各述所見，具今歲防邊宜如何制置，條列以聞。」

10 丙寅，田錫言：「霸州、乾寧軍死傷人戶，又，莫州奏餓殺一十六口，滄州奏全家餓死一十七口。陛下爲民父母，使百姓餓死，乃是陛下孤負百姓。宰相調燮陰陽，啓導聖德，而惠澤不下流，乃是宰相孤負陛下。昔伊尹作相，恥一夫不獲。今餓死人如此，所謂『焉用彼相』。若不別進用賢臣，臣恐危亂之萌，不獨在邊防而在內地也。」

11 以丁謂爲夔州路轉運副使。

初，王均叛，朝廷調施、黔、高、溪州蠻子弟以扞賊，既而熟山川道路，反入爲寇，攻州縣，掠民男女入溪洞，久不能定。詔以謂爲轉運使，委之經制。至則命罷兵，自入溪洞，每渡水，輒減從吏卒，比至巢，自從者不過三二人。蠻人服其恩信，皆大喜。其首領田彥伊以下遂出迎謁，以牛酒勞謂。謂留，與之飲食，歡甚，喻以禍福，且言赦不殺，彥伊等感泣，願世奉貢。謂要與俱至夔州，每渡水，亦使之減所從蠻人，如謂入時。及館，謂與之錦袍、銀帛有差，盛具燕之，蠻酋皆大悅。比數日，請歸，不許，而遇之益厚。間使人謂之曰：「公欲得所掠漢民男女，若等誠能自請歸之，公必喜，遣若去矣。」蠻酋乃請歸所掠漢民男女，謂與之約，每歸一人，與絹一匹，于是凡得萬餘人。及歸，又自臨送之，蠻酋皆感泣辭訣，乃作誓刻石柱，立境上。

謂度峽內至荆南，宜備蠻險阨之地，悉置寨，籍居人使自守，有事則皆會禦賊，無事則散歸田里，留守望者數人而已。又以忠、萬等州兵食不能自給，乃置忠、萬等州營於夔州，使其軍就食，有事則歸于其州。峽之諸州，施尤近蠻，食嘗不足而道狹難饋，有鹽井之利而亦難致，故售者少。謂乃度巫山縣，每三十里置鋪，鋪置卒三十人，使往者負粟以次達施州，迓者負鹽以次達巫山。凡商人之得鹽巫山者，比得之他州減勞費半，乃令欲巫山鹽者，皆入粟于施州，於是施州得粟與他州等。詔特遷謂戶部員外郎。

時溪蠻別種有入寇者，謂遣彥伊等帥其徒討擊，且出兵援之，凡擒生蠻八百六十，得所掠漢口四百餘，復上言：「黔南蠻族多善馬，請置館犒給緡帛，歲收市之。」凡謂所經畫，其後皆不能變。

12 二月，廣（校者按：廣字衍。）京城衢巷狹隘，詔右侍禁、閤門祗候謝德權督（廣）之。德權既受詔，先撤貴要邸舍，羣議紛然。有詔止之，德權面請曰：「今沮事者皆權豪輩，吝僦屋資耳，非有他也。臣死不敢奉詔。」帝不得已從之。德權因條上衢巷廣袤及禁鼓昏曉，皆復長安舊制。乃詔開封府街司約遠近置籍立表，令民自今無復侵占。

13 癸酉，詔曰：「比司帑廩者多收羨餘以爲課績，蓋出納之際，有所重輕，此可責而不可獎也。宜令有司嚴加戒勵，無使復然。」

三司言衣庫副使焦守節監香藥榷易院，歲增入十餘萬，當遷閤門副使。帝謂輔臣曰：「守節緣財利羨餘而遷橫行，何以勸邊陲效命者！」止以爲宮苑副使。

14 孫全照至綏州，言築城非便，朝論亦多異同。丁丑，詔知天雄軍錢若水與幷代鈐轄陳興乘傳詳度之。

15 女眞遣其子朝於遼。

16 乙酉，詔：「邊士疾病戰沒者，冬春衣聽給其家。」

17 己丑，以王漢忠爲邠寧、環慶路都部署，李允正爲鈐轄。

18 三月，李繼遷大集蕃部攻陷靈州，知州、內客省使、順州團練使裴濟死之。濟在靈州凡二年，謀緝八鎮，興屯田之利，民甚賴焉。及被圍，餉道斷絕，濟刺指血染奏求救，大軍訖不至，城遂陷。繼遷以州爲西平府，尋居之。戊申，事聞，宰相等上表待罪，詔慰諭之。

19 己酉，以王超爲永興軍駐泊都部署，石普副之；徙康繼英爲慶州駐泊鈐轄，與西南沿邊迭爲應援；秦翰爲環慶、涇原兩路鈐轄，與王漢忠、李允正同其事，備繼遷之侵軼也。

20 甲寅，遼遣北府宰相蕭繼遠等率師南下。

21 己未，親試禮部舉人，得進士益都王曾以下三十八人，九經諸科百八十一人，並賜及第。

先是命吏部侍郎陳恕知貢舉，恕所取士甚少，以王曾爲首。及是糊名考校，曾復得甲科。恕歎曰：「曾，名世才也，吾得曾，不愧知人矣。」或謂曾曰：「狀元一生喫著不盡。」曾正色答曰：「平生之志，不在溫飽。」

22 壬戌，遼主如鴛鴦濼。

23 夏，四月，丙寅朔，遼文班太保達哩斯舊作達里底，今改。與南軍戰於梁門，旋遣南京統軍使蕭達蘭舊作撻覽，今改。攻秦〔泰〕州，先後告捷，未幾，引還。

24 錢若水上言：「綏州自賜趙保忠以來，戶口凋殘，今欲復城之，用工計百餘萬，又須廣屯戍兵，倍于曩日。芻糧之給，全仰河東，其地隔越黃河及大、小鐵碣二山，又城下有無定河，緩急用師，輸送艱阻。且其地無險，若修葺未備，蕃寇奔衝，則難於固守。況此州城邑焚毁，無尺椽片瓦，所過山林，材木匱乏，乞罷其役。」若水復詣闕面陳其事，帝甚嘉納。初，若水率衆過河，分布軍伍，咸有節制，深爲戍將所伏。帝知之，謂左右曰：「若水儒臣中知兵者也。」

25 壬申，詔：「陝西民輓送緣邊芻糧者，賜租之半。」

26 癸酉，命田錫以本官兼侍御史知雜事，仍遣中使諭旨曰：「知雜之任，朝廷甚難其人，故以命卿。仍不妨徐徐撰述，或有所見，卽具奏聞。」

27 命北邊經度方田以限敵騎。

28 田錫請命「審官院檢前後中書劄子，應三院御史二十一人，中曾有貪猥過犯者，不得令在憲秩，可改授他官；其有清嚴勤幹者，不得令在外官，詔歸本職。」

29 五月，庚子，減河北冗官。

30 癸卯，置憲州。

31 代州進士李光輔，善擊劍，詣闕，帝曰：「若獎用之，民悉好劍矣。」遣還。

32乙巳，判三司催欠司楊覃上蠲放天下逋欠計八百萬，請付史館，從之。

33丙午，以王顯爲河陽三城節度使。

34庚戌，指揮使馬翰請緝捕在京羣賊。帝謂輔臣曰：「朕尹京日，聞翰以緝賊爲名，乃有三害：都市豪民懼其糾察，常厚賂之，一也；每獲賊贓，量以當死之數送官，餘悉入己，二也；常畜無賴十餘輩，偵察擾人，三也。顧其事未彰敗，不欲去之。自今捕賊止委開封府，勿使翰復預其事。」

35是月，選河南民丁爲兵。西北邊屢請益兵，輔臣請以河北強壯充選，帝曰：「初置強壯，嘗諭以永不充軍。」呂蒙正曰：「闕兵非取於民，不可得也。」乃於河南籍丁壯爲之。侍御史知雜田錫上言：「點集鄉兵，人情不安，實傷和氣。」

36六月，以陳若拙爲工部郎中，知處州。若拙自京東轉運使被召，時三司使缺，若拙自謂得之，及至，授刑部郎中，知潭州。若拙大失望，因對，固辭，且言嘗任三司判官及轉運使，今守湖外，反類責降，又言父母年老，不願遠適。帝曰：「潭州大藩，朕爲方面擇人，所委不在轉運使下。輔相舊臣，固亦有出典大藩者。」若拙懇請不已，乃追新受告敕而有此命。

帝謂宰臣曰：「士大夫操修，必須名實相副，頃聞若拙有能幹，特遷秩委以大藩，而貪進擇祿如此，固當譴降。朕之用人，豈以親疏爲間，苟能盡瘁奉公，有所植立，何患名位之不至也！」

37 癸酉，李繼遷復以二萬騎進圍麟州；詔發并、代、石、隰州兵援之。

38 己〔乙〕亥，以王超爲定州路駐泊行營都部署，王繼忠副之，入內都知韓守英爲鈐轄。

39 己卯，以知樞密院事周瑩爲永清軍節度使，充高陽關都部署。

40 己〔乙〕酉，詔益兵八千分屯環慶、涇原。

41 李繼遷率衆二萬攻麟州，四面負版薄城者五日。知州、閤門祗候衞居實，屢出奇兵突戰，及募勇士縋城潛往擊賊，賊皆披靡，自相蹂踐，殺傷萬餘人。丁丑，繼遷拔寨遁去。（校者按：此條應移39己卯前。）

42 帝對輔臣于便殿，出河北東路地圖，指山川要害曰：「契丹入鈔，濱、棣之民頗失農業，今冬若再來，朕必過邢、洺之北，驅逐出境，以安生聚。」呂蒙正等咸請精選將帥，責其成效，車駕毋勞自行。帝曰：「若此，卿等宜各畫必然之策以聞。」

43 壬辰，帝始聞麟州之捷，以衞居實爲供備庫使，通判以下並進秩。

44 秋，七月，甲午朔，日有食之。

45 丙申，以鄧州觀察使錢若水爲并代經略使，判并州。帝新用儒將，未欲使兼都部署之名，而其任實同也。

46丁酉，遼以邢抱朴爲南院樞密使。

47己亥，保靜節度使王漢忠，坐西討違詔無功，責左屯衞上將軍。踰月，出知襄州，未上，遽暴疾卒。帝甚悼惜之，詔贈太尉，命中使護喪事。

漢忠深沈有識略，輕財好施，賓禮儒士，居常讀書，手不釋卷，以是自矜尚，故羣帥不悅之。殿直安守忠、【考異】按太宗、眞宗朝武臣有兩安守忠，其一晉陽人，節度使審琦之子，官至節度留後，贈太尉。宋史有傳。其一不詳其里居，官至捧日左廂都指揮使、欽州團練使。元豐中，景靈宮繪功臣像，誤以欽州團練使安守忠充數，而贈太尉安守忠之孫自言，乃命戶部尚書王存考定。存言國史本傳贈太尉安守忠有戰功，當預繪像，其捧日左廂都指揮使、欽州團練使安守忠，史冊無載，即無預繪像人數，乃詔改繪贈太尉守忠像，併推恩其家。此爲殿直，捃摭王漢忠密事者，當是欽州團練使，非贈太尉也。鄭懷德，皆乘驛詣邊受事，漢忠待之不厚，遂相與捃摭漢忠密事以聞。漢忠黜死，二人之力居多。懷德、守忠，皆襄邸攀附者也。

48乙卯，募河北丁壯。

49丙辰，遣使齎詔就終南山召种放赴闕，仍賜絹百匹，錢十萬，以張齊賢復條上放操行，請加旌賞故也。

50壬戌，遼大林砦使王昭敏等來降。

51八月，羣臣三表上尊號，不允。

52丙子，沙州將曹宗壽殺其節度使曹延祿而代之，遣使入貢。以宗壽爲歸義軍節度使。

53九月，癸巳朔，遼主謁顯陵。

54先是麟、府屯重兵，皆河東輸餉，雖地里甚邇，而限以長河。土人利於河東民罕，至則芻粟增價。帝嘗訪使邊者，言河廣才數十步，乙未，詔轉運使鄭文寶於定羌軍、府州河上經度造橋梁，人以爲便。

55戊申，种放以幅巾入見於崇政殿，命坐，詢以政事。放曰：「明王之治，愛民而已，惟徐而化之。」即日，授左司諫、直昭文館，賜冠帶、袍笏，館於都亭驛，太官供膳。己酉，放表辭恩命，帝令宰臣召問之；又知放與陳堯叟游舊，令諭旨。放言：「主上虛懷待士如此，放固不敢以羈束爲念。」宰臣以聞，詔遂不許其讓，居數日，復召見，賜緋衣、象笏、犀帶、銀魚及御製五言詩，又賜昭慶坊第一區。

56冬，十月，癸亥朔，遼主至自顯陵。

57丁亥，向敏中罷爲戶部侍郎，張齊賢責授太常卿、分司西京。

先是左領軍衞將軍薛惟吉妻柴氏，無子，早寡，欲改適齊賢。惟吉子安上訴其事，下御史臺，鞫得齊賢定娶柴氏狀。柴因上書訟敏中違詔賤買惟吉故第，又嘗求娶己不許。

帝問敏中，敏中言實買安上居第，近喪妻，不復議姻，未嘗求婚於柴也。鹽鐵使王嗣宗素忌敏中，因入對，言：「敏中議娶王承衍女弟已定。」帝惡其不直，遂罷相。翰林學士宋白嘗就敏中假金，不與，及草制，力詆之，有云：「對朕食言，爲臣自昧。」敏中讀之泣下。

58 田錫言：「訪聞密院、中書，政出吏胥之手。吏胥行遣，只檢舊例，無舊例則不行；樞相商議，別無遠謀，無遠謀則多失。失於邊計者，去年失清遠軍，今年失靈州；失於邦計者，不知府庫有無，不知倉廩虛實。戎夷深入，則請大駕親征，將帥無功，則取聖慈裁斷。所以倉廩虛盈，過不在密院，邊防動靜，事不屬中書，因此相承，寖以成例。聖恩若且任用，則不失享富貴；聖旨若令罷免，則不過歸班行。昔漢之三公，罷免則放之歸農，誅戮則賜其自盡。其任用既重，則黜責非輕，操國柄者所以不敢不用心，持兵權者所以不敢不盡節。今則不然，臣下得優逸而君上但焦勞，故陰陽不順，水旱不調，法令滋章，盜賊多起。倘率京城父老，上章請加尊號，賴聖君英睿，力斷來表。由是見宰相以甘言佞上求聖知，以國計軍機非己任，蓋自來任重責輕之所致也。今帑藏無餘財，倉廩無積粟，但急備邊之用，不思經國之謀，地愈荒而黎民愈貧，事彌繁而貲貨彌少。官吏救過不暇，若加以水旱之災，乘以戎夷之患，不知在廟堂者用何智略，總軍兵者作何籌謀！望陛下聽臣所奏，賞罰二柄，不必一一問中書，通變萬機，不必一一由密院，然後辨認讒謗，察訪忠良，速究危亂之萌，則天下幸甚！」

59 十一月，壬辰朔，詔麟州給復一年。

60 癸巳，命度支員外郎李士衡、閤門祗候李溥詣陝西諸州增酒榷課。自是歲益錢二十五萬。

61 辛丑，饗太廟。壬寅，合祭天地於圜丘，大赦，除天下逋負錢糧。

62 丁未，白州民黃受百餘歲，賜粟帛。未幾，復賜京城百歲老人祝道喦爵一級。

63 己酉，封皇子元祐爲信國公。

64 癸丑，以職方員外郎樂史直史館。史年七十餘，帝嘉其筋力不衰，且篤學著書，故授以舊職。史與其子黃目俱直史館，時人榮之。

65 庚申，河陽節度判官清池張知白上疏曰：「臣聞周禮秋官主刑。月令孟秋中氣之後，則命有司繕囹圄，具桎梏，斷薄刑，決小罪；秋分則申嚴百刑，斬殺必當，無留有罪。此並順上天行肅殺之令也。今命使決獄，多不拘於此時，或在三春，或在九夏，雖勤恤庶獄，慮有滯留，其如未順四時之令何！欲望自今除盛夏仍舊降詔恤刑外，每歲自孟秋中氣後、秋分前，遴選周行，分道決獄，如此，則順天行刑，萬務必乂。

臣又聞先王垂訓，重德教而輕刑罰，今法令之文，爲時所尙，自中及外，由刑法而進者甚衆，雖有循良之吏，亦改節而務刑名。臣愚以爲刑法者爲治之具，不可以獨任，必參之以德教，然後可以言善治。

臣又聞聖人之居守文之運者，將欲淸化源，在乎正儒術。古之學者，簡而有限，其道粹而有益；今之學者，其書無涯，其道非一，是故學彌多，性彌亂。今爲進士之學者，經、史、子、集也。有司之所取者，詩、賦、策、論也。五常六藝之意，不遑探討，其所習泛濫而無著，非徒不得專一，又使害生其中。若明行制令，大立程式，每至命題考試，主典籍而參以正史，至於諸子之書，必須輔於經、合於道者取之，過此並斥而不用，然後先策論，後詩賦，責治道之大體，舍聲病之小疵。如是，則進士所習之書簡，所學之文正，而成化之治興矣。」帝覽而嘉之，召知白赴闕，試舍人院，除左正言。

66 十二月，癸未，遷麟州內屬人於樓煩。

67 田錫言：「陛下纂位五年，儲闈未建，恐開窺覦之端，宜思重謹之義。」

68 遼奚王府五帳六節度獻七金山、土河川地，遼主賜以金幣。

69 是歲，遼放進士邢祥等六人。

六年 遼統和二十一年。（癸卯、一〇〇三）

1 春，正月，遼主如鴛鴦濼。

2 二月，己卯，遣使賑京東、西、淮南水災。

3 六谷酋長巴勒結舊作潘羅支，今改。遣蕃官來貢，表言：「感朝廷恩信，憤繼遷倔強，已集騎兵六萬，乞會王師，收復靈州。」帝曰：「繼遷每來寇邊，軍出則遁，使六谷部族近塞捍禦，與官軍合，亦國家之利也。」詔許之。庚辰，以巴勒結爲朔方軍節度、靈州西面都巡檢使。

4 三月，辛卯朔，田錫言：「去秋已來，霖雨作沴，近畿諸處，水潦爲災，雖爲檢覆災傷，乃是虛名，卽行賑貸，且非實事。又，國家爲闕兵備邊，遂於曹、單、宋、亳、陳、蔡、汝、潁之間揀選強壯，得五七萬人。始降指揮，只令在本城防守，及至奏聞都數，卽並押赴京師。失信如此，下民寧無怨望！古者民爲邦本，食爲民天，今國家取壯丁爲兵，已失邦本，以災傷去食，寧有民天！五七萬人並離農畝，災沴之餘，寇盜若起，適足爲外敵之利耳。」

5 壬辰，遼主詔修日曆官無書細事。

6 左司諫、直昭文館种放再表乞暫還山，許之。丙午，特授起居舍人。將行，宴餞於龍圖閣，又詔三館、祕閣官宴餞於瓊林苑，帝賜七言詩三章，在坐皆賦。

7 夏，四月，置河東神銳、神虎軍共萬三千餘人，立指揮，常加訓習。

8 乙丑，女眞遣使貢於遼。

9 庚午，徙知益州馬知節知延州，兼鄜延駐泊部署。

知節在成都，有訟龍騎卒謀變者，株引千數，知節密捕其黨，按實，止誅爲魁者七人。自乾德平蜀，每歲上供紈綺萬計，籍里民部舟遞運，沈覆殆半，多破產以償。知節請擇廷臣省吏二十人，凡舟二十艘爲一綱，以二人主之，三歲一代而較其課，自是鮮有敗者。承寇亂之後，戢兵撫俗，甚著威惠。然嫉惡太過，兵民有犯，多徙配他境，人頗怨懼。朝議務安遠俗，恐知節不協蜀人之情，以其素有武幹，故移守西邊，仍手詔諭以委屬之意。

10 舊制，士庶家僮僕有犯，或私黥其面。帝以今之僮使本傭雇良民，癸酉，詔：「有盜主財五貫以上，杖脊、黥面、配牢城；十貫以上奏裁，勿得私黥涅之。」

11 乙亥，參知政事王欽若上言：「桂州通判、太常博士王佑之，近丁母憂才踰月，連進五狀，皆匪機宜；殊忘哀戚之容，苟懷進動之意，望加黜責，以勵有位。」詔削佑之三任，配隸郴州，仍令御史臺榜朝堂告諭。

12 李繼遷寇洪德砦，蕃官慶香等擊走之，以慶香等領刺史。

13 丙子，遼遣南府宰相耶律諾袞、舊作奴瓜，今改。南京統軍使蕭達蘭進攻定州，行營都部署王超先發步兵千五百人逆戰於望都縣，殺戮甚衆。副部署、雲州觀察使開封王繼忠與諾袞等戰康邨，自日昳至乙夜，敵勢小卻。遲明，復戰，遼人悉衆攻東偏，出陣後焚絕糧道。繼忠率麾下躍馬馳赴，素衒儀服，遼人識之，圍數十重，士皆重創。殊死戰，且戰且行，旁西山而北，至白城，力不能支，遂就擒。超等即引兵還定州，遣使上聞。【考異】遼史王繼忠傳云：宋遣繼忠屯定之望都，以輕騎覘我軍，遇南府宰相耶律諸衮等，獲之。不言其力戰而敗，與宋史異。然宋人所紀亦多互異。王文正筆錄云：繼忠與侍中張耆同典禁兵，戍守鎭、定。會邊騎大至，晨薄我軍，亟命出兵爲左右翼以禦之。陣之西偏最爲兵衝，繼忠固請代耆西往，及敗績，遂爲所獲。然其時王超爲都部署，非張耆也。東都事略云：繼忠帥定武，出戰于望都之北，自以被遇之厚，力戰圖報，轉鬬累日，遂陷于契丹。然繼忠自爲副部署，非帥也。今從長編書之。又，繼忠開封人，見隆平集，與宋史同，而遼史乃云不知何郡人，當日並修三史，亦未嘗彼此參考也。

14 左衞上將軍信國公元祐，孝恪敏悟，帝所鍾愛。及被病，司天言月犯前星庶子星，帝憂之，屢設齋醮祈禳。是日卒，才九歲，追封周王，謚悼獻。後十五日，皇子生兩月者亦不育，帝乃取宗室子養之宮中。

15 成都闕守，朝議難其人。帝以知永興軍府張詠，前在蜀爲政明肅，勤於安集，遠民便之，甲申，加詠刑部侍郎，充樞密直學士，知益州。民聞詠再至，皆鼓舞相慶。

16 五月，辛卯，定州部署王超言遼師出境。

17 甲午，太白晝見。

18 乙未，以田錫爲左諫議大夫，仍遣中使諭錫曰：「第安心著述，必無差出。欲升殿者聽先奏。」

19帝聞王繼忠戰死，丁酉，贈大同軍節度使兼侍中，官其三子，皆加等。繼忠既擒，見遼主於炭山，太后知其才，授戶部使，兼賜妻室；繼忠亦自激昂，爲遼盡力。

20辛亥，錄望都戰歿將士子孫。

望都失利，帝語近臣曰：「用兵固有勝敗，然此戰頗聞有臨陣公然不護主帥，引衆先遁者，若不推窮，何以懲後！」乃命宮苑使劉承珪、供備庫副使李允則馳驛按問。癸丑，鎭州副部署李福，坐削籍流封州；拱聖都指揮使王昇，決杖配隸瓊州。因降詔戒勵諸路將帥。

21李繼遷攻西蕃，取西涼府。都首領巴勒結僞降，繼遷受之不疑。巴勒結遽集六谷蕃部及結隆舊作者龍，今改。族合擊之，繼遷大敗，中流矢，奔還靈州。丁巳，繼遷死，其子德明遣使告於遼。【考異】宋史西夏傳：繼遷以景德元年正月二日卒。是繼遷之死在下年，而遼史聖宗紀於是年五月書西平王李繼遷薨。西夏外紀亦作統和二十一年薨，與宋史年月互異。按西夏歲時聘貢於遼，所書宜得其實。宋久與之隔絕，祇憑邊境偵候，故傳聞異詞。今從遼史。

22六月，己未朔，御便殿，出陣圖示輔臣，并授諸將方略：「令鎭、定、高陽三路兵悉會定州，夾唐河爲大陣，量寇遠近，出軍樹柵，寇來堅守勿逐，俟信宿寇疲，則鳴鼓挑戰，勿離隊伍，貴持重，而敵騎無以馳突也。又分兵出三路，以六千騎屯威虜軍，魏能、白守素、張銳領之；五千騎屯保州，楊延朗、張延禧、李懷岊領之；五千騎屯北平寨，田敏、張凝、石延福領之，以當賊鋒。始至，勿與鬭，待其氣衰，背城挑戰，使其奔命不暇。若契丹南越保州與大軍遇，則令威虜之師與延朗會，使其腹背受敵，乘便掩殺。若契丹不攻定州，縱軼南侵，則復會北平田敏合勢，入北界邀其輜重，令雄、霸、破虜已來互爲應援。又命孫全照、王德鈞、裴自榮領兵八千屯寧邊軍，李重貴、趙守倫、張繼旻領兵五千屯邢州，扼東西路，敵將遁，則令定州大軍與三路騎兵會擊之。」其他選用，悉皆類此。初，馮拯建議，謂備邊之要，當扼險以制敵之衝，若於保州、威虜間依徐、鮑河爲陣，其形勢可以取勝，至是帝多采用其議云。

23 丁卯，詔：「命官流竄嶺南者，給緡錢歸葬。」

24 豐州瓦窰沒剺、加羅、昧克等族以兵濟河擊李德明，敗之。

25 丁丑，隴山西首領禿逋等貢馬，願附大兵擊賊。

26 己卯，遼贈李繼遷尚書令，遣西上閤門使丁振弔慰。

27 辛巳，党項入貢於遼。乙酉，準布舊作阻卜，今改。諸部附遼。

28 以定州蒲陰縣當高陽關會兵路，詔葺其城。供奉官、閤門祗候謝德權，兼掌其事，一日，乘傳詣闕求對，言：「沿邊民庶多挈族入城居止。前歲契丹入境，傅潛閉壘自固，康保裔被擒，王師未有勝捷。臣以爲今歲必復入寇，兵聚一處，尤非利便。願速分戍鎭、定、高陽三路，天雄城壁闊遠，請急詔甓之，仍葺澶州北城，浚德清軍隍塹，以爲豫備。」帝變色曰：「此大事，非爾所當言。」德權曰：「臣蒙恩驅策，冒萬死求見，願陛下留意。臣實慮蒲陰工作未訖，敵必暴至。」帝慰遣之。既而遼人果圍蒲陰。

29先是三司各置使局，不相總統，彼此自求充濟，以促辦爲務；至于出納移用，均會有無，則專吝封執，動相違戾，或交撫利病以邀功希進。譁言日聞于上，帝頗煩親決，文符互出，莫知適從。丁亥，始并鹽鐵、度支、戶部爲一使，命權知開封府寇準爲兵部侍郎，充三司使。復置鹽鐵、度支、戶部副使，以卞袞領鹽鐵，查道領度支，林特領戶部。判使非奏事及有所更張，則止署按檢，餘皆本部副使判官主之。三司副使自是始預內朝。

30以吏部侍郎陳恕爲尚書左丞，知開封府。恕在三司，前後踰十數年，利病條例，多所改創。其徙官也，嘗薦寇準可用。及準爲三司，卽檢其前後所改創事類爲方册，其曉諭榜帖，悉以新版別書，齎詣恕第請署，恕一一爲署之，不復辭，準拜謝去。故三司多循恕舊貫自準始。

續資治通鑑卷第二十四

賜進士及第兵部尙書兼都察院右都御史總督湖北湖南等處地方軍務兼理糧餉世襲二等輕車都尉　畢沅　編集

宋紀二十四 起昭陽單閼(癸卯)七月,盡閼逢執徐(甲辰)十月,凡一年有奇。

眞宗膺符稽古神功讓德文明武定章聖元孝皇帝

咸平六年 遼統和二十一年。(癸卯、一〇〇三)

1 秋,七月,甲辰,復幷三司鹽鐵、度支、戶部句院爲一,命著作郎、直史館陳堯咨兼判之。

2 己酉,遼供奉官李信來歸。信言:「其國中所管幽州漢兵,謂之神武、控鶴、羽林、驍武等,約萬八千餘騎,其所署將帥,契丹、九女奚、南·北皮室當直舍利及八部落舍利,山後四鎭諸軍約十萬八千餘騎,內五千六百常衞契丹主,餘九萬三千九百五十卽時南侵之兵也。其國境自幽州東行五百五十里至平州,又五百五十里至遼陽城,卽所號東京者也。又東北六百里至烏惹(舊作兀惹,前改譯作烏實。)國,又東南接高麗,又北至女眞,東踰鴨江,卽新羅也。」以信爲供奉官,賜器幣、冠帶。

3 癸丑，太保兼中書令兗王元傑薨，追封安王，諡文惠。

4 甲寅，遼以奚府監軍耶律實嚕舊作室魯，今改。爲南院大王。實嚕魁岸，美容儀，與遼主同年生，遼主愛之。甫冠，補祗候郎君，未幾，爲宿直官。後爲隊帥，從耶律諾袞、舊作奴瓜，今改。蕭達蘭舊作撻覽，今改。略地燕、趙有功，故有是擢。

5 八月，庚午，太白晝見。

6 辛未，原、渭等州言西蕃八部、二十五族納質來歸。

7 丙子，詔：「環慶秋田經寇踐傷者，每頃賜粟十五斛；民被掠者，每口賜米一升〔斛〕。」蠲免棣州民租十之三。

8 甲寅，徙莫州路部署石普屯順安之西，與威虜軍魏能、保州楊延朗、北平田敏掎角，以爲防遏。

9 乙酉，準布舊作阻卜，今改。部長朝於遼。

10 丙戌，高麗國王誦遣其戶部侍郎李宣古來貢，且言晉割幽薊以屬契丹，遂有路（校者按：有路二字衍。）直趨玄菟，屢來攻伐，求取無厭，乞王師屯境上爲之牽制。詔書優答。

11 九月，丙申，出內府繒帛市穀實邊。

12 司空、平章事呂蒙正，凡七上表求退，甲辰，罷爲太子太師，封萊國公。

13癸丑，遼主如女河湯泉，改其名曰松林。

14是秋，募近京強壯補禁衞，詔殿前都指揮使高瓊閱習陣勢，召近臣觀之，行伍整肅。帝甚喜，謂瓊曰：「昨日鄉民，皆爲精銳矣。」

15冬，十月，丁巳朔，遼主駐七渡河。【考異】遼史聖宗紀失書朔，今考補。

16甲子，靜戎軍王能奏：「於軍城東新河之北開田，廣袤相去皆五尺許，深七尺，狀若連鎖，東西至順安、威虜軍界，必能限隔戎馬，縱或來侵，亦易於防捍。」仍以地圖來上。帝召宰相李沆等示之，沆等曰：「沿邊所開方田，臣寮累曾上言，朝廷繼亦商榷，皆以難於設防，恐有奔突，尋卽罷議。今專委邊臣，漸爲之制，斯可矣。乞幷威虜、順安軍皆依此施行。且慮興功之際，敵或侵軼，可選兵五萬人分據險要，漸次經度之。」是日，詔靜戎、順安、威虜界並置方田，鑿河以遏敵騎。

17戊辰，遼以皇弟楚王隆祐爲西南面招討使。

18戊寅，給軍中傳信牌。先是石普言：「北面抗敵，行陣間有所號令，遣人馳告，多失詳審，復慮姦詐，請令將帥破錢而持之，遇傳令則合而爲信。」帝以爲古者兵符既已久廢，因命漆木爲牌，長六寸，闊三寸，腹背刻字而中分之，置鑿枘，令可合，又穿二竅，容筆墨，其上施紙札，每臨陣則分而持之，或傳令則署其言而繫軍吏之頸，至彼合契，乃署而復命焉。

19 鄧州觀察使錢若水卒。若水能斷大事，事繼母以孝聞。及卒，帝甚悼惜之，贈戶部尙書，謚宣靖。特遣中使存問其母，賜白金五百兩。

20 十一月，壬辰，遼故裕悅舊作于越，今改。耶律休格舊作休哥，今改。之子道士努、（舊作道士奴。）高九等謀叛，伏誅。

21 丙申，遼通括南院部民。

22 王繼忠既見任於遼，從容進說曰：「竊觀大朝與南朝爲仇敵，每歲賦車籍馬，國內騷然，未見其利。孰若馳一介，尋舊盟，結好息民，休兵解甲！爲彼此之計，無出此者。」時太后春秋已高，頗然之。

23 己亥，閱捧日軍士教三陣於崇政殿。

24 甲寅，有星孛於井、鬼，大如杯，色青白，光芒四尺餘，凡三十餘日沒。帝謂宰相曰：「垂象如此，朕誕辰宜罷稱觴之會，以答天譴。」李沆曰：「陛下克謹天戒，甚盛德也。其咎屬臣等。至於華夷上壽，禮不可廢。且邊塞未寧，大兵在境，所慮物情罔測。」固請不已，乃許之。

25 十二月，甲子，詔求直言。

26 庚午，以李繼隆爲山南東道節度使。

27 辛未，右諫議大夫、史館修撰田錫卒。錫耿介寡合，慕魏徵、李絳之爲人，及居諫署，連上八疏，皆直言時政得失。將卒，命悉取平時封疏五十二奏焚之，曰：「直諫，臣職也；言苟獲從，吾幸大矣，豈可留之以賣直邪！」自作遺表，勸帝以居安思危。帝覽之惻然，謂宰相李沆曰：「田錫，直臣也，天何奪之速乎！自居位以來，盡心匪懈，始終如一，若此諫官，誠不易得。朝廷小有闕失，方在思慮，錫之奏章已至矣。不顧其身，惟國家是憂，孰肯如此！」壬申，優詔贈工部侍郎，以其子慶遠、慶餘並爲大理評事，給俸終喪。命有司錄其事布告天下。

28 甲戌，萬安太后不豫，詔求良醫。

29 戊寅，赦天下，死罪降一等，流以下並釋之，除五年逋租，萬安太后不豫故也。

30 癸未，帝親閱逋負名籍，釋繫囚四千一百六人，蠲賦八萬三千。於是將肆赦改元，或謂蠲放數多，三司必以虧損國計爲言，帝曰：「非理害民之事，朝廷決不可行。吝於出納，固有司職也，要當使斯人實受上賜。」

31 遼罷三京諸道貢。

32 甲申，日加午，雷暴震。司天言占主國家發號布德未及黎庶，帝謂輔臣曰：「豈所議赦書小惠未遍，上天以雷警朕邪？今河北、關西，戍兵未息，民甚勞苦，而三司、轉運使賦歛益繁。卿等宜悉取民弊，著爲條目，大者隨事減省，小者卽爲蠲免。又，諸道罪人情重者，頃令幷家屬赴闕，委棄資產，流離道路，深可憐憫，自今止送正身。臣寮負私過情輕，終身爲累者，委刑部特與洗滌。其他卿等皆盡心謀求之。」

33是歲，集賢學士、判院事陳恕卒。

恕事母孝，母亡，哀慕過甚，不食葷茹，遂至羸瘠。起復視事，遷尚書左丞，權知開封府。恕已病，猶勉強親職，數月增劇，表求館殿之職，帝從之，詔太醫診療。滿百日，有司請停俸，不許。未幾卒。恕精於吏治，深刻少恩，人不敢干以私。前後掌利柄十餘年，強力幹事，胥吏畏服，有稱職之譽。

景德元年 遼統和二十二年。（甲辰、一〇〇四）

1春，正月，丙戌朔，大赦，改元。

2丁亥，遼主如鴛鴦濼。

3乙未，以後宮劉氏爲美人，楊氏爲才人。

劉氏，華陽人。帝初爲襄王，謂左右曰：「蜀婦人多才慧，吾欲求之。」劉氏始嫁蜀人龔美，美攜以入京，【考異】宋史后妃傳不言初嫁龔美，外戚傳亦以劉美爲后兄，此史臣諱之也。涑水記聞載此事與長編略同，唯龔美作宮美，亦不言初嫁美，今從長編。既而家貧，欲更嫁之。張旻時給事王宮，言於王，得召入，遂有寵。王乳母秦國夫人，性嚴整，不悅，固令王斥去，王不得已出置旻家，別築館居之。其後請於秦國夫人，得復召入，於是與楊氏俱封。美因改姓劉，爲美人兄云。

4 丙申夜，京師地震。癸卯、丁未夜，京師地再震。帝謂宰相李沆曰：「坤道貴安靜，京師震動若此，皆朕聽覽不明所致。」沆頓首引咎。

5 二月，乙卯朔，女眞貢於遼。

6 丁巳，環慶、鄜延部署始知李繼遷死，相繼以聞，且言其子德明尚幼。輔臣等請降詔招諭德明及其部下，能相率歸順者，厚加爵賞。鄜延鈐轄張崇貴先遺德明書，得其報，稱未葬難發表章，乞就便具奏。【考異】涑水記聞稱：「李繼遷兵敗被傷，自度孤危，且死，屬其子德明必歸朝廷，曰：『一表不聽則再表，雖累百表，不得請不止也。』繼遷死，德明納款，詔向敏中知延州，受其降。按德明報崇貴，云未葬難發表章，其意猶屈強不服，未必繼遷有此遺言。李燾以爲德明假託之言，蓋得其實，今亦不取。崇貴以聞，帝乃賜德明詔諭意，且告以信人未至，故未遣使弔問也。

7 丙寅，遼南院樞密使邢抱朴卒。

抱朴以儒術顯，奉命甄別守令，大愜人望；兩決滯獄，民無冤濫。詔輟朝三日。

8 辛酉，以河陽三城節度王顯知天雄軍府兼駐泊都部署。

9 戊寅，以太常卿張齊賢爲兵部尙書。

10 冀、益、黎、雅州地震。

11 度支副使査道，儒雅迂緩，治劇非所長。與鹽鐵副使卞袞同候對，將升殿，袞遽出奏牘遣道同署，及帝詢問，則事本度支，道素未省視，錯愕不能對。己卯，罷職，道卒不自辨，亦無慍色。

12 夔州路轉運使丁謂招撫溪洞夷人，頗著威惠，部民借留，凡五年不得代，乃詔謂舉自代者，謂以國子博士薛顏爲請。癸未，擢顏虞部員外郎、夔州路轉運使，召謂入朝。

13 三月，丁酉，直祕閣黃夷簡等上校勘新寫御書，凡二萬四千一百六十二卷。

14 萬安皇太后疾未愈，帝親調藥餌，每對近臣，憂形于色，或稍加言必流涕。以重賞購民間善醫者，詔屢下。己亥，后崩於萬安宮。辛丑，羣臣請聽政，三表，不允。乙巳，李沆等兩詣宮門懇請，覩帝毀瘠過甚，繼上五表，復詣宮門求見，言西北用兵，機務不可暫曠，帝不得已從之。

夏，四月，甲寅朔，上大行皇太后謚曰明德。

15 丙辰，邢州地震不止。

16 張崇貴屢請遣大臣至邊議趙德明事。五月，甲申朔，以知永興軍府向敏中爲鄜延路緣邊安撫使。崇貴築臺於保安北十里許，召戎人所親信者，與定盟約，經置大小，皆出崇貴，斂中實總其議焉。

17丁卯，瀛州地震。

18六月，丙辰，詔：「諸州民詣闕舉留官吏，多涉徇私。自今官吏實有善政，候轉運使舉陳；如敢違越，其爲首者論如律。」

19帝密采羣臣之有聞望者，得刑部郎中邊肅，殿中丞鞠仲謀，司勳員外郎朱協，比部員外郎（陳英）、郝太沖、李玄，太常博士馬景、何亮、周絳、謝濤、衞太素，國子博士陳昭度，太常丞崔端、高謹徽，祕書丞趙湘、張若谷、姜嶼，殿中丞皇甫選、滕涉、陸元圭、李奉天，太子中允崔遵度，中舍曹度，將作監丞陳越，凡二十四人，內出其姓名，令閤門祗候，崇政殿再坐引對，外任者乘驛赴闕。每對，必往復紬繹其詞氣，或試文藝，多帖三館職，或命爲省府判官，或升其差使焉。

20甲子，詔：「罷川、峽、閩、廣州軍承天節入貢。自今三千里外者悉罷之。」

21先是帝召翰林學士梁顥夜對，詢及當世臺閣人物，顥曰：「晁迥篤於詞學，盛元敏於吏事。」帝不答，徐問曰：「文行兼著，如趙安仁者有幾？」顥曰：「安仁材識兼茂，體裁凝遠，求之具美，未見其比也。」既而顥卒。秋，七月，乙酉，以知制誥餘杭趙安仁爲翰林學士。

22丙戌，右僕射、平章事李沆寢疾，帝臨問，賜其家白金五千兩。車駕方還宮而沆卒，趣駕再幸其第，哭之慟，謂左右曰：「沆忠良純厚，始終如一，豈意不享遐齡！」言畢，泣下。贈太尉、中書令，謚文靖；錄其三弟、一子，甥及妻之兄子，皆賜同進士出身。

帝之初卽位也，沆日取四方水旱盜賊奏知，參知政事王旦以爲細事不足煩上聽，沆曰：「人主少年，當使知民間疾苦。不然，血氣方剛，不留意聲色、犬馬，則土木、甲兵、禱祠之事作矣。吾老不及見，此參政他日之憂也。」時西北用兵，邊奏日聳，便殿延訪，或至旰昃，旦慨然謂沆曰：「我輩安得坐致太平，優游燕息乎！」沆曰：「國家強敵外患，適足爲警懼。異日天下宴然，人臣率職，未必高拱無事，君奚念哉！」

帝雅敬沆，嘗問治道所宜先，沆曰：「不用浮薄新進喜事之人，此最爲先。」帝問其人，曰：「如梅詢、曾致堯、李夷庚等是矣。」帝深然之。故終帝之世，數人者卒不進用。

沆重厚淳質，退公，輒終日危坐。治第封丘門內，廳事前僅容旋馬。或言其太隘，沆曰：「此爲宰相廳事誠隘，爲太祝、奉禮廳事已寬矣。」常喜讀論語，或問之，沆曰：「我爲宰相，如論語中『節用而愛人，使民以時』兩句，尙未能行。聖人之言，終身誦之可也！」

23帝欲相三司使寇準，乃先置宿德以鎭之。庚寅，以兵部侍郎畢士安爲吏部侍郎、參知政事。士安入謝，帝曰：「未也；行且相卿，誰可與卿同進者？」士安因言：「準兼資忠義，能斷大事，臣所不如。」帝曰：「聞準好剛使氣，柰何？」士安曰：「準忘身徇國，秉道疾邪，故不爲流俗所喜。今北方未服，若準者正宜用也。」

24 壬辰，鹽鐵副使、刑部員外郎卞衮卒。詔錄其子弟。衮明敏有吏幹，累掌財賦，以稱職聞；然性慘毒，掊克嚴峻，專行箠楚，至有大蟲之號。

25 光祿少卿宋雄，習河渠利害，因命領護汴口，均節水勢，以濟江、淮漕運。居十數年，三遷將作監，不易其任，職務修舉，朝廷賴焉。

26 是月，遼遣使封李德明爲西平王。

27 八月，己未，以參知政事·吏部侍郎畢士安、三司使·兵部侍郎寇準並依前官，平章事。是時契丹多縱遊騎略深、祁間，小不利卽引去，徜徉無鬬意，準曰：「是狃我也，願朝廷練師領，簡驍銳，分據要害地以備之。」

28 以知樞密院事王繼英爲樞密使，同知樞密院事馮拯、陳堯叟並僉署樞密院事。

29 以工部郎中劉師道權三司使公事。自後三司除使，多用此制。

30 庚申，知壽州陳堯佐，自出米爲糜以食餓者，而吏民皆爭出米，共活數萬人。堯佐曰：「吾非行私惠，蓋以令率人，不若身先而使其從之之樂也。」

31 準布部長朝于遼，請婚，不許。

32 甲戌，邊臣言契丹謀大入，詔鎭州所屯河東廣鋭兵及近南州軍，先分屯兵並赴定州。

33 九月，詔：「諸轉運使、副，辨察所部官吏能否爲三等：公勤廉幹、惠及民者爲上，幹事而無廉譽、淸白而無治聲者爲次，畏懦貪猥者爲下，並列狀以聞。」從右司諫高伸請也。

34 丙午，遼主如南京。

35 丁酉，帝謂輔臣曰：「累得邊奏，契丹已謀南侵。國家重兵，多在河北，敵不可狃，朕當親征決勝，卿等議何時進發？」畢士安等曰：「陛下已命將出師，委任責成可也。必若戎輅親行，宜且駐蹕澶淵。但鄆郭非廣，久聚大衆，深恐不易。況冬候猶遠，順動之事，更望徐圖。」寇準曰：「大兵在外，須勞聖駕暫幸澶淵，進發期不可緩。」王繼英等曰：「禁衞重兵，多在河北，宜順動以壯兵威，仍督諸道進軍，臨事得以裁制。然不可更越澶州，庶合機宜，不虧愼重。」詔士安等各述所見，具狀以聞。

36 帝每得邊奏，必先送中書，謂畢士安、寇準曰：「軍旅之事，雖屬樞密，然中書總文武大政，號令所從出。鄉者李沆或有所見，往往別具機宜。卿等當詳閲邊奏，共參利害，勿以事干樞密而有所隱也。」

37 屯田郎中楊覃、工部員外郎朱台符並爲陝西轉運使。台符俊爽好謀，多所更張，覃止欲因仍舊貫，遂有隙，交相論奏。帝親遣御史視其狀，覃、台符並坐議事違戾，罷使。辛丑，責覃知隨州，台符知郢州。

38庚戌，遼命皇弟楚王隆祐留守京師。

39辛亥，以永清節度使周瑩代王顯爲天雄軍都部署，知軍府事；命顯歸本鎭。

40先是李允則知滄州，巡視州境，浚浮陽湖，葺營壘官舍，間掘井城中，人厭其煩。是月，召歸，遼師來攻，老幼皆入保而水不乏，又取冰代砲石以拒敵，敵遂解去。帝乃謂允則曰：「頃有言卿浚井葺屋爲擾民者，今始知善守備也。」轉西上閤門副使、鎭·定·高陽三路行營兵馬都監，押大陣東面；凡下諸路宣制，必屬允則省而後行。

41閏月，癸丑〔丁巳〕，內出銀三十萬兩付河北轉運使，貿易軍糧。

42己〔辛〕未，北面都部署王超等引大軍屯唐河，樹營栅以備寇。

43癸酉，遼主與太后大舉南下，以統軍使蘭陵郡王蕭達蘭、奚六部大王蕭觀音努舊作觀音奴，今改。爲先鋒，分兵掠威虜、順安軍。魏能、石普等帥兵禦之，能敗其先鋒。【考異】魏能敗遼師，自在秋閏月，九朝編年備要作春三月，遼師入威虜軍，魏能敗之於長城口，蓋誤。又攻北平寨，爲田敏等所拒。東趨保州，攻城不克。丁卯，達蘭攻遂城，擒守將王先知，乃與遼主、太后合兵攻定州。王超等陣於唐河，執詔書，按兵不出戰，敵勢益熾，乃帥衆東駐陽城淀。

44時遼師深入，急書一夕五至，寇準不發，飲笑自如。明日，同列入聞，帝大駭，以問準。

準曰：「陛下欲了此，不過五日爾。」因請幸澶州。同列懼，欲退，準止之，令候駕起。帝有難色，欲還內，準曰：「陛下一入，則臣等不得見，大事去矣。請毋還而行。」帝乃議親征。

參知政事王欽若，江南人，密請帝幸金陵；僉署樞密院事陳堯叟，蜀人，又請幸成都。帝以問準，時欽若、堯叟在傍，準心知之，乃陽曰：「誰爲陛下畫此策者，罪可斬也！今天子神武，將帥和協，若車駕親征，敵自當遁去。不然，則出奇以撓其謀，堅守以老其衆，勞逸之勢，我得勝算矣。柰何欲委棄宗社，遠之楚、蜀邪！」帝乃止。二人由是怨準。欽若多智，準懼其妄有關說，疑阻大事，圖所以去之，會帝欲擇大臣使鎮大名，準因言欽若可任，欽若亦自請行。乙亥，以欽若判天雄軍府兼都部署、提舉河北轉運使，與周瑩同議守禦。【考異】魏泰東軒錄云：眞宗次澶淵，語寇萊公曰：「敵騎未退，何人可守天雄軍？」公言參知政事王欽若。退，即召王於行府，諭以上意，授敕俾行。王未及有言，公遽酌大白飲之，命曰「上馬杯」。且曰：「參政勉之，回日即爲同列。」王馳騎入魏，越十一日，契丹兵退，召爲平章事。考眞宗以十一月二十日親征，而欽若知大名之命在閏九月二十四日，則非次澶淵時審矣。欽若判大名，次年四月罷政，東軒錄謂兵退召爲平章事，尤誤。今從長編。

45 初，王繼忠在契丹，乘間爲遼人言和好之利，太后有厭兵意，雖大舉深入，然亦納繼忠說。於是遣小校四人持信箭，以繼忠書詣莫州部署石普，且致密奏一封，願速達闕下。是日，普遣使齎其奏至，帝發視之，即繼忠狀，具言：「臣嘗念昔歲面辭，親奉德音，唯以息民止戈爲事。況北朝欽聞聖德，願修舊好，必冀睿慈，俯從愚瞽！」帝謂輔臣曰：「朕念往昔全盛之世，亦以和戎爲利。朕初卽位，呂端等建議，欲因太宗上仙，命使告訃；次則何承矩請因轉戰之後，達意邊臣。朕以爲誠未交通，不可強致。又念自古獯鬻爲中原强敵，非懷之以至德，威之以大兵，則獷悍之性，豈能柔服！此奏雖至，要未可信。」畢士安等曰：「契丹兵鋒屢挫，恥於自退，故因繼忠以請，諒亦非妄。」帝曰：「卿等但知其一，未知其二。彼以無成請盟，然得請之後，必有邀求。若屈己安民，特遣使命，遺之貨財，斯可也。所慮者，關南之地曾屬彼方，以是爲辭，則必須絕議，朕當治兵誓衆，躬行討擊耳。」遂以手詔令石普付小校賜繼忠曰：「朕丕承大寶，撫育羣民，常思息戰以安人，豈欲窮兵而黷武！今覽封疏，深嘉懇誠，詔到日，卿可密達茲意。果有審實之言，卽附邊臣聞奏。」繼忠欲朝廷先遣使命，帝未許也。

46 丙子，以天雄軍都部署周瑩爲駕前東面貝、冀路都部署，潁州防禦使杜彥鈞副之，供備庫使綦政敏爲鈐轄；馬軍都指揮使葛霸爲駕前西面邢、洺路都部署，步軍都虞候王隱副之，西上閤門使孫全照爲鈐轄。帝召全照與語，命兼天雄軍及貝、冀等州鈐轄，仍令察視北面機事。全照言：「若契丹南逼魏城，但得騎兵千百，必能設奇取勝。」帝賞其忠果，乃詔瑩：「若全照欲擊敵，卽分兵給之。」

是日，令河北近南州縣民人入處城寨，以敵兵侵軼故也。

47丁丑，令：「府州自今勿擅發兵入唐龍鎮管內剽掠，如蕃、漢人亡命在彼須追究者，當詔遣還。」

48己卯，嵐嵐軍使開封賈宗奏：「敵騎數萬人寇草城川，率兵擊敗之。翼日復至，又敗之，遂北出境。」有詔嘉獎。

并、代鈐轄高繼勳，先率兵來援，登高望草城川，謂宗曰：「敵衆而陣不整，將不才也。我兵雖少，可以奇取勝。先設伏山下，戰合，必南去，爾起乘勝（校者按：勝字衍。）之，當大潰。」與戰，至寒光嶺，伏發，敵兵果敗，自相蹂躪者萬餘人，獲馬牛橐駝甚衆。既而宗自供奉官、閤門祗候遷儀鸞副使，繼勳自洛苑使遷弓箭庫使。

49冬，十月，壬午，以磁州刺史、邠州駐泊部署許均兼永興駐泊部署，仍與知府向敏中及鳳翔梁鼎同提總陝西諸州巡檢捕盜事。帝既定議北征，念關、隴重兵多在邊郡，自陝以西直抵兩川，亦宜防備，故有是命。

50詔修葺歷代聖賢陵墓。

51癸未，以引進使、潘州刺史何承矩領英州團練使。初議進秩，帝謂宰相曰：「承矩知書，愛聲名，以才能自許，宜擇州之美名者授之。」

52甲申，麟府路鈐轄韓守英、張志，言大破遼兵於朔州界，殺戮甚衆。時遼師方圍岢嵐軍，聞敗，即遁去。【考異】契丹國志云：分兵圍岢嵐軍，爲守臣賈琮擊走。太平治迹統類云：冬，十月，知府州折惟昌率所部兵自火山入契丹朔州界，前鋒破大狼水寨，殺戮甚衆。契丹方圍岢嵐軍，聞敗即遁，所載小異。今從長編。

53先是詔雷有終等取土門路與大兵會，至是以戎寇東行逼武強縣，復詔有終等率兵赴鎭州。

王超言遼師引衆沿葫蘆河而東，詔諸將整兵爲備，仍令岢嵐、威虜軍、保州、北平寨部署等深入敵境，腹背縱擊以分其勢。

丙戌，遼師抵瀛州城下，晝夜攻城，擊鼓伐木之聲，聞于四面，大設攻具，使奚人負版乘墉而上。知州李延渥率州兵、強壯，又集貝、冀巡檢史普所部拒守，發壘石巨木擊之，皆纍纍而墜，踰十數日，多所殺傷。遼太后親鼓衆急擊，矢集城上如蝟，死者三萬餘人，傷者倍之，竟弗能克，乃退。【考異】宋史繫於十一月乙卯，今從遼史。

54戊子，祔明德皇后神主於太廟。先是詔有司詳定升祔之禮，上議曰：「唐睿宗昭成、肅明二后，先天之始，唯以昭成配饗，開元之末，又以肅明遷祔。晉驃騎將軍溫嶠有三夫人，嶠薨，詔問學官陳舒，謂秦、漢之後，廢一娶九女之制，妻卒更娶，無復繼室，生既加禮，亡不應貶。朝旨以李氏卒於嶠之微時，不霑贈典，王、何二氏並追加章綬。唐太子少傅鄭餘慶將立家廟，祖有二夫人，禮官韋公肅議與舒同。」又云：「晉南昌府君有荀氏、薛氏，景帝廟有夏侯氏、羊氏，魯公顏眞卿廟有夫人商氏、繼夫人柳氏。略稽禮文，參諸故事，二夫人並祔，於理爲宜。恭惟懿德皇后久從升祔，不可中移；明德皇后繼受崇名，亦當配饗。雖先後有殊，在尊親一貫，請同祔太宗室，以先後次之。」詔尚書省集官詳議，咸如禮官之請。二后並配自是始。

55 庚寅，命知青州張齊賢兼青、淄、濰安撫使，知鄆州丁謂兼鄆、齊、濮安撫使，並提舉轉運及兵馬。又令齊賢、謂具管內諸州山河道路廣狹形勢，畫圖以聞。既而遼師稍南，民大驚，趨楊流（劉）渡，舟人邀利不時濟。謂取死罪囚紿爲舟人，斬河上，舟人懼，民悉得濟。乃立部分，使並河執旗幟，擊刁斗，呼聲聞百餘里。遼師遂引去。

56 甲午，遼蕭達蘭、蕭觀音努率師下祁州，士卒多降。遼主手詔獎諭，復厚賞觀音努，賚其降卒。

57 乙未，詔王超等率兵赴行在，命知永興軍府向敏中兼管鳳州駐泊兵馬，以便宜從事。帝將北征，深念西鄙，故有是詔。

敏中得詔，藏之不下，視事如他日。會大儺，有告禁卒欲倚儺爲亂者，敏中密使麾兵被甲伏廡下幕中，明日，詔賓僚、兵官置酒縱閱，命儺入至階，敏中振袂一揮，伏兵出，盡擒之，果各懷短刃，即席斬焉。旣屛其尸，以灰沙掃庭，張樂宴飲，邊藩以安，帝由是有再用之意。

58丙申，詔：「隨駕軍士先赴澶州，天雄軍及緣河駐泊者並就賜裝錢。」

59癸卯，以斷鐸督爲朔方軍節度、靈州西面巡檢、西涼府六谷大首領。

60乙巳，保（莫）州、岢嵐、威虜軍、北平寨並言擊敗契丹，羣臣稱賀。是役也，張凝、田敏皆以偏師抵易州南，虜獲人畜鎧杖凡數萬計，獨魏能逗撓無功。

61先是王繼忠得帝手詔，即具奏附石普以聞，言：「遼已領兵攻圍瀛州，蓋關南乃其舊疆，恐難固守，乞早遣使議和好。」丙午，帝覽其奏，謂輔臣曰：「瀛州素有備，非所憂也。欲先遣使，固亦無損。」乃復賜繼忠手詔許焉。募神勇軍士李斌持信箭赴遼寨，因令樞密院擇可使遼者。王繼英言殿直曹利用自陳願往，乃授利用閤門祗候，假崇儀副使，奉遼主書以往，又賜繼忠手詔。【考異】東都事略曹利用傳云：眞宗用宰相寇準計，親御六軍渡河，兵始交，而斃其貴將達蘭。是時利用適奏事行在，以利用使於行間。宋史利用傳亦云奏事行在，皆誤也。利用初使時，眞宗尙在京師。至再使乃見於行在耳。今從長編。

（丁未），以雍王元份爲東京留守。

62己酉，初置龍圖閣待制，以都官郎中杜鎬、右正言戚綸爲之。

63以衞州防禦使李重貴爲大內都部署。

續資治通鑑卷第二十五

賜進士及第兵部尚書兼都察院右都御史總督湖北湖南等處地方軍務兼理糧餉世襲二等輕車都尉 畢沅 編集

宋紀二十五 起閼逢執徐(甲辰)十一月，盡旃蒙大荒落(乙巳)十二月，凡一年有奇。

眞宗膺符稽古神功讓德文明武定章聖元孝皇帝

景德元年 遼統和二十二年。(甲辰、一〇〇四)

1 十一月，乙卯，遣使安撫河北。

2 以知瀛州李延渥爲本州團練使，獎其守城之功也。

3 北面部署奏：「契丹自瀛州退去，其衆猶二十萬。偵得其謀欲乘虛抵貝、冀、天雄軍。」詔督諸路兵及澶州戍卒會天雄軍。

4 自遼師南下，河朔皆城守。右贊善大夫王嶼知冀州，常有破敵之志，日閱戍兵，又集強壯練習之，開門樵采如平日。嘗上言：「寇若至，必至〔可〕邀擊，願勿以一郡爲憂。」於是遼游騎逼城，嶼擊走之，詔嘉獎。

5癸亥，遼馬軍都指揮使耶律珂禮舊作課里，今改。遇南師於洺州，勝之。甲子，東京留守蕭巴雅爾舊作排押，今改。獲魏府官吏田逢吉，獻於行帳。

6戊辰，以山南東道節度使李繼隆爲駕前東面排陣使，馬軍都指揮使葛霸副之，西上閤門使孫全照爲都鈐轄，南作坊使張旻【考異】張旻以仁宗天聖三年除樞密使，始改名耆，他書于眞宗時已稱張耆，蓋史家追改，今從長編書其本名。爲鈐轄；武寧節度使石保吉爲駕前西面排陣使，步軍都虞候王隱副之，入內副都知秦翰爲鈐轄。

初，旻在定州，言天道方利客，先起者勝，宜大舉伐遼，幷上興師出境之日。帝以問輔臣，皆言不可，乃止。於是駕將親征，旻方戍幷代，復奏邊事十餘，召還，入對，帝曰：「契丹入塞，與卿所請北伐之日同，悔不用卿策。今須守澶州而未得人，如何？」旻請行，帝喜，故命爲西面鈐轄，先令至澶州候敵遠近，旻卽馳騎往。

秦翰既受命，亟督衆環城浚溝洫，以拒邊騎。功畢，遼師果暴至，翰不解甲胄七十餘日云。

7庚午，車駕北巡。司天言：「日抱珥，黃氣充塞，宜不戰而卻，有和解之象。」

曹利用至天雄，孫全照疑契丹不誠，勸王欽若留之。遼師數攻城不克，復令王繼忠具奏議和，帝因賜繼忠手詔，云已遣利用，且使告遼人遣使抵天雄受之。繼忠聞利用至天雄不行，復具奏，乞自澶州別遣使者至北朝，免致緩誤。辛未，車駕次長垣縣，得其奏，遂以前意答焉。

壬申，次韋城縣。詔知滑州張秉、齊州馬應昌、濮州張晟往來河上，部丁夫鑿冰，以防敵騎之渡。

8 天雄軍聞遼師將至，闔城惶遽，王欽若與諸將議探符分守諸門，孫全照曰：「全照將家子，請不探符，諸將自擇便利處所，不肯當者，全照請當之。」既而莫肯守北門者，乃以命全照。欽若亦自分守南門，全照曰：「不可。參政主帥，號令所出，謀畫所決，南北相距二十里，請覆待報，必失機會，不如居中央府署，保固腹心，處分四面。」欽若從之。

全照素教畜弩手，射人馬洞徹重甲，隨所指麾，應用無常。於是大開北門，下弔橋以待之。遼師攻東門良久，舍東門，趨故城，夜，復自故城潛師過城南，設伏於狄相廟，遂南攻德清軍。欽若聞之，遣將率精兵追擊，伏兵起，斷其後，天雄兵不能進退。全照請於欽若曰：「若亡此兵，是亡天雄也。北門不足守，全照請救之。」乃引麾下出南門力戰，殺傷遼伏兵甚衆，天雄兵乃復得還，存者什三四。

9 庚午，遼蕭巴雅爾、蕭觀音努（舊作觀音奴。）率渤海兵攻德清軍，城破，知軍、尙食使張旦及其子三班借職利涉、虎翼都虞候胡福等十四人並死之。

10先是詔王超等率兵赴行在，踰月不至。遼師益南侵，帝駐蹕韋城，羣臣復有以金陵之謀告帝宜且避其鋒者，帝意稍惑，乃召寇準問之。將入，聞內人謂帝曰：「羣臣輩欲將官家何之？何不速還京師！」準入對，帝曰：「南巡何如？」準曰：「羣臣怯懦無知，不異於鄉老婦人之言。今敵騎迫近，四方危心，陛下惟可進尺，不可退寸。河北諸軍日夜望鑾輿至，士氣當百倍。若回輦數步，則萬衆瓦解，敵乘其後，金陵亦不可得而至矣！」帝意未決。

準出，遇殿前都指揮使高瓊，謂曰：「太尉受國恩，何以報？」對曰：「瓊武人，願效死。」準復入對，瓊隨立庭下，準曰：「陛下不以臣言爲然，試問瓊。」遂申前議，詞氣忼慨。瓊仰奏曰：「寇準言是。」且曰：「隨駕軍士父母妻子盡在京師，必不肯棄而南行，中道卽亡去耳。願陛下亟幸澶州，臣等效死，契丹不難破。」準又言：「機不可失，宜趣駕！」時王應昌帶御器械侍側，帝顧之，應昌曰：「陛下奉將天討，所向必克，若逗遛不進，恐敵勢益張。」帝意遂決。

甲戌，晨發，左右以寒甚，進貂裘絮帽，帝卻之，曰：「臣下暴露寒苦，朕獨安用此邪！」夕，次衞南縣，遣翰林侍讀學士潘愼修先赴澶州。【考異】長編作「謹修」，蓋史臣避諱追改，今仍書本名。

詔澶州北寨將帥及知州不得擅離屯所迎駕。【考異】宋史寇準傳不言其兩諫南遷。據長編，則駐蹕韋城之後，復有以金陵之謀告帝者，爲準所諫止，與宋史準傳異。今考宋史畢士安傳云：士安與寇準條所以禦備狀，又合議請眞宗幸澶淵，此卽王欽若請幸金陵、陳堯叟請幸蜀之時也。士安傳又云：時已詔巡幸，而議者猶鬨，二三大臣有進金陵及成都圖者，是避敵之議雖創自欽若，而一時附和者固不乏人矣。但既幸韋城，羣臣請幸金陵而不請幸蜀，前後稍異耳。今仍兩書之。

11 帝前賜王繼忠詔許遣使，繼忠復具奏附石普以達。普自貝州遣指揮使張皓赴行闕，道出遼寨，爲所得，遼主及太后引皓至車帳前，問勞久之，因令抵天雄，以詔促曹利用。王欽若等疑不敢遣，皓獨還遼營。遼太后賜皓袍帶，館設加等，使繼忠具奏，且請自澶州別遣使，速議和好事。於是皓以其奏入，帝復賜欽若詔，又令參知政事王旦與欽若手書，俾皓持赴天雄，督利用同北去，幷以詔諭繼忠。因謂輔臣曰：「國家以安民息戰爲念，固許之矣。然彼尙率衆深入，又河冰且合，戎馬可度，亦宜過爲之防。朕已決成算，若盟約之際，別有邀求，當決一戰。可再督諸將帥整飭戎容，以便宜從事。」

12 遼師既陷德淸，壬申，遂進抵澶州，圍合三面。李繼隆等分伏勁弩，控扼要害。遼統軍使蕭達蘭舊作撻覽，今改。（校者按：亦作撻凜。）恃其勇，以輕騎按視地形。時威虎軍頭壽光張瓌掌牀子弩，弩潛發，達蘭中額仆，遼衆競前輿曳至寨，是夕死。太后臨其轊車，哭之慟，輟朝五日。以蕭巴雅爾代掌南面事，旋下通利軍。達蘭通天文，屢著戰功，首倡南侵之謀，至是死，軍中奪氣，滋欲議和矣。【考異】遼史云：進至澶淵，宋主軍於城隍間，未接戰，達蘭按視地形，取宋之羊，觀鹽堆凫雁，中伏弩卒。然達蘭之死，眞宗尙未渡河，乃云宋主軍城隍間，遼史誤也。東都事略曹利用傳、長編引劉攽所撰寇準傳，誤與遼史同。長編云：遼衆直抵澶淵北，直犯大陣，圍合三面，輕騎由西北隅突進，李繼隆等整軍成列以禦之，分伏勁弩，控扼要害。其統軍順國王達蘭有機勇，所將皆精銳，方爲先鋒，異其旗幟，躬出督戰，虎軍頭張瓌守牀子弩，弩潛發，達蘭中額殞，其徒數十輩競前，與曳至寨。是夜，達蘭死，敵大挫衄，退卻不敢動，但時遣輕騎來覘王師。按長編所載，乃宋人夸詞，殊不足信。使當兩軍既接，宋師能射殺其先鋒，必當乘其軍亂，鼓行而前，卽使未能全勝，亦必多所斬獲，何以射死者僅一人也？蓋達蘭實以按視地形中伏弩而死，遼史爲得其實。今參用之。

13 丙子，車駕發衞南。李繼隆等使人告捷，又言：「澶州北城，門巷湫隘，且於南城駐蹕。」是日，駐南城，以驛舍爲行宮，將止焉。寇準固請幸北城，曰：「陛下不過河，則人心益危，敵氣未懾，非所以取威決勝也。且王超領勁兵屯中山以扼其吭，李繼隆、石保吉分大陣以扼其左右肘，四方征鎭赴援者日至，又何疑而不往！」高瓊亦固請，僉署樞密院事馮拯在傍呵之，瓊怒曰：「君以文章致位兩府，今敵騎充斥如此，猶責瓊無禮，君何不賦一詩退敵邪！」卽麾衞士進輦扣陛，帝遂幸北城。至浮橋，猶駐車未進，瓊乃執撾築輦夫背曰：「何不亟行！今已至此，尙何疑焉！」帝乃命進輦。既至，登北城門樓，張黃龍旂，諸軍皆呼萬歲，聲聞數十里，氣勢百倍。帝覽觀營壘，召見李繼隆已下諸將，撫慰者久之，賜諸軍酒食緡錢。

戊寅，移御北城之行營。

14 曹利用自天雄赴遼軍中，見其太后與宰相韓德昌同處一車，羣臣與其主重行別坐，禮容甚簡。以版橫車軛，上設食器，坐利用車下，饋之食。共議和好，事未決，遼主乃遣左飛龍使韓杞【考異】東都事略作「韓玘」，宋史、遼史俱作「韓杞」。持國書與利用俱還。詔知澶州何承矩郊勞，翰林學士趙安仁接伴之，凡覲見儀式，皆安仁所裁定云。

十二月，庚辰朔，韓杞入對于行宮之前殿，跪授書函於閤門使，使捧以升殿，內侍省副都知閻承翰受而啓封，宰相讀訖，命杞升殿起居。其書復以關南故地爲請，帝謂輔臣曰：「吾固慮此，今果然，將柰何？」輔臣請答書，言：「關南久屬朝廷，不可擬議，或歲給金帛，助其軍資，以固歡盟，惟陛下裁度。」帝曰：「朕守祖宗基業，不敢失墜。所言歸地，事極無名，必若邀求，朕當決戰耳！實念河北居人重有勞擾，倘歲以金帛濟其不足，朝廷之體，固亦無傷；答書不必具言，但令曹利用與韓杞口述茲事可也。」趙安仁獨能記太祖時國書體式，因命爲答書。賜杞襲衣、金帶、鞍馬、器幣。杞卽日入辭，遂與利用共往。杞旣受襲衣之賜，及辭，復左衽，且以賜衣稍長爲解，趙安仁曰：「君將升殿受還書，天顏咫尺，如不衣所賜之衣，可乎？」杞卽改服而入。帝又面戒利用以地必不可得，若邀求貨財，則宜許之。

是日，日有食之，帝懼甚，司天言主兩國和解，帝意稍釋。【考異】長編云：是日，日有食之。德、博州並言契丹已移寨由東北去。何承矩言臨河觀城縣民石興等數輩自敵寨逃歸，具言：「達蘭中矢死；其父候騎自澶州繼至，敵聞鴐起衞南，皆相顧失色，復有馳往來傳報及擊鼓讙呼，悉遁去。民被驅掠甚衆，無守視之者，因得脫。」上曰：「達蘭乃裕悅（舊作于越）之儔也，今歲入邊，皆其首謀，敵既失謀主，朕親御六師，而王超等三路伏兵亦合勢南來，彼犇北固其宜也。」按北宋百餘年所稱爲奇功者，莫如澶淵；所矜爲奇捷者，莫如射殺達蘭。夫達蘭誠遼人所倚重，然其中伏弩而死，亦宋人適有天幸耳。太后老於兵事，達蘭雖死，師旅尙雄，雖意在索和，亦必整師飭旅爲恫疑恐嚇之計，何至兵未敗衄而任其部下之人紛紛遁逃出塞乎！且承矩之言，自相矛盾，旣云民被驅掠者衆，無守視之者，何以逃歸者僅止數人。況遼師旣遁，何以邊帥無一人能擊其輜重、奪還其俘掠者！以事理度之，遼太后意在講和，士氣已懈，故所掠宋人間有逃歸，邊臣遂張大其詞，而眞宗亦姑爲大言以自解，豈實有之事哉！王（丁）晉公談錄云：景德中，契丹次澶淵，在河北，車駕在河南，陣次，忽日食盡，眞宗見之憂懼。司天監官奏云：「按星經云：主兩軍和解。」眞宗不信，復檢晉書天文志，亦云「和解」。尋契丹兵果自退，而續馳書至，求通好。時晉公爲紫微舍人，知鄆州。李燾曰：是日，契丹使韓杞已入對行營矣，談錄妄也。原李氏之意，以爲遼使已入對，眞宗可以無懼，故以談錄爲妄耳。然兩軍相對，適遭日食，眞宗遇災而懼，正不必爲之諱。況韓杞初來通使，遼人方以索還故地爲詞，其後再遣使，許以歲幣，始得解兵，豈可以韓杞初至，卽信爲和議必成，而謂眞宗可無懼乎！至談錄謂契丹兵自退，續求和好，亦係傳聞之誤。今從遼史。

15 癸未，幸北寨，又幸李繼隆營，命將校從官飲，犒賜諸軍有差。

16 曹利用與韓杞至遼軍帳，遼復以關南故地爲言，利用輒沮之，且謂曰：「北朝旣興師尋盟，若歲希南朝金帛之資以助軍旅，則猶可議也。」其接伴政事舍人高正【考異】東都事略、宋史及長編俱作「高正始」，遼史作「高正」。今從遼史。遽曰：「今茲引衆而來，本謀闚南地，若不遂所圖，則本國負愧多矣。」利用答以：「稟命專對，有死而已。若北朝不恤後悔，恣其邀求，地固不可得，兵亦未易息也！」遼主及蕭太后聞之，意稍怠，但欲歲取金幣；利用許遺絹二十萬匹、銀十萬兩，議始定。

遼主復遣王繼忠見利用，具言：「南北通和，實爲美事。主上年少，願兄事南朝。又慮南朝或于緣邊開移河道，廣浚濠塹，別有舉動之意。」因附利用密奏，請立誓，并乞遣近上使臣持誓書至彼。

甲申，利用卽與其右監門衞大將軍姚東之持國書俱還，并獻御衣、食物，其郊勞館穀，並如韓杞之禮，命趙安仁接伴。

乙酉，東之入對於行宮中，使受其書，書辭猶言：「曹利用所稱，未合王繼忠前議；然利用固有成約，悉具繼忠密奏中矣。」是日，帝御行宮之南樓，觀大河，宴從臣，召東之與焉。

丙戌，東之入辭，命西京左藏庫使李繼昌假左衞大將軍，持誓書與東之俱往報聘，稱遼太后爲叔母，金帛之數如利用所許，其他亦依繼忠所奏云。東之又言：「收衆北歸，恐爲緣邊邀擊。」乃詔諸路部署及諸州軍，勿輒出兵馬以襲遼歸師。

（丁亥），以曹利用爲東上閤門使、忠州刺史，賜第京師。利用之再使也，面請歲賂金帛之數，帝曰：「必不得已，雖百萬亦可。」寇準召至幄次，語之曰：「雖有旨許百萬，若過三十萬，將斬汝！」利用果以三十萬成約而還。入見行宮，帝方進食，未卽見，使內侍問所賂。利用曰：「此機事，當面奏。」復使問曰：「姑言其略。」利用終不肯言，而以三指加頰。內侍入曰：「三指加頰，豈非三百萬乎？」帝失聲曰：「太多！」既而曰：「姑了事，亦可耳。」帷宮淺迫，利用具聞其語。及對，帝亟問之，利用再三稱罪曰：「臣許之銀絹過多。」帝曰：「幾何？」曰：「三十萬。」帝不覺喜甚，故利用被賞特厚。【考異】曹利用兩使於遼，宋史、遼史俱同，東都事略誤合爲一事。至利用入對行宮之語，宋史不載，今從事略書之。長編引記聞云：敵兵既退，來求和，詔劉仁範往議之，仁範以疾辭，乃命利用。利用先與約，歲賂二十萬，敵嫌其少。利用復還奏，上許百萬以下。李燾曰：敵始求和，兵固未嘗退。利用初使槪不及歲賂，再使卽許三十萬，亦不因還奏乃增益之也。龍川別志又云：達蘭死，敵始求和，此皆誤也。

17 戊子，帝作回鑾詩，命近臣和。幸北寨勞軍，遣雷有終領所部兵還幷州屯所。時王超等逗撓無功，唯有終赴援，威聲甚振，河北列城賴以張其軍。

18 己丑，遼詔諸軍解嚴。

19 壬辰，赦河北諸州死罪以下。民經遼師蹂踐者，給復二年。死事官吏，追錄子孫。

20 癸巳，大宴於行宮。

宰臣畢士安先以疾留京師，遣書寇準，言：「大計已定，惟君勉之！」是日，來朝。議者多言歲賂三十萬爲過厚，士安曰：「不如此，則敵所顧不重，和事恐不能久也。」

21 雍王元份暴得疾，詔參知政事王旦權東京留守事，【考異】宋史王旦傳：旦臨行奏：「十日之間未有捷報，當如何？」帝默然良久曰：「立皇太子。」按此語不載於長編，以事理揆之，殊未可信，蓋好事襲取史記秦趙會澠池、廉頗告王語附成之耳。是時遼以輕兵深入，本無必勝之計。眞宗駐蹕澶淵，指揮諸將，以逸待勞，進退自如，豈有意外之慮！況親征之事，寇準既身任之，旦受命居守，當示以鎭靜，而遽爲斯言以惑軍心，又何異於王欽若孤注之喩乎！且其時仁宗未生，所云太子，更何所指！必是誣妄，今不取。卽日乘傳先還。旦馳至京，直入禁中，下令甚嚴，人無知者。及駕還，旦家子弟皆迎于郊，忽聞後有騶呵聲，回視，乃旦也，皆大驚。時兩河之民頗有陷敵者，旦上言，願出金帛數十萬贖其人，或有沮議者，遂止。

22 甲午，車駕發澶州。大寒，賜道傍貧民襦袴。

23 李繼昌至遼帳，館設之禮益厚，卽遣其西上閤門使丁振奉誓書來上。

24 戊戌，車駕至自澶州。

帝初以懿德皇太后忌，欲撤鹵簿鼓吹，不舉樂。時龍圖閣待制杜鎬先還，備儀仗。遣騎馳問之，鎬曰：「武王載木主伐紂，前歌後舞。春秋不以家事辭王事，凱旋用樂，於禮無嫌。」帝復詔輔臣共議，皆固以請，乃從之。

25 寇準在澶州，每夕與知制誥楊億痛飲，謳歌諧謔，喧譁達旦，帝使人覘知之，喜曰：「準如此，吾復何憂！」時人比之謝安。

既而曹利用與韓杞至行在議和，準畫策以進，且(曰)：「如此，則可保百年無事，不然，數十年後，敵且生心矣。」【考異】準所畫之策，今不可聞。宋史乃云準欲邀使稱臣，且獻幽州地，則誣甚矣。準意在禦敵，使當日能鼓勇決戰，其勝負誠非後人所能料。如欲於口舌之間邀其稱臣獻地，準豈昧於事機若此哉！今刪去。帝曰：「數十歲後，當有扞禦之者。吾不忍生靈重困，姑聽其和可也。」準尙未許，有譖其幸兵以自取重者，準不得已許之。

初，準處分軍事，或違帝旨，及是，謝曰：「使臣盡用詔令，茲事豈得速成！」帝笑而勞焉。

26 辛丑，錄契丹誓書頒河北、河東諸州軍。【考異】契丹國志載眞宗澶淵誓書曰：「維景德元年，歲次甲辰，十二月，庚辰朔，七日丙戌，大宋皇帝謹致誓書於大契丹皇帝闕下：共遵誠信，慶(虔)守歡盟，以風土之宜，助軍旅之費，每歲以絹二十萬匹、銀一十萬兩，更不差人專往北朝，只令三司差人般送至雄州交割，沿邊州軍各守疆界，云云。自此保安黎獻，謹守封陲，誓於天地神祇，告於宗廟社稷，子孫共守，傳之無窮，有渝此誓，不克享國。昭昭天鑒，當共殛之！遠具披陳，專俟報復，不宣。」契丹誓書曰：「維統和二十二年，歲次甲辰，十二月，庚辰朔，十二日辛卯，大契丹皇帝謹致誓書大宋皇帝闕下：共議戢兵，復論通好，兼承惠顧，特示誓書，以風土之宜云云。某雖不才，敢遵此約，告於天地，誓之子孫，苟渝此盟，明神是殛！專具諮達，不宣。」當日誓書之體如此。長編乃云，初議和，制書以南北朝冠國號之上，將作監丞王曾言：「如是，是與之抗立，祇如其國號稱契丹足矣。」帝嘉納，然事已行，不果改。按誓書乃稱大宋、大契丹，豈別有制書以南北朝冠國號之理！當由未見誓書，臆爲此說耳。徐氏後編仍長編之誤，今不取。

27 甲辰，改威虜軍曰廣信，靜戎曰安肅，破虜曰信安，平戎曰保定，寧邊曰永寧，定遠曰永靜，定羌曰保德，平虜城曰肅寧。【考異】宋史，景德元年十二月甲辰改威虜軍諸軍各〔名〕，與長編同。元豐九域志云：景德三年，改破虜軍爲信安軍，蓋傳寫之譌。他如永靜軍、保定軍、安肅軍、永寧軍、廣信軍，九域志仍作景德元年也。長編「永寧」作「永定」，恐亦傳寫之誤。

28 邠州部署言李繼遷子德明孔目官何憲來歸，詔令乘傳赴闕。

29 乙巳，以天雄軍鈐轄孫全照知軍府事，召王欽若歸闕。

30 戊申，帝覽河北奏報，諸州多被蹂踐，通利軍傷殘尤甚，慘然形於顏色，乃下詔罪己。王旦、寇準等皆上疏待罪，慰勞之。

31 是月，遼班師，太后賜大丞相韓德昌姓耶律，徙王晉。【考異】徐氏後編云：徙封晉，位親王上，賜田宅及陪葬地，蓋不考年月，連後事書之。今改正，分載於後。

32 是歲，遼放進士張可封等三人。

二年 遼統和二十三年。（乙巳、一〇〇五）

1 春，正月，庚戌朔，以遼人講和，大赦天下。

2 壬子，放河北諸州強壯歸農，令有司市耕牛給之。

3 癸丑，罷諸路行營，合鎭、定兩路都部署爲一。

4 甲寅，王欽若自天雄軍來朝。

5 帝以河北守臣宜得有武幹善鎭靜者，乙卯，以馬知節知定州，孫全照知鎭州，趙昌言知大名府，馮起知澶州，上官正知貝州，楊延朗知保州，張禹珪知石州，張利涉知滄州，趙繼昇知邢州，李允則知雄州，趙彬知霸州。帝親錄其姓名付中書，且曰：「朕裁處當否，卿等共詳之。」畢士安曰：「陛下所擇，皆才適於用，望付外施行。」從之。

知節先在鎭州，方遼師入塞，民相擕入城，知節與之約，有盜一錢者斬。俄有竊童兒錢二百者，卽戮之，自是無敢犯者。每中使齎詔諭邊郡，知節慮爲敵所掠，因留之，募捷足者間道達詔旨。會發澶、魏、邢、洺等六州軍儲赴定州，水陸並進，時兵交境上，知節曰：「是資敵也。」因告諭郡縣，凡公家輸輦之物，所在納之，敵欲剽劫，皆無所得。車駕幸澶州，大將王超擁兵數十萬屯定州，逗遛不進，知節屢諷之，超不爲動。復移書誚讓，超始出兵，猶辭以中渡無橋，徒涉爲患，知節先已命工度材，一夕而具。上聞，手詔褒美。

6 罷北面部署、鈐轄、都監、使臣二百九十餘員。

7 召輔臣觀瀛州所獲遼人攻城戰具，皆制度精好，鋒鍔銛利，梯衝、竿牌，悉被以鐵。城上懸版才數寸，集矢二百餘，其後李繼宣浚高陽濠，得遺矢凡四十萬，遼人攻城不遺餘力如此。

8 戊午，遼主還，次南京。庚申，以蕭巴雅爾爲北府宰相，蕭觀音努同知南院事。大饗士卒，爵賞有差。

9 癸亥，命翰林學士趙安仁等五人權同知貢舉。

10 王超上章待罪，帝憫其勞舊，弗責。戊辰，以超爲崇信節度使，罷軍職。

11 省河東部署、鈐轄司使臣百餘人，又省河北諸州戍兵十之五，緣邊三之一。

12 己巳，參知政事王欽若加階邑、實封，又賜襲衣、錦帶、鞍馬。故事，輔臣加恩無所賜，帝以欽若守藩有勞，特寵異之。自是遂爲故事。

13 以遼人通和，置國信司，領以宦者。

14 二月，癸未，山南東道節度使、同平章事李繼隆卒，贈中書令，謚忠武。

繼隆出於貴冑，感慨自立，在太宗朝，特被親信，每征行，必總戎政。帝以元舅之故，不欲煩之軍旅，優游近藩，恩禮甚篤，繼隆亦多智，用能謙謹保身。明德寢疾，欲面見之，帝促其往，繼隆但詣萬安宮門拜牋，終不入宮。又嘗命諸王詣第候謁，繼隆不設湯茗，第假王府從行茶爐烹飲焉。

15咸平末，河北轉運使劉綜上言：「西漢晁錯，言使民入粟授以爵，塞下之粟必多，文帝從之。今河北諸州聚兵，糧饋勞費，望行漢制以濟軍儲。」既而水部郎中許元豹復言：「緣河州縣和市邊穀數少，望許進獻糧粟，授以官秩。」事下三司議奏，於是定入粟實邊授官等級以聞。帝慮爵賞之濫，重惜其事，宰相言：「故事具存，行之無損，請陝西諸州亦如此制。」從之。

16丙戌，遼復置榷場於振武軍。時遼俸羊多闕，門下平章事耶律實嚕舊作室魯，今改。請以羸老之羊及皮毛易南中絹，彼此利之。

17癸丑，命開封府推官孫僅爲遼太后生辰使，閤門祇候康宗元副之。僅等入遼境，其刺史皆迎謁，又令幕職、縣令、父老捧巵獻酒於馬前，民以斗焚香前迎，接伴者察使人中途所須，卽供應之。遼主每歲避暑於含涼淀，聞使至，卽來幽州，屢召僅等宴會，禮遇甚優。僅等辭還，贐以器服及馬五百餘匹。自郊勞至于餞飮，極其恭恪；然禮或過當，僅必抑而罷之。自後奉使者率循其制，時稱得體。

18太子太師呂蒙正請歸西京養疾，詔許之。丁未，召見，聽肩輿至殿門外，命二子光祿寺丞從簡、校書郎知簡掖以升殿，勞問累刻。因言：「北戎請和，從古以爲上策。今先啓誠意，繼好息民，天下無事，惟願以百姓爲念！」帝嘉賞之，其二子皆遷官。蒙正至雒，有園亭花木，日與親舊宴會，子孫環列，迭奉壽觴，怡然自得。

19 詔：「緣邊諸州軍如擒獲北界姦人，可詰其事狀，部送闕下。」

帝以遼雖通好，而彼中動靜亦不可不知，間諜偵候，宜循舊制。又慮爲彼所獲，歸曲於我，自今獲彼間諜，當赦勿誅，但羈留內地，待有詞，則以此報之，故有是詔。

20 三月，甲寅，帝御崇政殿，親試禮部奏名舉人，得進士濮人李迪以下二百四十六人，又得特奏名五舉以上一百十一人。翼日，試諸科，得九經以下五百七十人，又得特奏名諸科三禮以下七十五人。帝謂宰相曰：「糊名校覆，務於精當；而考官不諭朕意，過抑等第，欲自明絕私，甚無謂也！迪所試最優，李諮亦有可觀，聞其幼年母爲父所棄，歸舊族，諮日夕號泣，求還其母，乃至絕葷茹以禱祈，又能刻苦爲學，自取名級，亦可嘉也。」以迪爲將作監丞，諮及夏侯麟爲大理評事，通判諸州。諮，新喻人也。

先是迪與賈邊皆有聲場屋，及禮部奏名，兩人皆不與。考官取其文觀之，迪賦落韻，邊論「當仁不讓於師」，以師爲衆，與注疏異，特奏，令就御試。參知政事王旦議：「落韻者，失于不詳審耳。舍注疏而立異論，輒不可許，恐士子從今放蕩，無所準的。」遂取迪而黜邊。

21 初，安陽陳貫，【考異】宋史本傳云河陽人，今從長編。喜言兵，咸平中，大將楊瓊、王榮喪師，貫上書言:「前日不斬傅潛、張昭遠,使瓊輩畏死不畏法令。不嚴其制,後當益弛。請立法,凡合戰而奔者,主校皆斬。大將戰死,裨校無傷而還,與奔軍同。軍衄城圍,別部力足救而不至者,以逗遛論。如此,則誅罰明而士卒厲矣。」帝嘉納之。將召試學士院,執政謂瓊等已卽罪,議遂格。

又嘗上形勢、選將、練兵論三篇,大略言:「地有要害,今北邊旣失古北之險,然自威虜城東距海三百里,其地沮澤墝埆,所謂天隙天陷,非敵所能輕入。由威虜西極狼山不百里,地廣平,利馳突,此必爭之地,先居則佚,後趨則勞,宜有以待之。昔李漢超守瀛州,敵不敢視關南尺寸地。今將帥大概用恩澤進,雖謹重可信,然卒與敵遇,不知所以爲方略,故敵勢益張,兵折於外者二十年,此選將得失之效也。國家收天下材勇以備禁旅,賴賜予廩給而已,恬於休息,久不識戰,當以衞京師,不當以戍邊。戍邊莫若募土人隸本軍,又籍丁民爲府兵,使北面捍遼,西面捍戎,不獨審練敵情,熟習地形,且皆樂戰鬭,無驕心。」

遼人旣和,復上言:「敵數入塞,驅掠良民數十萬,今乘其初通,宜出內府金帛以贖之,敵嗜利,必歸吾民,自河之北,戴德澤無窮矣。」

於是貫舉進士,試殿庭,得同出身,帝識其姓名,曰:「是數言邊事者。」擢置第二等,賜及第。

22 乙丑，遼賑党項部饑。

23 丙寅，以知雄州機宜司趙延祚爲雄州北關城巡檢，賜白金三百兩。延祚，州之大姓，自太宗朝，嘗出家財交結敵中豪傑，得其動靜，卽具白州將，因授官任。至是年七十餘，召赴闕，詢以邊事，具言：「今之修和，遼人先啓誠意，國家動守恩信，理必長久。」又言：「國母之妹曰齊妃，與其姊不協，國家所遺金帛，皆歸於國主及母，其下悉無所及，望自今榷場貿易，稍優假之，則其下獲利，必倍欣慰。」又歷陳遼風俗山川曲折，地理遠近，及晉、漢時事，歷歷有據。帝詰其所欲，云有家屬寓居青州，願便道得往省之，帝許焉。且以與遼通好，不可復置機宜司，故命爲巡檢。

帝慮河北諸州，緣兵罷遂弛武備，詔敵樓戰栅有墮壞者卽葺之。

24 以將作監丞王曾爲著作郎、直史館，賜緋。舊制，試文當屬學士、舍人院，宰相寇準雅知曾，特召試政事堂。

25 丁丑，遼改易州飛狐路招安使爲安撫使，以與南朝和好也。

26 夏，四月，丙戌，女眞、回鶻俱遣使貢於遼。

27 丁酉，樞密直學士劉師道，責授忠武行軍司馬，知制誥陳堯咨單州團練副使。先是師道弟幾道舉進士，禮部奏名，將廷試，近制悉糊名校等，堯咨爲考官，教幾道於卷中密爲識號。幾道既擢第，或告其事，詔落籍，永不得預舉。帝初欲含容，不復窮究其事，而師道固求辨理。詔東上閤門使曹利用、兵部郎中邊肅、內侍副都知閻承翰詣御史府雜治之，坐論奏誣妄，與堯咨并責。

28戊戌，幸龍圖閣，閱太宗御書，觀諸閣圖畫，近臣畢從。

29己亥，党項侵邊。

30詔河北諸州葺城池。

31工部侍郎、參知政事王欽若，素與寇準不協，還自天雄，再表求罷。癸卯，置資政殿學士，以欽若爲之，仍遷刑部侍郎，班在翰林學士之下，侍讀學士之上。

32以僉署樞密院事馮拯參知政事。

33五月，戊申朔，幸國子監閱書庫，問祭酒邢昺：「書版幾何？」昺曰：「國初不及四千，今十餘萬，經史正義皆具。臣少時業儒，每見學徒不能具經疏，蓋傳寫不給。今版本大備，士庶家皆有之，斯乃儒者逢時之幸也。」

先是印書裁截餘紙，皆鬻之以供監中雜用，昺請歸此錢於三司，裨國計。自是學者公費不給，講官亦厭其寥落云。

34宣徽北院使雷有終卒。

有終倜儻自任，能撫士卒，多傾私帑給公家宴犒。在蜀時，嘗借用庫錢數百萬，奏納第以償，優詔蠲免。身後宿負猶不啻百萬，官爲償之。

35 高陽關副都部署張凝卒。凝忠勇，好功名，善訓士卒，賞賜多以犒師，家無餘貲。帝嘗謂近臣曰：「選用武臣實難，倘未嘗更歷，則不能周知其才。太宗所擢甚衆，而優待者唯凝與王斌、王憲等數人，乃知先帝知人之明也。」至是卒，帝甚惜之。

36 知鎮戎軍曹瑋言：「軍境川原夷曠，便於騎戰，非中國之利。請自隴山以東，循古長城，塹以爲限。」從之。又言：「邊民應募爲弓箭手者，皆習障塞蹊隧，解羌、胡語，耐寒苦，有警可參正兵爲前鋒；而官未嘗與器械資糧，難責其死力。請給以境內閑田，永蠲其租，春秋耕斂，州爲出兵而護作之。」詔：「人給田二頃，出甲士一人，及三頃者出戰馬一匹。設堡戍，列部伍，補指揮使以下校長，有功勞者亦補軍都指揮使，置巡檢以統之。」其後鄜延、環慶、涇原并河東州軍，亦各募置。

37 以起復右諫議大夫·知制誥晁迥、起居舍人·知制誥李宗諤並爲翰林學士。宗諤在舍人院，嘗牒御史臺，不平空，中丞呂文仲移文詰之，宗諤答以兩省與臺司非統攝。文仲不平，聞于帝，有詔辨析。宗諤引八事證其不相統攝，且言：「御史臺每牒本省並不平空，所以本省移報亦如其議。而文仲止憑吏人之言，遽有聞奏，無典章之可據。況臺憲之職，所宜糾參姦邪，辨明冤枉，廷臣有不法之事，得以奏彈，下民有無告之人，得以申理。而於文牒之內，爭平空與不平空，其事瑣細，烏足助其風裁哉！」卒如宗諤所言。守職者韙之。

38以起居舍人、直昭文館种放爲右諫議大夫。放謝病，乞游嵩山，詔許之，仍命河南守臣常加存撫。召對，賜宴，賦詩餞行，恩禮甚厚。

39乙卯，遼以金帛賜陣亡將士家。時高麗、準布舊作阻卜，今改。以遼和議成，先後遣使賀遼。

40先是詔禮部貢院別試河北貢舉人，以用兵不及試期故也。庚申，帝御崇政殿親試，賜進士諸科及第、出身有差。

41撫州進士晏殊，年十四，大名府進士姜益〔蓋〕，年十二，皆以俊秀聞，特召試，殊試詩賦各一首，益〔蓋〕試詩六篇。殊屬詞敏贍，帝深歎賞。宰相寇準以殊江左人，欲抑之而進益〔蓋〕，帝曰：「朝廷取士，惟才是求，四海一家，豈限遐邇！如前代張九齡輩，何嘗以僻陋而棄置邪！」乃賜殊進士出身，益〔蓋〕同學究出身。

後二日，復召殊試詩、賦、論，殊具言賦題嘗所私習，帝益愛其淳直。改試他題，既成，數稱善，擢祕書省正字，祕閣讀書，仍命直史館陳彭年視其所學及檢察其所與游者。

42己巳，詔：「自今官吏雪活人命者，並理爲勞績。」

43癸酉，詔：「天下榷利者，弗許增羨爲額。」

44乙亥，知雄州何承矩，言將來遼使入界，欲令暫駐新城，俟接伴使至，迎於界首，從之。承矩又言使命始通，待遇之禮，宜得折中，庶可久行，乃悉條上。手詔嘉納，仍聽事有未盡者，便宜裁處。

45六月，己丑，曹州民趙諫與其弟諤，以姦慝不法，並斬西市。帝初欲窮治其獄，內出與諫交游者姓名七十餘人付鞫。中丞呂文仲請對，言逮捕者衆，或在外郡，苟悉索之，慮動人聽。帝曰：「卿執憲，當嫉惡如讎，豈公行黨庇邪！」文仲頓首曰：「中丞之職，非徒繩愆糾違，亦當顧國家大體。今縱七十餘人悉得姦狀，以陛下之慈仁，必不盡戮，不過廢棄而已。但籍其名，遇事治之，未爲晚也。」帝從其言。

46帝謂輔臣曰：「殿前、侍衞司禁兵，老疾者衆，宜精加選擇。」樞密使王繼英曰：「禁旅比昔時數，今踰倍，若乘此息兵，簡退疲宂，實甚便。」帝曰：「然。第以北敵請盟，西戎納款，若卽行此，則軍旅之情，必謂國家便謀去兵惜費。不若先從下軍選擇勇力者，次補上軍，亦可鎭壓浮言，使衆不惑也。其老疾者，俟秋冬遴簡將臣，令悉蒐去之。」

47 己亥，達旦國九部遣使聘遼。

48 秋，七月，戊午，党項貢於遼。

49 甲子，詔：「復置賢良方正能直言極諫、博通墳典達於教化、才識兼茂明於體用、武足安邊洞明韜略、運籌決勝軍謀弘遠、才任邊寄堪爲將帥等科，令尙書吏部傳告諸路，許文武羣臣、草澤隱逸之士來應。委中書門下先加考試，如器業可觀，具名聞奏。」

50 丁卯，女眞遣使貢遼。回鶻使人請先留使者，皆遣之。

51 丙戌，西川轉運使黃觀，言益州將吏民庶舉留知州張詠，詔褒之。尋因遣使巡撫西川，令諭旨曰：「得卿在彼，朕無西顧憂也。」

52 八月，戊寅，雍王元份薨。

53 癸巳，有星孛於紫微。

54 九月，癸丑，趙德明始遣其都知兵馬使白文壽來貢。

55 癸亥，羣臣三表上尊號，不允。

56 丁卯，令資政殿學士王欽若、知制誥楊億修歷代君臣事迹；欽若請以直祕閣錢惟演等十人同編修，從之。

57 冬，十月，庚辰，丁謂等上景德農田敕五卷，令雕印頒行，民間咸以爲便。

58乙酉，吏部侍郎、平章事畢士安早朝，至崇政殿廬，疾暴作。帝聞之，亟遣使撫問，還奏疾甚，帝即步出臨視，已不能言，詔內侍竇神寶以肩輿送歸第而卒。車駕臨哭，謂寇準等曰：「士安，善人也，事朕於南府、東宮，以至輔相，飭躬畏謹，有古人之風。遽此淪沒，深可悼惜！」詔贈太傅、中書令，謚文簡；錄其子孫，中使護喪事，給鹵簿葬。

士安端方沈雅，有清識，所至以嚴正稱；年耆目眊，讀書繕寫不輟，尤精意詞翰。雖貴，奉養無異平素，未嘗植產爲子孫計，故天下稱其清。

59丙戌，遣度支判官周漸爲遼主生辰使，職方郎中韓國華爲遼太后正旦使，鹽鐵判官張若谷爲遼主正旦使。

60癸卯，歲幣齎至遼界。自是歲以爲常。

61十一月，丙辰，饗太廟。丁巳，合祭天地于圜丘，大赦。

62遼命大丞相耶律德昌出宮籍，屬於橫帳。遼皇族以太祖後爲橫帳。

63癸酉，遼主及太后遣使左金吾衞上將軍耶律留寧、左武衞上將軍耶律委演等來賀承天節，對於崇德殿。留寧等將見，館伴使李宗諤，引令式不許佩刀，至上閤門，留寧等欣然解之。帝聞之，曰：「戎人佩刀，是其常禮，不須禁以令式。」即傳詔聽自便。留寧等感悅，謂宗諤曰：「聖上推心置人腹中，足以示信遐邇也。」

十二月，己卯，召輔臣於龍圖閣觀契丹禮物及祖宗朝所獻者。自後使至，必以綺帛分賜中書、樞密院，果實、脯腊賜近臣、三館。

64辛巳，以王欽若爲兵部侍郎、資政殿大學士，班在文明殿學士之下，翰林學士承旨之上。

帝初見欽若班在翰林學士李宗諤下，怪之，以問左右，左右以故事對。欽若因訴於帝曰：「臣前自翰林學士爲參知政事，無罪而罷，其班乃下故官一等，是貶也。」帝悟，即日改焉。資政殿置大學士自此始。欽若善迎人主意，帝望見輒喜，每拜一官，中謝日，輒問曰：「除此官，且可意否？」其寵遇如此。

65甲午，右諫議大夫种放自嵩山來朝，對於龍圖閣。

66初詔致仕官給半俸。唐制，致仕者非特敕則不給俸，國初循之，至是有此詔。

續資治通鑑卷第二十六

賜進士及第兵部尚書兼都察院右都御史總督湖北湖南等處地方軍務兼理糧餉世襲二等輕車都尉 畢沅 編集

宋紀二十六 起柔兆敦牂(丙午)正月，盡強圉協洽(丁未)八月，凡一年有奇。

眞宗膺符稽古神功讓德文明武定章聖元孝皇帝

景德三年 遼統和二十四年。(丙午、一〇〇六)

1 春，正月，辛未，始置常平倉。

先是言事者「請於京東、西、河北、河東、陝西、江、淮、兩浙每州計戶口多少，量留上供錢自千貫至二萬貫，令轉運使擇清幹官主之，專委司農寺總領，三司無得移用，每歲夏秋準市估加錢收糴，貴則減價出糶，俟十年有增羨，則以本錢還三司。」詔三司集議，請如所奏。大率萬戶歲糴萬石，止於五萬石；或三年以上不糴，則回充糧廪，別以新粟補之。

2 二月，丙子，權三司使丁謂等言：「唐宇文融置勸農判官，檢戶口田土僞濫等事，今欲別置，慮益煩擾。而諸州長吏，職當勸農，乃請少卿監、刺史、閤門使以上知州者並兼管內勸農使,餘及通判並兼勸農事,轉運使、副並兼本路勸農使。」詔可。勸農使入銜自此始。

3甲申,升宋州爲應天府,以太祖舊藩也。

4丙戌,以唐張九齡九世孫元吉爲韶州文學。元吉詣闕獻明皇墨跡及九齡眞圖、告身,故錄之。

5復置都大發運使,以度支員外郎馮亮爲之。

6丁亥,樞密使王繼英卒。

7遼人旣和,朝廷無事,寇準頗矜其功。帝待準極厚,王欽若深嫉之。一日,會朝,準先退,帝目送準,欽若因進曰:「陛下敬畏寇準,爲其有社稷功邪?」帝曰:「然。」欽若曰:「澶淵之役,陛下不以爲恥,而謂準有社稷功,何也?」帝愕然曰:「何故?」欽若曰:「城下之盟,春秋恥之。今以萬乘之貴而爲澶淵之舉,是盟於城下也,何恥如之!」帝愀然不悅。欽若曰:「陛下聞博乎?博者輸錢欲盡,乃罄所有出之,謂之孤注。陛下,寇準之孤注也,斯亦危矣!」由是帝顧準稍衰。

準在中書,喜用寒俊,每御史缺,輒取敢言之士,他舉措多自任。同列屢目吏持例簿以進,準曰:「宰相所以進賢退不肖,若用例,吏職耳。」因卻而不視。

戊戌,準罷爲刑部尙書、知陝州。【考異】宰輔編年錄作峽州,蓋傳寫之譌。宋制,州有節度、防禦、團練、刺史四等。節度，三品州也；防禦、團練，四品州也；刺史，五品州也。知州之名雖同，而班秩各異。陝爲節度州，峽爲刺史州，準由舊相出守，不當除遠小州，今改正。以參知政事王旦爲工部尚書、平章事。旦入謝，便坐，帝謂曰：「寇準以國家爵賞過求虛譽，無大臣體，罷其重柄，庶保終吉也。」

初，張詠在成都，聞準入相，謂僚屬曰：「寇公奇才，惜學術不足耳。」及準知陝，詠適自成都還，準送之郊，問曰：「何以教準？」詠徐曰：「霍光傳不可不讀。」準莫喻其意，歸，取其傳讀，至「不學無術」，笑曰：「此張公謂我也。」

8 己亥，以參知政事馮拯爲兵部侍郎，王欽若爲尚書左丞，陳堯叟爲兵部侍郎，並知樞密院事；以趙安仁爲諫議大夫，參知政事；樞密都承旨韓崇訓、東上閤門使馬知節並僉署樞密院事。崇訓，重贇子也。

9 三月，乙巳，客星出東南。太常丞任隨上言曰：「諫議大夫、司諫、正言雖有數員，但充位尸祿而已。願陛下擇賢士，黜具臣，懸賞罰之文，立勸懲之道。其兩省諫官，並準有唐故事，定其員數，優其俸給，限以遷官之年月，責以供職之否臧。其或獻替推誠，彌縫勵節，言事有裨于時政，抗章不避于天誅，則請行甄擢以勸衆焉。其或尸利無慚，弼違有闕，務引腹非之咎，多致面從之謏，則請行降黜以勵衆焉。夫如是，則賢者勸，惰者激，庸者退，懦者立，朝廷之士咸願效忠而報國矣。」帝覽而嘉之。己未，詔：「諫臣悉心獻替，賞罰之典，斷在必行。」

10 是月，始命朝臣提點開封府界諸縣鎭公事。其後又增置一員，以閤門祗候充。

11 夏，四月，丙子，幸崇文院觀四庫圖籍。

12 壬辰，命使六人巡撫益、利、梓、夔、福建等路，犒設將吏，存問父老，疏決繫囚，仍按察官吏能否、民間利害以聞。時屯田員外郎謝濤使益、利路，及還，舉所部官三十餘人，宰相以爲多，濤乃歷陳其治狀，且願連坐。奉使舉吏連坐自濤始。

13 乙未，种放賜告歸終南山。

14 復詔羣臣轉對。

15 五月，壬寅朔，司天言日當食，帝避正殿不視事，百官各守其司。旣而陰翳不見，帝語宰相曰：「此非朕德所致，但喜分野之民不被其災耳。」

16 司天奏周伯星見；羣臣上表稱賀。知雜御史王濟乘間言于帝曰：「瑞星實符聖德；然唐太宗以家給人足豐年爲上瑞，臣願陛下日謹一日，居安慮危，則爲瑞大矣。」帝嘉納之。

17 甲辰，趙德明遣其兵馬使賀守文來貢。先是向敏中及張崇貴，與德明議立誓約，久未決。德明雖數遣使修貢，然於七事訖莫承順，累表但云乞先賜恩命，徐議之。時已有詔許德明毋納靈州，旣又賜敏中等詔，諭德明止遣子弟入宿衞，及毋得攻劫西路進奉，蕃部縱有爭競，並取朝廷和斷，他約悉除之，然亦不聽回圖往來及放行青鹽之禁。乙巳，敏中等言：「二事苟不如約，恐乖前議，請皆與之。」帝以德明變詐難信，儻務姑息，必貽後患，復賜敏中等詔，令熟計復奏。

18 丙午，命王欽若、陳堯叟同修時政記，每次月十五日送中書。

19 度支副使李士衡言：「關右自不禁解鹽已來，計司以賣鹽年額錢分配永興、同、華、耀四州軍，而永興最多，于民不便，請減十分之四。」詔悉除之。

先是內帑歲出緡錢三十萬助陝西軍資，及士衡爲轉運使，言歲計可自辦，遂罷給。帝將幸洛，士衡獻粟五十萬斛，又以三十萬斛饋京西，朝廷以爲材，故召令佐三司。

20 萊蕪監判官歐陽冕，求應賢良方正，而大言自薦，以姬旦、臯、夔爲比，且云：「使臣日試萬言，一字不改，日覽千字，一句不遺。」由是促召赴闕，令中書試五論、三頌、諸詩四十首，共限萬言。題既出，冕惶駭，自陳「止應賢良，不應萬言，幸假貸！」乃以所上表示之，冕不敢復言。至晡，但成五論、一頌，共三千字。既奏御，帝令問表中所陳條目，冕伏躁妄之罪，責授下州司戶參軍。

21 左諫議大夫陳省華卒。

省華有吏幹。妻馮氏，性嚴，訓諸子尤力，不許事華侈。堯叟既貴，孝謹益不衰，掌樞密時，弟堯佐直史館，堯咨知制誥，與省華同在北省，諸孫任官者十數人，宗親登科者又數人，榮盛無比。客至，堯叟等皆侍立其側，客不自安，多引去。舊制，登樞近者母妻卽封郡夫人，堯叟初拜，以父在朝，止封其妻，而母但從夫邑封；堯叟表讓，朝廷以彝制，不聽。省華卒既踰年，帝乃封其母郡太夫人，後進封滕國，年八十餘，尙無恙。

22 涇、原、儀、渭都鈐轄秦翰、知鎭戎軍曹瑋等各請出兵討賊，帝以德明累遣使修貢，慮失誠信，不許。德明初請命于朝，瑋言：「繼遷擅河西地二十年，兵不解甲，使中國有西顧之憂。今國危子弱，不卽禽滅，後更强盛難制。願假臣精兵，出其不意，擒德明送闕下，復以河西爲郡縣，時不可失。」朝廷方欲以恩致德明，寢其書不報。

23 丁巳，幸北宅視德恭疾。己未，德恭卒。

24 是月，遼幽皇太妃和罕舊作和鞏，今改。於懷州，囚夫人伊勒蘭舊作夷懶，今改。於南京，餘黨皆生瘞之。【考異】遼史於皇太妃不著所始，據聖宗紀，統和十二年，詔皇太妃領西北路烏古等兵及永興宮分軍，撫定西邊，以蕭達蘭（舊作撻覽。）督其軍事，與蕭達蘭傳略同。紀又云：十五年，皇太妃獻西邊捷。是皇太妃嘗有戰功矣。至是被幽，次年賜死，遼史不明言其罪。旣稱爲皇太妃，疑爲景宗之妃，遼史亦未詳言也。長編云：契丹供奉官李信來歸，述國中事云：「景宗后蕭氏有姊二人，長適齊王，王死，自稱齊妃，領兵三萬屯西鄙驢朐河。蕭氏使守西邊，得達靼，盡降之，因謀帥其衆奔他國，結兵以篡蕭氏。蕭氏知之，遂奪其兵。」其事頗與皇太妃事相類。按太宗第二子，景宗封爲齊王，遂人多假人以寵號，齊王既死，其妃席太后之寵稱皇太妃，容或有之。特史無明文，無由定爲一人耳。附識於此。

25 六月，丙子，羣臣固請聽樂，從之。

南平王黎桓卒，諸子爭立，攻戰連月，有司請發兵平之。帝以桓素修職貢，豈宜伐喪，不許，而以邵曄爲緣海安撫使，令譬曉之。

26 丁丑，京東轉運使張知白上疏曰：「司天奏周伯星見，此聖德動天而辰象昭瑞也。臣聞懼亂者治必興，思危者安必久。陛下誠能戒謹抑畏，日新其德，則瑞星不出，臣亦稱賀。苟異于是，則瑞星雖出，臣亦不敢同衆人之賀也。況今西北二隅雖罷征戰之役，然以比諸古者屈膝稱臣，款塞內附，則亦事異而禮殊矣。」帝覽疏，謂輔臣曰：「知白以諫官在外而乃心朝廷，可謂知所職矣。」

27 庚寅，以殿中丞王旭同判吏部南曹。旭，旦之弟也。自旦爲政，旭避嫌不復釐事。至是虞部員外郎王矩，言旭前宰緱氏，廉白有政績，帝謂旦曰：「旭之幹敏，朕亦素知，且屢有言其才堪任京府僚佐者。」旦以避嫌懇辭，帝曰：「朝廷用才，不可以卿故使之淪滯。」帝欲授三司判官，旦又固讓，故有是命。後數日，旭引對選人，帝面賜緋魚，謂旦曰：「朕向不知卿弟猶衣綠也。」

28 秋，七月，知益州張詠歲滿，宰相王旦擬以任中正代之。議者多云不可，帝以詰旦，旦曰：「非中正不能守詠規矩，他人往，妄有變更矣。」壬寅，擢中正工部郎中，知益州。在郡凡五歲，遵詠條教，人甚便之，衆乃服旦知人。

29 乙巳，太白晝見。

30 壬子，邵曄上邕州至交趾水陸路及控制宜州山川等圖，帝曰：「祖宗闢土廣大，惟當愼守，不必貪無用地，苦勞兵力。」

31 甲子，大宴含光殿，始用樂。

32 忠武節度使高瓊臥疾，帝欲臨幸其第，王欽若恨瓊附寇準，且沮準澶淵之功，因言：「瓊雖久掌禁兵，備宿衞，然未嘗有破敵功。凡車駕臨問，所以寵待勳臣；施之于瓊，恐無以示甄別。」乃止。及卒，有司言當輟一日朝，帝以瓊未嘗有過，特廢朝二日。

33 八月，种放既歸終南，教授山中，表求太宗御書及經史音疏，詔悉與之。因謂輔臣曰：「近中使還，言放居草屋，食野菜、蕎麪而已。如此淡薄，亦人所難也。」

34 癸未，詔以來年春朝謁諸陵。王旦言：「行宮損壞，要須修葺。」帝曰：「如此，亦勞民矣。」乃詔：「所至州縣，但增飾館驛，不得更建行宮；侍從臣寮幷百司供擬及供御之物，並令減省。」

35 丙戌，遼改南京宮宣教門爲元和，外三門爲南端，左掖門爲萬春，右掖門爲千秋。

36是月，沙州敦煌王曹壽遣人進大食國馬及美玉於遼，遼主以對衣、銀器等賜之。

37九月，庚戌，詔以稼穡屢登，機務多暇，自今羣臣不妨職事，並聽游宴，御史勿得糾察。上巳、二社、端午、重陽并旬時休務一日，初寒、盛暑、大雨雪議放朝。著于令。

38丙辰，御崇政殿，親試賢良方正直言極諫，光祿寺丞錢易、廣德軍判官石待問並入第四等，以易爲祕書丞，待問爲殿中丞。

39雄州團練使何承矩，以老疾，累表求解邊任，帝令自擇其代，承矩薦安撫副使李允則。丙寅，卽命允則知雄州兼安撫使，改授承矩齊州團練使，便道之任。承矩至齊州才七日，卒，緣邊洎〔泊〕涿、易州民聞之，皆揮涕，有相率詣雄州發哀飯僧者。

承矩習熟戎事，有方略，能綏撫異俗，其後契丹使至者，言國中皆畏服承矩之名。嘗于雄州北築愛景臺，植蓼花，日至其處，吟詩數十首，刻于石，人謂何六宅愛蓼花，不知其經始塘泊也。尤好儒學，賓禮賢士大夫。初知潭州日，李沆、王旦實爲佐屬，承矩器以公輔，待之絕厚。

40丁卯，鄜延鈐轄張崇貴入奏：「趙德明遣牙校劉仁勖來進誓表，請藏盟府。」且言：「所乞回圖及放青鹽之禁，雖宣命未許，然誓立功效，冀爲異日賞典也。」帝賜詔嘉獎焉。

41是月，遼主如南京。

42 冬，十月，庚午朔，遼主率羣臣上太后尊號曰睿德神略應運啓化承天皇太后；羣臣上遼主尊號曰至德廣孝昭聖天輔皇帝。【考異】是年所上遼主尊號，與五年所上者同。朱彝尊曝書亭集雲居寺二碑跋曰：碑建于二十三年，遼主尊號無天輔字，是則二十四年十月以前，聖宗尊號但云至德廣孝昭聖皇帝。如碑所記，至二十四年，乃合元年尊號天輔字以稱之，否則二十四年所上之號，與五年無異，何用羣臣復上乎！竊疑史有誤也。按遼史五年所紀之誤，誠如朱氏所辨。長編載是年上遼太后尊號曰睿德神略應運啓化法道弘仁聖武開統承天皇太后，遼主尊號曰洪文宣武至德廣道昭孝皇帝，又與遼史異，朱氏亦未旁考也。然長編或係傳聞之異，今仍從遼史。

43 以趙德明爲定難軍節度使兼侍中，封西平王，給俸如內地。又錄德明誓表，令渭州遣人齎至西涼府曉諭諸蕃，轉告甘、沙首領。因責德明子弟入質，德明謂非先世故事，不遣，惟獻駝馬謝恩而已。

丁丑，以張崇貴爲趙德明旌節官告使，太常博士趙湘副之，賜德明襲衣、金帶、金鞍勒馬，銀萬兩，絹萬匹，錢二萬貫，茶二萬斤。

44 丁酉，葬明德皇后于永熙陵。

45 十一月，壬寅，周伯星再見。

46 庚戌，徙知永興軍府周瑩爲邠、寧、環、慶都部署，以孫全照代之。

47 〔十二月〕，乙〔辛〕卯，以宰臣王旦爲朝拜諸陵大禮使。

48先是江、淮歲運米輸京師，未有定制。是歲，始定六百萬石爲歲額，從發運副使李溥之請也。

49是年，遼放進士楊佶等三十三人。

四年 遼統和二十五年。(丁未、一〇〇七)

1春，正月，遣工部尚書王化基乘驛詣河中祭后土廟，用大祀禮，告將朝陵也。

2甲辰，以知樞密院事陳堯叟爲東京留守。

3乙巳，以權三司使丁謂爲隨駕三司使，鹽鐵副使林特副之。謂機敏有智謀，善附會而有心計，在三司，案牘塡委，吏久難解者，謂一言判之，衆皆釋然。

4己未，車駕發京師。庚申，次中牟縣，除逋負，釋囚繫，賜父老衣幣，所過如之。甲子，次鞏縣，罷鳴鞭及太常奏嚴、金吾傳呼。或獻洛鯉，帝曰：「吾不忍食也！」命放之。丙寅，齋于永安鎭行宮，太官進蔬膳。

丁卯，夜漏未盡三鼓，帝乘馬，卻輿輦織扇，至安陵外次，易素服，步入司馬門，行奠獻之禮。次詣永昌、永熙陵，又各詣下宮。凡上宮用牲牢祝册，有司奉事；下宮備膳羞，內臣、執事百官皆陪位。又詣元德皇太后陵奠獻，又于陵南設幄奠祭，如下宮禮。帝每至陵寢，望門而哭。初，有司具儀，止常服，帝特制素服。禮畢，徧詣孝明、孝惠、孝章、懿德、淑德、明德皇后陵，又至莊懷皇后陵。遂單騎巡視陵闕，以內臣從，及親奠夔王、魏王、岐王、恭孝太子、鄆王、周王、安王諸墳。辰後，暫至幄次更衣，復詣陵奉辭。有司以朝拜無辭禮，帝感慕哀切，未忍去，故復往焉。及午而還，左右進繖，帝卻之，渡昭應水，乃許進；至行宮，始御常膳。又遣官祭一品墳、皇諸親墓。德音降西京及諸路，赦流罪以下囚，釋逋欠，賜畿縣民租稅有差。建永安鎭爲縣。

5是月，遼建中京，即七金山土河地也。先是遼主過七金山土河，南望雲氣，有郛郭樓闕之狀，因建都，至是始城之。【考異】徐氏後編繫于上年，爲統和二十四年。據遼史地理志，云二十五年城之，實以漢戶，號曰中京，與本紀同，徐氏誤也。今從遼史。

6二月，戊辰朔，車駕遂如西京，夕次偃師縣，始復奏嚴；帝猶服鞾袍，不舉樂。己巳，至西京，始奏樂。道經漢將軍紀信冢、司徒魯恭廟，詔贈信爲太尉，恭爲太師。

7辛未，命吏部尚書張齊賢祭周六廟。詔從官先塋在洛者賜告祭拜。

8壬申，謂輔臣曰：「前代內臣，恃恩恣橫，蠹政害物，朕常深以爲戒，至于班秩賜與，不使過分，有罪未嘗矜貸，此輩常亦畏懼。」王旦等曰：「前代事迹昭然，足爲龜鑑。陛下言及此，社稷之福也。」內侍史崇貴嘗使嘉州還，上言：「知縣某貪濁，有佐官某廉幹，乞擢爲知縣。」帝曰：「內臣將命，能采善惡，固亦可獎；然使爾賞罰，外人必未厭伏，當須轉運使深察之。」

9 甲戌，幸上清宮，詔賜酺三日。

10 乙亥，詔罷西京榷酤，官賣麴如東京之制。

11 丙子，加號列子爲沖虛至德眞人。

12 帝之次鞏縣也，太子太師呂蒙正與疾來見，不能拜，命中使掖之以進，賜坐勞問。壬午，幸其第，賜賚甚厚。

13 甲申，御五鳳樓觀酺，召父老五百人，賜飲樓下。

14 丁亥，幸元偓宮。

15 戊子，葺周六廟。增封唐孝子潘良瑗及其子季通墓。

16 庚寅，詔河南府置五代漢高祖廟。

17 辛卯，車駕發西京，謂輔臣曰：「歸途陵闕在望，雖已遣官祭告，朕豈安然而過乎！」壬辰，帝乘馬至孝義，鎮吏訾邨復設次，與親王望陵祭奠，近臣于幄殿東望拜。每進飲食，帝執爵舉匕箸，涕泗哀感。

18 甲午，次鄭州，遣使祀中岳及周嵩、懿二陵。

19 丁酉，賜隱士楊璞繒帛。

20 遼主如鴛鴦濼。

21 三月，己亥，帝至自西京。

22 乙丑，以曹瑋爲西上閤門使，賞其扞邊功也。

瑋在鎭戎，嘗出戰少捷，偵虜去已遠，乃驅所掠牛羊輜重而還，頗失部伍。其下憂之，言于瑋曰：「牛羊無用，不若棄之，整衆而歸。」瑋不答。西蕃兵去數十里，聞瑋利牛羊而師不整，遽還襲之。瑋行愈緩，得地利處，乃止以待之。西蕃軍將至，逆使人謂之曰：「蕃軍遠來，必甚疲，我不欲乘人之怠，請憩士馬，少選決戰。」蕃人方苦疲，皆欣然，嚴軍而歇。良久，瑋又使人諭之曰：「歇定可相馳矣。」于是各鼓軍而進，一戰，大破蕃師，遂棄牛羊而還。徐謂其下曰：「吾知蕃已疲，故爲貪利以誘之。比其復來，幾行百里矣，若乘銳便戰，猶有勝負。遠行之人，若少憩則足痹不能立，人氣亦闌，吾以此取之。」

23 夏，四月，辛巳，皇后郭氏崩。周悼獻王，后所生也，王薨，后悲感生疾，遂不起。

后性謙約，寬仁惠下。尤惡奢靡，族屬入謁禁中，或服飾華侈，必加戒勖。有以家事求言于帝者，后終不許。兄子出嫁，以貧，欲祈恩賚，但出裝具給之。帝嘗使觀宜聖殿諸庫，后辭曰：「國之寶庫，非婦人所當入。陛下欲惠賜六宮，願量頒之，妾不敢奉詔。」帝尤加禮重焉。

24 宰相王旦言："諸路各置轉運使，復遣官檢舉酒稅，競以增益課利爲功，煩擾特甚。"帝曰："官吏務貪勞績，不恤民困，朕甚閔之。"乃詔三司，"取一年中等之數，立爲定額，自今中外勿得更議增課。"

25 五月，丙申朔，日有食之。

26 帝與輔臣言及朝士有交相奏薦者，王旦曰："人之情僞，固亦難知，或言其短而意在薦揚，或稱其能而情實排抑。唐劉仁軌嘗忿李敬玄異己，將以計去之，乃稱其有將帥材，而敬玄卒敗軍事，此皆不以國家爲慮者也。"帝曰："若然，則險僞之輩，世所不能絕也。"

27 戊申，詔以鼓司爲登聞鼓院，登聞院爲登聞檢院。命右正言鄒平周起、太常丞祁陽路振同判鼓院，吏部侍郎張詠判檢院，檢院亦置鼓。先有內臣句當鼓司，自此悉罷。諸人訴事，先詣鼓院；如不受，詣檢院；又不受，卽判狀付之，許邀車駕；如不給判狀，聽詣御史臺自陳。

先是帝謂王旦曰："開廣言路，治國所先，而近日尤多煩紊。車駕每出，詞狀紛紜，洎至披詳，無可行者。"故有此更置焉。

28 汀州黥卒王捷，自言于南康遇道人，姓趙氏，授以小鐶神劍，蓋司命眞君也。宦者劉承珪以其事聞，帝賜捷名中正。是月，戊申，眞君降中正家之新堂，是爲聖祖，而祥瑞之事起矣。

29 戊午，增孔子守塋二十戶。

30 初置雜賣場。

31 閏月，戊辰，減劍、隴等三十九州軍歲貢物，夔、賀等二十七州軍悉罷之。

32 壬申，御崇政殿，試賢良方正著作佐郎陳絳、溧水縣令史良、丹陽縣主簿夏竦。先是帝謂宰臣曰：「比設此科，欲求才識，若但考文義，則濟時之用，安得而知！今策問宜用經義，參之時務。」因命兩制各上策問，擇而用焉。絳、竦所對入第四次等，擢絳爲右正言，竦爲光祿寺丞。

33 是月，立中書、樞密院互報法，事關軍機、民政者，必互相關報。時中書命楊士元通判鳳翔府，樞密院又令監香藥庫，兩府不相知，故有是命。

34 六月，壬子，司天言：「五星當聚鶉火，而近太陽，同時皆伏。按占云：『五星不敢與日爭光者，猶臣避君之明也。』歷千百載所未嘗有，望付史官以彰殊事。」從之。

35 乙卯，葬莊穆皇后于永熙陵之西北。初定謚，命宗正卿告廟，王欽若疑其事，因對，具言。王旦曰：「國朝故事，昭憲之謚，太尉率百官告廟；孝明之謚，止宗正卿告廟。今當以孝明爲比。」帝顧欽若曰：「皆有故事，不足疑也。」

36 庚申，知樞密院王欽若以五星聚東井，慶雲見，奉表稱賀，詔付史館。

37吏部侍郎張詠，以病瘍乞郡，辛酉，詔詠知昇州。

38徙向敏中知河南府兼西京留守司事。先是舊相出鎮者，多不以吏事爲意，寇準雖有重名，所至終日宴游。張齊賢倜儻任情，獲劫盜，或時縱遣之，所至尤不治。帝聞之，皆不喜。惟敏中勤于政事，所至著稱，帝曰：「大臣出臨方面，不當如向敏中邪！」

39遼賜皇太妃死於幽所。

40秋，七月，丁卯，祔莊穆皇后神主于別廟，殿室在莊懷皇后之上。

41高班內品裴愈，出隸唐州。愈前監廣州綱，遇交州使，因言：「龍花蕋難得之物，宜以充貢。」至是，州采之爲獻，且言愈嘗道詔旨，帝曰：「朕懷撫遠俗，何嘗有所宣索！」即下愈御史臺劾問，故有是責，仍以龍花蕋還交州。

42帝謂輔臣曰：「近見詞人獻文，多故違經旨以立說，此所謂非聖人者無法也。有太甚者，當黜以爲戒。」

43遼以西平王李德明母薨，遣使弔祭，旋命起復。

44知宜州劉永規，馭下嚴酷，六月，乙卯，軍校陳進，因衆怨鼓譟，殺永規，擁判官盧成均爲帥，僭號南平王，據城反。甲戌，奏至，詔忠州刺史曹利用等領兵進討，仍諭賊黨有來歸者，並釋罪。

45 權三司使丁謂言：「景德三年新收戶，比咸平六年計增五十五萬有奇，賦入增三百四十六萬有奇，望特降詔旨，自今以咸平六年戶口賦入爲額，歲較其數，具上史館。」從之。

46 黎龍廷自稱權安南靜海軍留後，遣其弟明昶等來貢，帝賜以九經及佛氏書。辛巳，授龍廷靜海節度使、交趾郡王，賜名至忠，給以旌節。

47 戊子，帝謂輔臣曰：「近日以來，殊無獻言者。卿等宜勤接士大夫，察問四方事以聞。」

48 詔翰林遣畫工分詣諸路圖上山川形勢、地理遠近，付樞密院，每發兵屯戍，移徙租賦，以備檢閱。

49 癸巳，復置諸路提點刑獄官。先是帝出筆記六事，指其一謂王旦曰：「勤恤民隱，遴柬庶官，朕無日不念也。所慮四方刑獄，官吏未盡得人，一夫受冤，卽召災沴。先帝嘗選朝臣爲諸路提點刑獄，今可復置，仍以使臣副之，所至專察視囚禁，審詳案牘，其官吏貪濁弛慢者，具名以聞。」

50 八月，乙巳，置羣牧制置使，命知樞密院事陳堯叟兼之。尋又增置判官一員。

51 丁未，中書門下言：「莊穆皇后祥除已久，秋宴請舉樂。」不允。

52 以右監門衞上將軍錢惟治爲右武衞上將軍，月給俸錢百萬，仍許在家養疾。

時惟治弟太僕少卿惟演上聖德論，帝覽之，謂宰臣曰：「惟演文學可稱，且公王貴族，而能留意翰墨，有足嘉者，可記其名，并以論付史館。」因曰：「錢氏繼世忠順，子孫可念，比聞惟治頗貧乏。」遂有是命。

53 己酉，益州地震。

54 出府庫錢五十萬貫付三司市菽麥。時宰相言今歲豐稔，菽麥甚賤，爲富民所蓄，請官爲斂糴以惠農民。

55 辛亥，賜孔子四十六世孫聖佑同學究出身。聖佑，延世子，宜孫也。

56 翰林侍講學士兼國子祭酒邢昺，以羸老，自陳曹州故鄉，願給假歸視田里，帝命坐，慰勞之。壬子，拜工部尙書，知曹州。是日，特開龍圖閣，召近臣宴崇和殿，帝作詩賜之。昺視壁間禮記圖，因陳中庸九經大義，帝嘉納焉。及行，又命近臣祖送。侍講學士外使自昺始。

57 癸巳〔丑〕，帝謂王旦等曰：「前詔羣臣言事，除機密外，不得用無名劄子，非合面奏公事，不得上殿，蓋防人之多言，寖成萋斐也。且必有顯狀，封章彈奏，有何不可！近日戚綸面陳詔旨不便。」因出綸奏示旦等曰：「綸意以疏遠之人，難得面奏。然自下詔以來，升殿奏事者未嘗有阻。」旦曰：「飛語讒言，聖慮固不爲惑；但近日論利害者差少，亦宜留意省察。」王欽若曰：「臣下升殿一二次，即希恩澤。比來中外章疏，若以前詔條約，皆當付所司鞫問。」帝曰：「綸性純謹有學問，此奏乃未諭詔旨耳。」

58丁巳，詔修太祖、太宗正史，命王旦監修，王欽若、陳堯叟、趙安仁、晁迥、楊億同修。

59置龍圖閣直學士，以杜鎬爲右諫議大夫，充其職，班在樞密直學士之下。

60權三司使丁謂上景德會計錄六卷；詔奬之。

61是月，諸路皆言大稔。

續資治通鑑卷第二十七

賜進士及第兵部尚書兼都察院右都御史總督湖北湖南等處地方軍務兼理糧餉世襲二等輕車都尉畢沅編集

宋紀二十七 起強圉協洽(丁未)九月，盡著雍涒灘(戊申)十二月，凡一年有奇。

眞宗膺符稽古神功讓德文明武定章聖元孝皇帝

景德四年 遼統和二十五年。(丁未、一〇〇七)

1 九月，甲子朔，知華州張舒，與官屬率民錢修孔子廟，爲民所訟，並坐贖金。因詔：「諸州縣文宣王廟，自今並官給錢完葺，無得輒賦民財。」

2 庚午，三司請令左藏庫出次色金爲帶，以備賜與，帝曰：「朝廷褒寵近臣，惜費豈在于此！」即詔：「已成者悉鎔之，別用上色金改造。」

3 帝以庶僚勤事，壬申，遂詔：「自今文武官月俸，應折支者並給實錢，願給他物者亦聽。」己卯，詔：「羣臣家有藏太祖舊實錄者，悉上史館，無得隱匿。」

5 時知杭州薛映，歲滿當代，帝與宰相議擇其人。王旦曰：「天下重地，爲朝廷屏翰者不過一二十州，若皆得人，則鎭撫有方，威惠兼著，小寇不能爲患。」帝深然之，因曰：「近如宜州止因劉承規虐用其下，聚爲寇剽，延及他境；若長吏得人，豈致是邪！」因閱班簿，指孫僅、王濟謂旦曰：「二人孰優？」旦曰：「濟有吏幹，可副是選。」遂改濟工部郎中，出知杭州。

6 宜賊圍象州，久不克，曹利用等以大軍擊破之，盧成均挈其族來降，陳進伏誅。利用等入象州，安撫軍民，分兵捕餘寇。

7 遼西北路招討使蕭託雲舊作蕭圖玉，今改。討準布（舊作阻卜。），破之。託雲，北府宰相哈哩舊作海璘，今改。之子也。

8 自乾德、開寶以來，用兵及水旱賑給、慶賜賞賚，有司計度支所闕者，必稽其數以貸于內藏，俟課賦有餘即償之。淳化後二十年間，歲貸百萬，有至三百萬者，累歲不能償，則除其籍。冬，十月，帝命陳彭年撰內藏庫記述其事，出以示王旦等曰：「此庫乃爲計司備經費耳。計司有闕，必取于民，苟非節用，何以獲救！」

9 丙申，遼主如中京。

10 翰林學士晁迥等上考試進士新格，詔頒行之。

初，陳彭年舉進士，輕俊，喜謗主司，宋白知貢舉，惡其爲人，黜落之，彭年憾焉。于是更定條制，多因白舊事而設關防，所取士不復揀擇文行，止較一日之藝；雖杜絕請託，然置甲等者或非人望，自彭年始也。

11 詔翰林學士晁迥等各舉常參官堪知大藩者二人。

12 乙卯，詔曰：「拷掠之法，素著科條，非理擅行，茲謂慘酷。諸道官司有非法訊囚之具，一切毀棄。」

13 种放復自終南山來朝，召之也。放言：「自被聘召及遷諫署，無所補報，其幸已甚。今主上聖明，朝無闕政，若更處之顯位，則重增其過矣。」帝乃遣內侍齎詔賜放，欲以樞務處之。放上表固讓，乃止。

14 十一月，丁丑，刑部尚書宋白爲兵部尚書，致仕。白年踰六十，圖進不休，御史中丞王嗣宗屢使人諷之，知樞密院事陳堯叟，其子婿也，亦數懇勸，白不得已始上表。帝猶以舊臣未許，再表，乃許焉。

15 庚辰，殿中侍御史趙湘，上言請封禪，中書以聞，帝拱揖不答。王旦等曰：「封禪之禮，曠廢已久，若非聖朝承平，豈能振舉！」帝曰：「朕之不德，安敢輕議！」

初，王欽若既以城下之盟毀寇準，帝自是常怏怏。他日，問欽若曰：「今將柰何？」欽若度帝厭兵，卽繆曰：「陛下以兵取幽薊，乃可刷此恥也。」帝曰：「河朔生靈，始得休息，吾不忍復驅之死地。卿盍思其次！」欽若曰：「陛下苟不用兵，則當爲大功業，庶可以鎭服四海，誇示戎狄也。」帝曰：「何謂大功業？」欽若曰：「封禪是矣。然封禪當得天瑞乃可。」既而又曰：「天瑞安可必得，前代蓋有以人力爲之者，陛下謂河圖、洛書果有此乎？聖人以神道設教耳。」帝久之，乃可，然心憚王旦，曰：「王旦得無不可乎？」欽若曰：「臣請以聖意諭旦，宜無不可。」乘間爲旦言之，旦僶俛而從。然帝意猶未決，他日，晚，幸祕閣，惟杜鎬方直宿，帝驟問之曰：「卿博達墳典，所謂河出圖、洛出書，果何事邪？」鎬老儒，不測帝旨，漫應曰：「此聖人以神道設教耳。」其言偶與欽若同。帝由此意決，遂召王旦飲于內中，歡甚，賜以尊酒曰：「此酒極佳，歸與妻孥共之。」既歸，發視，乃珠也，旦自是不復持異。天書、封禪等事始作。

16 辛巳，雨雪，帝謂王旦等曰：「瑞雪盈尺，來歲麥苗應有望也。」遂賜近臣飲于中書，又宴館閣官于崇文院，帝作瑞雪詩，令三館卽席和進，兩制次日來上。

17 辛卯，遼遣使左領軍衞上將軍耶律元等來賀承天節。元館于京師，嘗詢左右曰：「館中日聞鼓聲，豈習戰陣邪？」或對以俳優戲場，閭里設宴。帝聞之，謂宰相曰：「不若以實諭之，諸軍比無征戰，閱習武藝，亦國家常事耳，且可以示無間于彼也。」

18 十二月，乙未，手札賜王欽若曰：「編修君臣事迹者，各置曆，仍書逐人名下，隨卷奏知。異時比較功程，庶分勤惰。」欽若爲人傾巧，所修書或當帝意，褒賞所及，欽若卽自名表首以謝；或謬誤有所譴問，則戒書吏稱楊億以下所爲；同僚皆疾之。

19 先是帝嘗問輔臣以天下貢舉人數，王旦曰：「萬三千有餘，約常例，奏名十一而已。」帝曰：「若此，則當黜者不啻萬人矣。典領之臣，必須審擇。晁迥兢畏，當以委之。周起、王曾、陳彭年，皆可參預。」馮拯曰：「封印卷首，尤宜用素有守操之人。」旦曰：「滕元晏于士大夫間少交游。」帝曰：「今當以朱巽代周起知舉，令起與元晏同掌封印事。」于是命翰林晁迥、知制誥朱巽、王曾、龍圖閣待制陳彭年同知貢舉。始命禮部封印卷首。

20 己酉，遣賑饒州飢民。

21 庚戌，同判太常禮院孫奭言：「伏覩來年正月一日享先農，九日上辛祈穀，祀昊天上帝。按春秋傳，啓蟄而郊，郊而後耕。月令云：『天子以元日祈穀于上帝，乃擇元辰，親載耒耜，躬耕帝籍。』先儒皆云，元日卽上辛，郊天地，元辰謂郊後吉亥，享先農而耕籍也。六典、禮閣新儀，並先云上辛祀昊天，次云吉亥享先農。伏望改用上辛祀昊天，後亥日享先農。仍卽著令。」詔太常寺與崇文院檢討官詳定。旣而判寺李宗諤言：「宋書、後魏書所載，並以上辛後日享先農，請如奭奏。」從之。

22 詔：「諸路所上軍儲之數，自今先下樞密院籍記送中書。」蓋凡遣戍兵，必預度所在資廩豐約故也。

大中祥符元年 遼統和二十六年。(戊申、一〇〇八)

1春，正月，乙丑，帝召宰臣王旦、知樞密院事王欽若等對于崇政殿之西序。帝曰：「朕寢殿中，帟幕皆青絁爲之，旦暮間非張燭莫能辨色。去年十一月二十七日，夜將半，朕方就寢，忽一室明朗，驚視之，俄見神人星冠絳袍，告朕曰：『來月三日，宜于正殿建黃籙道場一月，當降天書大中祥符三篇，勿泄天機！』朕悚然起對，忽已不見，命筆誌之。十二月，朔，即蔬食齋戒，于朝元殿建道場，結綵壇九級，又雕木爲輿，飾以金寶，恭佇神貺，雖越月，未敢罷去。適覩皇城司奏，左承天門屋之南角，有黃帛曳于鴟吻之上，朕潛令中使往視，回奏云：『其帛長二丈許，緘一物如書卷，纏以青縷三周，封處隱隱有字。』朕細思之，蓋神人所謂天降之書也。」旦等曰：「陛下以至誠事天地，仁孝奉祖宗，恭己愛人，夙夜求治，以至殊鄰修睦，獷俗請吏，干戈偃戢，年穀屢豐，皆陛下兢兢業業日謹一日所致也。臣等嘗謂天道不遠，必有昭報。今者神告先期，靈文果降，實彰上穹佑德之應。」皆再拜稱萬歲。又言：「啓封之際，宜屏左右。」帝曰：「天若譴示闕政，固宜與卿等祗畏改悔；若誡告朕躬，朕亦當側身自修，豈宜隱之而使衆不知也！」

帝即步至承天門，焚香望拜，命內侍周懷政、皇甫繼明升屋對捧以降。王旦跪奉進，帝再拜受書，置輿上，復與旦等步導，卻繖蓋，撤警蹕，至道場，授知樞密院陳堯叟啓封，上有文曰：「趙受命，興于宋，付于昚。居其器，守于正。世七百，九九定。」旣去帛啓緘，命堯叟讀之。其書黃字三幅，詞類尙書洪範、老子道德經，始言帝能以至孝至道紹世，次諭以清淨簡儉，終述世祚延永之意。讀訖，藏以金匱。旦等稱賀于殿之北廡。是夕，命旦宿齋中書，晚詣道場，旦趨往而帝已先至。

丙寅，羣臣入賀于崇政殿，賜宴，帝與輔臣皆蔬食。遣吏部尙書張齊賢等奏告天地、宗廟、社稷及京城祠廟。

丁卯，設黃麾仗于殿前，陳宮懸、登歌，文武官、遼使陪列，酌獻三清天書。禮畢，帝步導入內，行避黃道。司天監奏：「三日五日有紫雲護宮殿，乞付史館。」從之。

戊辰，大赦，改元，文武官並加恩，改左承天門爲左承天祥符門。詔東京賜酺五日，以二月一日爲始。

2 壬申，邊臣言：「趙德明邀留回鶻貢物，又令張浦率騎數千侵擾回鶻。今歲夏州饑饉，此衰敗之勢也。」帝曰：「朕知其旱歉，已令榷場勿禁西蕃市粒食者。蓋撫御夷狄，當務含容；不然，須至殺伐，害及生靈矣。」

3 趙德明嘗以民飢，上表乞糧數百萬。帝出其奏示輔臣，衆皆怒曰：「德明方納款而敢渝誓約，妄有乞請，乞降詔責之。」王旦請敕三司，在京積粟百萬，令德明自來取之，帝從其言。

既而德明受詔，望闕再拜，曰：「朝廷有人。」乃止。

4 太僕少卿錢惟演獻祥符頌，甲申，擢司封郎中，知制誥。

5 天書降之翼日，翰林學士李宗諤上皇帝奉迎酌獻樂章，優詔答之。時學士晁迥知貢舉，楊億被病，參知政事趙安仁實草詔云。

6 遼主如長濼。

7 二月，壬辰朔，帝御乾元門觀酺。

8 丁酉，分遣中使六人錫邊臣宴。

9 戊戌，帝語輔臣曰：「京師士庶漸事奢侈，衣服器玩多鎔金爲飾，工人鍊金爲箔，其徒日繁，計所費歲不下十萬兩，浸以成風，良可戒也。」丙午，詔「三司使丁謂申明舊制，募告者賞之。自今乘輿服御塗金、繡金之類亦不須用。」

10 三月，甲戌，兗州父老呂良等千二百八十七人詣闕請封禪，對于崇道殿。帝令引進使曹利用宣勞而諭之曰：「封禪歷代罕行，難徇所請。」良等進而言曰：「國家受命五十年，已致太平，今天降祥符，宜告成岱岳，以報天地。」帝復曰：「此大事，不可輕議。」良等又曰：「歲時豐稔，華夏安泰，願上答靈貺，早行盛禮。」詔賜緡帛遣之。知州邵華又率官屬抗表以請，亦不允。

己卯，兗州幷諸路進士(孔謂)等八百四十人詣闕請封禪。

壬午，宰相王旦等率文武百官、諸軍將校、州縣官吏、蕃夷、僧道、耆壽二萬四千三百七十人詣東上閤門，凡五上表，請封禪。

11 夏，四月，辛卯朔，天書又降于大內之功德閣。

12 甲午，詔以今年十月有事于泰山，遂遣官告天地、宗廟、岳瀆諸祠。乙未，以知樞密院事王欽若、參知政事趙安仁並爲封禪經度制置使。初，議封禪未決，帝以經費問權三司使丁謂，謂曰：「大計固有餘矣。」議乃決。即詔謂計度泰山路糧草，引進使曹利用、宣政使李神福相度行營道路，翰林學士晁迥、李宗諤、楊億、龍圖(閣)直學士杜鎬、待制陳彭年與太常禮院詳定儀注。王旦請依郊祀故事面命五使，帝曰：「升中大禮五使之職，當于中書、樞密院以班次領之。」丙申，命王旦爲大禮使，王欽若爲禮儀使，馮拯爲儀仗使，陳堯叟爲鹵簿使，趙安仁爲橋道頓遞使，其禮儀、橋道頓遞使事，令拯、堯叟分掌之。欽若、安仁並判兗州，仍更迭往乾封縣，禁于泰山樵采者，山下工役無得調發丁夫，止用兗、鄆州兵。行宮除前後殿外，餘悉張幄幕。金帛、芻糧委三司規度，收市或轉輸供用他所須物，悉自京輦致，無得輒有科率。發陝西上供木，由黃河浮筏鄆州，給置頓之費。

13 詔東封緣路禁采捕。修建行宮，無得侵占民田。扈駕步騎輒蹂踐苗稼者，御史糾之。

14 壬寅,帝御崇政殿,親試進士,仍錄題解,摹印以示之。初于殿廊設幔,列坐席,標其姓名,又揭榜表其次序,令視訖就坐。命翰林學士李宗諤等八人爲考官。帝徧至幄次,諭宗諤等務極精詳,勿遺賢俊。翼日,宗諤等上所定進士文卷,詔宰相覆考訖,乃臨軒賜進士鄭人姚曄等及第、出身有差。先是謝恩始令釋褐,是日特賜綠袍、鞾、笏,卽命以職。

15 丙午,詔作昭應宮以奉天書。

16 時上封事者言:「兩漢舉賢良,多因兵荒災變,所以詢訪闕政。今國家受瑞建封,不當復設此例。」于是悉罷吏部科目。

17 丙辰,詔太祖、太宗朝諸路所獻祥禽、異獸皆在苑囿,可上其數,俟封禪禮畢縱之。

18 遣使馳詣岳州采三脊茅三十束,備藉神縮酒之用。有老人董皓識之,授皓州助教,賜束帛。

戊午,詔東巡,取鄆州臨鄿路赴泰山;禮畢,幸兗州,取中都路還京。

19 先是監察御史陰城張士遜爲貢院監門官,時貢舉初用糊名之法,士遜白主司,有親戚在進士中,明日當引試,願出以避嫌,主司不聽,乃自言引去。帝是之,記名于御屏。遂詔:「自今舉人與試官有親嫌者,皆移試別頭。」是月,江南轉運使闕,中書進擬人,數見卻,帝乃自除士遜爲之。士遜謁宰相王旦于政事堂,自言「縣領使職,願聞善教。」旦從容曰:「朝廷榷利至矣。」士遜起謝。士遜後徙廣西、河北，每思旦言，不敢妄有興建云。

20 五月，庚申朔，遼主還上京。

21 壬戌，王欽若言泰山下醴泉出，錫山蒼龍見。

22 河北轉運使李士衡奏罷內帑所助錢八萬緡，于是又請輦本路金帛芻粟四十九萬赴京東以助祀事。帝曰：「士衡臨事有心力。」遂賜褒詔，因留士衡于澶州，管句東封事。

23 有司詳定儀注，請于泰山上置圜壇，徑五丈，高九尺。圜壇東南置燎壇，高一丈二尺，方一丈。山下封祀壇如圜丘制，社首壇如方丘制。又爲瘞埳于壬地，及天地玉牒、玉册、石䃭、金玉匱、受命寶之制甚備。詔悉從之。

24 丙寅，命王旦、馮拯、趙安仁等分撰玉牒、玉册文。

25 初，有司請依唐故事，皇帝告廟出京，至泰山、社首山，並用法駕。帝以前詔惟祀事豐潔，餘從簡約，于是改用小駕儀仗，尋改小駕名曰鸞駕。

26 辛未，趙安仁奏：「得太僕寺狀，金玉輅合先赴泰山，輅高二丈三尺，闊一丈三尺，所經州縣城門橋道有狹隘，請令修拆。」帝曰：「若此，則勞人矣。可于城外過，于墳墓處避之。」

27 三司假內藏庫銀十萬兩，從之。

28 遼主駐懷州。

29 甲申，放後宮一百二十人，厚資遣之。

30 六月，壬辰，詳定所上封禪儀注，帝覽之曰：「此儀久廢，非典禮具備，豈爲盡美！」即手札疑互凡十九事，令五使參議釐正而行之。

31 命都官員外郎孫奭至遼境上，告以將有事于泰山。

32 先是五月丙子，帝復言夢見向者神人，言來月上旬復當賜天書于泰山，密告王欽若。于是欽若奏：「是月甲午，木工董祚于醴泉亭北見黃素書曳林木之上，有字不能識，言于皇城使王居正，居正見其上有御名，馳告欽若，欽若等就取得之。遂建道場，明日，跪授中使捧詣闕。」奏至，帝亟召王旦等諭其事，欲自出奉迎，即命旦爲導衞使，具儀仗，奉迎天書，安于含芳園之正殿。帝再拜受，授陳堯叟啓封，其文曰：「汝崇孝奉，育民廣福。錫爾嘉瑞，黎庶咸知。祕守斯言，善解吾意。國祚延永，壽歷遐歲。」讀訖，召百官示之。左右奏苑中有雲五色，讀天書次，黃雲如鳳駐殿上。

33 賜文武百官泰山醴泉。

34 庚戌，曲赦兗州繫囚流罪以下。

35 辛亥，羣臣上尊號曰崇文廣武儀天尊道寶應章感聖明仁孝皇帝。

36 秋，七月，遼加太祖謚曰大聖大明神烈天皇帝，太宗謚曰孝武皇帝，讓國皇帝更謚曰文獻皇帝，世宗加謚曰孝和莊憲皇帝，仍謚皇太弟魯呼舊作李胡，今改。曰欽順皇帝。【考異】遼史諸帝紀及列傳於統和二十六年所加之謚，皆備書之。徐氏後編載契丹主追尊安巴堅（舊作阿保機。）爲太祖，德光爲太宗，璟曰世宗，明曰穆宗，賢曰景宗，都木達（舊作東丹。）人皇倍爲護國皇帝，自在太子阮爲恭順皇帝。是誤以加謚爲上廟號，又誤繫於十二月，皆失考之甚。今從遼史。

37 八月，己丑朔，上太祖尊謚曰啓運立極英武聖文神德元功大孝皇帝，太宗曰至仁應道神功聖德文武大明廣孝皇帝。

38 命詳定儀注官晁迥以下習泰山圜臺封祀儀于都亭驛。

39 乙巳，令天下禁屠宰一月，自十月始。

40 己酉，王欽若來朝，獻芝草八千本。

41 九月，戊午朔，令有司勿奏大辟案。

42 己未，詔告太廟，以芝草、嘉禾、瑞木列于天書輦前，及陳于六室。

43 庚申，命兵部侍郎向敏中權東京留守。

44 皇城使劉承珪詣崇政殿上新製天書法物，言有鶴十四來翔，天書扶持使丁謂奏雙鶴度天書輦，飛舞良久。翼日，帝顧謂曰：「昨所覩鶴，但于輦上飛度，若云飛舞良久，恐不爲實，卿當易此奏也。」謂再拜曰：「陛下以至誠奉天，以不欺臨物，正此數字，所繫尤深。望付中書載于時政記。」帝俛首許之。

45 癸亥，奉天書于朝元殿。甲子，扶持使等奉天書升玉輅，赴太廟南城門內幄殿。有頃，車駕至，詣幄殿酌獻訖，奠告六室，至太祖、太宗室，告以嚴配之意，帝涕泗交下。羣臣言，祀次，白雲如龍鳳仙人，正在廟室上，有鶴十四來翔。

46 庚辰，趙安仁獻五色金玉丹，紫芝八千七百餘本。

47 乙酉，帝親習封禪儀于崇德殿。初，禮官言帝王無親習之文，帝曰：「朕以達寅恭之意，豈憚勞乎！」

48 是月，京東、西、河北、河東、江、淮、兩浙、荆湖、福建、廣南路皆大稔，米斗錢七文。

49 冬，十月，戊子朔，遼主如中京。

50 庚寅，詔：「所經州縣，采訪民間不便事幷市物之價，車服、權衡、度量不如法者，舉儀制禁之。有奇才異行隱淪不仕者，與所屬長吏論薦。鰥寡惸獨不能自存者，量加賑恤。官吏政迹尤異，民受其惠，及不守廉隅，昧於政理者，孝子順孫、義夫節婦爲鄉里所稱者，並條析以聞。官吏知民間利病者，亦爲錄奏。」

51 司天言五星順行同色。

52 辛卯，駕發京師，奉侍使奉天書先導。辛丑，次鄆州；壬辰，駐蹕。知制誥朱巽言奉玉册、玉牒至翔鑾驛，有神光起昊天玉册上，亟遣翰林學士李宗諤馳往致謝。丙午，次翔鑾驛。丁未，法駕入乾封縣奉高宮，帝卽詣昊天玉册前焚香再拜，以謝神光之貺。

占城、大食諸蕃國使以方物迎獻道左。大食蕃客李麻勿獻玉圭，長尺二寸，自言五代祖得自西天屈長者，云：「謹守此，俟中國聖君行封禪禮，卽馳貢之。」

戊申，帝齋于穆清殿。王欽若等獻紫芝草三萬八千餘本。

己酉，羣臣奏五色雲起岳頂；帝與近臣登後亭望之，名亭曰瑞雲。知制誥朱巽奉玉册牒，及圜臺行事官並先升山上，以回馬嶺至天門，路險絕，人給橫板各二，兩首施采帛，巽親從卒推引而上。

庚戌，晝漏未上五刻，帝服通天冠、絳紗袍，乘金輅，備法駕，至山門，改服鞾袍，乘步輦以登，鹵簿仗衞列于山下，黃麾仗衞士、親從卒自山阯盤道至太平頂，凡兩步一人，采繡相間，供奉馬止于中路御帳。亞獻寧王元偓，終獻舒王元偁。鹵簿使陳堯叟從登，言有黃雲覆輦上，道經險峻，必降輦步進。有司議益扶衞，皆卻之。導從者或至疲頓，而帝辭氣益壯。至御幄，召近臣觀玉女泉及唐高宗、明皇二碑。前一夕，山上大風，裂帟幕，遲明未已。及帝至，天氣溫和，奉祀官點檢習儀于圜臺。是夕，山下罷警場。

辛亥，享昊天上帝於圜臺，以太祖、太宗配；命羣官享五方帝諸神于封祀壇。儀衞使奉天書于上帝之左，帝衮冕奠獻，侍從導衞悉減去萆翟，止于壝門，籠燭前導亦撤之。攝中書侍郎周起讀玉册、玉牒文。帝飲福，攝中書令王旦跪稱曰：「天賜皇帝太一神册，周而復始，永綏兆人。」三獻畢，封金玉匱。攝太尉王旦奉玉匱置于石䃸，攝太尉馮拯奉金匱以降，將作監領徒封䃸。帝登臺閱視訖，還御幄。司天監奏慶雲繞壇，月有黃煇氣。宰臣率從官稱賀，山下傳呼萬歲，振動山谷。帝卽日還奉高宮，百官奉迎于谷口。

壬子，禪祭皇地祇于社首山，如封祀之儀。前夕陰而風，及行事，風頓止。悉縱四方所獻珍禽奇獸于山下。法駕還奉高宮，左右言日重輪，五色雲見。詔以奉高宮爲會眞宮。

癸亥，有司設仗衞、宮縣于朝覲壇下，壇在奉高宮之南。帝服衮冕，御壇上之壽昌殿，受朝賀，大赦天下，常赦所不原者咸除之。文武官並進秩加恩。賜天下酺三日。改乾封縣爲奉符縣。泰山下七里內禁樵采。大宴穆清殿；又宴近臣及泰山父老于殿門，賜父老時服、茶帛。

甲寅，車駕發奉符縣，次太平驛。是日，始復常膳。帝勞王旦等以久食蔬，旦等皆再拜。馬知節獨言：「蔬食唯陛下一人，臣等在道，未嘗不私食肉。」帝顧旦等曰：「知節言是否？」旦再拜曰：「誠如知節言。」

丙辰，次兗州，以州爲大都督府。

53十一月，戊午朔，帝服鞾袍詣文宣王廟，酌獻，孔氏家屬陪列。有司定議止肅揖，帝特再拜。又幸叔梁紇堂。命刑部尚書温仲舒等分奠七十二子、先儒暨叔梁紇、顔氏，帝制贊刻石廟中。復幸孔陵，以樹木擁道，降輿乘馬，至文宣王墓，再拜，詔加謚曰玄聖文宣王，仍修葺祠宇，給近便十戶奉塋廟。翼日，又遣吏部尚書張齊賢等以太牢致祭，賜其家錢三十萬，帛三百匹。以四十六世孫同學究出身聖佑爲奉禮郎，近屬授官及賜出身者六人。又追封叔梁紇爲魯國公，顔氏爲魯國太夫人，伯魚母幷官氏爲鄆國太夫人。【考異】今俗本家語孔子娶开官氏，諸書皆因之。錢竹汀據漢禮器碑「聖妃幷官氏」，又曲阜縣石刻、大中祥符封鄆國夫人制、句容縣石刻元至順加封制皆作「幷官」，字畫分明，以正流俗相承之譌。柯氏宋史新編儒林傳亦作「幷官」，知柯所見宋史本尚未誤。今從之。又追封齊太公曰昭烈武成王，令青州立廟；周文公曰文憲王，曲阜縣立廟。

54己未，帝御回鑾，覃慶樓觀酺，凡三日。

壬戌，發兗州。丁卯，次范縣。賜曲阜縣玄聖文宣王廟九經、三史，令兗州選儒生講說。

又賜太宗御製、御書，又以經史賜兗州。

丙子，發陳橋，次含芳園。時近輔、淮甸、京東、河朔之民自泰山迎候車駕者道路不絕。

丁丑，車駕至自泰山。扶持使丁謂奉天書歸大內。賜百官休假三日，中書樞密院一日。

55 詔以正月三日天書降日爲天慶節。丁謂請以祥瑞編次撰贊，繪畫于昭應宮，從之。

56 甲申，命王旦攝太尉，奉上太祖、太宗謚册。禮畢，親享六室。

57 乙酉，大宴含光殿，勞旋也。

58 十二月，辛卯，御朝元殿，受册尊號。

59 命丁謂、李宗諤等編修封禪記，從陳彭年之請也。

60 丁酉，內出泰山封祀上尊酒及玉女白龍王母池水新醴泉賜輔臣。詔東京留守司及在京掌事內臣不該賜物者，特給之。

61 詔：「江淮發運司部內，各留三年之儲以備水旱。」先是江、淮米運送京師，至是司天監言揚、楚之分當爲水旱沴，防患故也。

62 庚戌，置京新城外八廂。帝以都門之外，民居頗多，舊例惟赤縣尉主其事，至是特置廂吏，命京府統之。

63 辛亥，命戶部尚書寇準知天雄軍兼駐泊都部署。遼使嘗過大名，謂準曰：「相公望重，何故不在中書？」準曰：「主上以朝廷無事，北門鎖鑰，非準不可耳。」

64 甲寅，以南衙爲錫慶院。先是酺宴則集于尚書省或都亭驛，誕節齋會則就相國寺。帝以佛舍中烹飪優笑，有虧恭潔，乃令內臣度館于顯敞者易之。南衙即太宗尹京時府邸，秦王、許王繼居焉，厥後虛其位，故以爲院。

65 詔：「進奏院不得非時供報朝廷事，宜令進奏官五人爲保，犯者科違制之罪。」

66 遼招討使蕭託雲（舊作圖玉。）奏討甘州回鶻，降其王伊囉勒，（舊作耶剌里，今改。）撫慰而還。

67 是歲，遼放進士史克忠等十三人。

續資治通鑑卷第二十八

賜進士及第兵部尚書兼都察院右都御史總督湖北湖南等處地方軍務兼理糧餉世襲二等輕車都尉畢沅編集

宋紀二十八 起屠維作噩（己酉）正月，盡上章閹茂（庚戌）四月，凡一年有奇。

眞宗應符稽古神功讓德文明武定章聖元孝皇帝

大中祥符二年遼統和二十七年。（己酉、一〇〇九）

1春，正月，丁巳朔，召輔臣至內殿朝拜天書。自是歲以爲常。

2御史中丞王嗣宗言：「翰林學士楊億、知制誥錢惟演、祕閣校理劉筠唱和宣曲詩，述前代掖庭事，詞涉浮靡。」帝曰：「詞臣學者宗師，安可不戒其流宕！」乃下詔風厲學者：「自今有屬詞浮靡、不遵典式者，當加嚴譴。其雕印文集，令轉運司擇部內官看詳，以可者錄奏。」

3帝自東封還，羣臣獻賀功德，舉國若狂，惟進士孫籍獻書言：「封禪帝王盛事，然願陛下謹于盈成，不可遂自滿假。」帝善其言，即召試中書，庚午，賜同進士出身。時知制誥周起亦上言：「天下之勢，常患恬于逸安而忽于兢畏，願毋以盈成爲恃。」帝深納之。

4 去冬，詔京師賜酺五日，以二月五日爲始。于是久旱，右僕射張齊賢言：「宴樂，陽事也。甫經上元，又將酺飲，恐非所以答天意。請俟雨足，乃如詔旨。」從之。

5 以殿中丞孔勖知曲阜縣兼檢校先聖廟，賜緋魚。勖請就先聖廟創立學舍及于齋廳講說，皆許之。

6 己〔乙〕酉，命戶部尚書溫仲舒、右丞向敏中與吏部流內銓注擬選人。先是帝謂輔臣曰：「吏部銓引對羣吏，或經旬不入，何也？」陳堯叟曰：「選人甚多，極聞稽滯。」因言舊有鎖銓之制，帝曰：「今員多闕少，四時計選猶慮壅塞，況鎖銓乎！」堯叟又請取舊省員，復置如六曹官，凡百州，乃得六百員。王旦曰：「今選集待闕者二千餘人，縱增二三百員，亦無益也。」乃詔仲舒等同領選事以督之。

7 是月，以美人劉氏爲修儀，才人楊氏爲婕妤。

8 遼主獵於瑞鹿原。

9 二月，令陝西發廩振糶，旱故也。

10 辛丑，分遣使臣出常平倉粟麥，于京城四面開八場，減價糶之以平物價。

11 己酉，雨。詔賜酺，以三月十六日爲始。

12 庚戌，布衣林虎伐登聞鼓上言：「國家遣官祈雨，車駕徧詣宮寺，雖再雨而未足。願去邪佞尸素之臣，明賞罰黜陟之令，則天自雨。」帝曰：「所言邪佞尸素，當斥其名；賞罰黜陟，悉陳非當，朕豈吝于采拔。然姓林名虎，尙怪者也。」命中書召問，虎無以對，罷之。

13以盧多遜子復州司士參軍察付吏部銓注簿、尉。察，景德二年舉進士，禮部奏名在高等。或言多遜子不當與科第，故特命爲州掾，及是乃授親民官。明年，察奉多遜喪歸葬襄陽，又詔本州賜察錢三十萬。

14應天府民曹誠，以貲募工就戚同文所居造舍百五十間，聚書千餘卷，博延生徒，講習甚盛。府奏其事，詔賜額曰應天府書院，命奉禮郎戚舜賓主之，仍令本府幕職官提舉，又署誠府助教。舜賓，同文孫，綸子也。

15癸丑，太常博士知溫州李邈言：「準詔，禁金銀箔線裝飾服用之物。伏見兩浙僧求丐金銀珠玉，錯末和泥以塑塔像，有高袤丈者。毀碎珍寶，浸以成俗，望嚴行禁絕，違者重罪。」從之。

16封太常博士陳從易祖母詹氏爲河間縣太君。從易以東封恩，例當封母妻，請回妻封以及祖母故也。

17三月，丙辰朔，日有食之。

18辛未，帝御乾元樓觀酺，自是凡五日。

19夏，四月，丙戌朔，遼主如中京營建宮室，擇良工於燕薊，董役二載，郛郭、宮掖、樓閣、府庫、市肆、廛廡，悉擬京師之制。既成，設祖廟、景宗及太后御容殿。宮中有武功殿，遼主居之；文化殿，后居之。池城湫濕，多穿井以泄之，居民稱便。又設大同驛以待宋使，朝天館以待新羅使，來賓館以待夏使。

20戊子，昇州大火。遣御史訪民疾苦，蠲被火屋稅。

21武勝節度使、駙馬都尉吳元扆，純謹謙遜，在藩鎮有憂民之心，待賓佐以禮，處事畏敬，所至能檢下，未嘗踰矩，奉身簡素，鮮聲色狗馬之好，所得祿賜皆分給親族之孤貧者。于是受詔知徐州，請對，言：「臣族屬至多，其堪任祿仕者皆已奏薦，不任者悉均奉贍之。公主有乳媼，得入參宮禁，慮臣去後，託以干祈，望陛下不納。」帝深歎其賢。

22分定天書及大駕儀仗，別飾玉輅以奉天書，題榜曰「天書玉輅」。

23壬辰，江淮發運使李溥言：「糧綱卒隨行有少貨物，經歷州縣，悉收稅算，望與蠲免。」從之。

24給事中、判集賢院种放，得告歸終南山，是日，召見，宴餞于龍圖閣，帝作詩賜放，命羣臣皆賦，且製序。杜鎬辭以素不屬文，詔令引名臣歸山故事，鎬誦北山移文，其意蓋譏放也。

25丙申，入內供奉官鄭志誠自茅山使還，言至昇州，見黃雀羣飛蔽日，往往從空墜，而又聞空中若水聲，帝曰：「是皆異常，而州不以言，何也？」因出占書示王旦等曰：「此皆民勞之兆。若守臣知人疾苦，能防于未然，則可免禍。今張詠在彼，吾無慮矣。」先是城中多火，詠廉得不逞之民潛肆燔爇者，折其足而斬之，由是遂絕。

26己亥，以三司使丁謂爲修昭應宮使。初議作宮，命謂經度。謂欲殫國財用，規摹弘大，近臣多言其不可；殿前都虞候張旻，亦言土木之侈，不足以承天意。帝召問謂，謂曰：「陛下富有天下，建一宮崇奉上帝，何所不可！且今未有皇嗣，建宮于宮城之乾地，正可以祈福。羣臣不知陛下此意，或妄有沮止，願以此諭之。」既而王旦又密疏諫帝，帝諭之如謂所對，旦遂不敢復言。于是特建使名，令謂專總其事。

27詔：「自今諸路轉運使、副、提點刑獄所舉官，如進改後，五年無過有勞幹者，幷舉主特加酬獎。」先是帝謂宰臣曰：「舉官犯贓則連坐，而得人者賞弗之及，非所以勸也。」故有是詔。

28庚戌，遼廢霸州處置使。

29甲寅，詔：「禁中外羣臣，非休暇無得羣飲廢職。」

30五月，乙卯朔，詔追封孔子弟子兗公顏回爲國公，費侯閔損等九人爲郡公，成伯曾參等六十二人爲列侯，宰相羣官分撰贊。

31 韶州獻頻婆果，後以道遠罷之。

32 壬戌，詔兗州長吏，以天書降泰山日詣天貺殿建道場設醮，以其日爲天貺節，令諸州皆設醮，從知幷州劉綜請也。

33 丙寅，召宰相至龍圖閣觀道像，又觀崇和殿瑞物凡四百餘種，王旦等稱賀。是日，以昭應宮興工，宴丁謂以下，仍賜役卒緡錢。

34 祠部員外郎、直集賢院錢塘楊侃，請令諸州屬縣無遣胥吏下鄉追事，從之。

35 代州地震。

36 六月，丁酉，詔：「修昭應宮役夫，三伏日執土作者，悉罷之。」時丁謂欲速成，請三伏不賜休暇，王旦言當順時令，乃降是詔。

先是瑞應沓至，知制誥王曾奏曰：「此誠國家承平所致，然願推而弗居，異日或有災沴，則免輿議。」及帝既受符命，大建玉清昭應宮，復上疏曰：「國家受殊祥，膺祕籙，就嚴城之北隅，啓列眞之祕宇。經始以來，庀徒斯廣，功極彌年，費將巨萬，國家尊奉靈文之意，不爲不厚矣。然臣以爲今之興作，有不便之事五焉：創立之宮，規制弘大，凡用材木，莫非楩楠，般運赴宮，尤傷人力，雖云只役軍匠，寧免煩擾平民！況復軍人亦是黎庶，此未便之事一也。方畢封崇，復茲興造，內帑傾積代之蓄藏，百物盡生民之膏血，散之孔易，斂之惟艱，此未便之事二也。禍起隱微，危生安逸，今雙闕之下，萬衆畢臻，所役諸雜兵士，多是不逞小民，其或鼠竊郊壥，狗偷都市，有一于此，足貽聖憂，此未便之事三也。王者舉動，必遵于時令，臣謹按孟夏無發大衆，無起土工，無伐大樹。今肇基卜築，衝冒鬱蒸，俶擾坤厚，乖違前訓；矧復旱暵卒痒，比屋罹災，得非失承天地之明效歟！此未便之事四也。臣竊聆符命，亦言清淨育民。乃過興刓劂之功，廣務雕鏤之巧，匱殫物力，未協天心，彼〔此〕未便之事五也。伏望思祖宗之大猷，察聖賢之深戒，止敎樸素，無取瑰奇，俾海內知陛下重愛民力之意，豈不美歟！方今疆埸甫定，民俗苟完，關輔之地，流亡素多，近甸之氓，農桑失望，雖令有司安慰，亦恐未復田廬，秋冬之間，饑歉是懼。願陛下留神垂聽，無忽臣言，則天下幸甚！」

37 帝自景德四年以來，不復出獵，壬寅，詔：「五方鷹鶻量留十數，以備諸王從時展禮，餘悉縱之。」

38 庚戌，帝御崇政殿親試進士、諸科，賜進士梁固等及第、出身有差。固，顥之子也，初以顥遺蔭賜進士出身。服除，詣登聞，讓前命，願赴鄉舉，許之。

39 昭應宮初相地，止盡內殿直班院，丁謂等復請增衍之，多黑土疏惡，乃于東京城北取良土易之，自三尺至一丈有六（不）等，日役工數萬。上以道里稍遠，憫其負擔之勞，壬戌，詔三司以空船給昭應宮運土，仍浚治渠道。

40 秋，七月，甲寅朔，遼境霖雨，潢河諸水皆溢，漂沒民舍。

41 丁巳，置糾察在京刑獄司，以知制誥周起、侍御史趙湘領之。

42 三司請出內藏綾萬匹以助經費，從之。

43 復以萬安宮爲滋福殿。

44 先是有詔減鄜延路駐泊兵九指揮歸營。乙丑，鈐轄李繼昌等言邊防備豫，望許如舊，帝以西邊安靜，冀省轉輸之勞，不許。

45 辛未，以昭應宮爲玉淸昭應宮。

46 戊寅，詔封玄聖文宣王廟配享先儒魯史左丘明等十九人爵爲伯，贈蘭亭侯王肅司空，當陽侯杜預司徒，命近臣各撰贊。

47 庚辰，侍御史趙湘、判三司都催欠司彭惟節等，條上封禪赦前天下逋負總千二百六十萬七千，悉除之。

48 八月，帝欲擇官知審刑院，謂宰臣曰：「當須詳悉法令之人。」王旦曰：「今司法有人，知院者但能曉達事理，詳究物情，不必熟法令者。」帝然之。

49 祕書丞董溫其上言：「漢以霍山爲南岳，望令壽州長吏春秋致祭。」詔禮官與崇文院檢討詳定，上奏言：「奉祀已久，難以改制。其霍山如有祈請及別敕致祭，即委州縣奉行。」從之。

50後宮杜氏，昭憲皇后姪女也。帝禁銷金甚嚴，還自東封，杜氏乃服以迎車駕，帝見之，怒，遂令出家洞眞宮爲道士。由是天下無敢犯禁者。

51知雜御史趙湘言：「臣聞朝廷之儀，進止有度。伏見常參文武官每日趨朝，並早赴待漏院，候開內門齊入。今以辰漏上始放朝，故多後時乃入。望許令知班驅使官二人常在正衙門視之，有入晚者，具名申奏。又，風雨寒暑稍甚，即多稱疾請假。望委御史臺酌度聞奏，遣官診視，如顯有詐妄，即具彈劾。」從之。

52九月，壬子朔，入內供奉官王承勛言：「準詔，于洛州塞漳河水口，本州差權推官祖百世監督兵夫，頗見勤勉，望即授正任。」帝曰：「州縣官除幕職，皆自特恩，內臣豈當論請！」即令吏部銓擬官代之。

53先是命供備庫使謝德權決金水河爲渠，自天波門並皇城至乾元門，歷天街，東轉繚太廟，皆甃以礲甓，樹之芳木，車馬所度，又累石爲梁。間作方井，宮寺民舍皆得汲用。復東引，由城下水竇入于濠。京師便之。丁卯，德權奏功畢，詔宗正告廟室，賜役卒緡錢。

54司天言：「太陰當食之既，翼日，皇帝本命，請禱祀之。」帝曰：「經躔已定，何可祈也！」

不許。既而候之不虧，宰臣表賀。

55 壬申，邵州防禦使廣平公德彝，言女適殿直郭中和，家族頗衆，欲別置一第，帝曰：「中和有父母，從其請，則婦事舅姑之禮闕矣。」不許。

56 乙亥，無爲軍言大風拔木，壞城門營壘民舍，厭溺千餘人。詔內臣恤視，蠲來年租，收瘞死者，家賜米一斛。

57 先是帝謂王旦等曰：「朕在東京講尚書凡七徧，論語、孝經亦皆數四。今宗室諸王所習，惟在經籍，昨奏講尙書第五卷，此甚可喜。」于是召寧王元偓等赴龍圖閣觀書目，帝諭之曰：「宮中嘗聽書習射，最勝他事。」元偓曰：「臣請侍講張穎說尙書，閒日不廢弓矢，因陳典謨之義。」帝喜，乃詔每講日賜食，命入內副都知張繼能主其事。尙慮元偓等輕待專經之士，又加訓督焉。

58 是秋，京西、河東、陝西、江淮、荆湖路、鎭、定、益、梓、邛、密等州言豐稔。京師粟斗錢三十。

59 冬，十月，癸未，雄州奏遼改築新城。帝謂輔臣曰：「景德誓書有無創修城池之約，今此何也？」陳堯叟曰：「彼先違誓修城，亦此之利也。」帝曰：「豈若遺利而敦信乎？宜令邊臣詰其違約，止之。」

60 濠州民齊睿，坐惡逆逃亡，會東封首露，州用赦原之。知定遠縣王仲微言：「通判、度支員外郎趙況，受睿錢三百千，不以上聞，請重置其罪。」詔特斬睿，論況枉法，除名爲民。

61 御史中丞王嗣宗，言許州積水害民田，蓋惠民河不謹隄防，每歲決壞，卽詔閤門祗候錢昭厚經度之。昭厚請開小潁河，分導水勢，帝曰：「泄其上源，無乃移患于下流乎？」昭厚不能對。判陳州石保吉，復言此河浸廣，則郡當水衝，爲害甚大，乃命白陂〔波〕發運判官史瑩視之。瑩請修頓固雙斗門於減水河口，爲束水鹿港以均節壅溢，奏可。因詔三班選幹局習事者巡護隄岸，殿最如黃、汴法。自是吏謹其職，水災稍息。

62 甲午，詔天下並建天慶觀。時罕習道教，惟江西、劍南人素崇重，及是天下始徧有道像矣。殿中侍御史張士遜上言：「今營造競起，遠近不勝其擾，願因諸舊觀爲之。」詔從其請。

【考異】蘇州玄妙觀有寶慶二年重修天慶觀記，高之問撰，云：「大中祥符二年，秋，七月，詔天下建道觀名曰天慶。殿中侍御史張士遜請以舊觀改爲，毋或擾民。」據碑，似此事在是年七月。但長編繫於十月，今從之。

63 御史中丞、權判吏部銓王嗣宗，輕險好進，深詆馮拯之短，而結王旦弟旭，使達意于旦以爲助。旦疾其醜行，因力庇拯，嗣宗大恚。會久不雨，嗣宗請對，因摭拾知制誥王曾從妹夫孔冕被曾誣搆，及侯德昭援赦敍緋，李永錫坐贓除名，復引充舊職等事，欲以傾旦。帝曰：「止此乃致旱邪？」嗣宗理屈，復以他辭侵旦，旦不之抗，乃已。是月，嗣宗請對，言「刑政有失，致成災沴。」因復言：「孔冕冤枉播在人口，而王曾尙居近班，願示退黜，臣請露章以聞。」帝謂王旦等曰：「曾實無罪；若嗣宗上章，亦須裁處。」旦曰：「冕不善之迹甚衆，但以宣聖後不欲窮究，謂其冤枉傷和氣，恐未近理。」翼日，嗣宗復對，且謝前言之失，帝優容之。

64 十一月，壬子朔，知鄧州張知白言：「陝西流民相續入境，有欲還本貫而無路糧者。臣誘勸豪民出粟數千斛，計口給之，以半月爲準，凡就路總二千三百家，萬二百餘口，其支貸有餘者，悉給貧老。」詔獎之。

65 衞尉卿、權判刑部愼從吉言：「準淳化三年敕，諸州所奏獄空，須是司理院、州司、倚郭縣俱無繫囚；又準後敕，諸路自今獄空更不降詔獎諭。臣伏見提點刑獄司所奏獄空，多不應舊敕，外州妄覬獎飾，沽市虛名。近邠、滄二州勘鞫大辟囚，于詿誤數人，裁一夕即斬決。前代京師決獄尙五覆奏，蓋欲謹重大辟，豈宜一日之內便決死刑，恐有冤濫，但務獄空。欲望依準前詔，不行獎諭。」從之。

66 丙辰，帝作文武七條戒官吏，謂宰相曰：「漢制，刺史以六條問事，諸葛亮有武臣七戒，朕今參求要道以儆勵羣臣。又思先朝以儒行篇賜近臣，今可幷賜一軸。」

67 甲子，詔：「諸路官吏有蠹政害民、辨鞫得實，本路轉運使、提點刑獄司不能舉察者，論其罪。」先是知秦州裔化基、知鄜州何士宗皆坐贓抵法，監司初不以聞，故申敕之。

68帝謂宰相曰：「聞隴州推官陳漸，不能謹潔，轉運使以堯叟諸姪，不能按舉，昨因違越被劾，堯叟特爲請令罷任。自今倘如此，必正其罪。」

69十二月，乙酉，遼太后不豫。戊子，肆赦。辛卯，遼太后殂，年五十七。太后明習政事，能用善謀。素嫻軍旅，澶淵之役，親御戎車，指麾三軍，賞罰信明，將士用命。教遼主以嚴，遼主初卽位，或府庫中需一物，必詰其所用，賜及文武臣僚者與之，不然不與。遼主既不預朝政，縱心弋獵，左右有與遼主諸譴者，太后知之，必杖責其人，遼主亦不免詬問；御服御馬，皆太后檢校焉。歸政未幾而殂，遼主哀毀骨立，哭必歐血。

70辛丑，三司使丁謂等上泰山封禪朝覲祥瑞圖百五十，昭宣使劉承珪上天書儀仗圖，召近臣觀于滋福殿，俄又示百官于朝堂。

71遼天平節度使耶律信寧，以太后之喪，馳騎來告，涿州先牒雄州，雄州以聞。甲辰，詔廢朝七日，令禮官詳定服制，復命太常博士王隨爲祭奠使，太常博士王曙等爲弔慰使，賻以衣五襲、綾羅布帛萬匹。乙巳，遼賀正使耶律特嚕古舊作突魯古，今改。入見，既還館，令客省使曹利用以涿州牒示之。戊申，告哀使耶律信寧至，閤門使受書進內，詔特嚕古等就開寶寺設位奠哭，百官至都亭驛弔之。己酉，帝于內東門制服發哀，羣臣進名奉慰。

72趙德明帥所部出侵回鶻，長星晝見，德明懼而還。

73是歲，遼始御前引試進士，放劉三宜等三人。

三年 遼統和二十八年。（庚戌、一〇一〇）

1春，正月，种放歸終南山。帝謂宰相言：「放隱居力學，嘗言古今殊時，不當背時效古，此最近于理。」乃詔放赴闕。放表乞賜告，帝許之，又作歌以賜，并賚衣服、器幣，令京兆府每季遣幕職就山存問。放爲弟汶求官，即授祕書省正字。

2知天雄軍寇準言：「振武勇士接送遼使過境，臣已各給裝錢。」帝謂輔臣曰：「寇準好收人情以求虛譽，卿等今見之矣。」乃詔諭準，不當擅有給賜，命備錢償官。

3二月，遼主如長濼。

4乙酉，丁謂請承天節禁屠宰刑罰，從之。

5癸巳，昇州民以知州張詠秩滿，願借留；即授工部尚書，令再任，仍賜詔獎焉。

6交州黎至忠苛虐，國人不附，大校李公蘊爲至忠親任，乃逐至忠出城而殺之。其二弟明提、明昶爭立，公蘊又殺之，自稱留後，遣使奉貢。帝曰：「黎桓不義而得之，公蘊又效尤焉，甚可惡也。然蠻俗何足責哉！其用桓故事，授以官爵。」

7右僕射、判都省張齊賢，言玉清昭應宮績畫符瑞，有損謙德及違奉天之意，又屢請罷土木之役，不聽。辛丑，齊賢出判孟州。

8 閏月，甲寅，冬官正韓顯符造銅候儀成，并上所著經十卷，其制則本唐李淳風及一行之遺法云。

9 己未，河北轉運使李士衡言：「本路諸軍歲給帛七十萬。當春時民多匱乏，常假貸于豪右，方納租稅，又償逋欠，以故工機之利愈薄。請官預給帛錢，俾及期輸送，民既獲利，官亦足用。」詔從之，仍令優與其直。後遂推其法于天下。

10 甲戌，增葺射堂爲繼照堂，設帟張樂，許士民游觀三日。

11 三月，壬辰，以權靜海軍留後李公蘊爲靜海軍節度，封交趾郡王，賜衣帶、器幣。

12 丁酉，帝謂王旦等曰：「自北鄙修好，彊埸不聳，朕居安慮危，罔敢暇逸，嘗著文自警，置之座右。」乃出貴廩、食珍、田夫吟、念農歌、自戒箴以示旦等。

13 癸卯，遼上太后謚爲聖神宣憲皇后。

14 帝作念邊詩，賜近臣和。

帝謂輔臣曰：「將帥才難，今雖天下無事，然兵不可去，戰不可忘，古之道也。」馬知節曰：「將帥之才，非可坐而知之，顧臨事機變如何耳。咸平中，將帥才略無聞，措置未便，不能禦寇，蓋以未得其人故也。」帝曰：「知節久任邊防，何策爲善？」知節曰：「邊防之地，橫亙雖長，然據要以扼其來路。惟順安軍至西山不過二百里，若列陣于此，多設應兵，使其久莫能進，衆將疲弊，時以奇兵輕騎逼而擾之，如敢來犯，卽命將深入力戰，彼必顚覆不暇。今諸將喜用騎兵，以多爲勝；且騎兵之多者布滿川谷，而用之有限，苟牆進而前，小有不利，則莫之能止，非所謂節制之師也。臣嘗謂善用騎兵者不以多爲貴，但能設伏，觀寇兵之多少，度地形之險易，寇少則逼而擊之，衆則聚而攻之，常依城邑以爲旋師之所，無不捷矣。」

時遼人已盟，大臣方言符瑞，知節每不然之，嘗言天下雖安，不可忘戰，因自陳：「年齒未暮，五七年間倘可驅策，如邊方有警，願預其行，但得副部署名目及良馬數匹、輕甲一聯足矣。」帝以爲然，乃命製鋼鐵鎖子甲賜之。

15 夏，四月，鎭安節度使、同平章事、駙馬都尉石保吉卒于京師。帝廢朝三日，贈中書令，謚莊武。屬孟夏享太廟，未卽臨喪，遣使諭其家，禮畢，乃臨哭之。

保吉累世將相，家富于財，性驕倨，歷藩鎭，待屬吏不以禮，帥大名時，葉齊、查道皆知名士，悉命械頸以督糧運。帝嘗賜密詔戒之。

16 先是曹瑋及張崇貴上涇原、環慶兩路州軍山川城寨圖。己未，帝出以示王欽若等曰：「處置咸得其宜，至于儲備亦極詳悉，宜令別畫二圖，用樞密印，一付本路，一留樞密院，按圖以計事。」

17辛酉，賜泰山隱居秦辨號貞素先生，放還山。辨自言百三十歲，帝召至京，與語，多言五代事，亦無他奇，但能服食至長年耳。

18癸亥，詔：「幕職、州縣官，除廣南、福建路令預借俸錢外，江浙、荆湖遠地，麟、府等州，河北、河東緣邊州軍，自今並許預借兩月俸，餘近地一月。」

19是日，後宮李氏生子，知開封府周起方奏事，帝謂起曰：「知朕有喜乎？」起曰：「臣不知也。」帝曰：「朕始生子。」即入禁中，懷金錢出，探以賜起。李氏，杭州人，初入宮，侍劉修儀，莊重寡言，帝命爲司寢。既有娠，從帝臨砌臺，玉釵墜，心惡之。帝私卜，釵完當生男子，左右取釵以進，殊不毁，帝喜甚。已而果生子，是爲仁宗。後封李氏爲崇陽縣君。

20甲子，遼葬太后於乾陵，賜大丞相耶律德昌名曰隆運。庚午，賜宅及陪葬地。遼羣臣上言：「山陵已畢，宜改元。」遼主曰：「改元，吉禮也。居喪行吉禮，不孝也。」羣臣曰：「前代帝王以日易月，宜法舊制。」遼主曰：「寧違舊制，不爲不孝之人。」

21太常博士石待問上時務策十數條，大率言：「北鄙凶變，非與中國渝盟，即遭其弟篡奪，乞選將練兵，爲之預備。」又言：「先朝多任中人陵轢將帥，故罕成功。」帝曰：「人臣指陳時政，有關朕躬過失，雖不近理，亦當優容之。待問乃以祖宗制度所無之事，恣爲矯誣，是不可恕也。」即令翰林學士李宗諤詰之，待問辭窮，已而責授滁州團練副使，不得僉署州事。

22乙亥，出內庫錢五百萬贖故宰相呂端居第賜其子藩。先是帝謂王旦等曰：「端諸子皆幼，長子藩病足，家事不理，舊第已質于人，兄弟不同處。昨令中使視之，藩扶杖附奏，求賜差遣。朕思之，不若出內庫錢贖還舊第，令其聚居。又，僦舍日得千錢，可以贍養。然藩頗懦，當諭旨，凡有支用，置簿，歲上內侍省。」後六年，藩為弟蔚娶妻，又表獻居第，求加錫予，且言負人息錢甚多。旦曰：「陛下恤孤念往以勸人臣，而藩重煩聖念，不可聽。」帝曰：「宜別出內庫金帛賜之，俾償宿負。藩弟荀，仍與西京差遣，令藩同往。自今無得借使他財，命有司為掌僦課給其家，復詔樞密院察其妄費。」旦曰：「陛下推恩終始極矣，唐元和中，還魏徵舊第，止降一詔，何嘗委曲如是邪！」

23是月，知雄州兼河北安撫使李允則，言久戍邊，乞給假暫乘傳赴闕，詔許之。

續資治通鑑卷第二十九

賜進士及第兵部尚書兼都察院右都御史總督湖北湖南等處地方軍務兼理糧餉世襲二等輕車都尉　畢沅　編集

宋紀二十九　起上章閹茂（庚戌）五月，盡重光大淵獻（辛亥）十二月，凡一年有奇。

眞宗應符稽古神功讓德文明武定章聖元孝皇帝

大中祥符三年遼統和二十八年。（庚戌，一〇一〇）

1 五月，己卯朔，遼主如中京。

2 丙戌，安定郡王惟吉薨。魏王德昭之子，好學善屬文，嫺草、隸、飛白。性至孝，初，太祖命孝章皇后撫養之，及后薨，哀過所生，每誦詩至「生我劬勞」句，涕泗交下，宗室中稱其賢。諡康孝。

3 甲午，詔獎知益州任中正，轉運使言吏民列狀願留之也。中正及幷州劉綜皆以善政聞，帝謂輔臣曰：「藩方重地，切在得人。自今須歷方面，始可擢爲大官，卿等悉之。」

4 辛丑，京師大雨，平地數尺，壞廬舍，民有厭死者，賜布帛。

5先是，高麗國王王治之妃皇甫氏，有外族金致陽，出入宮掖，人言其有私，王治杖致陽，配遠地。王治薨，子誦嗣位，年十八矣。皇甫妃攝政，召致陽，授閤門通事舍人，不數年，貴寵無比。皇甫妃生子，卽私於致陽所生也，謀立爲王後。王誦有從弟詢，號大良院君，皇甫妃忌之，強令爲僧，復遣人潛害，賴寺僧匿之獲免。

王誦有疾，密召給事中蔡忠順，諭以輔立詢，勿令國屬異姓。忠順議遣人迎詢，而召西北面巡檢使康肇入衞。肇聞召，行至洞州，其幕下主書魏從、掌書記崔昌素怨王誦，謀爲亂，紿肇曰：「王疾篤，命在頃刻，宜徐行觀變。」肇猶豫不行。皇甫妃聞肇且至，惡之，遣內侍守呂領以遏之。肇父在王京，知釁隙已開，乃爲書納竹杖中，令奴除髮爲僧，報肇曰：「王已逝，羣凶用事，可亟舉兵來！」奴晝夜急走至肇所，氣竭而斃。肇探杖得書，信爲然；卽率甲騎五千，聲言入靖國難，至平州，始知王誦未薨，喪氣垂頭良久。其黨曰：「業已來，不可止也。」肇意遂決，廢王誦爲讓國公，殺致陽，遷皇甫妃於黃州，流其親黨於海島，遣兵迎詢，立爲王。詢以肇爲西京留守。肇旋弒王誦于積城縣。

遼主謂羣臣曰：「康肇弒其君誦而立詢，因而相之，大逆也，宜發兵問其罪。」羣臣皆曰：「可。」國舅詳袞舊作詳穩，今改。蕭迪里舊作敵烈，今改。諫曰：「國家連年征討，士卒抏敝。況陛下在諒陰，年穀不登，創痍未復。高麗小國，城壘完固，勝不爲武。萬一失利，恐貽後悔。不如遣一介之使，告問其故，彼若伏罪則已，不然，興師未晚。」遼主狃於南伐之勝，不聽。丙午，詔諸道繕甲兵以備東征。【考異】宋史、遼史俱云康肇弑其君誦，立誦從兄詢。高麗史：王誦之立年十八矣。東國通鑑云：皇甫氏逼大良君詢爲僧，年十二，初寓崇教寺，後寓居三角山神穴寺。是詢實誦之從弟，故遼主飛書以諭高麗，亦謂逆臣康肇弑君立幼也。李氏長編作高麗王誦卒，其弟詢權領國事。蓋高麗久與宋絕，故李氏不知有康肇弑君之事。然以詢爲誦之弟，則與高麗史、東國通鑑相合，今從之。又，高麗史、東國通鑑俱作「康兆」，宋、遼史俱作「康肇」，今從宋、遼史。

6 六月，庚戌，遼遣使告糴，詔雄州糴粟二萬石，賤價賑之。

7 知河中府楊舉正言本府父老僧道千二百九十人狀請車駕親祀后土，詔不許。

8 丙辰，頒諸州釋奠玄聖文宣王廟幷祭器圖。

9 詔：「前歲陝西飢民有鬻子者，官爲贖還其家。」

10 翰林侍讀學士、禮部尚書郭贄卒。帝以舊學故，親往哭之，輟朝三日，贈左僕射，謚文懿。贄喜延譽後進，宋白、趙昌言，皆其所薦也。

11 翰林侍讀學士、禮部尚書邢昺，被病請告。壬戌，帝親臨問，賜藥一奩。故事，非宗戚將相，無省疾臨喪之禮，惟郭贄與昺以恩舊特用之。及卒，輟朝二日，贈左僕射。洪湛之得罪也，昺力居多，王欽若德之；昺被寵幸，亦欽若左右之。

12秋，七月，丙申，戶部尚書溫仲舒卒，贈左僕射，謚恭肅。仲舒少與呂蒙正契厚，又同登第。仲舒黜廢累年，蒙正居中書，極力援引；及被任用，反攻蒙正，士論薄之。

13己亥，詔：「南宮、北宅大將軍已下各赴書院講經史。諸子十歲以上並須入學，每日授經書，至午後乃罷；仍委侍教教授、伴讀官誘勸，無令廢惰。」

14辛丑，文武官、將校、耆艾、道釋三萬餘人詣闕請祀汾陰后土，不允。表三上，八月，丁未朔，詔以來年春有事於汾陰。

15戊申，以知樞密院事陳堯叟爲祀汾陰經度制置使，翰林學士李宗諤副之。

河北轉運使李士衡獻錢帛三十萬以佐用度，詔褒之。

己酉，發陝西、河東兵五千人赴汾陰給役，置急腳遞鋪，出廄馬，增驛傳遞鋪卒至八千餘人。

庚戌，命翰林學士晁迥、楊億等與太常禮院詳定祀汾陰儀注。

詔：「汾陰路禁弋獵，不得侵占民田，如東封之制。」

壬子，昇、洪、潤州屢火，遣使存撫，祀境內山川。

16甲寅，召近臣觀書龍圖閣，帝閱元和國計簿，三司使丁謂進曰：「唐江淮歲運米四十萬至長安，今乃五百餘萬，府庫充仞，倉廩盈衍。」帝曰：「民俗康阜，誠賴天地宗廟降祥；而國儲有備，亦自計臣宣力也。」謂再拜謝。

17 丁巳，詔：「寶鼎縣不得笞箠人，有罪並送府驅遣。」

18 庚申，解州言池鹽不種自生，其味特嘉；取其精明尤異者上進。詔遣使祭池廟。

19 賜大理評事蘇耆進士及第。

耆，易簡子，宰相王旦女婿也。耆先舉進士，及唱第，格在諸科，知樞密院陳堯叟爲帝具言之，帝顧問旦，旦卻立不對。耆曰：「願且修學。」既出，堯叟謂旦曰：「公一言，則耆及第矣。」旦笑曰：「上親臨軒試天下士，示至公也。旦爲宰相，自薦親屬於冕旒之前，士子盈庭，得無失禮！」堯叟愧謝曰：「乃知宰相眞自有體。」至是耆獻所爲文，召試學士院，而有是命。

旦長女婿殿中丞雍丘韓億，亦嘗獻所爲文，帝亟欲召試，旦力辭之。億例當守遠郡，帝特召見，改太常博士，知洋州。旦私語其女曰：「韓郎入川，汝第歸吾家，勿憂也。吾若有求於上，他日使人指韓郎緣婦翁奏免遠適，則其爲損不細矣。」億聞之，喜曰：「公待我厚也。」

20 丙寅，遼主謁顯陵、乾陵。

21 丁卯，羣臣五表請上尊號，不許。

22 遼主自將伐高麗，以皇弟楚王隆祐留守京師，北府宰相、駙馬都尉蕭巴雅爾舊作排押，今改。爲都統，北面林牙蕭僧努舊作僧奴，今改。爲都監。【考異】長編述遼人興師之故，云高麗嘗築六城於境上，契丹以爲貳於己，遂舉兵奄至城下，焚蕩宮室，剽掠居人。詢徙居昇羅州以避之，兵退，乃遣使請和。按聖宗伐高麗，實因康肇弒君之故，至索還六城，乃是後事。長編牽合爲一，蓋傳聞之誤，今不取。

23 辛未，命曹利用祭汾河。

24 有司定祀后土儀，度廟庭，擇地爲埳，其玉册、玉匱、石匱、石𥓐、印寶，悉如社首之制，從之。

25 乙亥，河中府父老千七百人詣闕迎駕，帝勞問之，賜以緡帛。

26 九月，戊寅，詔：「西路行營，宜令儀鸞司止用油幕爲屋，以備宿衞，不須覆以蘆竹。」

27 辛巳，河東轉運使、兵部郎中陳若拙請以所部緡錢芻粟十萬轉輸河中以助經費，許之。

28 癸未，陳堯叟言：築壇於脽上，如方丘之制。廟北古雙柏旁起堆阜，即就用其地焉。

29 乙酉，遼使册西平王李德明爲夏國王。旋遣樞密直學士高正、引進使韓杞宣問高麗王詢。【考異】東國通鑑云：秋，七月，契丹遣給事中梁炳、大將軍耶律允來問前王之故。遼史不載。高麗史云：八月，丁未朔，遣內史侍郎、平章事陳頔直、中臺尙書右丞尹餘如契丹。九月，遣左司員外郎金延保秋季問候。左司郎中王佐暹、將作丞白日昇如東京修好。是高麗之遣使于遼也屢矣。至高正、韓杞之使，高麗史繫于十月，又以高正爲給事中，俱與遼史異。今從遼史。

30 丁亥，帝作宗室座右銘幷注，賜寧王元偓而下，從判宗正等趙湘請也。

31 知華州崔端言父老二千餘人欲詣闕請幸西岳，詔答之。

32 癸巳，杖殺入內高品江守恩於鄭，坐擅取民田麥穗及私役軍士故也。論者謂朝廷行罰不私，中外莫不悚慶。

33 初，有司議：「祀宇之旁難行覲禮，欲俟還至河中，朝會，肆赦。」於是陳堯叟等言：「寶鼎行宮之前，可以設壇壝，如東封之制。」詔如堯叟等奏。

34 甲辰，內出綏撫十六條，頒江、淮南安撫使。

35 冬，十月，庚戌，陳堯叟言解州父老欲詣闕奉迎車駕，詔堯叟諭止之。

36 戊午，命三司使丁謂赴汾陰路計度糧草。

37 庚申，丁謂等上大中祥符封禪記五十卷，帝製序，藏祕閣。

38 是月，女眞進良馬萬匹於遼，乞從征高麗，遼主許之。【考異】是時女真方臣服於遼，而契丹國志云女眞與高麗合兵拒遼，長編亦云高麗與女眞合，疑皆傳聞之誤。長編又載李允則疏云：「頃年契丹加兵女眞，女眞衆纔萬人，所居有灰城，以水沃之，凝爲堅冰，不可上。距城三百里，焚其積聚，設伏於山林以俟之，契丹既不能攻城，野無所取，遂引騎去，大爲山林之兵掩襲殺戮。今契丹趨遼陽城伐高麗，且涉女眞之境，女眞雖小，契丹不能勝也。」此蓋邊境偵伺之言，殊非當日事實，今不取。

高麗王王詢遣使奉表於遼，乞罷師，不許。【考異】高麗史云：冬，十月，參知政事李禮鈞、右僕射王同穎如契丹請和。十一月，丙子朔，遣起居郎姜周載如契丹賀冬至。契丹遣將軍蕭凝來告親征。蓋高麗之乞罷師自在十月，遼主之不許則在十一月也。今從遼史連書之。

39 十一月，戊〔庚〕辰，司天臺韓顯符所造銅渾儀，徙置於龍圖閣，召輔臣同觀。詔顯符擇監官或子孫可教者授其法。

40 李允則以遼人舉兵伐高麗事上聞，帝謂王旦等曰：「契丹伐高麗，萬一高麗窮蹙，或歸于我，或來乞師，何以處之？」旦曰：「當顧其大者。契丹方固盟好，高麗貢奉累歲不一至。」帝曰：「然。可諭登州侍其旭，如高麗有使來乞師，即語以累年貢奉不入，不敢達于朝廷；如有歸投者，第存恤之，不須以聞。」

41 遼主自將步騎四十萬，號義軍，乙酉，渡鴨綠江。康肇率師禦之，戰敗，退保銅州。遼主封書於箭，諭高麗曰：「朕以前王誦服事朝廷久矣，今逆臣康肇，弑君立幼，故親率精兵，已臨國境，汝等能縛送康肇，即可班師。」丙戌，肇分兵爲三，隔水而陣，一營於州西，據三水之會，肇居其中，一營於近州之山，一附城而營。肇以劍車排陣，遼師進攻之，屢卻。肇遂有輕敵之心，與人彈棋。丙戌，遼先鋒耶律敏諾舊作盆奴，今改。率詳袞耶律達魯舊作敵魯，今改。擊破三水砦，擒斬肇及副將李立，追亡數十里，獲所棄糧餉、鎧仗不可勝計。會遼主軍至，斬首三萬餘級。戊子，銅、霍、貴、寧等州皆降。都統蕭巴雅爾復大破高麗於努古達嶺。（舊作奴古達嶺。）

辛卯，王詢遣使上表請朝，遼主命羣臣議，皆謂宜納。積慶宮使耶律瑤珠舊作瑤質，今改。獨曰：「詢始一戰而敗，遽求納款，此詐耳，納之恐墮其計。待其勢窮力屈，納之未晚。」遼主亟於成功，許其朝，遂禁軍士俘掠，以政事舍人馬保佑爲開京留守，安州團練使昂克巴舊作王八，今改。爲副留守，遣太子太師伊蘭舊作乙凜，今改。將騎兵一千送保佑等赴京，又遣右僕射高正率兵往迓王詢。

先是詢遣中郎將智蔡文援西京，而遼令盧顗、劉經入西京諭降。其守將已繕降表矣，蔡文至，焚其表，殺顗、經。城中疑貳，蔡文出屯城南。會東北界都巡檢使卓思正率兵至，與蔡文合兵入城守。遼又使韓杞等往諭，思正出驍騎突殺杞等。【考異】遼史作「韓喜孫」，今從東國通鑑作「韓杞」。思正以蔡文爲先鋒出拒，保佑、伊蘭等敗走。又圍高正使館，正與麾下壯士突圍出，餘卒多死。遼主怒，復遣伊蘭擊之，蔡文累戰皆敗。越五日，遼主進駐城西，城中恟懼，思政佯言出戰，夜開門遁，蔡文奔還。

高麗諸臣欲降，姜邯贊曰：「當避其鋒，徐圖興復耳。」王詢乃夜攜後宮及吏部侍郎蔡忠順等遁去。巴雅爾、敏諾等破開京，焚宮廟民居皆盡，追至清江而還。【考異】遼史，十一月，乙酉，大軍至鴨綠江，至庚子王詢棄城遁，相去秖十六日，而遼主班師自在次年正月乙亥朔。當時開京已破，遼主何以久留高麗，遼史亦未明言其故也。據東國通鑑，十一月，辛卯，契丹主自將步騎四十萬，號義軍天兵，渡鴨綠江。壬辰，康肇等與契丹兵戰，敗績。甲午，契丹主以錦衣、銀器等物賜鎭將。丁酉，師進至通州，移軍銅山下。康兆引兵出通州，分軍爲三，契丹先鋒耶律敏諾破其砦，擒康兆。甲寅，契丹兵破肅州。乙卯，卓思政殺遼使韓杞。丙辰，智蔡文出戰，翼日，蔡文敗走，西京諸將皆潰。己未，統軍錄趙元復收散卒守西京。辛未，高麗王南走。自辛卯至辛未已四十一日。蓋遼師克開京自在十二月，故遼主至正月始班師也。但東國通鑑所載月日與遼史參差，難以覈定，今仍從遼史。

42 甲寅〔庚子〕，陝州言寶鼎縣黃河清。十二月，丙午，寶鼎縣黃河再清。集賢校理晏殊獻河清頌。

43 壬子，大宴含光殿。軍校營在新城外者，並令終宴，至夕，遣內侍持鑰往諸門，俟盡出，闔扉入鑰，遂爲定制。

44 乙卯，告太廟，奉天書，如東封之制。

45 丙辰，以資政殿大學士向敏中權東京留守；三司使丁謂爲行在三司使，鹽鐵副使林特副之。

46丁巳，翰林學士李宗諤等上新修諸道圖經千五百六十六卷，詔獎之。

47禁扈從諸色人燔爇道路草木。

48知雜御史趙湘，請依周禮置土訓、誦訓，纂錄所經山川古迹風俗，以資宸覽，詔錢易、陳越、劉筠、宋綬掌其事，每頓進一卷。

49龍圖閣待制孫奭，由經術進，守道自處，卽有所言，未嘗阿附取悅。帝嘗問以天書，奭對曰：「臣愚所聞，『天何言哉』，豈有書也！」帝知奭朴忠，每優容之。是歲，特命向敏中諭奭，令陳朝廷得失。奭上納諫、恕直、輕徭、薄賦四事，頗施用其言。

及將有汾陰之役，會歲旱，京師近郡穀價翔貴，奭遂奏疏曰：「先王卜征五年，歲習其祥，祥習則行，不習則增修德而改卜。陛下始畢東封，更議西幸，則非先王卜征五年愼重之意，其不可一也。夫汾陰后土，事不經見。昔漢武帝將行封禪大禮，欲優游其事，故先封中岳，祀汾陰，始巡幸郡縣，浸尋于泰山。今陛下既已登封，復欲行此，其不可二也。周禮圜丘、方澤，所以郊祀天地，今南北郊是也。漢初承秦，唯立五時以祀天，而后土無祀，故武帝立祠於汾陰。自元、成以來，從公卿之議，徙汾陰后土于北郊，後之王者多不祀汾陰。今陛下乃欲舍北郊而祀汾陰，其不可三也。西漢都雍，去汾陰至近。今陛下經重關，越險阻，輕棄京師根本，其不可四也。河東者，唐王業所起之地，唐又都雍，故明皇間幸河東，因祀后土，與聖朝事異。今陛下無故欲祠汾陰，其不可五也。夫遇災而懼，周宣所以中興。比年以來，水旱相繼，陛下宜側身修德以答天譴，豈宜下徇姦回，遠勞民庶，忘社稷之大計，慕簫鼓之盤游！其不可六也。夫雷以二月出，八月入，失時則爲異；今震雷在冬，爲異尤甚。天戒丁寧，陛下未悟，其不可七也。先王先成民而後致力于神，今國家土木之功，累年未息，水旱作沴，饑饉居多，乃欲勞民事神，神其享之乎！其不可八也。陛下欲行此禮，不過如漢武帝、唐明皇刻石頌功而已，此皆虛名也。陛下欽明濬哲，當追蹤二帝、三王之事，豈止效此虛名！其不可九也。唐明皇嬖寵害政，姦佞當塗，身播國屯，兵纏魏闕。今議者引開元故事以爲盛烈，乃欲倡導陛下而爲之，其不可十也。臣猶懼言不逮意，願少賜清問，以畢其說。」

帝遣內侍皇甫繼明諭以具條再上，於是奭又上疏曰：「陛下將幸汾陰而京師民心弗寧，江、淮之衆，困於調發，理須鎮安而矜存之。且土木之功未息而攘奪之盜必行，契丹治兵不遠邊境，雖馳單使，寧保其心！昔黃巢出自凶饑，陳勝起于徭戍。隋煬帝緣勤遠略，唐高祖由是開基；晉少主智昧邊防，耶律德光因之入汴。今陛下俯從姦佞，遠棄京師，罔念民疲，不虞邊患，涉仍歲荐饑之地，修違經久廢之祠，又安知飢民之中無黃巢之劇賊乎？役徒之內無陳勝之大志乎？肘腋之下無英雄之窺伺乎？燕薊之間無敵人之覬覦乎？陛下方祠后土，駐蹕河中，若敵騎敗盟，忽及澶淵，陛下知魏咸信能堅據河橋乎？周瑩居中山能摧鋒卻敵乎？又或渠魁俠帥，嘯聚原野，劫掠州縣，侵軼郊畿，行在遠聞，得不驚駭！陛下雖前席問計，羣臣欲借箸出奇，以臣料之，恐無及也　又，竊見今之姦臣，以先帝寅畏天災，詔停封禪，故贊陛下力行東封，以爲繼成先志也。先帝欲北平幽朔，西取繼遷，大勳未集，用付陛下，則羣臣未嘗獻一謀、畫一策，以佐陛下繼先帝之志。而乃卑辭重幣，求和于契丹，蹙國縻爵，姑息于保吉；謂主辱臣死爲空言，以誣下罔上爲己任。撰造祥瑞，假托鬼神，才畢東封，便議西幸，輕勞聖駕，虐害飢民，冀其無事往還，謂已大成勳績。是陛下以祖宗艱難之業，爲佞邪僥倖之資，臣所以長嘆痛哭也！」

時羣臣數奏祥瑞，奭又上疏言：「五載巡狩，虞書常典，觀民設教，羲易明文；何須紫氣黃雲，始能封岳，嘉禾異草，然後省方！今野鵰山鹿，並形奏簡，秋旱冬雷，率皆稱賀。將以欺上天，則上天不可欺；將以愚下民，則下民不可愚；將以欺後世，則後世必不信；腹非竊笑，有識盡然，上玷聖明，不爲細也。」疏入，不報。

四年遼統和二十九年。（辛亥、一〇一一）

1春，正月，乙亥朔，遼主自高麗班師，所降諸城復叛。至貴州南峻嶺谷，大雨連日，馬駝皆疲，甲仗多遺棄，霽，乃得渡。【考異】遼班師自在二十九年，徐氏後編繫於二十八年，今改正。又長編云：

契丹大舉伐高麗，大敗，帳旗罕有還者，官屬戰歿大半，乃令燕薊選常干仕進及稍知書以補其乏。歸，取介冑萬副，隆慶以疑間不給，拔寨遁歸。與遼史異。按東國通鑑云：正月，乙亥，契丹主陷京城，焚燒太廟、宮闕、民居皆盡。乙酉，契丹兵退。此高麗人所自言，雖繫日小異，而遼史實以勝歸，特歸途遇雨，多所遺棄耳，何至如長編所言！東都事略云：隆緒自遼陽伐高麗，爲其所敗，將士沒者過半，皆失實之詞也，今不取。

2 陝西提點刑獄官，言邠、寧、環、慶副都部署陳興縱所部禁兵劫盜，詔釋不誅，辛巳，徙知永興軍王嗣宗代之。

邠州城東有靈應公廟，傍有山穴，羣狐處焉，妖巫挾之爲人禍福，凡水旱疾疫悉禱之。及嗣宗至，毀其廟，熏其穴，得數十狐，盡殺之，淫祀遂息。【考異】涑水記聞云：嗣宗知汾州事，州有某王廟，巫祝假之以惑百姓云云。考嗣宗未嘗知汾州，蓋「邠」字之譌，今從長編。

3 詔：「執事汾陰懈怠者，罪勿原。」

4 癸未，代州言粟斗十餘錢。

5 乙酉，親習祀后土儀於崇德殿。

6 丁亥，謁啓聖院太宗神御殿、普安院元德皇后聖容，告將行也。

7 己丑，遼主次鴨綠江。庚寅，皇后及皇弟楚王隆祐迎於來遠城。

8 丁酉，車駕奉天書發京師。羣臣言日上有黃氣如匹素，五色雲如蓋。是夕，次中牟縣。

戊戌，次鄭州。命陳彭年、王曙同詳定邀駕詞狀。

庚子，次鞏縣。判河陽張齊賢見於汜水頓，侍食畢，卽還任。

辛丑，過訾郵，設幄殿，奉置山陵神坐，帝韡袍拜哭奠獻。是日，有白霧起陵上，俄覆神幄，羣臣以爲帝哀慘所感。夕，次偃師縣。

壬寅，至西京。

甲辰，發西京，至慈澗頓，大官始進素膳。夕，次新安縣。

二月，乙巳朔，次澠池縣。

戊申，東京言獄空。

9 壬子，出潼關，渡渭河，次嚴信倉，遣近臣祀西岳。

丙辰，次永安鎭，遣近臣祀河瀆。

丁巳，發永安鎭，羣臣言有黃雲隨天書輦。法駕入寶鼎縣奉祇宮。

戊午，致齋。召近臣登延慶亭，南望仙掌，北瞰龍門，自宮至脽，列植嘉樹，六師環宿，行闕旌旗帟幕照耀郊次，眺覽久之。

己未，寶鼎縣守臣言瀵泉湧，有光如燭。庚申，羣官宿祀所。

辛酉，具法駕詣脽壇，夾路燎火，其光如晝，甬道盤屈，周以黃麾仗。至壇次，服袞冕，登壇，祀后土地祇，備三獻，奉天書於神坐之左，以太祖、太宗並配，悉如封禪禮。司天奏言黃氣繞壇，月重輪，衆星不見，惟大角光明。少頃，改服通天冠、絳紗袍，乘輦詣廟，登歌奠獻，省封石匱，遣官分奠諸神。登鄈丘亭，視汾河，望梁山，顧左右曰：「此漢武帝泛樓船處也。」即日，還奉祇宮。詔以奉祇宮爲太寧宮，增葺殿室，設后土聖母像，又遣官祭告河瀆。

壬戌，御朝覲壇，受羣臣朝賀。大赦天下，恩賜如東封例。建寶鼎縣爲慶成軍，給復二年。賜天下酺三日。大宴穆清殿，賜父老酒食衣帛。帝作汾陰二聖配饗（銘），河瀆、西海等贊。

10 癸亥，發慶成軍，觀濮泉。夕，次永安鎮。

甲子，次河中府，幸舜廟，賜舜井名廣孝泉。度河橋，觀鐵牛。又幸河瀆廟，登後亭，見民有操舟而漁，秉耒而耕者，帝曰：「百姓作業其樂乎！使吏無侵擾，則日用而不知矣。」召草澤李瀆、劉巽；瀆以疾辭，授巽大理評事，致仕。瀆，瑩子，淳澹好古，王旦、李宗諤與之世舊，每勸其仕，瀆皆不答。於是直史館孫冕言其隱操，陳堯叟復薦之。旣辭疾不至，遣內侍勞問，令長吏歲時存問。

乙丑，御宣恩樓觀酺。

加號西岳金天王曰順聖金天王，遣鴻臚少卿裴莊祭告。又詔葺夷、齊廟。

丙寅，賜親王、輔臣、百官酺宴於行在尚書省，凡二日。

11 戊辰，發河中府；己巳，次華陰縣，幸雲臺觀，觀陳摶畫像，除其觀田租。庚午，謁順聖金天王廟，羣臣陪位，遣官分奠廟內諸神。又幸巨靈眞君觀，並除其田租，宴從官父老於行宮之宣澤樓。召見華山隱士鄭隱、敷水隱士李寧，賜隱號曰貞晦先生。

辛未，次閿鄉縣，召承天觀道士柴通玄，賜坐，問以無爲之要，除其觀田租。通玄年百餘歲，善服氣，語無文飾，多以修身謹行爲說云。

壬申，次湖城縣，宴虢州父老於行宮門。

12 三月，甲戌朔，次陝州，召草澤魏野，辭疾不至。

野居州之東郊，不求聞達，趙昌言、寇準來守是州，皆賓禮焉。野爲詩精苦有唐人風，遼使者嘗言本國得其草堂集上帙，願求全部，詔與之。至是帝巡幸之暇，回望林嶺間，亭檻幽絕，意非民俗所居。時野方教鶴舞，俄報有中使至，抱琴踰垣而走。帝乃遣使圖上其所居，令長吏常加存撫。

13 乙亥，幸順正王廟，宴從官父老於霈澤惠民樓。又登北樓，望大河，賜運河卒時服。是日，雨，石普請駐蹕城中，勿涉泥濘，因令扈從至西京。

14 戊寅，次新安縣。帝之還也，以道遠，閱衞士肩輿執蓋之勞，多乘車馬，御烏藤帽。翼日，入西京。以知河南府薛映有治狀，賜詩嘉獎。癸未，張齊賢自河陽來朝，召之也。

[15]甲申，幸太子太師呂蒙正第，慰撫之，賜賚有加。問蒙正：「諸子孰可用？」對曰：「臣之子豚犬耳；臣姪夷簡，宰相才也。」

[16]陳堯叟、李宗諤自河中府來朝，言初經度祀事至禮畢，凡土木工三百九十萬餘，止役軍士輦送糧草，供應頓遞亦未嘗差擾編民，帝稱善。

[17]戊子，丁謂言有鶴二百餘翔天書殿上，又有五百餘飛集太淸殿。

[18]乙丑，御五鳳樓觀酺。

[19]車駕將朝陵，甲午，發西京。

乙未，帝素服乘馬至永安縣，齋于行宮。丙申，謁安陵、永昌、永熙、元德皇太后陵。帝奠獻悲泣，感動左右。又徧詣諸后陵、諸王墳致奠。命中使徧祭皇親諸墳，及詣汝州祭秦王墳。

丁酉，次鞏縣，張齊賢辭歸河陽，賜衣帶、器幣如侍祀例。

戊戌，至汜水縣。虎牢關路險，命執炬火以警行者。河陽結綵爲樓，備樂奏，帝以太宗忌辰甫近，亟止之。夕，至滎陽縣，改虎牢關爲行慶關。

[20]己亥，次鄭州。庚子，召從官宴于回鑾慶賜樓，宴父老于樓下，不作樂。

癸卯，次瓊林苑，賜部署鈐轄羊酒，犒設將士。

21遼大丞相晉國王耶律隆運，從征高麗還，得疾，遼主與后親臨視藥，是月卒，年七十一。贈尙書令，謚文忠，官給葬具，建廟乾陵側。【考異】東都事略謂遼主父事隆運，日遣其弟隆慶、隆祐一問起居。隆運既卒，與太后同柩而葬。長編亦云：大中祥符二年，太后歸政於契丹主，未踰月殂，耶律隆運尋亦卒，與太后同柩而葬。隆運，卽韓德讓也。大中祥符三年，正月，邊臣奏韓德讓死。皆傳聞之誤也。遼史謂隆運賜姓名，王齊、晉，有寵於太后而然。是太后之寵隆運，遼史未嘗爲之諱言。然太后以統和二十七年殂，卽祥符二年，隆運以統和二十九年死，相隔三年，則同柩而葬之誣，不辨自明矣，今不取。

遼以北院大王耶律實嚕舊作室魯，今改。爲北院樞密使，封韓王。自耶律隆運知北院，職多曠廢，實嚕拜命之日，朝野相慶。

隆運之病也，遼主問：「孰可代卿者？」隆運曰：「北院郎中（君）耶律世良可任也。」實嚕復就問北府之選，隆運曰：「無出世良右。」世良才敏給，練達典故，遼主嘗識之，遂代實嚕爲北院大王。

22夏，四月，甲辰朔，駕至自汾陰。

己酉，謁太廟，又謁元德太后廟。

23庚戌，詔以時漸炎燠，京師賜酺宜至今秋。

24 癸丑，遣近臣祭謝后土、西岳、西海、西瀆，又遣官分詣諸陵致祭。

25 己未，詔恭上汾陰后土廟額曰太寧。以河中府進士薛南爲試將作監主簿，首詣闕請祀汾陰者也。

26 乙丑，葺尙書省，三月而畢。

27 丁卯，許國公呂蒙正卒，贈中書令，謚文穆。蒙正有器量，居政府不喜更張。初參知政事，入朝，有朝士指之曰：「此子亦參政邪？」蒙正陽不聞。同列不能平，令詰其姓名，蒙正遽止之曰：「一知姓名，終身不能忘，不如弗知也。」嘗問諸子曰：「我爲相，外議如何？」諸子云：「甚善，但人言無能爲，事權多爲同列所爭。」蒙正曰：「我誠無能，但善用人耳。」朝士有藏古鏡者，自言能照二百里，欲獻蒙正以求知。蒙正笑曰：「吾面不過碟子大，安用照二百里哉！」聞者歎服。

28 五月，甲戌朔，遼主詔已奏之事，送所司附日曆。又詔帳族有罪，黥墨依諸部人例。

29 刑部郎中王濟卒。臨終自草遺表，大率以進賢退諛佞，罷土木不急之費爲言，餘不及私。

30 癸巳，詔州城置孔子廟。

31 乙未，詔加上五岳帝號，以向敏中等爲五岳奉册使，往致祭，奉册衮冕焉。

32 遼以參知政事劉愼行爲南院樞密使，南府宰相邢抱質知南院樞密使事。愼行，景之子；抱質，抱朴之弟也。

33 六月，丙午，太白晝見。

34 乙卯，遼北院樞密使韓王實嚕卒。丙辰，以南院大王華格舊作化哥，今改。爲北院樞密使。

35 先是遼西北路招討使蕭托雲舊作圖玉，今改。自肅州還，詔尚金鄉公主，拜駙馬都尉，加同政事門下平章事。托雲言於遼主曰：「準布舊作阻卜，今改。宜各分部，治以節度使。」丁巳，置準布諸部節度使。自後節度使往往非材，部民多怨。

36 兩浙、福建、荆湖、廣南諸州，循僞制輸丁身錢，歲凡四十五萬四百貫。民有子者，或棄不養，或賣爲僮僕，或度爲釋、老。秋，七月，壬申朔，詔悉除之。

37 國史院進所修太祖紀，帝錄紀中義例未當者二十餘條，謂王旦、王欽若等曰：「如以鐘樓鼓〔鐘鼓樓〕爲漏室，窰務爲甄官，豈若直指其名也！悉宜改正。」欽若曰：「此晁迥、楊億所修。」帝曰：「卿嘗參之邪？」旦曰：「朝廷撰集大典，並當悉心，務令廣備，初無彼此之別也。」因詔：「每卷自今先奏草本，編修官及同修史官，其初修或再詳看，皆具載其名，如有改正增益事件字數，亦各於名下題出，以考勤惰。」

38 壬午，鎭、眉、昌等州地震。

39 甲午，馮拯罷爲刑部尙書，知河南府。

40 八月，帝謂宰相曰：「朝廷宜守經制，儻務更張，則攀擾者衆。乃知命令之出，不可不謹。今言某事有利，輕爲釐革，始則皆以爲當，久乃翻成有害，須加裁正，是朝令夕改也。又，涖官之人，不必過爲寬恕，以致弛慢；或探求罪惡，不顧煩擾，抑又甚矣。」王旦曰：「古人有言，法出而弊作，令下而姦生。寬則民慢，陷法者多；猛則民殘，無所措手足；正爲此也。」

41 甲辰，兗州言蝦蝻生，有蟲青色，隨齧之，化爲水，時謂「旁不肯蟲」。帝謂宰相曰：「昨遣人潛視東畿苗稼，大率所傷不過三四分。」王旦曰：「陛下憂民之切，上天固當垂祐；矧連歲豐稔，今茲小損，亦未至失所。」

42 右諫議大夫知廣州楊覃，勤於吏事，所至以幹局稱。南海有番舶之利，前後牧守或致謗議，覃循謹淸介，遠人宜之。及卒，父老有洒泣者。

43 三司使丁謂言：「東封及汾陰賞賜億萬，加以蠲復諸路租賦，除免口算，恩澤寬大，恐有司經費不給。」帝曰：「國家所務，正在澤及下民，但敦本抑末，節用謹度，自當富足。」

44 乙巳，太白晝見。

45乙丑，刻御制大中祥符頌於左承天祥符門。

46河決通利軍。

47九月，癸巳，御乾元樓觀酺，凡五日。

48是秋，遼主獵於平地松林。

49冬，十月，庚子朔，遼主駐廣平淀。【考異】據遼史朔考，此月庚子及十二月庚子，皆朔日也，而聖宗紀並失書朔。以下文十一月庚午朔推之，明係紀有脫文，今補入。

50丁巳，帝以江南、淮南接壤，而鹽酒之價不等，令三司與江淮制置發運使李溥規定以聞。有司言慮失歲課，帝曰：「苟便於民，何顧歲入邪！」

51殿中侍御史薛奎，性剛，不苟合，遇事敢言。帝時數宴大臣，至有霑醉者，奎諫曰：「陛下嗣位之初，勤心萬務而簡於宴幸。今天下誠無事，而飲樂無度，又大臣數被酒無威儀，非所以尊朝儀。」帝善其言。

52十一月，庚午朔，遼主如顯州。

53丙子，帝御崇政殿親試進士，賜張師德等及第、出身有差。師德，去華子也。

54壬午，知河南府馮拯，請增給官市芻粟之直，陳堯叟曰：「增直以市，不若徙馬他所。京師馬舊留二萬，今留七千，有餘悉付外監。仍欲於七千之中更以四千付淳澤監，歲可省芻粟三百餘萬。若有給賜，朝取夕至矣。」從之。帝又曰：「馬及十萬當且止。」王旦曰：「聽民間畜養，官中緩急，以本直市之，猶外廄耳。且所費芻粟，皆出兩稅，少損馬食，用資軍儲，亦當世之切務。」馬知節曰：「馬多不精，雖十萬匹，選可用者當得四五萬耳。多蓄駑弱，其費愈甚。」帝然之。

55 工部侍郎种放，屢至闕下，俄復還山。人有貽書嘲其出處之迹，且勸以棄位居嵓谷，放不答。

放晚節頗飾輿服，於長安廣置良田，歲利甚博，亦有強市者，遂致爭訟，門人族屬依倚恣橫。王嗣宗之出守長安，始甚敬放，放被酒稍倨，互相議誚。嗣宗怒，因上疏言所部兼并之家凡十餘族，而放爲之首，且述放弟姪無賴，奪編氓厚利，願賜放終南田百畝，徙放嵩山。疏辭極其醜詆，目放爲魑魅，且屢遣人責放不法。帝方待放厚，詔工部郎中施護推究，會赦而止。於是放自乞徙居嵩山，詔遣內侍起第賜之。然猶往來終南，按視田畝，每行必給驛乘，時議浸薄焉。

56 戊戌，詔加上五岳諸后之號，仍遣官祭告。

57 是月，詔遣使臣一人管句故太師趙普家事。普妻和氏卒，因其家自請而從之。

58 十二月，庚子朔，遼主復如廣平淀。

59 戊申，太常博士江嗣宗言：「陛下躬臨庶政，十有五年，殿庭間事，一取聖斷，有勞宸慮。今請禮樂征伐大事出於一人，自餘細務委任大臣百司。」帝曰：「此頗識大體。」乃詔褒嗣宗，從其所請。

60 癸丑，遼以知南院樞密使邢抱質年老，詔乘小車入朝。

61 是月，遼置歸、寧二州。

62 是歲，遼御試進士，放高承顏等二人。

續資治通鑑卷第三十

賜進士及第兵部尙書兼都察院右都御史總督湖北湖南等處地方軍務兼理糧餉世襲二等輕車都尉 畢沅 編集

宋紀三十 起玄黓困敦(壬子)正月，盡昭陽赤奮若(癸丑)六月，凡一年有奇。

眞宗膺符稽古神功讓德文明武定章聖元孝皇帝

大中祥符五年 遼開泰元年。(壬子、一〇一二)

1 春，正月，癸酉，命晁迥、劉綜、李維、孫奭同知貢舉，帝作詩勖以掄材之意。始遣內臣二員承受奏報。

2 乙亥，兵部尙書致仕宋白卒，贈左僕射。有司議謚文憲，內出密奏，言白素無檢操，不當獲此謚，遂改爲文安。

3 賜處州進士周啓明粟帛，轉運使陳堯佐表其行義故也。

4 戊寅，雨木冰。

5 壬午，河決棣州。

6 癸未，女眞部長貢於遼，乞授爵秩。

7 乙酉，幷州上芻粟數可給四五年，帝曰：「河東仍歲豐穰，儲偫尤廣。自今諸路稔歲，宜以時積穀，爲凶年之備。」

8 戊子，遼主獵於邁合嚕林。舊作買曷魯林，今改。

9 庚寅，遼主祠木葉山。

10 戊戌，著作佐郎聊城李垂上導河形勢書三篇幷圖，其略曰：「臣請自汲郡東推禹故道，挾御河，減其水勢，出大伾、上陽、太行三山之間，復西河故瀆，北注大名西、館陶南，東北合赤河而至於海。因於魏縣北析一渠，正北稍西，徑衡漳出邢、洺，如夏書，過洚水，稍東注易水，合百濟，會朝河而入於海。大伾而下，黃、御混流，薄山障隄，勢不能遠，如是，則載之高地而北行，百姓獲利，而契丹不能南侵矣。禹貢所謂夾右碣石入于海。孔安國曰：河逆上此州界。其始作自大伾西八十里，曹公所開運渠，東五十里，引河水，正北稍東十里，破伯禹古隄，徑牧馬陂，從禹故道。又東三十里，轉大伾西、通利軍北，挾白溝，復西大河北徑清豐、大名，西歷洹水、魏縣，東暨館陶，南入屯氏故瀆，合赤河而北至於海。既而自大伾西新發故瀆西岸，析一渠，正北稍西五里，廣深與汴等，合御河道，通大伾北，卽堅壤，析一渠，東西二十里，廣深與汴等，復東合大河，兩渠分流，則西三分水猶得注澶淵舊渠矣。大都河水從西北大河故瀆，東北合赤河而達於海。然後於魏縣北發御河，河西岸析一渠，正北稍西六十里，廣深與御河等，合衡漳水。又，冀州北界，深州西南三十里，決衡漳西岸，限水爲門，西北注滹沱，潦則塞之使東漸渤海，旱則決之使西灌屯田，此中國禦邊之利也。

兩漢以下，言水利者屢欲求九河故道而疏之。今攷圖志，九河並在平原而北，且河壞澶、滑，未至平原而上已決矣，則九河奚利哉！漢武舍大伾之故道，發頓丘之暴衝，則濫兗泛濟，接聞於世。夫平原而北，地勢浚下，泄水甚易，故滄、德之間，舊隄皆完。滑臺而北，地形高平，入海稍難，故齊、棣之間，游波互出。若放河北下，則其利甚詳。惜哉河朔平田膏腴千里，而縱容敵騎劫掠其間，是授勝地於契丹，借敵兵爲虎翼。漢賈誼、晁錯不及此議者，以河水未東故也；唐戴胄、馬周不及此議者，以守在幽北故也。今大河盡東，全燕陷北，則禦邊之計，莫大於河。不然，則趙、魏百城，富庶萬億，適足以誨盜而招寇矣。」

詔任中正、陳彭年、王曾詳定。中正等上言：「詳垂所述，頗爲周悉。所言起滑臺而下，派之爲六，則沿流就下，湍急難制，恐水勢聚而爲一，不能各依所導。設或必成六派，則是更增六處河口，悠久難於隄防。亦慮入滹沱、漳河，漸至二水淤塞，益爲民患。又築隄七百里，役夫二十一萬七千，工至四十日，侵占民田，頗爲煩費。其書幷圖，雖興行匪易，而博洽可獎，望送史館。」從之。

11 二月，壬子，遼主駐瑞鹿原。

12 癸丑，帝謂宰臣曰：「聞貢院試諸科舉人，皆解衣閱視，慮其挾藏書册，頗失取士之體，宜令止之。」

先是直史館劉鍇，請挾書并同保人殿一舉。是歲，諸科以挾書扶出者十八人，并同保九十三人，而十二人當奏名，有司以聞。帝特令赴殿試，乃詔禮部別加裁定，罷同保殿舉之制。

13 壬戌，令禮部貢院錄諸州發解試題進內，帝將親試貢士，慮其重複故也。自是爲例。

14 甲子，以侍御史宣城趙稹爲兵部員外郎、益州路轉運使。帝諭稹曰：「蜀去朝廷遠，民間事有可更置者，悉條上之。」

稹至部，事無大小，悉心究訪，至一日章數上。蒲江縣捕劫盜不得，而官司反繫平民數十人，楚掠誣服，又合其辭若無疑者。稹適行部，意其有冤，乃馳入縣獄，因盡得其冤狀，釋出之。

15 己丑，帝親試禮部合格貢舉人，始摹印詩賦論題以賜，官給紙起草。賜進士建安徐奭等及第、出身有差。

16 三月，乙亥，遼主如葦濼。

17丁丑，遼封皇女八人爲郡主。

18乙酉，遼主詔卜日行拜山大射柳之禮，命北宰相、駙馬蘭陵郡王蕭寧、樞密使邢抱質督有司具儀物。

19丁亥，遼皇弟楚王隆祐徙封齊王，留守東京。

20夏，四月，庚子，高麗王詢遣蔡忠順奉表於遼，請稱臣如舊。遼主命詢親朝。

21壬寅，李德明進良馬於遼。

22戊申，命資政殿大學士、刑部尚書向敏中守本官、平章事。敏中再掌留任，厚重鎭靜，人情帖然，帝嘉之，故復相。

23三司請民有販茶違法者，許家人告論，帝曰：「此犯教義，非朝廷所當言也。」不許。

24王嗣宗知鎭州，與樞密直學士、給事中邊肅爲代。二人素不相能，肅嘗以公錢貿易規利，又遣部吏强市民物，嗣宗以聞。有司請逮繫，帝曰：「肅在近職，朕不欲使之屬吏，又念其頃守邢州有固禦之勞。」乃命劉綜、任中正以嗣宗奏示之，肅盡引伏。乙丑，坐奪三任，授岳州團練副使，不署州事。嗣宗嘗自言徙种放、掘邪狐及按肅爲去三害。

先是肅知邢州、澶州之役，帝密詔肅：「若州不可守，聽便南保他城。」肅匿詔不發，督丁壯乘城而闔諸門，悉所部兵陣以待之。騎傳城下，肅與戰小勝，遼師引去。

25 五月，戊辰朔，詔禮部權停今年貢舉。

26 遼主還上京，命裴元感、邢祥知禮部貢舉，放進士十九人及第。

27 遼以駙馬蕭紹宗爲鄭州防禦使。

28 帝以江、淮、兩浙路稍旱卽水田不登，乃遣使就福建取占城稻三萬斛分給三路，令擇民田之高仰者蒔之，蓋旱稻也。仍出種法付轉運使，揭榜諭民。其後又取種於玉宸殿。

29 乙亥，遼以邢抱質爲大同軍節度使。

30 戊寅，以修儀劉氏爲德妃。

31 知袁州何蒙上言：「本州二稅，請以金折納。」帝曰：「若是，則盡廢耕農矣。」不許。

32 六月，壬子，丁謂言：「天書閣望柱直起氣千餘條，青紫黃白相間，又吐白光若銀絲，上有輕白雲覆之，俄變五色。」帝作瑞應詩賜近臣和。

33 諸州言歲豐穀賤，咸請博糴，帝慮傷農，卽詔三司使丁謂規畫以聞。謂言莫若和市，而諸州積鏹數少，癸丑，出內藏庫錢百萬貫付三司以佐用度。

34 修國史院言：「所修禮志，舊日曆止存事端，幷令禮院取索國初以來禮文損益沿革制作之事及論議評定文字，或慮尙有遺落，致國家大典有所不備。龍圖閣待制孫奭見判禮院，深於經術，禮樂精博，望專委檢討供報。」從之。

35 錢唐林逋，少孤力學，性恬淡好古，不趨榮利。初放游江湖間，久之，結廬西湖之孤山，二十年足不及城市。轉運使陳堯佐以聞，庚申，詔賜粟帛，長吏歲時勞問。

36 壬戌，令樞密院修時政記，月送史館。先是樞密院月錄附史事送中書，編於時政記。及是王欽若、陳堯叟等請別撰，從之。樞密院時政記始此。

37 是月，遼主駐上京。

38 秋，七月，戊辰，新作保康門于朱雀門東，徙汴河廣濟橋于大相國寺前，榜曰延安，又作橋跨惠民河，榜曰安國。時將建觀以奉五岳，故闢此門。尋命丁謂等就奉節、致遠三營地及墳乾地之西偏興築，內侍鄧守恩董其役。

39 龍圖閣待制張知白上言：「唐李嶠嘗云：『安人之方，須擇郡守。竊見朝廷重內官，輕外任，每除牧伯，皆避命致訴。比遣外任，多是貶累之人，風俗不澂，實由於此。望於臺閣妙選賢良，分典大州，臣請輟近侍率先具寮。』鳳閣侍郎韋嗣立因而請行，遂令以本官出領州郡。伏見江、浙大郡，方切擇人，苟有闕員，俾之承乏，臣雖不肖，願繼前修。」帝以知白累更外任，方在要職，不許。辛未，命知白同糾察在京刑獄。

40 壬申，上封者言：「諸州軍司法參軍多不得其人，致刑法差枉，望令吏部銓司謹擇明法出身者授之。」帝以示輔臣，王旦言：「明法雖習律文，亦須有才識。頃法官闕，多取屬縣簿、尉習刑名者代之，今請令銓司參酌施行。」從之。

41 癸未，慶成軍大寧宮廟成，總六百四十六區。

42 遼進士康文昭等，坐論知貢舉裴元感、邢祥取士私曲，祕書省正字李萬，以上書詞涉怨訕，皆杖而遣之。

43 遼自蕭託雲舊作圖玉，今改。請設準布舊作阻卜，今改。節度使，部民苦節度使之暴，相率謀亂。是月，舍哩舊作石烈，今改。太師阿勒岱舊作阿里底，今改。因衆怨殺節度使巴安，舊作霸暗，今改。屠其家以叛。託雲討之，阿勒岱奔烏嚕多城，舊作窩魯朵城，今改。古所謂龍庭單于城也。準布諸部執阿勒岱以獻。已而諸部悉叛，圍託雲於哈屯城，舊作可敦城，今改。勢甚張，託雲使諸軍齊射卻之，屯於烏嚕多城。

44 八月，丙申朔，日有食之。【考異】遼史不書是年日食，今從宋史。

45 丁酉，詔學士院，青詞、齋祝祭文止稱皇帝，無列尊號。

46 戊戌，左僕射張齊賢以司空致仕，還洛陽，入辭，方拜而仆。帝遽止之，許二子扶掖升殿，命益坐茵爲三以優之。

47 知昇州張詠，頭瘍甚，飲食則楚痛增劇，御下急峻，賓寮少不如意者動加詬詈，人頗少之。詠累求分務西洛，壬寅，命工部侍郎薛映代之。詠既還，不能朝謁，卽命知陳州。映至昇州，言官有牛賦，民出租，牛死租不得蠲，帝覽，瞿然曰：「此豈朝廷所知邪！」遂詔諸州條上，悉蠲之。

48 初議鑄玉淸昭應宮正殿聖像，令江淮發運使李溥訪巧匠，得杭州民張文昱等，就建安軍西北小山置冶，溥領視之。丙午，溥奏道場有神雀、異光、慶雲之瑞，詔修宮使丁謂馳往醮謝。溥與謂相爲表裏，多載奇木怪石，括東南巧匠以附會帝意。謂復言溥監鑄聖像，蔬食者周歲，詔奬之。

帝作祥瑞論、勤政論、俗吏辨，賜輔臣人一本，因曰：「如聞中外有議朝廷崇祥瑞、親細務者，著此曉之。」輔臣請示百官，立石國學。帝多行矯誣之事，心不自安，故有是論。

49 丙辰，知制誥王曾判大理寺。判寺舊用郎官，帝欲重其任，故特命曾，對便殿，諭之曰：「天下之命繫於獄，今以屈卿。」曾頓首謝。仍賜錢三十萬。因請辟奏寮屬。遂著爲令。

50 己未，高麗王詢遣刑部侍郎田供之奉表於遼，稱病不能朝。遼主怒，命取興化、通州、龍州、鐵州、郭州、龜州六城。【考異】遼主命取六州地，高麗史作六月，徐氏後編連繫於四月，今從遼史。

51 甲子，上封者言：「伏覩文武以郊禋，誕節補任子弟官者，多年在幼稚，坐食廩糧。有窮經潦倒之士，下官沈滯之人，常增浩歎。望行條約。」帝令輔臣議其事，特限年立制，議尋不行。

52 是月，遼皇弟齊國王隆祐卒，輟朝五日，贈守太師，諡仁孝。

53 九月，戊子，以吏部尚書、知樞密院事王欽若，戶部尚書、知樞密院事陳堯叟，並依前官加檢校太傅、同平章事，充樞密院使，僉署樞密院事馬知節爲副使。儒臣入樞密兼使相，自欽若、堯叟始。【考異】五代時，樞密掌兵柄，權在宰相上，其帶平章事者亦謂之使相。宋初雖以樞密與中書並稱二府，而委任輕於中書。至是欽若、堯叟始以樞使加平章事，嗣後遂有樞相之目，然其體統終不如眞相之尊，故欽若有遲我十年作相之語。

54 參知政事趙安仁，罷爲兵部尚書。安仁畏謹精審，特留意刑名，內外書詔要切者，必歸安仁裁損之。

先是帝議立皇后，安仁謂劉德妃家世寒微，不如沈才人出於相門。帝雖不樂，然察其守正，不罪也。他日，與王欽若從容論大臣誰爲長者，欽若欲排安仁，乃譽之曰：「無若趙安仁。」帝曰：「何以言之？」欽若曰：「安仁昔爲故相沈義倫所知，至今不忘舊德，常欲報之。」帝默然，始有意斥安仁矣。

嘗諭王旦曰：「聞安仁在中書不親事，奏對亦未嘗有一言，可罷之。」旦對曰：「安仁頗知大體，居常進擬，皆同列議定，方敢取旨。臣每見臨時變易於上前者，皆迎合陛下意。安仁無異議，是有執守。」帝曰：「能如是邪？卿可諭之，使更宣力。」旦退，以語安仁。安仁曰：「上誤拔擢至此，以不才斥去宜矣。使與衆人騁辨取容，安仁不爲也。」及罷政事，仍命同修史。安仁雖貴顯，簡儉若平素。尤嗜讀書，所得祿賜，多置典籍，手自讎校，近朝沿革，衣冠人物，悉能記之。

55以三司使丁謂爲戶部侍郎，參知政事，仍領修玉清昭應宮使。

初，翰林學士李宗諤與王旦善，旦欲引宗諤參知政事，嘗以告王欽若，欽若唯唯。宗諤家貧，祿廩不足以給婚嫁，旦前後資借甚多，欽若知之。故事，參知政事謝日，所賜物幾三千緡，欽若因密奏：「宗諤負王旦私錢，旦欲引宗諤參知政事，得賜物以償己債，非擇賢也。」明日，旦果以宗諤名聞，帝變色，不許。及趙安仁罷，謂時奉詔謁亳州太清宮猶未還，即命謂代之，蓋欽若還(所)薦云。

欽若與劉承珪、陳彭年、林特及謂等交通，蹤迹詭異，時論謂之五鬼。

56己丑，以鹽鐵副使、右諫議大夫林特權三司使。

57壬辰，殿前司言：「諸軍訴本軍校長斂錢飾營舍、什物，數少者望令鼓司勿受。」帝曰：「軍民訴事瑣細者，朕常寢而不行。若明諭有司，則下情壅塞矣。」不許。

58癸巳，翰林學士楊億，以疾賜告。

億剛介寡合，在書局唯與李維、路振、刁衎、陳越、劉筠輩善。當時文士咸賴其品題，或被貶議者，退多怨誹。王欽若驟貴，億素薄其爲人，欽若銜之，陳彭年方以文史售進，忌億名出己右，相與毁訾于帝。帝素重億，億求解近職，優詔不許。

59淮南、北歲薄稔，振卹倍至，而言事者以爲流亡無算；及丁謂使建安軍，因令校其實數。冬，十月，戊申，謂言：「轉運使司具析大中祥符三年四月十五州、軍逃民，數多者及百戶，餘止三十戶，繼有復業者。」時王隨爲轉運使，戒所部出庫錢貸民市糧種，歲終，約輸絹以償，故流亡者多復業。

60并、代州承受公事李宗政言：「火山軍南五七里，或掊地尺餘則火出，蓋火德之應，請建祠。」帝曰：「此山有火，因山名軍，其來舊矣，宗政妄言耳。」當時所言祥瑞皆類此，唯宗政爲帝所駁。

61己酉，以主客郎中、知制誥王曾爲遼主生辰使，宮苑使高繼勳副之。舊制，出使必假官，繼勳本秩既崇，不復假官，自是爲例。【考異】王曾有上契丹事一卷，述遼之地里頗詳，宋人言遼事者多引之。而出使年月，宋史闕書，遼史亦不載，惟長編繫於五年。今考涑水記聞云：祥符中，王沂公奉使契丹，館使邢祥頗肆談辨，且矜其國中有賜鐵券者。公曰：「鐵券者，勳臣有功高不賞之懼，賜之以安反側耳，何爲輒及親賢？」按遼史，開泰元年賜皇弟秦晉國王鐵券，曾所言指其事也。邢祥以是年知貢舉，次年擢給事中，故爲宋使館伴也。今定作五年。

62 辛亥，遼主如中京。

63 丁巳，以知制誥陳堯咨權同判吏部流內銓。舊制，選人皆用奏舉乃得京官，而士有孤寒不爲人知者，堯咨特爲陳其狀而擢之。

64 自天書議起，四方貢諛者日多，帝好之彌篤。戊午，九天司命上卿保生天尊降于延恩殿。先是八日，帝自言夢見景德中所覩神人傳玉皇之命云：「先令汝祖趙某授汝天書，將再見汝，如唐朝恭奉玄元皇帝。」翼日，復夢神人傳天尊言：「吾坐西，當斜設六位。」即於延恩殿設道場。是日，五鼓一籌，先聞異香，少頃，黃光自東南至，掩蔽燈燭。俄見靈仙儀衞天尊至，帝再拜於階下。俄有黃霧起，須臾霧散，天尊與六人皆就坐，侍從在東階。帝升西階，再拜。又欲拜六人，天尊令揖不拜，命設榻召帝坐，飲碧玉湯，甘白如乳。天尊曰：「吾人皇九人中之一人也，是趙之始祖，再降，乃軒轅皇帝。凡世所知少典之子，非也。母感電夢天人，生於壽丘。後唐時七月一日下降，總治下方，主趙氏之族，今已百年。皇帝善爲撫育蒼生，無怠前志！」即離坐乘雲而去。及曙，召輔臣至殿，指示臨降之所，又召修玉清昭應宮副使李宗諤、劉承珪、都監藍繼宗同觀。

己未，札示中外，大赦天下，常赦所不原者咸除之。兩京來年夏稅放十之二，諸路十之一。賜致仕官全俸一年，幕職、州縣官先經省者權增五百員，任滿即停。

命丁謂、李宗諤、陳彭年與太常禮院檢討官詳定崇奉天尊儀制以聞。

庚申，羣臣詣崇政殿稱賀，因賜酒五行而罷。宴宗室諸親于萬歲殿。

65 辛酉，帝以崇儒術論、爲君難爲臣不易論示王旦等，旦等請刻石國子監。

66 詔以天尊降臨，分命輔臣告天地、宗廟、社稷。

閏月，丁卯，命王旦爲躬謝太廟大禮使，向敏中爲禮儀使，王欽若爲儀仗使，陳堯叟爲鹵簿使，馬知節爲橋道頓遞使。鑾駕儀仗舊用二千人，有司請增爲七千人，從之。

己巳，上天尊號曰聖祖上靈高道九天司命保生天尊大帝。有司請以玉淸昭應宮玉皇後殿爲聖祖正殿，東位司命殿爲治事之所。

辛未，躬謝太廟六室。詔：「聖祖名上曰玄、下曰朗，不得斥犯。以七月一日爲先天節，十月二十四日爲降聖節，並休假五日；兩京諸州，前七日建道場設醮，假內禁屠、輟刑，聽士民宴樂，京城張燈一夕。」改延恩殿爲眞遊殿，重加修飾。

癸酉，詔：「天下州、府、軍、監，天慶觀並增置聖祖殿。」

乙亥，詔上聖母懿號元天大聖后。

初，宰臣以太祖謚號有與聖祖名同者，將議易之。帝曰：「眞祖臨降，皇家大慶也，六室並當增謚。」乃詔太廟六室各奉上尊謚二字。

有司言聖祖母未有宮殿，望遣官於兗州曲阜縣壽丘奏告，從之。

丙子，羣臣上尊號曰崇文廣武感天尊道應眞佑德上聖欽明仁孝，不允；表三上，從之。詔俟尊册聖祖畢受册。

丁丑，謁謝啓聖院太宗神御殿。禮畢，詔於龍圖閣取太平興國中舒州所獲誌公石以示輔臣，加謚誌公曰眞覺，遣知制誥陳堯咨詣蔣山致祭；後又加謚曰道林眞覺，令公私無得斥誌公名。

67 戊寅，改兗州曲阜縣爲仙源縣，建景靈宮、太極觀於壽丘，以奉聖祖及聖祖母。

68 有司言：「唐太淸宮樂章皆明皇所作，今崇奉玉皇、聖祖及祖宗配位樂章，請帝自爲之。」戊子，內出樂章十六曲以示輔臣，文舞曰發祥流慶，武舞曰降眞觀德。

69 十一月，甲午朔，遼羣臣上遼主尊號曰弘文宣武尊道至德崇仁廣孝聰睿昭聖神贊天輔皇帝，大赦，改元開泰，改幽都府爲析津府，薊北縣爲析津縣，幽都縣爲宛平縣，覃恩中外。

70 癸卯，遼以前遼州錄事張庭美六世同居，儀坤州劉興允四世同居，各給復三年。

71 甲辰，遼西北招討使蕭託雲奏準布沿邊諸部皆叛，西北路招討都監蕭孝穆進軍哈屯城，準布結五羣牧長扎拉阿都舊作查剌阿覩，今改。等，謀中外相應，孝穆悉誅之，乃嚴備禦以待，餘黨皆潰。

72己酉，詔：「黃帝故事，自今凡降書詔，非聖母文字外，不得引用。」時學士院撰承天節敎坊宴辭，中有「大電繞樞」之語，帝命宰相諭旨易之，因降是詔。

73壬子，改朗州爲鼎州。

74是月，初置玉淸昭應宮使，命宰臣王旦爲之。

75十二月，丙寅，遼奉遷南京諸帝石像於中京觀德殿，景宗及宣獻皇后於上京五鸞殿。

76先是詔丁謂等於京城擇地建宮以奉聖祖，謂等奏：「司天少監王熙元言：按天文志，太微宮南有天廟星，乃帝王祖廟也，宜就大內之丙地。」乃得錫慶院吉地，卽令謂等與內侍鄧守恩修建。戊辰，詔上新宮名曰景靈。

77有司請改玄武、玄冥、玄弋、玄枵並爲「眞」字，詔可。

78壬申，改謚玄聖文宣王爲至聖文宣王。

79遼賑奉聖州饑。

80己卯，知天雄軍寇準奏獄空，詔獎之。

81庚辰，遼賜皇弟秦晉國王隆慶鐵券。

82癸未，劉晨言殿中高可垣、中京留守推官李可舉治獄明允，遼主超遷之。

83甲申，遼詔：「諸道水災，民有質男女者，自明年正月始，日計傭錢十文，價折傭盡，退還其家。」

歸州言其居民本新羅所遷，未習文字，請設學，從之。

84 丁亥，立德妃劉氏爲皇后。

后性警悟，曉書史，聞朝廷事，能記其本末，帝每巡幸，必以從。衣不纖靡，與諸宮人無少異。莊穆既崩，中宮虛位，帝卽欲立之，后固辭。良久，將降詔，宰相王旦忽以病在告，后疑旦有他議，復固辭。於是中書門下請早正母儀，后卒得立。凡處置宮闈事，多引援故實，無不適當者。帝朝退，閱天下封奏，多至中夜，后皆預聞之。

85 己丑，遼命諸鎭建宣敕樓。

六年 遼開泰二年。（癸丑、一〇一三）

1 春正月，癸巳朔，司天言五星一色。

2 遼以大册禮成，邢抱質加開府儀同三司、守司空兼侍中，王繼忠爲中京留守、檢校太師，戶部侍郎劉涇加工部尚書，駙馬蕭紹宗加檢校太師，耶律康溫舊作控溫，今改。加政事令，封幽王，以裴元感爲翰林承旨，邢祥爲給事中，呂用中翰林學士，呂德推樞密直學士。

先是遼主獵雲中，故事，車駕經行，長吏當有所獻，雲中節度使進曰：「臣境無他產，惟幕僚張儉，一代之寶，願以爲獻。」遼主嘗夢四人侍側，賜食，人二口，至是聞儉名，始悟，召見，容止朴野，訪及世務，占奏三十餘事，由此顧遇特異，以爲政事舍人。

[3]庚子，詔：「自今凡更定事宜，並令中書、樞密院參詳施行。」

[4]丁未，遼主如瑞鹿原。

北院樞密使耶律華格舊作化哥，今改。加政事令，封豳王。

[5]戊申，詔：「內臣將命于外，干預州縣公事，及所在官吏不即以聞，並置于罪。凡內臣出使，皆責知委狀，敢妄奏他事者，當伏軍令。」祖宗舊制也。

[6]甲寅，帝謂宰臣曰：「羣臣出任，受命後多以南北非便爲訴。」向敏中曰：「國家任人，豈容自便！當須釐革。」帝曰：「若所任非所便，則其心不安；心既不安，則何以久於其事！」王旦曰：「俛從人欲，實由聖慈。」

[7]丁巳，以監察御史錢塘唐肅爲梓州路提點刑獄。肅持法公正，獄無冤濫，故有是擢。

[8]己未，遼主錄囚。

烏庫迪里舊作烏古敵烈，今改。部叛，右皮室詳袞舊作詳穩，今改。延壽率兵討之。

[9]庚申，置淑儀、淑容、順儀、順容、婉儀、婉容，並從一品，在昭儀上。又置司宮令，正四品，在尚宮上，著於令。以婕妤楊氏爲婉儀。

[10]辛酉，詔宗正寺以皇屬籍爲皇宋玉牒。

11 榮王元儼嘗侍宴，頗多言。又嘗請石保吉伶人新隸教坊者作戲，及赴北園御筵，有伶人少不中意，元儼遽叱之，將加捶撻，宮寮皆莫敢諫，既而對帝，復請此伶人作戲。帝不悅，他日，以語王旦等，旦曰：「今當召記室崔吅諭以親王喜怒過當，必須規正。」向敏中曰：「陛下友愛親賢，小或不當，必以禮約之，誠漸摩之深旨。」旦曰：「聞王罕與賓屬相見。」帝曰：「朕在東宮嘗與宮僚款接，楊礪、邢昺日夕講誦，今當儆戒之也。」

12 二月，戊辰，上御乾元樓觀酺，凡五日。

13 乙亥，泰州言海陵草中生聖米，可濟饑。

14 壬午，遼以北院樞密副使高正按視諸道獄。

15 凖布諸部之叛也，蕭託雲僅能屯軍自守，北院樞密使耶律華格引兵救之，託雲遣人誘諸部皆降。遼主以託雲始雖失計，後得人心，釋其罪，仍命領諸部。託雲請益軍，遼主詔讓之曰：「叛者既服，兵安用益！前日之役，死傷甚衆，若從汝謀，邊患何時而息！」遂不發兵。三月，壬辰朔，華格以西北路略平，留兵戍鎮州，(赴)行在。

16 河北轉運使、右諫議大夫盧琬被疾。琬勤於吏職，所至以幹集聞，詔遣中使挾太醫往視。及卒，帝甚悼之。時琬母八十餘，無恙，有詔，琬子太常博士士宗，特追出命知懷州；次子祕書丞士倫爲太常博士，賦祿終喪。

17 己亥，閤門奏後苑賞花曲宴，羣臣有禮容懈惰者，帝曰：「飲之酒而責其盡禮，亦人所難也　宜且降詔戒諭之。」

18 詔京城儆巡宜參用馬步軍士。時巡卒二人，因寒食假質軍裝賭博，既不勝，遂謀以五鼓未盡伺擊陌上行人，棄尸河流，取衣物貿易以贖所質。帝曰：「太宗朝，巡警兼用馬步卒，蓋營校不同，可以互相覺舉。」遂復其制。

19 權知開封府劉綜言：「貴要有交結富民，爲之請求，或假託親屬，奏授爵秩，緣此謁見官司，煩紊公政，請加抑止。」庚戌，下詔風厲，各令自新，繼今復然者，重置其罪。詔：「富民得試銜官者，不得與州縣官屬、使臣接見；如曾應舉及衣冠之族，不在此限。」

20 甲寅，江南路提點銀銅鉛錫胡則，言信州鉛山縣開放坑港，兵卒死傷甚衆，詔遣使劾轉運司規畫乖當及提點刑獄司不即聞奏之罪，其役徒休息之。鑄錢監得吏所匿銅數萬斤，吏懼且死，則曰：「馬伏波哀重囚而縱之，吾豈重貨而輕數人之命乎！」籍爲羨餘，釋弗誅。

21 乙卯，建安軍鑄玉皇、聖祖、太祖、太宗尊像成，以丁謂爲迎奉使，李宗諤副之。

22 夏，四月，庚辰，以樞密直學士李士衡爲河北轉運使。帝嘗謂近臣曰：「議者言士衡用河北錢五十萬貫助東封，致令管內闕乏。」丁謂曰：「士衡貢東封見錢止十餘萬，卽薪芻總計五十萬耳。」帝曰：「官吏艱於經畫，輒以此爲辭，當復任士衡，責其集事，以塞衆多之口。」故有是命。其後積粟塞下至鉅萬斛。

23 壬午，太白晝見。

24 五月，辛卯朔，遼主復命北院樞密使耶律華格西討。華格方自準布還，遼主將罷兵，都監耶律世良上書曰：「華格以爲無事而還，不思師老糧乏，敵人已去，焉能久守！若益兵，可克也。」遼主以爲然，故有是命。

25 辛丑，國子監新修御書閣，有赤光上燭，長丈許，直史館高紳等以聞。

26 甲辰，聖像至，帝齋於長春殿，百官宿齋於朝堂。乙巳，帝袞冕朝拜，羣臣朝服，陳玉幣、册文酌獻，具大駕鹵簿，迎至玉清昭應宮，擇日各升本殿。丙午，羣臣稱賀。升建安軍爲眞州，鎔範聖像之地特建爲儀眞觀。

27 己未，翰林學士、右諫議大夫、知制誥李宗諤卒。帝甚悼之，謂宰相曰：「國朝將相家，能以身名自立不墜門閥者，惟李昉、曹彬家耳。」因厚賻之。

宗諤風流儒雅，內行淳至，事繼母以孝聞。二兄早卒，奉嫂字孤，閨門之內，兒無常父，賞延所及，必先羣從，及沒而己子有未仕者。好賢獎善，薦拔寒素，士論歸之。

28遼耶律資忠，國留之弟也，博學工詞章。國留既爲太后所殺，資忠年四十未仕。遼主知之，召補宿衞，數問以古今治亂，資忠對無隱，擢至中丞，眷遇日隆。時高麗貢獻不時，至六月，辛酉朔，遼主遣資忠使高麗，索取六州舊地，比還，高麗無歸地意，由是爲權貴所短。【考異】高麗史作左監門衞大將軍耶律行成，即資忠也，而名與官俱異。今從遼史。

29甲子，監察御史張廓上言：「天下曠土甚多，請依唐宇文融所奏，遣官檢括土田。」帝曰：「此事未可遽行。然今天下稅賦不均，富者地廣租輕，貧者地蹙租重，由是富者益富，貧者益貧，茲大弊也。」王旦等曰：「田賦不均，誠如聖旨。但改定之法，亦須馴致。或命近臣專領，委其擇人，令自一州一縣條約之，則民不擾而事必集矣。」

30翰林學士、戶部郎中、知制誥楊億嘗草答遼人書，云「鄰壤交歡」，帝自注其側，作「朽壤」、「鼠壤」、「糞壤」等字，億遽改爲「鄰境」。明日，引唐故事，學士草制有所改爲不稱職，亟求罷，帝慰諭之。他日，謂輔臣曰：「楊億眞有氣性，不通商量。」及議册皇后，帝欲得億草制，使丁謂諭旨，億難之。謂曰：「勉爲此，不憂不富貴。」億曰：「如此富貴，亦非所願也。」乃命他學士草制。

億雖頻忤旨，恩禮不衰。王欽若、陳彭年等深害之，益加譖毀，帝意稍怠。億嘗入直，忽被召至禁中，賜坐顧問，出文藁數篋以示億曰：「卿識朕書迹乎？此皆朕自起草，未嘗命臣下代作也。」億惶恐不知所對，頓首再拜趨出，知譖者之言得行，即謀退遁。

億有別墅在陽翟，億母往視之，會得疾，億遂留謁告榜子與孔目吏，中夕奔去。先一日，帝聞億母病，遣使者以湯藥金幣賜之，使者及門，則億既亡去矣。朝論譁然，以爲不可，帝亦謂輔臣王旦曰：「億侍從官，安得如此自便！」旦曰：「億本寒士，先帝賞其詞學，置諸館殿，陛下拔擢至此。責以公議，誠爲罪人，賴陛下矜容，不然，顚躓久矣。然近職不可居外地，今當罷之。」帝終愛其才，踰月，命弗下。

億體素羸，於是稱疾，請解官。辛未，以億爲太常少卿、分司西京，仍許就所居養療，俟損日赴任。

[31]中書門下請依宗正寺所奏，降皇后三代父母名氏編入屬籍，詔從之。

[32]先天降聖節日，令天下以延壽帶、續命縷、保生酒更相贈遺。

[33]以右諫議大夫陳彭年爲翰林學士兼龍圖閣學士。學士兼職自彭年始也。

甲戌，帝作歌賜彭年，因謂向敏中等曰：「彭年詞筆優長，擢居清近，久益謹密。常令檢討典故，質正文義，每一事必具載經史子集所出，備而後已，自非強記，何由至此！」敏中曰：「彭年兼有器識。」丁謂曰：「彭年全才也，豈止以文雅雍容侍從！至如參酌時務，詳求物理，皆出人意表。」帝深然之。

續資治通鑑卷第三十一

賜進士及第兵部尚書兼都察院右都御史總督湖北湖南等處地方軍務兼理糧餉世襲二等輕車都尉畢沅編集

宋紀三十一

起昭陽赤奮若（癸丑）七月，盡閼逢攝提格（甲寅）十二月，凡一年有奇。

眞宗膺符稽古神功讓德文明武定章聖元孝皇帝

大中祥符六年遼開泰二年。（癸丑、一〇一三）

1 秋，七月，甲午，改上九天司命上卿保生天尊曰東嶽司命上卿祐聖眞君。初，封禪畢，詔上保生天尊之號。至是以聖祖名稱相類，故改上焉。

2 景福殿使、新州觀察使劉承珪久病，帝爲取道家易名度厄之義，改「珪」爲「規」。疾甚，再表求罷。丙申，授承規安遠留後、左驍衞上將軍，致仕。初，承規欲求節度使，帝諭王旦，且曰：「承規俟此以瞑目。」旦曰：「若聽所請，後必有求爲樞密使者，此且不可。」翼日，帝又曰：「承規俟此以瞑目。」旦執議如初，帝乃止。承規尋卒，乃贈鎭江節度使，謚忠肅。

承規好伺察，人多畏之。帝崇信符瑞，修飾宮觀，承規悉預焉。作玉淸昭應宮尤精麗，小不中程，雖金碧已具，必毀而更造，有司不敢計其費。及宮成，追贈侍中，命塑像太宗像側。

3以權三司使林特爲修玉清昭應宮副使。特善承上接下，每見修宮使丁謂必拜，一日三見，必三拜之。與吏卒語，欿欿惟恐傷人，人皆喜之。

4壬辰，遼詳袞舊作詳穩，今改。延壽，奏烏庫迪里舊作烏古敵烈，今改。部悉還故疆。

乙未，西南招討使、政事令色軫舊作斜軫，今改。言於遼主曰：「党項諸部叛者皆遁黃河北，其不叛者合當、烏彌舊作曷黨、烏迷，今改。兩部，因據其地。今復西遷，詰之則曰逐水草。又聞前後叛者多投西夏不納，若不早圖，後恐爲患。」遼主使招還故地，不聽。遼主怒，欲伐之，使告李德明曰：「今欲西伐党項，爾當東擊，毋失犄角之勢。」仍令諸軍各市肥馬。

5至道末，有司議以懿德皇后配享太宗廟室，或言淑德實當升祔，議久未決。時元德猶未追崇，而明德方在萬安宮，都官員外郎吳淑駁議曰：「禮緣人情，事貴適變，蓋處其事必有其實，據其位必有其功。淑德、懿德，或佐潛躍之前，或承藩邸之際，蓋未嘗正位中宮，母儀天下，配饗之禮，誠爲未允。至若虛其祔合，無乃神理有虧！求之前古，實有同配。夫母以子貴，義存在昔，漢昭即位，追尊母趙婕妤爲皇太后，此聖賢之通義也。賢妃李氏，誕生聖嗣，天下蒙福，而擬義不及，臣竊惑焉。唐開元四年，睿宗昭成皇后祔廟，而肅明初享儀坤至二十年，又迎肅明神主升於太廟，知與竇后同配明矣。則並位兼配，於義何嫌！伏請行追崇之命，以賢妃李氏處尊極之地，升於淸廟，居同配之位，其淑德、懿德，依舊享於別廟，庶協禮中。」淑議卒不行。賢妃尋加號皇太后，但享別廟而已。

大中祥符三年，十月，判宗正寺趙湘復以爲請，始令禮官參議。庚子，中書門下言：「元德皇太后，未升侑於宗祊，止奉祠於別廟，誠遵典故，尙鬱孝思。竊念后稷諸侯，故姜嫄異祭於帝嚳；開元王者，故昭成祔饗於睿宗。舊典可知，輿情難奪。今與禮官參議，請改上徽名曰元德皇后，升祔太宗廟室。」近臣及文武官繼表陳請，詔從之。有司請升祔元德於懿德之上，詔曰：「尊親之道，蓋惟極致，在於陟降，非敢措辭。惟以祔廟之歲時，用爲合享之次序，恭以元德神主祔于明德皇后之次。」

6初，知濱州呂夷簡上言，請免河北農器稅，帝曰：「務穡勸耕，古之道也，豈獨河北哉！」癸卯，詔諸路勿稅農器。尋命夷簡提點兩浙路刑獄。

7丁酉，遼以特哩袞舊作惕隱，今改。耶律迪里舊作滌洌，今改。爲南府宰相，以太尉鄂格舊作五哥，今改。爲特哩袞。(校者按：此條疑與下12條「封皇子宗訓爲大內特哩袞」爲一事。)

戊申，遼以敦睦宮子錢賑貧民。

8己酉，亳州官吏父老三千餘人詣闕請車駕朝謁太淸宮，召對崇政殿，慰賜之。

9遼北院樞密使耶律華格舊作化哥，今改。經略西境，與邊將探聞蕃部逆命，居翼只水。華格徐以兵進，準布舊作阻卜，今改。部長烏巴舊作烏八，今改。望風奔潰，獲牛馬及輜重。都監耶律世良追準布餘衆至安眞河，大破之。【考異】遼討準布事，本紀及蕭托雲傳姓名多互異，今據耶律華格及世良傳合書之。

10 壬子，詔：「自今文武官特奉制旨，專有處分，卽爲躬親被受，犯者以違制論。自餘例受詔敕，概行條約，非有指定刑名者，各論如律。無本條者，從違制失斷。」先是違制之法，無故失率坐徒二年，翰林學士、知審刑院王曾建議，乃降是詔。

未幾，有犯者，曾斷以違制失，帝不懌，曰：「如是，無復有違制者。」曾曰：「天下至廣，豈人人盡知制書！儻如陛下言，亦無復有失者。」帝然之。自是決徒者差減，帝嘗稱其協中。嘗晚坐承明殿，召對久之，既退，使謁者諭曰：「嚮思卿甚，故不及御朝服。」其見禮如此。

11 癸丑，詔：「在京諸軍選江淮習水卒，於金明池試戰櫂，立爲水虎翼軍，置營池側，其江、浙、淮南諸州亦令準取選卒置營。」初，太祖立神衞水軍，及江、淮平，不復舉。帝以兵備不可廢，故復置。

12 乙卯，遼封皇子宗訓爲大內特哩袞。【考異】遼史皇子表無宗訓之名，惟聖宗第四子鄂格字洪隱，開泰二年爲特哩袞。是鄂格卽宗訓。遼史紀、表多互書其名，往往若係兩人。今合考書之。（校者按：此條疑與上7條「以太尉鄂格爲特哩袞」爲一事。）

13 丁巳，文武羣臣上表請駕幸亳州，謁太清宮。

八月，庚申朔，詔：「以來春親謁亳州太清宮，先於東京置壇，回日恭謝天地，如南郊之制。」

辛酉，以參知政事丁謂爲奉祀經度制置使，翰林學士陳彭年副之，謂仍判亳州，增置官屬，如汾陰之制。

14 己巳，以起居舍人陳堯咨爲工部郎中、龍圖閣直學士，知永興軍。長安多仕族子弟，恃蔭縱橫，二千石鮮能治之。堯咨至，子弟亡賴者皆惕息；然用刑過酷，議者病其殘忍。

15 庚午，詔加上眞元皇帝號曰太上老君混元上德皇帝。

16 改起居院詳定所爲禮儀院，以兵部侍郎趙安仁、翰林學士陳彭年同知院事。

17 壬申，樞密使王欽若等上新編修君臣事迹一千卷，帝親製序，賜名册府元龜，編修官並加賞賚。

18 丁丑，參知政事丁謂上新修祀汾陰記五十卷。

19 九月，乙卯，以翰林學士晁迥等爲遼主生辰使。帝謂輔臣曰：「向者東封西祀，皆遣使馳書告契丹。今謁太清宮，密邇京師，重於遣使，就令迥等以此意告之可也。」使還，有言迥與遼人勸酬戲謔，道醉而乘車，皆可罪，帝曰：「此雖無害，然出使絕域，遠人觀望，一不中度，要爲失體。」王旦曰：「遠使貴謹重，飲酒不當過量。」帝然之。

20冬，十月，辛酉，祔元德皇后于太宗室。

21乙丑，河北轉運使李士衡貢助奉祀絲綿縑帛各二十萬，詔奬之。

22遼主駐長濼。

23丙寅，詳袞舊作詳穩，今改。張瑪囉舊作馬留，今改。獻女眞人知高麗事者，遼主問之，對曰：「臣三年前爲高麗所擄，爲郎官，故知之。自開京車馬行七日，有大砦，廣如開京，旁州珍異皆積於此。勝、羅等州之南，亦有二大砦，所積如之。若大軍行，由前路取哈斯罕舊作曷蘇館，今改。女眞北，直渡鴨綠江，並大河而上，至郭州與大路（會），高麗可取也。」遼主以高麗不歸六州地，欲伐之，頗采其言。【考異】女眞人言高麗事，徐氏後編繫於開泰元年四月，今從遼史作二年十月。

24丁卯，三司借內藏庫錢帛五十萬，以備奉祀賞給。

25癸酉，謁玉清昭應宮。

26甲戌，命直集賢院石中立等修車駕所過圖經，以備顧問。中立，熙載子也。

27龍圖閣待制孫奭上疏言：「陛下封泰山，祀汾陰，躬謁陵寢，今又將祀太淸宮。外議籍籍，以爲陛下事事慕效唐明皇，豈以明皇爲令德之主邪！明皇禍敗之迹，非獨臣能知之，近臣不言者，此懷姦以事陛下也。明皇之無道，亦無敢言者，及奔至馬嵬，軍士已誅楊國忠，乃詔諭以識理不明，寄任失所。當時雖有罪己之言，覺悟已晚，何所及也！臣願陛下早自覺悟，抑損虛華，斥遠邪佞，罷興土木，不襲危亂之迹，無爲明皇不及之悔。」帝以爲：「封泰山、祀汾陰，上陵，祀老子，非始於明皇，開元禮今世所循用，不可以天寶之亂舉謂爲非也。秦爲無道甚矣，今官名、詔令、郡縣猶襲秦舊，豈以人而廢言乎！」作解疑論以示羣臣。然知奭朴忠，雖其言切直，容之弗斥也。

28 十一月，甲午，遼主錄囚。

29 遼耶律華格之西討也。歸路由拜實喇舊作白拔烈，今改。遇阿薩蘭回鶻，掠之。都監珠哩舊作夏里，今改。從後至，謂華格曰：「君誤矣，此部實效順者。」華格悉還所俘，諸蕃由此不附。及還，遼主使按其罪。癸丑，削其幽王爵，以侍中遙領大同節度使，尋卒。

30 甲寅，丁謂自亳州來朝，獻芝草三萬七千餘本。

31 十二月，戊午朔，日有食之。【考異】遼史不載，今從宋史。

32 甲子，遼北院大王耶律世良爲北院樞密使，以宰臣劉晟監修國史，蕭孝穆爲西北路招討使。

33 丙寅，以兵部尚書寇準權東京留守。

34 辛未，內出丁謂所貢芝草列文德殿庭，宣示百官，從寇準請也。

35 壬申，酌獻天書於朝元殿，遂告玉清昭應宮及太廟。

36 乙亥，幸開寶寺、上清宮。己卯，幸太一宮。

37 兵部郎中、龍圖閣待制孫奭，自言父年八十二，家居鄆州，求典近郡以便侍養，癸未，命知密州。奭請扈從還赴任，從之。

38 是歲，遼放進士鮮于茂昭等六人。

七年 遼開泰三年。（甲寅、一〇一四）

1 春，正月，己丑，遼主錄囚。

2 準布部長烏巴朝於遼，封爲王。

3 甲午，高陽關言副都部署英州防禦使楊延昭卒。延昭即延朗，智勇善戰，所得俸賜悉犒軍，未嘗問家事。性質素，出入騎從如小校。號令嚴明，與士卒同甘苦，遇敵必身先，克捷推功於下，故人樂爲用。在邊二十餘年，遼人憚之，目曰楊六郎。訃聞，帝嗟悼，遣中使護喪而歸，河朔人多望柩而泣。官其三子。

4 乙未，遼主如渾河。

5 丁酉，女眞、鐵驪遣使貢於遼。

6 壬寅，車駕奉天書發京師。

丙午，至奉元宮，齋於迎禧殿。判亳州丁謂獻白鹿一，靈芝九萬五千本。

戊申，奉聖號册寶于庭拜授。攝太尉王旦，持節載以玉輅，詣宮奉上，攝中書令丁謂，讀訖置玉匣中。己酉，三鼓，具法駕赴宮，五鼓，帝奉玉幣酌獻，讀册文，命太尉封石匣。帝又詣先天觀、洞霄廣靈宮行香，復至太淸宮、眞元觀周覽，還奉元宮。曲赦亳州及車駕所經。升亳州爲集慶軍節度，改眞源縣曰衞眞縣，給復二年；奉元宮曰明道宮。

7 司天言含譽星見。

8 庚戌，發衞眞縣，次亳州，謁聖祖殿，御奉元均慶樓，賜酺三日。

9 壬子，詔：「所過頓遞侵民田者，給復二年。」

10 甲寅，發亳州。

乙卯，次應天府。羣臣言天書升輦，有雲五色如花，又黃雲如人連袂翊輅而下。丙辰，升應天府爲南京，正殿榜以歸德，仍赦境內及東畿車駕所過縣流以下罪。御重熙頒慶樓觀酺，凡三日。改聖祖殿爲鴻慶殿。

11 是月，遼主畋潢河濱，復偕后獵于瑞鹿原。

12 二月，丁巳朔，發南京。

13 雍丘邢惇，以學術稱，隱居不出。帝之幸亳也，王曾薦之。及還，自亳召對，問治道，惇不對。帝問其故，惇曰：「陛下東封西祀，皆已畢矣，臣復何言！」帝悅，除許州助教，遣歸。惇衣服居處，一如平日，鄉人不覺其有官也。既卒，乃見其敕與廢紙同束置屋梁間。

14 戊午，次襄邑縣，皇子來朝。

庚申，夏州趙德明遣使詣行闕朝貢。

15 辛酉，車駕至自亳州。

16 戊辰，大風揚沙礫，百官習儀於恭謝壇，有墜幘者。

17 三司假內藏庫錢五十萬貫。

18 己巳，帝宿齋于玉清昭應宮之集禧殿。庚午，行薦獻之禮，遂赴太廟。辛未，饗六室。壬申，恭謝天地于東郊。還，御乾元門，大赦，內外文武官悉加恩，諸路蠲放租賦有差。

19 遼耶律資忠之還自高麗也，權貴數言其短，出爲上京副留守。是月，復遣使高麗索取六州地，高麗留弗遣。【考異】耶律資忠再使高麗，紀作三年，傳作四年。高麗史云：顯宗六年四月，契丹使將軍耶律行成又索六州，拘留弗遣。行成即資忠，顯宗六年即開泰四年也，似當從傳。然遼於三年夏末已用師於高麗，四年春夏間搆兵未已，無膺遣使索地。以事勢度之，當是三年遣使索地，逮地既不歸，使復被羈，遂以是爲舉兵之詞耳。今從本紀書之。

20 三月，庚寅，以奉祀禮成，大宴含元殿。

21 庚子，遼遣北院樞密使耶律世良城招州。

22 丁未，以皇子受益爲左衞上將軍，封慶國公，給俸錢二百千。

初，宰相屢言「皇子未議封建，中外係望；今朝獻禮成，願特降制命。」帝雖從之，而謙讓未加王爵。舊制，國公食邑三千戶，今止千戶，有司之誤也。皇子卽後宮李氏所生，於是五年矣，劉皇后以爲己子，使楊婉儀保視之。

23 青州民趙嵩，年百一十歲，詔存問之。

24 戊申，遼命南京、奉聖、平、蔚、雲、應、朔等州置轉運使。

25 夏，四月，戊午，遼詔南京管內毋淹刑獄以妨農務。

26 庚申，三司借內藏庫綾十五萬匹。

27 帝謂宰相曰：「聞永興陳堯咨用刑峻酷，有竇隨者，提點本路刑獄，頗復伺察人過以激怒之，欲使內外畏憚，成其威望，此不可不責也。」辛酉，徙隨京西路。後數月，堯咨言導龍首渠入城以給民用，有詔嘉獎，因曰：「決渠濟之，不若省刑以安之，乃副朕意也。」

28 癸亥，烏庫舊作烏古，今改。部叛遼。

29 丙子，遼以西北路招討使蕭孝穆爲北府宰相，賜忠穆熙霸功臣、同政事門下平章事。孝穆廉謹有禮法，時人稱之。

30舒王元偁薨，帝臨哭，贈太尉、中書令，追封曹王，謚恭惠。元偁好學，善屬文，性慈恕。有集，帝爲之序，藏祕閣。

31沙州曹宗壽死，子賢順自爲留後，奉貢請命於朝。是月，以賢順爲歸義軍節度使。賢順亦遣使貢於遼。【考異】「曹賢順」，遼史作「曹順」，蓋避景宗諱去「賢」字。

32五月，壬辰，命右僕射、平章事王旦爲兗州景靈宮朝修使。

33初，錢塘江隄以竹籠石，而潮嚙之，不數歲輒壞。轉運使陳堯佐與知杭州戚綸，議易以薪土，有害其政者言于朝，以爲不便。參知政事丁謂主言者以絀堯佐，堯佐爭不已。謂旣徙綸揚州，癸未，又徙堯佐。京西路發運使李溥請復籠石爲隄，數歲功不就，民力大困，卒用堯佐議，隄乃成。

34乙未，詔模刻天書，奉安於玉清昭應宮。

35修玉清昭應宮使丁謂，表請御製本宮碑頌及御書額，從之。

36庚子，太常博士鄧餘慶，坐受誓戒不及，在法，私罪當劾舉主，詔釋之。帝因謂宰相曰：「連坐舉官，誠亦不易；如此公坐，猶或可矜。其有本不諳知，勉徇請託，及乎曠敗，何以逃責！」王旦曰：「薦才實難，士人操行，往往中變。」帝曰：「然。拔十得五，縱使徇私，朝廷由此得人，蓋不少矣。」旦曰：「求人之際，但信其言而用之，有所曠敗，亦如其言而坐之。太祖朝，有自員外郎與所犯州縣官同除名者。太平興國初，程能爲轉運使，擧官至濫，人多鄙之。」帝曰：「朝廷急於得人，苟不令薦擧，則才俊在下，無由自達。求人之要，固無出於此也。」

37丙午，府州言知州興州刺史折惟昌卒。

先是河東民運糧赴麟州，當出兵爲援，惟昌時已屬疾，或請駐師浹旬以俟少間。惟昌曰：「古人受命忘家，死於官事，吾無恨也。」卽引衆冒風沙而行，疾遂亟。帝遣使挾醫診視，弗及。於是命入內供奉官張文質馳往護葬，所須官給。以其弟惟忠知州事，錄其二子官。

38禮部侍郎馮起請致仕，帝顧宰相，問其年。王旦曰：「起淸名素履，搢紳少及，年實七十，以誠引退。」帝曰：「起謹畏寡過，亦可嘉也。」戊申，授戶部侍郎，致仕。

39六月。壬戌，遣使齎御藥賜景靈宮朝修使王旦。癸亥，旦入辭，又賜製（襲）衣、金帶、鞍勒馬。詔自京至兖州察吏治民隱，聽以便宜行事。

40河北緣邊安撫司，言有自北界市馬三匹至者，已牒送順義軍，帝曰：「如聞彼國擒獲鬻馬出界人，皆戮之，遠配其家，甚可閔也。宜令安撫司，自今如有此類，俟夜遣人牽至境上，解羈縱之。」

[41]乙丑，河北緣邊安撫司，上制置緣邊浚陂塘築隄道條式、畫圖，請付屯田司提振遵守，從之。又言於緣邊軍城種柳蒔麻，以備邊用，詔獎之。

[42]庚午夜，京師新作五岳觀東北，黑雲中見星如晝，有旌纛甲兵之狀，覩者喧怖，而丁謂以祥瑞聞，詔建道場。

[43]壬申，封婉儀楊氏爲淑妃。始，皇后爲修儀，妃爲婉儀，幾與后埒，凡巡幸皆從，榮寵莫比。妃通敏有智思，周旋奉順，后親愛之。

[44]乙亥，樞密使王欽若，罷爲吏部尚書，陳堯叟爲戶部尚書，副使馬知節爲潁州防禦使。欽若性傾巧，敢爲矯誕，知節薄其爲人，未嘗詭隨。帝嘗以喜雪詩賜近臣，而誤用旁韻，王旦欲白帝，欽若曰：「天子詩，豈當以禮部格校之！」旦遂止。欽若退，遽密以聞。已而帝諭二府曰：「前所賜詩，微欽若言，幾爲衆笑。」旦唯唯。知節具斥其姦狀，帝亦不罪也。欽若每奏事，或懷數奏，但出其一二，其餘皆匿之，旣退，卽以己意稱上旨行之。知節嘗于帝前顧欽若曰：「懷中奏何不盡出？」欽若寵顧方深，知節愈不爲之下，爭於帝前數矣。及王懷信等上平蠻功，樞密院議行賞，欽若、堯叟請轉一資，知節云：「邊臣久無立功者，請重賞以激其餘。」議久不決。帝趣之，知節忿恚，因面訐欽若之短。旣而不暇奏稟，卽超授懷信等官，帝怒，謂向敏中等曰：「欽若等議懷信賞典，始則稽留不行，終又擅自超擢，

敢以爵賞之柄高下爲己任！近位如此，朕須束手也。」又曰：「欽若等異常不和，事無大小，動輒爭競。知節又歷詆朝列，（審刑）、審官、兩制、三館、諫官、御史都無其人，其薄人厚己如此！」於是三人者俱罷。知節尋出知潞州。

45以兵部尚書寇準爲樞密使、同平章事，王旦薦之也。準未告謝，命向敏中權發遣樞密院公事。自是樞密皆罷，卽命宰臣權發遣如敏中例。

46驛召知鎭州王嗣宗、鄜延都部署曹利用赴闕。

47遼合國舅二帳爲一帳，以伊勒希巴舊作夷离不，今改。蕭迪里舊作敵烈，今改。爲詳衮舊作詳穩，今改。以總之。

48丁丑，司空致仕張齊賢卒。帝甚悼之，遣中使祭賻，贈司徒，謚文定。齊賢四踐兩府，九居八座，晚歲以三公就第，康寧福壽，人罕其比。然不事儀矩，頗好治生，再入相，數起大獄，又與寇準相傾奪，人以此少之。

49庚辰，帝作閔農歌，又作讀十一經詩，賜近臣和。

50是夏，遼主遣國舅詳衮蕭迪里、東京留守耶律達實舊作團石，今改。進討高麗，造浮梁于鴨綠江，城保、宣、義、定遠等州。【考異】是夏，蕭迪里伐高麗，至明年夏始旋，而本紀不言其勝負，迪里傳并不載是年伐高麗事。據東國通鑑云：冬，十月，契丹遣國舅詳衮蕭迪里來侵，通州興化鎭將軍鄭仁勇、別將周演擊敗之，斬七百餘級，溺江死者甚衆。疑遼師小衄，而遼史諱言其敗也。但繫月稍異，今姑從遼史。

51 秋，七月，乙酉朔，遼主如平地松林。

52 辛卯，左神武統軍、檢校太師錢惟治卒。帝聞其子孫甚衆，婚嫁闕乏，詔優其賜賚。初議贈官，例當得東宮保傅，帝以惟治忠孝之後，特贈太師；錄其四子，并外弟、子壻、親友，並甄擢之。

53 壬辰，廣州言知州右諫議大夫邵曄卒。

州城瀕海，每蕃舶至岸，嘗苦颶風，曄鑿內濠通舟，颶不能害。及被疾，吏民、蕃賈集僧寺設會以禱之，其卒也，多隕泣者。

54 遼主多卽宴飲行誅賞，北府宰相劉愼行諫曰：「飲時以喜怒加威福，恐有未當。」遼主悟，遂諭政事省、樞密院：「凡酒間命官、釋罪，毋卽奉行，明日覆奏。」

55 癸卯，太白晝見。

56 甲辰，以同州觀察使王嗣宗、內客省使曹利用並爲檢校太保，充樞密副使。

57 戊申，王旦至自兗州，言：「河北轉運使李士衡、張士遜等八人，涖事幹集，望賜詔褒諭；萊州通判徐懷式等三人，頗無治聲，望令轉運、提點刑獄司察之。」詔可。或謂旦曰：「公爲元宰，將命出使，而所舉官吏僅得褒詔，不遂超擢，無乃太輕乎？」旦曰：「旣稱薦之，又請亟用，則上恩皆出於己矣，此人臣之大嫌也。」

入內押班周懷政，與旦同行，或請間，必俟從者皆集，整衣冠見之，白事已則退，未嘗私焉。議者以爲得體。

58 八月，甲寅朔，置景靈宮使，以向敏中爲之。

59 是日，遼主如沙嶺。

60 甲子，以參知政事丁謂爲修景靈宮使，權三司使林特副之。

61 祕書監分司西京楊億，以疾愈求入朝，帝謂王旦曰：「億文學無及者，然或言其好竊議朝政，何也？」旦曰：「億諧謔過當，則恐有之；訕讟之事，保其必無也。」戊辰，命億知汝州。

既而監察御史姜遵奏：「億頃以母疾擅去闕廷，所宜屏迹衡茅，盡心甘旨，忽求鎭郡，深屬要君，請罷之。」帝曰：「億前告歸，本無終焉侍養之請；今以疾愈求入朝，故特與郡，遵未諭此意耳。」詔中書召遵諭之。

62 甲戌，河決澶州。

63 丙子，詔：「自今差發解知舉等，授敕訖即令閤門祗候一人引送鎖宿，無得與僚友交言，違者閤門彈奏。如所乘馬未至，即以廐馬給之。」

先是翰林學士王曾、知制誥錢惟演，授(受)敕於武成王廟試經明行修、服勤詞學(舉)人，與翰林學士李維偶語長春殿閣，又至審刑院伺候所乘馬，遲留久之。維、曾同在翰林，曾妻，維姪也，時曾妻將產子，故曾屬維以家事。東上閤門副使魏昭亮，意曾受維請託，密以聞，押伴閤門祇候曹儀亦具奏。即令曾、維分析，詞與惟演同，釋曾等，因有是詔。

64 丁丑，命內侍都知閻承翰奉安太祖、太宗聖像于南京鴻慶宮。

65 九月，甲申朔，詔：「自今制置發運使，不限官品，其著位並在提點刑獄官上。」

66 丙戌，含譽星再見。

67 辛卯，尊上玉皇大帝聖號曰太上開天執符御曆含眞體道玉皇大天帝，以來年正月一日躬申薦告。

68 (戊戌)，帝御景福殿，試亳州、南京路服勤詞學、經明行修舉人，得進士絳州張觀等二十一人，諸科二十一人，賜及第，除官如東封西祀例。

帝謂宰臣曰：「近歲舉人，文藝頗精，孤貧得路。然爲主司者亦大不易，徇請求則害公，絕薦託則獲謗。」王旦曰：「今郡縣至廣，人數亦繁，必須臨軒親試。至于南省解發，非朝廷特爲主張，則雖責成主司，亦難以集事也。」

69 遼耶律世良選馬駝於烏爾古舊作烏古，今改。部，會德哷勒舊作敵烈，今改。部人伊喇舊作夷刺，今改。殺其詳袞而叛，鄰部皆應。世良遣人招之，降其數部。

70辛丑，虢州防禦使、邠寧、環慶路副都部署荆嗣卒，錄其子。嗣起行間，以勞居方面，凡百五十戰，有功未嘗自伐。臨終，戒其子曰：「吾聞累代爲將，其後不興，汝輩當益修謹也。」

71癸卯，以奉上玉皇聖號，分命輔臣告玉清昭應宮、郊廟、社稷。

72初，開封府解服勤詞學進士二十五人，爲下第者劉漑所訟，其十三人以寓貫，皆奔竄潛匿，有司追捕。王旦奏曰：「陛下搜羅才俊，今乃變爲囚繫，恐傷風教。且科舉之設，本待賢德；此輩操行如此，望特出宸斷以懲薄俗。」帝曰：「此蓋官司過誤，其寓貫者當並釋罪，漑付外州羈管。」

既而御史雷澤、高弁上言：「漑訟事得實，被責太過。」帝以問旦，旦曰：「漑訟本非公心，據款乃俟其得解則訟，此搢紳之蟊賊。朝廷黜其無行，諫官所宜樂聞，弁妄行對奏。由是觀之，向非聖斷明哲，辨舉子誤犯，則須連坐府縣。御史抨彈，甚無取也。」帝然之。弁尋以諫修玉清昭應宮，降知廣濟軍。

丁未，詔：「自今舉人，如本貫顯無戶籍，及離鄉已久，許召官保明，於開封府投牒取解。」

73 壬子，以將作監丞李惟簡爲太子中允，致仕，別賜錢三十萬。惟簡，穆子也，性沖澹，不樂仕進，屛居二十餘年，帝特召對而命之。初召惟簡，使者不知其所止，帝令至中書問王旦，然後人知惟簡乃旦所薦也。旦所薦士甚多，類不以告人，其後史官修眞宗實錄，得內出奏章，乃知朝廷士多旦所薦者。

帝嘗觀書龍圖閣，得王禹偁章奏，嗟美切直，因訪其後。宰相言：「其子嘉言舉進士及第，爲江都尉，頗勤詞學，而家貧母老。」是日，亦召對，特授大理評事。

74 遼耶律世良遣使獻德哷勒部俘。

75 冬，十月，甲寅朔，遼主如中京。

76 高麗方與遼搆兵，遂遣使入貢。帝問宰相王旦曰：「高麗久失進奉，今許其赴闕，契丹必知之。」王欽若曰：「此使到闕，正與契丹使同時。」旦曰：「外蕃入貢以尊中國，蓋常事耳。彼自有隙，朝廷奚所愛憎！」帝曰：「卿言深得大體。」戊午，詔登州置館以待之。

77 甲子，玉淸昭應宮成，總二千六百一十區。初料功須十五年，修宮使丁謂以夜繼晝，每繪一壁給二燭，遂七年而成。軍校工匠，第賞者九百餘人。

78 河北提點刑獄司言博州獄空百三十九日。宰相言天下奏獄空者無虛月，唯此日數稍多，特令降詔獎之。

79十一月，癸未朔，以樞密副承旨張質爲都承旨。質在樞要幾五十年，練習事程，精敏端慤，未嘗有過。舊本院吏罕有遷至都承旨者，帝素知其廉謹，故授之。嘗召問五代以降洎國初軍籍更易之制，且命條其利害。質纂爲三篇，目曰兵要以進，帝覽而稱善。

80乙酉，濱州河溢。

81丙戌，謁玉清昭應宮，宴近臣於集禧殿。己丑，加玉清昭應宮使王旦司空，修宮使丁謂工部尚書。更置玉清昭應宮副使，即以謂爲之。

82壬辰，御乾元門，觀酺五日。

83戶部尚書陳堯叟上汾陰奉祀記三卷。

84乙未，鄜延路鈐轄張繼能言：「趙德明進奉人挾帶私物，規免市征，望行條約。」帝曰：「戎人遠來，獲利無幾，第如舊制可也。」

85己酉，置玉清昭應宮判官、都監，以左正言夏竦爲判官，內殿承制周懷政爲都監。王旦之爲景靈宮朝修使也，竦實掌其牋奏。竦嘗臥病，旦親調藥飲之，數稱其才；因使教慶國公書，又同修起居注，及是爲判官，皆旦所薦也。

初，丁謂欲大治城西磯場，釀金水，作后土祠以擬汾陰、脽上；林特欲跨玄武門爲複道以屬玉清昭應宮；李溥欲致海上巨石，于會靈池中爲三神山，起閣道；羣臣亦爭言符瑞。竦獨抗疏以爲不可，其事遂罷。及爲判官，居月餘，乃奏寶符閣奉神果實，旦起視之無有，狙滓狠籍左右，殆神食之云。

86 知秦州張告（佶）言蕃部俶擾，已出兵格鬬，望量益士卒。王旦曰：「今四方寧輯，契丹守盟，西戎入貢，藩翰之臣，宜務鎭靜。」帝曰：「邊臣利於用兵，殊不知無戰爲上。頃歲河北請增邊兵，王欽若等亦惑其言，惟朕斷以不疑，終亦無患。」

87 十二月，癸丑朔，日當食不虧。

88 己未，作元符觀。初，每歲天慶節，就左承天祥符門設帟幕，啓道場，帝以車騎往來喧雜，乃命葺皇城司廨舍新堂爲是觀。堂卽劉承規所創，景德末司命臨降處也。

89 丁卯，權知高麗國事王詢遣奏告使尹證古及女眞將軍大千機以下，凡七十八人，以方物來貢。詢表言：「契丹阻其道路，故久不得通。請降皇帝尊號、正朔。」詔從其請。詢又言：「大千機自稱父兄嘗入覲，其兄留弗歸，玆行遂往尋訪。」又，河北居民賨文顯等十七人先爲契丹所掠，投奔高麗，詢亦遣還，令歸本貫。帝深嘉其意，待證古甚厚。

90 是歲，遼放進士張用行等三十一人及第、出身。

續資治通鑑卷第三十二

賜進士及第兵部尙書兼都察院右都御史總督湖北湖南等處地方軍務兼理糧餉世襲二等輕車都尉畢沅編集

宋紀三十二 起旃蒙單閼(乙卯)正月,盡柔兆執徐(丙辰)六月,凡一年有奇。

眞宗膺符稽古神功讓德文明武定章聖元孝皇帝

大中祥符八年 遼開泰四年。(乙卯、一〇一五)

1 春,正月,壬午朔,詣玉淸昭應宮太初殿,奉表上玉皇大天帝聖號;遂奉安刻玉天書於寶符閣,塑御像冠服立侍。帝升閣,備登歌,酌獻;還,御崇德殿受賀,大赦天下。緣河北、(校者按:北字衍。)淮南、兩浙民田經水災者,悉蠲其稅。

2 乙酉,遼主如瑞鹿原。

丙戌,命耶律世良再伐德哷勒舊作敵烈,今改。部。

3 庚寅,宴近臣於會靈觀,以玉淸昭應宮奏告禮畢也。

4 甲午,命兵部侍郎、修國史趙安仁等知禮部貢舉。帝覽諸道貢舉人數減於常歲,因曰:

「外郡官吏未體朕意邪？比者詔命累下，但戒其徇私；若能精擇寒俊，雖多何害！」是歲，始置謄錄院，令封印官封所試卷，付之集書吏錄本，諸司供帳，內侍二人監焉。命京官校對，用兩京奉使印記，復送封印院，始送知舉官考校。

5 丁酉，遼主獵馬蘭淀。

6 戊戌，徙棣州城。

先是河北轉運使李士衡、張士遜等言：「河流高於州城者丈餘，朝命累年役兵修固，蓋念徙城重勞民力。而去冬盛寒，尚有衝注，若凍解，必致決溢，爲患滋深。今請於州之北七十里陽信縣界地名八方寺，卽高阜改築州治，以今年捍隄軍士助役，則永久之利。」詔可，令權度支判官張績、內侍押班周文質乘傳與士衡、士遜等同蒞其事，三月而役成。時故城積糧甚多，或者病其難徙，士遜視瀕河數州方歉食，卽計其餘以貸民，期來歲輸新治，公私便之。

先是河決棣州，知天雄軍寇準請徙州滴河，命孫沖按視，還言：「徙州動民，亦未免治隄，不若塞河爲便。」遂以沖知棣州。自秋至春凡四決，皆塞之。至是徙州陽信，沖坐事爲使者論奏，徙知襄州，復上疏論徙州非便，且著河書以獻。既而大水沒故城丈餘。

7 壬寅，遼東征。東京留守善寧、平章哈里袞舊作涅〔湼〕里袞，今改。奏已總大軍及女眞諸部兵分道進討。遼主遣使齎密詔於軍。【考異】善寧等伐高麗，當是與蕭迪里（舊作敵烈。）合兵，而遼史不言其勝敗。高麗史云：正月，契丹作橋于鴨綠江，夾橋築東西城，遣使攻城，不克。癸卯，契丹兵圍興化鎮，將軍高積餘、趙七等擊卻之。甲辰，又侵通州。己亥，契丹侵龍州。蓋春初不克而歸，至夏復大舉也。

8 二月，壬子朔，遼主如薩堤濼。

9 于闐國貢於遼。

10 泗州周憲百五歲，詔賜束帛。

11 甲寅，宗正寺火，有司奉玉牒屬籍置他舍得免。命鹽鐵副使段曄擇地營宗正寺。

12 丙辰，西蕃首領嘉勒斯賚舊作唃廝囉，今改。等並遣貢名馬，估其直約錢七百六十萬；詔賜錦袍、金帶、供帳什物、茶、藥有差，凡中金七千兩，他物稱是。

13 丙寅，以楚王元佐爲天策上將軍、興元牧，賜劍履上殿，詔書不名。

14 丙子，詔禮部貢院：「進士六舉、諸科九舉以上，雖不合格，並許奏名。」

15 知永興軍、龍圖閣直學士陳堯咨，好以氣淩人，轉運使樂黃目表陳，因求解職，詔不許。己卯，徙堯咨知河南府兼留守司事。帝聞堯咨多縱恣不法，詔黃目察之，盡得其實。帝不欲窮治，止落職，徙知鄧州。

他日，帝謂宰相曰：「或言黃目在陝西條約邊事，雖主將亦罕饒假。」王旦曰：「太祖朝邊臣橫恣，或得一儒臣稍振紀綱，便爲稱職。」帝曰：「近聞外官多事依違，黃目苟能如此，亦可嘉也。然不可過當生事，宜密戒之。」

16 三月，辛卯，中書上羣臣應詔所舉官。帝覽之，曰：「皇甫選，人言其好談民政，陳絳亦聞有吏幹。」王旦等曰：「選好師慕古人，而臨事迂闊，無益於用。絳制策入等，外任有聲，而性多簡倨。」時李永錫亦在舉中，旦等言：「永錫卽頃年妄陳封事被黜者。」帝因曰：「搢紳之士，多恣毀訾，近日頗協附有位，久則便成朋黨，深宜絕其本原也。」

17 戊戌，趙安仁等上禮部合格人數姓名。帝顧謂宰相曰：「今歲舉場，似少謗議。」王旦曰：「條式備具，可守而行，至公無私，其實由此。」

癸卯，帝御崇政殿覆試，多所黜落；又疑所黜抹者或未當，命宰相閱視之。於是賜進士膠水蔡齊以下百九十七人及第，六人同出身。又賜六舉以上特奏名進士七十八人同三禮出身，賜諸科三百六十三人及第、同出身。齊等既考定，帝顧問王旦等曰：「有知姓名者否？」皆曰：「人無知者，眞所謂搜求寒俊也。」

故事，當賜第，必召其高第數人並見，又參擇其材質可者然後賜第一。時新喩蕭貫與齊並見，齊儀狀秀偉，舉止端重，帝意已屬之，知樞密院寇準又言：「南方下國人不宜冠多士。」齊遂居第一。帝喜，謂準曰：「得人矣！」特召金吾給七騶，出兩節傳呼，因以爲例。準性自矜，尤惡南人輕巧，既出，謂同列曰：「又與中原奪得一狀元。」

吳人范仲淹，生二歲而孤，母貧，更適長山朱氏，從其姓，名説。讀書僧舍，日作粥一器，分塊爲四，早暮取二塊，斷齏數莖，入少鹽以啗之，蓋三年焉。至是登第，除官，始復姓改名，迎其母歸養。

18 召崇文館檢討馮元講周易泰卦。元因言：「君道至尊，臣道至卑，必以誠相感，乃能輔相財成。」帝悦，特賜五品服。

19 夏，四月，遼以林牙建福爲北院大王。

20 甲寅，遼國舅詳袞舊作詳穩，今改。蕭迪里等征高麗，無功而還。

21 丙辰，遼哈斯罕舊作曷蘇館，今改。部請括女眞舊無籍者，會其丁入賦役，從之。

22 樞密使貫寧奏大破德呼勒部，遼主命侍御札拉舊作撒剌，今改。奬諭，代行執手之禮。

23 壬戌，以樞密使、同平章事寇準爲武勝軍節度使、同平章事。

先是準惡三司使林特之姦邪，數與爭。特方有寵，帝不悦，謂王旦等曰：「準年高，屢更事，朕意其必改前非，今所爲似更甚於昔。」旦等曰：「準好人懷惠，又欲人畏威，皆大臣所當避，而準乃以爲己任，此其所短也。非至仁之主，孰能全之！」準之未爲樞密使也，旦嘗得疾，久不愈，帝命肩輿入禁(中)，勞問數四，因曰：「卿今疾亟，誰可代卿者？」旦謝曰：「知臣莫如君，惟明主擇之！」帝舉張詠，又問馬亮，皆不對。帝曰：「試以意言之。」旦强起舉笏曰：「以臣之愚，莫如寇準。」帝憮然有間曰：「準性剛褊，更思其次。」旦曰：「他非臣所知也。」

及準爲樞密使，中書有事關送樞密院，違詔格，準即以聞。帝謂旦曰：「中書行事如此，施之四方，奚所取則！」旦拜謝曰：「此實臣等過也。」中書吏皆坐罰。既而樞密院有事送中書，亦違詔格，吏得之，欣然呈旦，旦令送還樞密院。吏白準，準大慚。旦每見帝，必稱準才，而準數短之。帝謂旦曰：「卿雖談其美，彼專道卿惡。」旦謝曰：「臣在相位久，闕失必多，準對陛下無所隱，此臣所以重準也！」帝由是愈賢旦。

及準自知當罷，使人求爲使相，旦大驚曰：「使相豈可求邪？」準憾之。既而帝問旦：「準當何官？」旦曰：「準未三十，已蒙先帝擢置二府，且有才望，若與使相，令處方面，其風采亦足爲朝廷之光。」及制出，準入見，泣涕曰：「非陛下知臣，何以至是！」帝具道所以，準始愧歎，語人曰：「王子明器識，非準所測也！」

24 是日，以吏部尚書王欽若、戶部尚書陳堯叟並爲樞密使、同平章事。

25 丙寅，詔申明咸平中條制，凡倉庾所收羨剩，不爲勞績。

26 遼耶律世良破準布，舊作阻卜，今改。遣人上其俘獲之數。

27 戊辰，遼主駐沿柳湖。

28 己巳，女眞貢於遼。

29 壬申，世良討烏爾古舊作烏古，今改。部，破之。甲戌，遼主遣使賞有功將校。

30 世良討德哷勒部，至清泥堝。是時于厥既平，朝議欲內徙其衆，于厥安土重遷，遂復叛。世良懲於部族易叛，既破德哷勒，輒殲其丁壯，勒兵還噶喇舊作曷剌，今改。河，進擊餘黨。而斥候不謹，其將巴固舊作勃括，今改。聚兵稠林中，乘遼師不備擊之，遼師小卻，退陣於河曲。是夜，巴固來襲，會聞遼後軍且至，巴固遂誘于厥之衆皆遁。世良追之，軍至險阨，巴固方阻險少休。遼軍偵知其所，世良不亟掩擊，巴固得以輕騎遁去；獲其輜重及所誘于厥之衆，併遷德哷勒部民，城臚朐河上以居之。

31 榮王元儼宮火，延燒內藏、左藏庫、朝元門、崇文院、祕閣。王旦等請對，帝曰：「兩朝所積，一朝殆盡，誠可惜也！」旦曰：「陛下富有天下，財帛不足憂，所慮者政令賞罰之不當耳。臣等備位宰輔，天災如此，當罷斥。」帝遂下詔罪己，求直言，命丁謂爲大內修葺使。

五月，庚辰朔，侍御史知雜事王隨言：「準詔劾榮王元儼宮遺火事，本元儼侍婢韓盜賣金器，恐事發，遂縱火。」詔韓氏斷手足，令衆三日，凌遲死。獄成，當坐死者甚衆，王旦獨請對，言曰：「陛下始以罪己詔天下，今乃過爲殺戮，恐失前詔意。且火雖有迹，寧知非天譴邪！」帝納之，減死者幾百人，止降榮王元儼爲端王；記室參軍崔昈，坐輔導無狀，亦責官。

32辛巳，遼命北府劉愼行爲都統，樞密耶律世良副之，殿前都點檢蕭庫哩舊作屈烈，今改。爲都監，以伐高麗。

愼行先攜家置邊郡，致緩師期。遼主追愼行還，下吏議責，以世良、庫哩總兵進討。【考異】聖宗開泰四年，本紀作劉晟爲都統。據劉六符傳云：父愼行，累遷至北府宰相，爲都統，伐高麗，以失軍期，下吏議責。耶律世良傳云：四年，伐高麗，爲副部署，都統劉愼行逗留失期，執還京師，世良獨進兵。蓋劉晟、劉愼行本係一人，遼史或書名，或書字，往往前後互見。惟七年紀云劉晟爲霸州節度使，北府宰相劉愼行爲彰武軍節度使。（校者按：據遼史卷三十九，霸州即彰武軍。）疑爲兩人，然究屬七年紀重出而誤。二年紀云宰臣劉晟監修國史，而六符傳作愼行監修國史，九年紀云劉晟賜保節功臣，而六符傳作愼行賜保節功臣，是晟即愼行之明證矣。遼史高麗傳亦作愼行，與六符傳同。今從之。

33甲申，命寇準知河南府兼西京留守司事。

34辛卯，河北轉運使李士衡等言：「有羨餘錢四十萬貫，絹五千匹，絲三千兩，布二十萬匹，請悉以上供。」詔令本路貯積，勿更輦致。

35壬辰，詔於右掖門外創崇文外院，別置三館書庫。時宮城申嚴火禁，帝以羣臣更直寓宿，寒月飲食非便，乃命翰林學士陳彭年檢唐故事而修復之。

36廢內侍省黃門，其高班內品，改爲前殿祗候高班內品。

37詔自宮禁遠臣庶之家，一切服玩皆不得以金爲飾，嚴其科禁，自是遂絕。

38知制誥錢淮〔惟〕演獻其父所賜禮賢宅，優詔賜惟演錢五十萬，令均給六房，仍各賜宅一區。

39詔：「契丹國信物，舊用金飾者，並易以錦繡。」

40庚子，放宮人一百八十四人。

41六月，己酉朔，日有食之。【考異】遼史不書是年日食，今從宋史。

42給事中、知荆南府馬亮言：「庶官職田過爲優厚，請二三年間權住支給，聊助經費。臣今歲所得米麥四百二十餘石，已牒本府納官訖。」詔奬之。

43庚戌，遼主拜日如禮，與瑪都布舊作麻都骨，今改。舊國語解云：麻都布，縣官之佐也，後升爲令。耶律世勳易衣馬爲好。以上京留守耶律巴格舊作八哥，今改。爲北院樞密(副)使。

44辛未，令諸州以御製七條刻石。

45閏月，己卯朔，大赦天下，非己殺人及枉法贓致殺人、十惡至死者，悉原之。

46庚辰，王欽若上準詔編修后妃事迹七十卷，賜名彤管懿範。

47以童子蔡伯希爲祕書省正字。伯希家本福州，隨父龜從至京師，才四歲，誦詩百餘篇。帝召入禁中，應對周詳，所誦精習，因命以官。又以龜從久在場籍，善於訓子，召試中書，授校書郎。

48 戊戌，昭宣使、平州團練使、入內都知秦翰卒。帝甚悼惜，贈貝州觀察使，賻襚加等。翰倜儻有武力，以方略自任，前後身被四十九創，羣帥推其勇敢。輕財好施，所得俸賜多均給將士。帝嘗謂王旦曰：「翰盡忠國家，不害人，亦不妄譽人。在先朝嘗言：『與李繼遷款暱，出入帳中無間，可陰刺之。』且言：『臣一內官不足惜，或爲國家去此劇賊，死亦無恨。』太宗深賞其忠。」旦曰：「雷有終在西川，與上官正、石普多不協，賴翰和解，不然，幾生事。」帝曰：「昨劉承規卒，翰曰：『承規不避衆怨，今必流謗，望悉勿聽。』朕益嘉其爲人。」其後重贈彰國軍節度使。詔楊億撰碑文，億以翰不畜財，表辭所贄物，雖朝旨不許，而時論羨〔美〕之。

49 秋，七月，戊午，樞密副使王嗣宗，罷爲大同節度使。先是嗣宗與寇準不協，累表求罷。準既去位，嗣宗復固請補外，因授以旄鉞，尋命知許州。

50 庚午，徙知昇州、工部侍郎薛映知揚州，以給事中馬亮爲工部侍郎，知昇州，以吏部員外郎李迪爲右諫議大夫，知永興軍。帝謂輔臣曰：「大藩長吏，尤難其人，要在洞達物情，遵守條詔，愛民抑暴而已。其或廉而肆虐，或察而滋章，或急掊斂以爲公，或曠職務以爲恕，如此則何由致治！」

51 乙亥，以郭崇仁爲宮苑使、昭州團練使。崇仁，守文子，章穆皇后弟也，雖外戚，朝廷未嘗過推恩澤，自是凡十年不遷。

52 八月，癸未，陳州言知州樞密直學士、禮部尙書張詠卒。贈左僕射，謚忠定。詠尙氣節，重然諾，勇于爲義。爲令守多異政，威惠及民，民皆不敢爲惡，而亦不苦其嚴。成都人立廟祀之。【考異】薛氏通鑑載詠知益州，與一僧善，及去蜀，出一書付僧曰：「謹收此，至乙卯年八月一日，當請於官司，對衆啓之。」至是僧持其書詣府，時淩策帥蜀，集官屬共啓之，乃詠眞容也，有手題曰：「詠當血食於此。」後數日，得京師報，詠果於僧持書至府之日卒，策爲立祠於成都祀之。此詭異之說，非儒者所當言，今不取。帝嘗稱詠才任將帥，以疾不盡其用。詠臨終奏疏言：「不當造宮觀，竭天下之才，傷生民之命。此皆賊臣丁謂誑惑陛下，乞斬謂頭置國門以謝天下，然後斬詠頭置丁氏之門以謝謂。」帝亦不以爲忤。

詠嘗言：「事君者廉不言貧，勤不言苦，忠不言己效，公不言己能，可以事君矣。」又嘗語人曰：「吾榜中得人最多：謹重有雅望，無如李文靖；深沈有德，鎭服天下，無如王公；面折廷爭，素有風采，無如寇公；至於當方面，則詠不敢辭。」

53 乙未，以三司使林特爲戶部侍郎，同玉淸昭應宮副使，太常少卿馬元方爲右諫議大夫，權三司使事。帝以特久任三司，高年勤瘁，特置此職，班在翰林學士之上，優其月給以寵之。帝數訪以朝廷大事，特因有所中傷，人以此憚焉。

54九月，己酉，注輦國遣使來貢。注輦前古不通中國，其使者舟行涉千一百五十日乃達廣州，約其道路，蓋四十一萬一千四百里。帝待其使者加厚。

55庚戌，以工部郎中、知鄧州陳堯咨守本官，知制誥。

堯咨性剛戾，數被挫辱，忽忽無聊。帝聞之，以問其兄堯叟，堯叟曰：「堯咨不知上恩保佑，自謂遭讒以至此。望取元犯事尤重者切責之，使知悔懼。」遂詔堯咨曰：「卿知永興日，所爲乖當，非獨用刑慘酷也。如擅置武庫，建視草堂，開三門，築甬道，出入列禁兵自衞，此豈人臣所宜！衆論甚喧，不但樂黃目奏也。朕念堯叟朝夕近侍，未欲窮究，姑示薄責，旋加甄敍。卿不內省，但曰爲人所傾。自今宜體國恩，改過遷善，不然，當以前後事狀盡付有司。」堯咨乃惶恐稱謝。

56嘉勒斯賚（舊作唃厮囉。）始立文法，聚衆數十萬，表請伐夏州以自效。帝以戎人多詐，或生他變，命周文質監涇原軍，曹瑋知秦州以備之。

57甲寅，遼師攻高麗之通州，高麗將鄭神勇引兵繞遼師陣後，擊殺七百餘人，神勇戰死。遼師進攻寧州，不克而退。高麗將高積餘追之，敗死；遼師遂取定遠、興化二鎮，城之。

【考異】耶律世良於五月伐高麗，自秋徂冬，遼史不言其勝負，今據高麗史書之。又高麗史云：九月，契丹使監門將軍李松茂來索六城。按耶律資忠既以索地被留，無容交兵之際復使索地，今從遼史，削而不書。

58 丁卯，遼主與伊勒希巴舊作夷离畢，今改。兵部尙書蕭榮寧定爲交契，以重君臣之好。

丙子，以旗鼓蘇拉詳袞舊作拽剌詳穩，今改。題哩古舊作里古(姑)，今改。爲六部奚王。【考異】遼宗紀：開泰三年，十月，丙子，題哩古爲奚六部大王。四年九月丙子復書之，前後重出。今從部族表定作四年。

59 冬，十月，丙戌，以右諫議大夫愼從吉爲給事中，權知開封府。帝召戒從吉曰：「京府浩穰，凡事太速則誤，緩則滯，惟須酌中。有請屬，一切拒之。」又曰：「府吏多與豪右協謀造弊，所宜深察。」及從吉領府事，謗者甚多，帝以問輔臣，丁謂曰：「從吉好言人過，故積衆怨。」帝曰：「當官宜守常道，或強爲善以取名，則毀讟必隨至矣。」

60 辛卯，以翰林學士晁迥權吏部流內銓，知制誥盛度知通進、銀臺司兼門下封駁事。迥以父名佺爲辭，遂命與度兩換其任。度，杭州人也。

時翰林學士王曾亦領銀臺司，宰相議令迥代曾，帝曰：「朕聞外議，謂曾嘗封駁詔敕，自是中書銜之，多沮曾所奏。今若罷去，是符外議。」旦曰：「臣等本無忌曾之意，今茲宣諭，爲宰相避謗，請迥與度相易，曾如舊。」帝可之。旦因言：「降敕或差誤有害，勘會失實，臣等省視不至，須下四方，誠爲不當。封駁司官苟能詳覽改正，乃助臣等不逮，必無責之之理。」帝然之。

61 乙巳，王欽若上聖祖事迹十二卷，帝製序，賜名先天記。欽若又續成三十二卷，上之。

62遼主自八月射鹿至於九月，復自癸丑至於辛酉連獵於諸山。遼主善射多力，嘗遇二虎方逸，策馬馳之，發矢連殪二虎。又嘗一矢貫三鹿，時南京方試舉人，以一箭貫三鹿爲賦題，駙馬劉三嘏獻射二虎頌，遼主嘉其贍麗。三嘏，愼行子也。

63十一月，庚申，遼主命汰東京僧，又命上京、中京（及）諸宮選精兵五萬五千人以備東征。

64工部侍郎种放卒。帝親製文，遣內侍致祭，護喪歸葬終南，贈工部尚書。先是有譏放循默者，帝聞之，謂輔臣曰：「放爲朕言事甚衆，但外廷不知耳。」因出所上時議十三篇。放將卒，忽取前後章疏稿悉焚之，服道士衣，召諸生會飲於次，酒數行而卒。

65癸酉，高麗與東女眞來貢。

66十二月，戊寅，皇子行加冠禮。

辛卯，以皇子慶國公受益爲忠正軍節度使兼侍中，封壽春郡王。

67甲辰，命樞密使、同平章事王欽若都大提舉抄寫校勘館閣書籍，翰林學士陳彭年副焉，鑄印給之。初，榮王宮火，燔崇文院、祕閣，所存無幾；既別建外院，重寫書籍，故有是命。

68是月，遼主自海徼如顯州。

九年　遼開泰五年。(丙辰、一〇一六)

1 春，正月，丁未，遼主北還。

2 庚戌，遼耶律世良、蕭庫哩與高麗戰於郭州西，破之，斬首萬餘級，盡獲其輜重。乙卯，師次南海軍，世良卒於軍。

3 丙辰，置會靈觀使，以參知政事丁謂爲之。

4 以馬軍副都指揮使張旻爲宣徽南院使兼樞密副使。先是旻被旨選兵，下令太峻，兵懼，謀欲爲變。有密以聞者，帝召二府議之，王旦曰：「若罪旻，則自今帥臣何以御衆！急捕謀者，則震驚都邑，此尤不可。」帝曰：「然則柰何？」旦曰：「陛下數欲任旻以樞密，臣未敢奉詔；今若擢用，使解兵柄，反側者自安矣。」帝從其言，軍果亡他。

5 辛酉，同玉清昭應宮副使林特上會計錄，詔付祕閣。

6 癸亥，發內藏錢五十萬貫給三司。

7 興州團練使德文，少好學，凡經史百家，手自抄撮，工爲辭章。帝以其刻勵如諸生，嘗因進見，戲呼之曰「五秀才」。德文數言願得名士爲師友，己巳，特命翰林學士楊億與之游。

8 壬申，以張士遜爲戶部郎中，崔遵度爲戶部員外郎，並充壽春郡王友。時王將受經，命中書擇方正有學術者爲府官，以士遜平雅和謹，澹於榮利，遵度同修起居注蹕十年，每立墀上，常退匿楹間，慮帝見之，搢紳推其長者，因召兩人並命焉。

初，辛相將用士遜等爲翊善、記室，帝曰：「翊善、記室，府屬也，王皆受拜。」故以王友命之，令王每見答拜。士遜嘗謂王旦，稱王學書有法，旦曰：「王不應舉、選學士，不在學書。」士遜愧謝。

9 癸酉，遼主駐雪林。

10 二月，準布部長朝於遼。

11 辛巳，遼主如薩隄濼。

12 丁亥，監修國史王旦等上兩朝國史一百二十卷，優詔答之。

13 庚寅，遼以前東京統軍使耶律罕謨舊作韓留，今改。爲右伊勒希巴。

14 壬辰，命修景靈宮副使林特詣兗州景靈宮太極觀設醮，以營建畢故也。宮觀總一千三百二十二區。

15 甲午，詔築堂於元符觀南，爲皇子就學之所，賜名曰資善。帝作記，刻石堂中。命入內押班周懷政爲都監，入內供奉官楊懷玉爲壽春郡王伴讀，仍面戒不得於堂中戲笑及陳玩弄之具。

16 丙申，以後宮崇陽縣君李氏爲才人。

17 戊戌，遼皇子宗眞生，宮人蕭納木錦舊作耨斤，今改。所生也。納木錦少而黝面，很視，其母嘗夢金柱擎天，諸子欲上而不能，納木錦從後至，與僕從皆升，母心異之。久之，得入宮，侍承天太后。嘗拂太后榻，獲金雞，呑之，膚色光澤異常，太后驚異曰：「是必生貴子。」命侍遼主。至是舉子，遼主之長子也。皇后無子，取爲己子。納木錦漸進爲元妃。皇后愛養宗眞如己出，元妃顧妒皇后之寵，心常怏怏。

18 三月，辛酉，遼以諸道獄空，守臣並進階賜物。

19 癸亥，宗正卿趙安仁言：「唐朝玉牒首載混元皇帝，今請以御製聖祖降臨記冠列聖玉牒，及別修皇朝新譜，仍別製美名。又請以知制誥劉筠、夏竦並爲宗正寺修玉牒官。」從之。名新譜曰仙源積慶圖。

20 庚午，亳州言明道宮成，總四百八十區。詔遣內侍設醮。

21 夏，四月，遼賑招州民。

22 王繼忠旣見執於遼，荐擢漢人行宮都部署，封琅邪郡王。時伊勒希巴蕭哈綽，舊作合卓，今改。方以明習典故，善占對，被寵於遼主。繼忠侍遼主宴，遼主語及哈綽，欲用爲樞密使，繼忠曰：「哈綽雖有刀筆才，暗於大體。蕭迪里才行兼備，可任也。」遼主以爲黨於迪里，弗聽。戊寅，以哈綽爲北院樞密使。

23 庚辰，司天監言周伯星再見。

24 丁亥，陝西轉運副使張象中言：「安邑、解縣兩池，除見貯鹽三億八千八百八十二萬餘斤外，恐尚有遺利，望行條約。」帝曰：「厚地阜財，此亦至矣。若過求增羨，必有時而闕，不可許也。」

25 丙申，賜天下酺。

26 辛丑，令入內內侍省定羣官與諸宮院婚嫁財物之數。先是連姻戚里者，宂費過甚，每納采成禮之日，多頒傔從，其家供給飲食，動踰千萬，或有破產者。帝曰：「國家宗支漸廣，此不可不限其制度。」於是多所差減，且賜金帛給其費焉。

27 五月，甲辰朔，詔以來年正月一日詣玉清昭應宮，上寶册。又以十一月〔日〕有事於南郊，行恭謝之禮。諸軍賞賜，並以內藏物充。三司勿催促諸路錢帛，諸州軍監無得以修貢、助祭爲名，輒有率斂。

28 （乙巳），邠寧環慶部署王守斌言夏州蕃騎千五百來寇慶州，內屬蕃部擊走之。

29 丁未，殿中侍御史張廓言：「羣官有丁父母憂者，多免持服，非古道也；伏望自今並依禮令解官行服。」詔從之，其官秩當起復及武臣內職，悉如舊制。

30 丙辰，以景靈宮、會靈觀及兗州景靈宮、太極觀成，釋死罪囚流以下。

丁巳，以向敏中爲宮觀慶成使。

31 己未，河北轉運使李士衡獻助南郊絹布六十萬匹，錢二十萬貫，且言：「六十萬皆合上供者，餘二十萬卽本路羨餘，請遣使臣起發。」先是每有大禮，士衡必以所部供軍物爲貢，言者以爲不實，故是奏條析之。有詔嘉獎，因謂輔臣曰：「士衡應卒有材，然事多忽略，故人往往以虛誕目之。然朝廷所須，隨大小卽辦，亦其所長也。」

32 乙丑，以王旦爲恭上寶册南郊恭謝大禮使。

33 庚午，太白晝見。

34 辛未，司天奏：「歲星太陰失度，太白高，主兵在秦外〔分〕。」帝謂輔臣曰：「秦地控接三蜀，疆境甚遠，軍中不逞輩慮忽聚盜，宜謹備之。嘉勒斯賚與秦、渭熟戶結爲釁隙，曹瑋請益屯兵，可如所請。川、陝長吏、監押、巡檢有曠弛者，代之。」

35 六月，辛巳，比部員外郎、知齊州范航，坐受財枉法，免死，杖脊黥面，配沙門島。其子昭時任江南東路提點刑獄，及受代還，至南京，上言願爲邊卒，贖父移善地。宰臣言父子罪雖不相及，然亦當降其職任，遂令釐務，從之。

36 癸巳，京畿蝗，命輔臣詣玉淸昭應宮、景靈宮、會靈觀建道場以禱之。

37 丙申，以虞部員外郎張懷寶、祕書丞韓庶、戶部判官梁固分判三司鹽鐵、度支、戶部句院。先是起居郎樂黃目判三司句院，三司使馬元方言其不稱職，罷之。帝謂王旦等曰：「人言三司官不欲數易，蓋吏人幸其更移，不能盡究曹事之弊耳。又，句院乃關防之局，官卑權輕，難舉其職。」旦曰：「三部句院爲一司，實爲繁劇，縱使重官爲之，徒益事勢，於句稽則愈疏矣。若復分三部設官，選才力俊敏者主之，庶乎分減簿領，稍得精意。」故命懷寶等分領焉。

38 遼以政事舍人吳克昌按察霸州刑獄。

續資治通鑑卷第三十三

賜進士及第兵部尙書兼都察院右都御史總督湖北湖南等處地方軍務兼理糧餉世襲二等輕車都尉畢沅編集

宋紀三十三 起柔兆執徐（丙辰）七月，盡彊圉大荒落（丁巳）十二月，凡一年有奇。

眞宗膺符稽古神功讓德文明武定章聖元孝皇帝

大中祥符九年 遼開泰五年。（丙辰、一〇一六）

1 秋，七月，甲辰，遼主獵於赤山，以敦睦宮太保陳昭袞兼掌圍場事。遼主射虎，以馬馳太驟，矢不及發，虎怒奮，勢將犯蹕，左右辟易，昭袞舍馬，捉虎兩耳騎之，馬駭且逸。遼主命衞士追殺，昭袞大呼止之。虎雖軼山，昭袞終不墮地，伺便拔佩刀殺之，輦至遼主前。慰勞良久，即日設燕，悉以席上金銀器賜之，加節鉞，遷圍場都太師，賜國姓，命張儉、呂德懋賦以美之。

2 辛亥，飛蝗過京城，帝詣玉清昭應宮、開寶寺、靈隱（感）塔焚香祈禱，禁宮城音樂五日。

先是帝出死蝗以示大臣曰：「朕遣人徧於郊野視蝗，多自死者。」翼日，執政有袖死蝗以進耆曰：「蝗實死矣，請示於朝。」率百官賀。王旦曰：「蝗出爲災，災弭，幸也，又何賀焉！」衆力請，旦固稱不可，乃止。於是二府方奏事，飛蝗蔽天，有墮於殿廷間者。帝顧謂旦曰：「使百官方賀而蝗若此，豈不爲天下笑邪！」

3 甲寅，詔：「前降德音賜酺，宜俟來春。」

4 乙卯，分命內臣與轉運使、諸州通判、職官按視蝗傷苗稼，仍許卽時改種，悉除其租。申禁宮城音樂十日。

5 癸亥，上封者言蝗旱由大臣子弟恣橫所致。詔曰：「近以蝗蝝傷於苗稼，考前書之所記，由部吏之侵漁。屬者郡縣之官，冒法不檢，子弟之輩，怙勢肆求，民實怨嗟，氣用堙鬱，俛從輕典，恐長弊風。自今士大夫各務敦修，更思敎勖，姑念保家之美，勿貽敗類之羞，苟掇顯尤，難從末減。仍令所在官司謹察視之！」

6 甲子，詔：「禁京城音樂盡此月。」

7 丙寅，詔：「自今羣官職田並須遵守元制，無得侵擾客戶，遇災沴卽蠲省之。」先是殿中侍御史王奇，請籍納職田以助賑貸，帝曰：「朕以此田均濟官吏，本欲人各足用，責其淸謹耳，奇未曉給田之理。然朕每覽法寺奏款，在外官屬所占職田，多踰往制，不能自備牛種，或水旱之際，又不蠲省，致民無告。」遂罷奇奏，降詔申敕焉。

8八月，丙子，令江淮發運使歲留上供米五十萬，以備饑年賑濟。

9遼主如懷州，有事於諸陵。戊寅，還上京。

10己卯，中使張文昱等，言分路檢視，蝗傷民田約十之一二，帝命所定蠲稅分數，更加優厚。

11丙戌，帝親製玉皇聖號册文，召輔臣同觀，自禁中具儀仗迎導赴大安殿，摹寫刻玉。

12樞密使、同平章事陳堯叟罷爲右僕射。堯叟以久疾求領外任，從之，尋命判河陽，月給實俸，歲賜公使錢百萬。堯叟入辭，別賚錢二百萬，又作詩餞其行。堯叟奏對明辨，久典機密，軍馬之籍，悉能周記云。

13丁亥，以向敏中使回，宴近臣於長春殿；不舉樂，閔雨也。

14壬辰，羣臣請受尊號册寶，表五上，從之。

15九月，癸卯，遼主弟秦晉國王隆慶朝遼主于上京，遼主親出迎勞，至實德山，因同獵於松山。未幾，封隆慶長子札拉舊作查剌（割），今改。爲中山郡王，次子遂格舊作遂哥，今改。爲樂安郡王。

16甲辰，兵部尙書、參知政事丁謂，罷爲平江節度使。謂上章請外任，卽授本鎭旄鉞以寵其行。尋命謂知昇州，謂請歸拜墓，許之。

17丙午，以翰林學士陳彭年爲刑部侍郎，王曾爲左諫議大夫，權御史中丞張知白爲給事中，並參知政事。樞密直學士任中正爲工部侍郎、樞密副使。

曾、知白、彭年等與王旦同在中書，嘗乘間謂旦曰：「曾等拔擢至此，公力也，願有所裨補。」旦曰：「願聞之。」曾曰：「每見奏事，其間有不經上覽者，公批旨行下，恐人言之以爲不可。」旦遜謝而已。一日，曾等以前說聞於帝，帝曰：「所行公否？」皆曰：「公。」帝曰：「王旦事朕，多歷年所，朕察之無毫髮私。自東封後，朕諭以小事專行，卿等當謹奉之。」曾等退，謝於旦曰：「上之委遇，非曾等所知也。」旦曰：「向蒙諭及，不可自言先得上旨，今後更賴諸公規益。」略不介意。

18右諫議大夫淩策，自成都代還，帝將擢任之，謂王旦曰：「策有才用，治蜀敏而能斷。」旦曰：「策性質淳和，臨蒞強濟。」帝曰：「然。」於是命爲給事中、權御史中丞。

19丁未，曹瑋言：「嘉勒斯賚、（舊作唃厮囉。）宗哥等率蕃部兵三萬餘人寇至伏羌寨三都谷，即領軍擊敗之，逐北二十餘里，斬首千餘級，生擒七人，官軍被傷者百六十人，陣歿者六七十人。」詔賜瑋及駐泊鈐轄高繼忠、都監王懷信錦袍、金帶、器幣，將校立功者第遷一資，仍賜金帛，陣歿者卹其家。

先是翰林學士李迪，召對龍圖閣，命草詔書，徐謂迪曰：「曹瑋在秦州屢請益兵，未及遣，遽辭州事，誰可代瑋者？」對曰：「瑋知嘉勒斯賚欲入寇，且窺關中，故請益兵爲備，非怯也。且瑋有謀略，諸將皆非其比，何可代！陛下重發兵，豈非將上玉皇聖號，惡兵出宜秋門邪？今關右兵多，可分以赴瑋。」帝因問：「關右幾何？」對曰：「臣向在陝西，以方寸小册書兵糧數備調發，今猶置佩囊中。」帝令自探取，目內侍取紙筆，具疏某處當留兵若干，餘悉赴塞下。帝顧曰：「眞所謂頗、牧在禁中。」未幾，嘉勒斯賚果犯邊，秦州方出兵，復召問曰：「瑋戰克乎？」對曰：「必克。」及瑋捷書至，帝謂迪曰：「卿何料之審也？」迪曰：「嘉勒斯賚大舉入寇，使諜者聲言以某日下秦州會食，以激怒瑋，瑋勒兵不動，坐待其至，是則以逸待勞，臣用此知其決勝也。」

20 庚戌，以不雨，罷重陽宴。

21 甲寅，令諸路轉運使督民捕蝗。帝以久旱，憂形於色，減膳撤樂，徧走羣望。及是霑沛，帝作甘雨應祈詩，近臣畢和。

22 丁巳，詔：「諸州蝗旱，今始得雨，方在勸農，罷諸營造。」

23 己未，詔：「諸州縣七月以後訴災傷者，準格例不許；今歲蝗旱，特聽受其牒訴。」

24 戊辰，青州言飛蝗投海死。

25 己巳，詔聞益州頻雨穀貴，令發官廩糶濟之；所修玉局觀、上清宮悉罷。

26 詔：「災傷州軍，有以私廩賑貧民者，二千石與攝助教，三千石與大郡助教，五千石至八千石第授本州文學、司馬、長史、別駕。」

27 庚午，內出北面榆柳圖示輔臣，數踰三百萬。帝曰：「此可代鹿角也。」雄州李允則頗用心於此，朕嘗詢其累任勞課書歷否？對曰：『設官本要涖事，但當竭力，何得更謀課最！』此言亦可嘉也。」

28 先是京畿、京東、西、河北路蝗生，彌覆郊野。七月，過京師，延至江、淮，及霜寒始盡。飛蝗之過京城也，帝方坐便殿，左右以告，帝起，臨軒仰視，則蝗勢連雲障日，莫見其際。帝默然還坐，意甚不懌，乃命撤膳，自是體遂不豫。

29 冬，十月，壬申朔，詔以來年正月二日詣景靈宮奉上聖祖徽號。禮儀院言：「正月天書降，用上元日朝拜玉清昭應宮。十月聖祖降，請以下元日朝拜景靈宮。著爲定式。」

30 己卯，王欽若表上翊聖保德眞君傳三卷，帝製序。

31 初，祠部員外郎呂夷簡提點兩浙路刑獄，時京師大建宮觀，伐材木於南方，有司責期令峻急，工徒至有死者，誣以亡命，收繫妻子；夷簡疏請緩役，從之。又言：「盛冬挽運艱難，宜須河流漸通，以兵卒番送。」及代歸，帝曰：「卿所奏有爲國愛民之心。」擢刑部員外郎兼侍御史知雜事。歲蝗旱，夷簡請責躬修政，嚴飭輔相，思所以恭順天意，及奏彈李溥專利罔上。

寇準判永興，黥有罪者徙湖南，道由京師，上準變事，夷簡曰：「準治下急，是欲中傷準耳，宜勿問，益徙之遠方。」帝從之。

32 先是丁謂力庇李溥，主行新法，言不便者雖衆，謂持之益堅。及謂罷政，羣議復起。帝謂王旦等曰：「茶鹽之利，要使國用贍足，民心和悅，卿等宜熟思之。」旦等曰：「此屬邦計，欲選官與三司再行定奪，臣等參詳可否奏裁。」帝曰：「卿等宜即具詔，明述恤民之意。」丁酉，遂下詔言：「茶鹽等亦依常例，更不別生名目，致有疑誤虧損。」

33 十一月，辛丑朔，遼以參知政事馬保忠同知樞密院事、監修國史。

34 甲辰，三司言諸司欠商賈飛錢，欲罷來年官市紬絹償之，詔發內藏錢二十萬緡以給其費。

35 河西節度使、知許州石普，上言九月下旬，日食者三。又言：「商賈自秦州來，言嘉勒斯賚欲陰報曹瑋，請以臣嘗所獻陣圖付瑋，可使必勝。」先是帝方崇符瑞，而普請罷天下醮設，歲可省緡錢七十餘萬以贍國用，遂忤帝意，於是帝益怪普言踰分。而樞密使王欽若，因言普欲以邊事動朝廷，帝怒，欲遣使就劾；宰相王旦請先召還，命知雜御史呂夷簡推鞫。獄具，集百官參驗。九月下旬，日不食，普坐私藏天文，罪應死，詔除名，配賀州，遣使縶赴流所。帝謂輔臣曰：「普出微賤，性輕躁，干求不已。既憎文藝，而假手撰述以揣摩時事。朕以先朝故，每容忍之，而普言益肆，錄其微效，俾貸極典。聞普在流所思幼子輒泣下，流人有例攜家否？」王旦等曰：「律無禁止之文。」詔許挈族以行。尋命房州安置，增屯兵百人守護之。

普倜儻有膽略，凡預討伐，聞敵所在，卽馳赴之。兩平蜀盜，大小數十戰，摧鋒與賊角，衆伏其勇。

36 壬子，以知秦州曹瑋爲秦州都部署，依前兼涇、原、儀、渭州、鎭戎軍緣邊安撫使；以禮部郎中李及爲太常少卿、知秦州。時瑋數上章求解州事，帝問王旦：「誰當代瑋者？」旦薦及可任，帝卽命之。

衆議皆謂及非守邊才，祕書監楊億以告旦，旦不答。及至秦州，將吏亦心輕之。會有屯駐禁軍白晝掣婦人金釵於市中，吏執以聞，及方坐觀書，召之使前，略加詰問，其人服罪。及不復下吏，亟命斬之，復觀書如故，將吏皆驚服。不日，聲譽達京師。億見旦，具道其知人之明，旦笑曰：「禁軍戍邊，白晝爲盜於市，此固當斬，烏足爲異！旦之用及者，其意非在此也。夫以曹瑋知秦州，戎羌讋服，邊境之事，瑋處之已盡其宜。使他人往，必矜其聰明，多所變置，敗壞瑋之成績。旦所以用及者，但以及厚重，必能謹守瑋之規而已。」

37 遼秦晉國王隆慶自上京還，至北安，浴於溫泉，得疾，十二月，乙酉，卒。遼主哀慟，輟朝，追贈皇太弟。【考異】聖宗弟隆慶、隆祐並膺委任，以恩禮終。長編乃云：使臣自雄州入奏言：「榷場商旅貿易於北境，契丹主弟曰隆慶者，受饋遺，必還其直，又設酒食犒勞之。」孫僅言：「國主氣濁而體肥，隆慶瘦而剛果，國人多歸之。」又云：宋摶使契丹還，言「國主奉佛，其弟秦王隆慶尚武，吳王隆祐慕道。」又云：「契丹主闇弱，自蕭太后與韓德讓相繼死，其弟隆慶尤桀黠，衆心附之。」言事者請因遣使特加恩隆慶。帝曰：「柔遠之道，務存大體，正當講信修睦，使之和協，如其不法，豈宜更加禮邪！」此皆敵國詆毀之詞，或係傳聞之誤，殊非事實，今不取。

38 乙卯，詔改來年元曰天禧。

39 戊戌，奉天書置天安殿，玉皇寶册、袞服、二聖絳紗袍於文德殿。己亥，奉天書及玉皇寶册、袞服赴玉清昭應宮，聖祖寶册、仙衣赴景靈宮。

40 是歲，遼放進士孫傑等四十八人。

天禧元年 遼開泰六年。（丁巳、一〇一七）

1 春，正月，辛丑朔，改元。奉天書升太初殿，行薦獻禮，上玉清皇大天帝寶册、袞服；又詣二聖殿，奉上絳紗袍，奉幣進酒；諸路分設羅天大醮。壬寅，奉上聖祖寶册仙衣於天興殿，禮畢，車駕還內。羣臣入賀於崇德殿。

丙午，詔以是月十五日行宣讀天書之禮。

庚戌，親饗六室。辛亥，奉天書合祭天地，以太祖、太宗並配。還，御正陽門，大赦天下，賞賜如東封例。免災傷州軍見欠田租及和糴，減荆湖南路鹽價，蠲天下逋欠，雖盜用經三十年者亦蠲之。遂御天安殿，受尊號寶册。

[2]乙卯，帝與羣臣讀天書於天安殿。

壬戌，詔以四月一日爲天祺節，其制度悉如天貺。

丙寅，命宰相王旦爲兗州太極觀奉上册寶使。

[3]己巳，給事中孫僅卒。帝曰：「僅篤於儒學，性端慤，中立無競，深可惜也！」命遷其子官。

[4]是月，遼主如錐子河。

[5]二月，庚午朔，詔賑災，發州郡常平倉。

[6]辛未，三司假內藏庫錢五十萬貫。

[7]壬申，御正陽門觀酺，凡五日。

[8]甲戌，遼駙馬蕭託雲舊作圖玉，今改。削同平章事，以公主殺無罪婢，託雲不能齊家也。公主降爲縣主。【考異】蕭託雲傳：金鄉公主殺家婢，降封郡主，本紀作縣主，紀、傳互異。據公主表云：聖宗第十三女，封金鄉郡主，進封公主，以殺奴婢得罪，薨于貶所。是公主得罪貶死，作縣主者是也。今從本紀。

●丁丑，詔：「別置諫官、御史各六員，增其月俸，不兼他職。每月須一員奏事，或有急務，聽非時入對；及三年，則黜其不勝任者。」

10 戊寅，內外官並加恩。

11 發常平倉粟出糶以濟貧民，京師物貴故也。

12 丁亥，設元天大聖后版位於文德殿，帝親酌獻，拜授册寶於王旦，仙衣於趙安仁。旦等跪奉以升輅，具鹵簿儀衞。所過禁屠宰二日，官吏迎拜；至兗州，遣官三十員袴褶前導。奉册日，帝不視朝。

13 庚寅，進封李公蘊爲南平郡王。

14 辛卯，召太子中允、直龍圖閣馮元講易於宣和門之北閣，待制查道、李虛己、李行簡預焉。自是聽政之暇，率以爲常。帝因數訪大臣能否，行簡無所怨昵，必稱道其長，人推其長者。

15 初，有日者上書言宮禁事，坐誅；籍其家，得朝士所與往還占問吉凶簡尺，帝怒，欲盡付御史按罪。王旦具請以歸，翼日，白帝曰：「此人之常情，且語不及朝廷，不足究治。」因自取舊所占問者進曰：「臣少賤時，不免爲此；必以爲罪，願并臣下獄。」帝曰：「此事已發，何可免！」旦曰：「臣爲宰相，執國法，豈可自爲之幸於不發，而以罪人！」帝意解。旦至中書，悉焚所得書。既而大臣有欲因是以擠己所不快者，力請究治，帝令就旦取書，旦曰：「臣已焚之矣。」由是獲免者衆。

16己亥，刑部侍郎、參知政事陳彭年卒。帝聞之，卽幸其第，涕泗良久，贈右僕射，諡文僖，錄其子孫甥姪。

彭年敏給强記，尤好儀制沿革、刑名之學，自升內閣，卽以翰墨爲己任。及李宗諤卒，楊億病退，彭年專其任，事務益繁，愈勤職以固寵，手披簡策，口對賓客，及胥吏白事滿前，或密答詔問，曉夕若是，形神皆耗。然彭年素姦諂，時號「九尾野狐」。在翰林日，嘗詣中書謁宰相，王旦辭不見；翼日復至，旦令見向敏中。他日，敏中命吏取彭年所留文字示旦，旦瞑目索紙封之，曰：「不過興建符瑞，圖進取耳。」始，彭年仕未達，求爲大理寺詳斷官，張齊賢時當國，一見，輒不可，人問其故，齊賢曰：「此人在朝，必亂國政。」或疑齊賢過甚，後乃服其知人。

17三月，戊午，以樞密使王欽若爲會靈觀使。會靈初置使，命執政兼領，于是王曾次當爲之，欽若方挾符瑞固恩寵，意欲得此，曾因懇辭焉。帝頗不懌，謂曾曰：「大臣宜傅會國事，何遽自異邪？」曾頓首謝曰：「君從諫爲明，臣盡忠爲義。陛下不以臣駑病，使待罪政府，臣知義而已，不知異也。」

18 庚申，免潮州逋鹽三百七十餘萬斤。

19 辛酉，江南提點刑獄范應辰言：「伏覩辛亥制書，常赦不原者咸除之。謹按呂刑云：『五刑之疑有赦，五罰之疑有赦。』今姦凶之輩，密料赦期，肆其殘酷，方合正典刑而遽逢霈澤，配爲卒伍，皆給衣糧，又何異賞人爲盜邪！較諸疑則赦之，諒有殊矣。望自今凡有知赦在近而故爲罪戾者，死罪已下，遞減一等斷之。」帝曰：「先帝因郊禮議赦，有朝士秦再思上書，引諸葛亮佐劉備數十年不赦事，先帝頗疑之，時趙普入對，言曰：『聖朝定制，每三年郊祀卽覃肆眚，所謂其仁如天，堯、舜之道也。劉備偏據一方，何足法哉！』自是赦宥之文遂定。應辰發論，頗見盡心；然全無赦宥，亦恐難行。」張知白曰：「古人所謂數則不可，無之實難，斯爲確論也。」

20 是春，京畿旱。

21 夏，四月，庚午，王旦至自兗州，言：「曹、濟、徐、鄆州、廣濟、淮陽軍每年船運上供斛斗三十七萬石。去歲蝗旱，望免夏稅一科支移。」詔可。

22 乙亥，出聖祖神化金寶牌分給京城寺觀及天下名山。牌長三寸許，廣寸餘，面文曰「玉清昭應宮成天尊萬壽金寶」，背文曰「永鎭福地」。其周郭皆隱起蛇龍華葩之狀，封以絳囊漆匣，帝親題署之。

23壬午，賜進士楊偉及第，賈昌朝同出身。大禮之初，貢舉人獻頌者甚衆，惟偉及昌朝可采，故召試學士院而命之。

24甲申，命龍圖閣待制查道知虢州。將行，帝御龍圖閣餞之。時虢州蝗災，道既至，不俟報，出官廩米設糜粥賑飢者，發州麥四千斛給農民種，所全活萬餘人。

25乙酉，以著作郎劉燁爲右正言。時準別詔置諫官，燁首預其選。帝曰：「諫官、御史當識朝廷大體，乃爲稱職。」燁，溫叟之子也。嘗知龍門縣，羣盜殺人，燁捕得之，將械送府，恐道亡去，皆斬之，衆伏其果。

通判益州，召還，時王曙治蜀，或言其政苛暴，因對，帝問曙治狀與淩策孰愈，燁曰：「策在蜀，歲豐事簡，故得以寬假民。比歲小歉，盜賊間發，非誅殺不能禁；然曙所行，亦未嘗出法外也。」帝善之。曙峻法以繩盜賊，贓無輕重，一切戮之，衆股栗。居數月，盜賊屏竄，蜀民外戶不閉。嘗有卒夜告其軍謀亂者，曙立辨其僞，斬之。民安其政，以比張詠，號前張後王。

26辛卯，遼封秦晉國王隆慶少子色嘉努（舊作謝家奴，今改。）爲長沙郡王。【考異】遼史皇子表：隆慶子五人，色嘉努其第三子也。今從本紀作少子。

27以漆水郡王耶律制心權知諸行營（宮）都部署事。制心，隆運之姪也，以皇后外弟，恩遇日隆。時蕭哈綽舊作合卓，今改。方用事，制心奏哈綽寡識無行檢，遼主默然。

自南北通好，邊境承平，遼主數與南北院諸臣宴飲，或連晝夕。遼主於音律特所精徹，中席或自歌，命宮人彈琵琶侑酒，詳袞舊作詳穩，今改。蕭柳好滑稽，雖君臣燕飲，詼諧無所忌，時人比之俳優。制心遇內宴歡洽，輒引避，皇后怪而詰之曰：「汝不樂邪？」制心曰：「寵貴鮮能長保，以是爲憂耳。」【考異】耶律隆運屬於橫帳季父房，故其姪制心亦稱耶律，遼史附見隆運傳是矣。本紀作「耶律制心」，或作「韓制心」，或以「制心」爲一字，幾使閱者莫辨其爲一人，今定從列傳。

28 壬辰，遼禁命婦再醮。

29 五月，戊戌朔，遼以樞密使蕭哈綽爲都統，以南（漢）人行宮都部署王繼忠副之，殿前都點檢蕭庫哩（舊作屈烈。）爲都監，以伐高麗。

30 甲辰（庚子），太保、平章事王旦以疾求退。旦柄用凡十八年，爲相一紀，素羸多疾，又憂名位太重，不自安，自東魯復命，連章求解，帝優詔褒答，繼以面諭。戊申，制授太尉兼侍中，聽五日一赴起居，因入中書，遇軍國重事，不限時日，入預參決。旦聞命愈恐，家居不出，手疏懇請去位，具言：「私門百口，屬疾將徧，欲退身以息災咎；今加此峻秩，則是愈增罪釁。」辭意堅苦。又遣其子詣向敏中附奏，乃詔止加封邑，其餘優禮悉如前制。

31 （庚戌），詔以仍歲蝗旱，遣使分路安撫。

32（乙卯），以高郵軍民荀懷玉爲本軍助教，以其出米麥三千斛濟飢民故也；仍許自今爲例。

33甲寅，遼以南京統軍使蕭惠爲右伊勒希巴。舊作夷离畢，今改。惠嘗從其伯父巴雅爾舊作排押，今改。伐高麗，力戰，破阻險之師，及攻開京，以軍律嚴整聞，故有是命。

34丙辰，開封府及東京（京東）陝西、江、淮、兩浙、荆湖路百三十州軍，並言二月後蝗蝻食苗，詔遣使臣與本縣官吏焚捕，每三五州命內臣一人提舉之。

35西京應天禪院太祖皇帝神御殿成，爲屋凡九百九十一區。己未，命宰相向敏中爲奉安聖容禮儀使，入內都知張景宗管句迎奉，左諫議大夫戚綸告永昌陵。

36以祕書丞譙人魯宗道爲右正言，用新詔也。

37殿中侍御史張廓言：「奉詔京東安撫，民有儲蓄糧斛者，欲誘勸舉放以濟貧民，俟秋成依槩例償之，如有欠負，官爲受理。」從之。

38乙丑，遼主駐九層臺。

39六月，戊辰朔，遼德妃蕭氏賜死，葬兎兒山（西），後數日，大風起冢上，晝暝，大雷電而雨，不止者踰月。【考異】德妃當即廢后，后以統和四年册立，十九年廢爲貴妃，不知何時又降爲德妃耳。遼史失載。

40 丙子，右正言魯宗道言：「親民之官，政事最切。漢宣帝凡拜刺史、守相，必親見之，考察其言，觀其能否。今或未然。凡除知州、通判、京朝官知縣，候滿三五人，宜令大臣延之中書，察其應對，考其臧否。縣令則擇臺閣有風鑒聞望臣僚主遣之，能否之間，各知其狀，恐於聖政稍得其宜。又，審官之任，本宰相之職，宜妙選英哲以委之，庶激濁揚清，漸得良牧、賢宰，則斯民之大幸也。」

41 庚辰，發運使言：「眞州等處轉般倉及江、浙上供米二百二十餘萬斛，欲留逐處以濟闕乏。」從之。

42 盜發後漢高祖陵，論如律，并劾守土官吏。遣內侍王克讓以禮治葬，知制誥劉筠祭告。因詔州縣申前代帝王陵寢樵采之禁。

43 甲申，以武昌節度副使邊肅知光州，用辛亥赦書也。時刑部奏其元犯，帝曰：「肅在邢州日，方契丹侵擾，屢詔令棄城入保，肅能固守，頗著成效；雖冒賄賂，亦累該赦宥矣，故特授以郡。」

44 詔：「金部員外郎、提點中書制敕院五房公事劉明恕，自今遇慶節大禮，許依樞密副都承旨例進奉上壽，仍赴宴會。」始更舊制也。

45 是月，遼南京諸縣蝗。

46秋，七月，辛丑，以蝗蝻再生，遣官分禱京城宮觀、寺廟，仍令諸州公署設祭壇。

47遼主如秋山。遣禮部尚書劉京、翰林學士吳叔達等分路按察刑獄。

48己酉，右正言劉燁、魯宗道等言：「每有章疏，例於閤門投進，事頗非便。欲於通進、銀臺司進入。」從之。又言：「章疏例須手寫，伏緣筆札不精，慮瀆聖覽。」詔並令親書。

49王旦以病堅求罷相，甲寅，召對滋福殿，左右掖扶而升。帝覩其瘦瘁，閔然曰：「朕方欲以大事託卿，而卿疾如此，柰何！」因命皇子出拜，旦皇恐走避，皇子隨而拜之。旦言：「皇子盛德，必任陛下事。」因薦可爲大臣者十餘人，其後不踐兩府者，獨淩策、李及。旦退，復上疏請去位，帝乃許之。丁巳，以旦爲太尉，仍領玉清昭應宮使，特給宰相俸料之半，令禮官草儀，赴上尚書省。

旦爲宰相，務遵法守度，重改作，善於論奏，言簡理順。其用人，不以名譽，必求其實。居家賓客滿座，必察其可言及素知名者，別召與語，詢訪四方利病，或使疏其言而獻之，密籍其名以薦，人未嘗知。

諫議大夫張師德，兩詣旦門不得見，意爲人所毀，以告向敏中。敏中乘間言之，旦曰：「旦處安得有毀人者！」及議知制誥，旦曰：「惜哉張師德！」敏中問之，旦曰：「師德名家子，有士行，不意兩及吾門！狀元及第，榮進素定，當靜以待之；若復奔競，彼無階而入者，當如何也！」

遼人常於歲給外別假錢幣，旦請以歲給三十萬內各借三萬，仍諭次年額內除之。遼人得之，大慚。次年，復下有司，契丹所借金幣六萬，事屬微末，令仍依常數與之，後不爲比。

當是時，兵革不用，海內富實，天下稱爲賢相。

50辛酉，三司請依常歲於開封府界均買草千餘萬圍。帝以螟蝗爲害，慮煩民力，令中書、樞密院議其可否。向敏中曰：「國家監牧馬數，比先朝倍多，廣費芻粟。若令羣牧司度數出賣，散於民間，緩急取之，猶外廄耳。」王欽若曰：「敏中之論，實爲便利，臣請別具條奏。」帝可之。

51八月，庚午，以樞密使、同平章事王欽若爲左僕射、平章事。先是帝欲相欽若，王旦曰：「欽若遭逢陛下，恩禮已隆，乞令在樞密院，兩府任用亦均。臣見祖宗朝未嘗使南人當國，雖古稱立賢無方，然必賢士方可。」帝遂止。及旦罷，卒相欽若。欽若嘗語人曰：「爲王子明，遲我十年作宰相！」

52（辛未），禮儀院奏詳定太尉王旦赴上儀注。舊時，三公不兼宰相，無赴上之禮，帝優寵大臣，特有是命。然旦終以病不赴。

53帝以先所遣按撫諸路使者，方屬西成，或妨農事，乃悉召赴闕；所在百姓，委長吏倍加安撫，無輒騷擾。

54 壬申，加向敏中尙書左（右）僕射。宣命之日，帝使人覘之，敏中方謝客，門闌悄然。帝笑曰：「敏中大耐官職！」【考異】夢溪筆談、名臣言行錄載此事，俱云眞宗遣翰林學士李宗諤候之，且言「朕即位未嘗除此官」。洪氏容齋隨筆辨之，謂眞宗朝除僕射者先有六人，不始於敏中。且宗諤卒於大中祥符中，距此時已四年，證爲紀載之誤。今依宰輔編年錄，但稱使人覘之而闕其名。

55 丙子，詔：「京城禁園（圍）草地聽民耕牧。」

56 丙戌，以都官員外郎、判三司都磨勘司浦城黃震爲江、淮、兩浙、荆湖制置發運使，賜金紫。

先是李溥出自三司小吏，爲發運使十餘年，姦贓狼籍，丁謂黨之，無敢言者。震將行，上書自陳，詞頗憤激；帝知其意在溥也，諭之曰：「卿當與人和。」震對曰：「廉正公忠，不負陛下任使者，臣敢不與之和！」既至，發溥姦贓數十事，詔遣御史、閤門祗候各一人按劾之。

震嘗通判遂州，會有詔特給兩川軍士緡錢。詔至西川，而東川獨不及，軍士謀爲變。震白守曰：「朝廷豈忘東川，殆詔書稽留耳！」即開庫給錢如西川，衆乃定。明日而詔至。

57 丁亥，詔：「伎術人雖任京朝官，審官院不在磨勘之例。」

58 九月，戊戌，帝與宰相議省吏員。向敏中曰：「太祖、太宗朝，閤門祗候不過三五員，宜導贊謁而已。今踰數百而除授未已，祿廩至厚，地望亦優，其間不無濫被升擢者，願賜裁損。」帝曰：「此蓋相承爲例，當漸減省之。」

59 庚子，遼主還上京。以皇子屬思生，大赦。【考異】遼史皇子表聖宗六子，無名屬思者，史文有脫略也。

60 癸卯，給事中、參知政事王曾，罷爲禮部侍郎。曾以會靈觀使讓王欽若，帝意不懌。及欽若爲相，因欲排異己者，數譖之。會曾市賀皇后家舊第，其家未遷，而曾令人舁土門外，賀氏入訴禁中。明日，帝以語欽若，遂罷曾政事。

曾既罷，往謁王旦，旦疾甚，辭弗見。既而語其家人曰：「王君他日勳業甚大。昨讓會靈觀使，雖拂上旨，而詞直氣和，了無所慴。且始被進用，已能若是。我自任政事，幾二十年，每進對，稍忤上意，卽蹙踖不能自容，以是知其偉度矣。」

61 以翰林學士、右諫議大夫李迪爲給事中、參知政事，依前會靈觀副使。

先是迪嘗獨對內東門，帝出三司使馬元方所上歲出入財用數以示迪。時仍歲旱蝗，帝憂不給，問何以濟，迪曰：「祖宗初置內藏庫，欲辦收復西北故土，且以備凶荒；今邊無他費，陛下用此以佐國用，則賦斂寬，民不勞矣。」帝曰：「朕欲用李士衡代元方，俟其至，當出金帛數百萬借三司。」迪曰：「天子於財無內外，願詔賜三司以顯示德澤，何必曰借！」帝悅。

迪又言：「陛下東封時，敕所過無伐木除道，卽驛舍或州治爲行宮，才令加塗塈而已。及幸汾、亳，土木之役過往時百倍。今旱蝗之災，殆天意所以儆陛下也。」帝深然之。

62 以馬知節知樞密院事，曹利用、任中正、周起同知院事。

63 戊寅〔申〕，以蝗罷秋宴。

64 己酉，太尉、玉淸昭應宮使王旦卒。前數日，駕幸其第，帝手自和藥幷薯蕷粥賜之，復賜白金五千兩。旦命家人還獻，作奏畢，自益四句云：「已懼多藏，況無所用，見欲散施，以息咎殃。」亟令舁至內闔。有詔不許還，至門，旦已卒。旦與楊億素厚善，病革，延至臥內，請撰遺表，且言：「忝爲宰相，不可以將盡之言爲宗親求官，止敍生平遭遇，願帝日親庶政，進用賢士，少減焦勞之意。」仍戒子弟勿爲厚葬。時年六十一。帝遽臨哭之，廢朝三日，優詔贈太師、尙書令、魏國公，謚文正，錄其子、弟、姪、外孫、門人、故吏，授官十數人。及諸子服除，又詔各進一官。

旦性沖澹寡欲，所居甚陋，帝欲爲治之，旦以先人舊廬懇辭。每有賜予，見家人列置庭下，輒歎曰：「生民膏血，安用許多！」被服質素，家人服飾稍過，卽瞑目不視。有貨玉帶者，子弟以爲佳，呈旦，旦命繫之，曰：「還見佳否？」曰：「繫之，安得自見！」旦曰：「自負重而使觀者稱好，無乃勞乎！亟還之。」生平不置田宅，曰：「子孫當念自立，何必田宅，徒使爭財爲不義耳!」兄子睦,頗好學,嘗獻書求舉進士,旦曰:「我嘗以太盛爲懼,豈可復與寒士爭進!」至其歿也,子素猶未官。

咸平初,旦聞李沆之言,猶未深信,及見王欽若、丁謂等所爲,欲諫則業已同之,欲去則帝遇之厚,乃歎曰:「李文靖眞聖人也!」祥符間,每有大禮,輒奉天書以行,嘗悒悒不樂。臨終,語其子曰:「我別無過,惟不諫天書一節,爲過莫贖。我死之後,當削髮披緇以斂。」諸子欲奉遺令,楊億以爲不可,乃止。

65 遼蕭哈綽之伐高麗也,遼主賜以劍,俾得專殺,故副都統王繼忠不敢復言其短。哈綽至高麗,攻興化城,九日不克。高麗將堅一、洪光、高義出戰,攻獲甚衆,遼師敗績。乙卯,哈綽自高麗還,遼主始以繼忠爲知人,然於哈綽不罪也。時求進者多附哈綽,然其服食、僕馬不加於舊,遼主以爲廉,以族屬女妻其子,詔許親友饋獻,由是豪貴奔趨於門。

66 (甲寅),詔:「自今特旨召試者,並問時務策一道,仍別試賦、論或雜文一首。」

67 癸亥,上封者言:「國子監所鬻書,其直甚輕,望令增定。」帝曰:「此固非爲利,正欲文籍流布耳。」不許。

68 右正言魯宗道言:「進士所試詩賦,不近治道,諸科對義,但以念誦爲工,罔究大義。」帝謂輔臣曰:「前已降詔,進士兼取策論,諸科有能明經者,別與考校,可申明之。」

69 冬，十月，丁卯，遼以南京饑，輓雲、應等州粟以賑之。

70 辛未，遼主獵於鏵子河。

71 壬申，諭諸州非時災沴不以聞者論罪。

72 庚寅，遼主駐達離山。

73 十一月，辛亥，翰林學士李維等上新修大中祥符降聖記五十卷，迎奉聖象記二十卷，奉祀記五十卷，詔賜器帛有差。

74 乙卯，幸太一宮，大雪盈尺。帝謂宰相曰：「茲固豐稔之兆，但慮民力未充，失於播稼，卿等其設法賑勸，勿遺地利！」

75 十二月，丁卯，遼主輕騎還上京。

76 丙子〔丁丑〕，知制誥盛度等言奉詔蠲放逋欠凡九百四十三萬，所釋萬五千五百人。

77 庚寅，玉清昭應宮判官、禮部郎中、知制誥夏竦，責授職方員外郎、知黃州。竦娶楊氏，頗工筆札，有鉤距。竦浸顯，多內寵，與楊不睦。楊與弟娟疏竦陰事，竊出訟之，又，竦母與楊氏母相詬言，皆詣開封府以聞，下御史臺置劾，仍令與楊離異。

78 壬辰，遣使緣汴河收瘞流尸，從淮南轉運使薛奎請也。

79 是歲，諸路民飢。

續資治通鑑卷第三十四

賜進士及第兵部尚書兼都察院右都御史總督湖北湖南等處地方軍務兼理糧餉世襲二等輕車都尉畢沅編集

宋紀三十四　起著雍敦牂（戊午）正月，盡上章涒灘（庚申）七月，凡二年有奇。

眞宗膺符稽古神功讓德文明武定章聖元孝皇帝

天禧二年遼開泰七年。（戊午、一〇一八）

1 春，正月，乙未朔，永州大雪，六晝夜方止。江陵溪魚皆凍死。

2 己亥，以趙安仁爲御史中丞兼尚書右丞。左右丞兼中丞始此。

3 辛亥，幸元符觀、資善堂，宴從臣及壽春郡王府官屬，出御製賜壽春郡王恤黎民等歌、元符觀、資善堂等記、頌，并出壽春郡王詩什、筆翰示宰相。

4 戊午，王欽若等上天禧大禮記四十卷。

5 己未，詔：「諸路災傷州軍並設粥，賤糴官粟，以惠貧民。」

6 是月，遼主如達離山。

7二月，乙丑朔，遼主拜日，如渾河。

8丁卯，以昇州爲江寧府，置軍曰建康；命皇子壽春郡王爲節度使，加太保，封昇王。先是宰臣屢請早議崇建，帝謙讓久之，固請再三，乃許。

戊辰，以壽春郡王友張士遜、崔遵度並爲昇王府諮議參軍，左正言、直史館晏殊爲記室參軍。

9庚午，右正言劉燁請自今言事許升殿面對，從之。壬午，對右正言劉燁、魯宗道於承明殿，凡八刻。

10三月，壬寅，帝謂宰臣曰：「近日疆郵〔陲〕肅靜，民亦安阜。」向敏中對曰：「邊境雖安而兵數未減，慮多冗費。」帝曰：「今京師兵可議裁減，存其精銳。」敏中等曰：「軍額漸多，農民轉耗。近準詔已任召募，或斥去疲老，則冗食漸少。」帝曰：「卿等宜講求經久也。」

11丙午，遼烏庫舊作烏古，今改。節度使蕭普達討德呼勒舊作敵烈，今改。部之叛命者，滅之。

12甲寅，右正言魯宗道言：「大辟罪如婺州譌言者，望自今精加按覆。」帝出其狀以示輔臣，且曰：「自今當詳議者，更加審細，貴無濫也。」

宗道每月風聞，多所論列，帝意頗厭其數。宗道因對，自訟曰：「陛下所以任臣者，豈欲徒事納諫之虛名邪！臣竊愧尸祿，請得罷斥！」帝慰諭良久。他日念之，因題壁曰「魯直」。

13 丙辰，詔：「州縣先貸貧民糧種，止勿收。」

14 夏，四月，丙寅，遼賑川州、饒州饑。辛未，賑中京貧乏。

15 癸酉，遼禁匿名書。

16 乙亥，詔：「江、淮方稔，宜令更留糧儲三二百萬石，以充軍食，免其擾民。」

17 庚寅，降天下死罪一等，流以下釋之。災傷地分，去年夏秋稅及借糧種悉與除放，今年夏稅免十之三，大名府、登、萊、濰、密、青、渭州免十之四，不得折變支移。欠負物色未及依限科校，候豐熟日漸次催納。諸處造上供物，追集百姓工匠，有妨農業，並令權罷；如係供軍切要者，候次年裁奏。

18 壬辰，遼以呂德懋爲樞密副使。

19 閏月，癸卯，知樞密院事馬知節，罷爲彰德軍留後，留京師。

20 戊申，樊州團練使李溥，坐貪猥責授忠正節度副使。

初，黃震發溥姦贓，遣御史鞫治，得溥私役兵健爲姻家吏部侍郎林特起宅，又附官船販鬻材木，規取利息，凡十數事；未論決，會赦，有司以特故不窮治，大理寺詳斷官考城劉隨請再劾之，卒抵溥罪。

隨嘗爲永康軍判官，軍無城堞，伐木爲柵，壞輒易之，頗困民力。隨令環植柳數十萬株，使聯屬爲界，民得不擾。屬縣令受賕鬻獄，隨劾之；益州李士衡因爲令請，隨不從。士衡怒，奏隨苛刻，罷歸。初，西南夷市馬入官，苦吏誅求，隨爲繩按之。既罷，夷人數百訴於轉運使曰：「吾父何在？」事聞，乃得調。

21 壬子，遼以蕭進忠爲彰武軍節度使兼五州制置。

22 皇城司言拱聖營西南眞武祠泉涌祠側，疫癘者飲之多愈。甲寅，詔即其地建祥源觀。士女徒跣奔走瞻拜，判度支句院河南任布，言不宜以神怪衒愚俗，不報。

23 戊午，吐蕃遣使言於遼，凡朝貢之期，乞假道夏國，遼主從之。

24 五月，甲子，太尉、尚書令兼中書令徐王元偓薨。帝臨奠慟哭，贈太師、尚書令，追封鄧王，謚恭懿。

25 丙寅，遼封皇子宗眞爲梁王，宗元永淸軍節度使，宗簡右衞大將軍，宗愿左驍騎大將軍，宗偉右衞大將軍，皇姪宗範昭義軍節度使，宗熙鎭國軍節度使，宗亮絳州節度使，宗弼濮州觀察使，宗奕曹州防禦使，宗顯、宗肅皆防禦使。【考異】遼史聖宗紀載聖宗諸子之名，而皇子表云聖宗六子，興宗第一，重元第二，別古特第三，吾格（舊作吳哥。）第四，噶爾（舊作狗兒。）第五，侯古第六，與紀異。又紀所云皇姪，當是隆慶、隆祐之子，而表云隆慶子五人，隆祐子三人，其名皆遼本俗之名，亦與紀不同。遼史前後互異，大率如此。今從紀書之，以存其概。

26遼以張儉守司徒兼政事令。【考異】徐氏後編誤繫於是月之末。今從遼史。

27丁卯，命宰臣王欽若管句修祥源觀事。

右正言劉燁言：「前世傳聖水者皆詭妄不經。今盛夏亢陽，不宜興土木以營不急。」疏入，不報。

28丙戌，河陽三城節度使張旻言：「近聞西京訛言，有物如帽蓋，夜飛入人家，又變爲大狼狀，微能傷人。民頗驚恐，每夕皆重閉深處，至持兵器捕逐。」詔設祭醮禳禱。

29六月，乙未，以宣徽北院使、同知樞密院事曹利用知樞密院事。

30乙巳，京師民訛言帽妖至自西京，入民家食人，民聚族環坐達旦叫噪，軍營中尤甚。詔立賞格募告爲妖者。旣而得僧天賞、術士耿槩、張岡等，鞫之，並棄市。然訛言實無其狀。時自京師以南，皆重閉深處，知應天府王曾令夜開里門，故〔敢〕倡言者卽捕之，妖卒不興。

31辛亥，有彗出北斗，凡三十七日沒。

32秋，七月，甲子，遼主命翰林待詔陳升寫南征得勝圖於上京五鸞殿。【考異】遼史拾遺引圖繪寶鑑補遺云：陳升，聖宗待詔，嘗奉詔寫南征得勝圖。按此事本紀載之，非有遺也，厲氏偶未及檢耳。今從本紀書其年月。

33壬申，以星變赦天下流以下罪，死罪減一等。

34詔：「自今鎖廳應舉人，所在長吏先考藝業，合格卽聽取解；如至禮部不及格，當停見任；其前後考試官舉送長吏，並重置其罪。」

35甲戌，以刑部侍郎、知青州李士衡爲三司使。帝作寬財利論賜士衡，士衡請刻聖製於本廳，從之。士衡方進用，王欽若害之。會帝論時文之弊，欽若因言：「路振，文人也，然不識體。」帝曰：「何也？」曰：「士衡父誅死，而振爲贈告，乃曰『世有顯人』。」帝頷之，士衡以故不大用。

36八月，丁酉，羣臣上表請立皇太子，不允；表三上，許之。【考異】按宋史眞宗本紀作庚寅日，羣臣請立皇太子，從之。今從長編作丁酉。

先是知梧州陳執中上復古要道三篇，帝異而召之。帝時已屬疾，春秋高，大臣莫敢言建儲者。執中既至，進演要三篇，以早定根本爲說。翼日，帝以他疏示輔臣，皆贊曰：「善！」帝指其袖中曰：「更有善於此者。」出之，卽演要也。因召對便殿，勞問久之。尋擢爲右正言。執中，恕之子也。

37癸卯，詔：「前歲上聖號册寶所賜酺，今秋豐稔，可追行之。」

38甲辰，立昇王受益爲太子，改名禎，大赦天下。

乙巳，以翰林學士晁迥爲册立皇太子禮儀使，命祕書監楊億撰皇太子册文，知制誥盛度書册，陳堯咨書寶。

壬子，以參知政事李迪兼太子賓客。帝初欲授迪太子太傅，迪辭以太宗時未嘗立保傅，乃止兼賓客，而詔皇太子禮賓客如師傅。有殿侍張迪者，春坊祗候，太子不欲其名與賓客同，改名克一。迪奏其事，帝喜，以告輔臣。

詔：「中書、門下五品，尙書省、御史臺四品，諸司三品，見皇太子並答拜；自餘受拜。」

39 加彭王元偓太傅，進封通王。

40 癸丑，帝作元良箴賜皇太子，又作詩賜賓客而下。

41 甲寅，楚王元佐加興元牧，徐國、邠國、宿國三長公主俱進加封號。

42 丁巳，詔皇太子月給錢二千貫。

禮儀院言：「至道中，敕百官於皇太子稱名，宮僚稱臣；續準敕，依皇太子所請，宮僚止稱名。」詔如至道之制。

43 九月，丁卯，御天安殿册皇太子。

44 壬申，三司假內藏銀十萬兩。

45 戊辰，遼主詔：「內外官因事受賕，事覺而稱子孫僕從者，禁之。」

46 庚午，遼主錄囚。括馬給東征軍。

47 庚辰，御正陽門觀酺，凡五日。帝作稼穡倍登詩、欲器、戒酒二論示輔臣。

48 祥源觀成，觀宇凡六百一十三區。

49 是月，遼主駐土河川。

50 冬，十月，遼名中京新建二殿曰延慶，曰永安。

51 壬寅，遼以順義軍節度使石用中爲漢人行宮都部署。

52 癸丑，左諫議大夫孫奭言：「茶法屢改，非示信之道，望遣官重定經久之制。」卽詔奭與三司詳定，務從寬簡。未幾，奭出知河陽，事遂止。

奭初自密州代還，時方置天慶等節，天下設齋醮，張燕，費甚廣，奭請裁省浮用，不報。

53 丙辰，遼以東平郡王蕭巴雅爾舊作排押，今改。爲都統，殿前都點檢蕭庫哩舊作虛烈，今改。副之，東京留守耶律巴格舊作八哥，今改。爲都監，伐高麗。仍諭高麗官吏能率衆自歸者厚賫〔賞〕，堅壁相拒者追悔無及。【考異】遼伐高麗，於十月出師。東國通鑑作九月，與遼史異。今從遼史。

54 十一月，己未，以翰林學士晁迥爲承旨。時朝廷數舉大禮，詔令多出迥手。嘗夜召對，帝令內侍持御前巨燭送歸院。

55 壬戌，遼以呂德懋知吏部尚書，楊又元知詳覆院，劉愼行爲彰武軍節度使。

56 乙亥，起居舍人呂夷簡言：「澶、魏豐熟，望出內藏錢二十萬貫市芻糧。」從之。

57 遼蕭巴雅爾攻高麗興化鎮，高麗遣其臣姜邯贊、姜民瞻禦之。先期設伏山谷，以大繩貫牛皮塞城東大川以待之，遼師至，決塞發伏。遼師戰不利，巴雅爾乃由慈州直趨王城。進至新恩縣，去王城百里，邯贊等遣兵來援，巴雅爾度王城不可下，乃大掠而還。十二月，師至茶、陀二河，邯贊等追兵大至。諸將皆欲使高麗渡兩河而後擊之，都監巴格獨以爲不可，曰：「敵若渡兩河，必殊死戰，此危道也，不若戰於兩河之間。」巴雅爾從之。及戰，高麗以強弩夾射，相持未決，忽風雨自南來，旌旗北指，高麗兵乘勢攻之。遼師大敗，巴雅爾委甲仗而走，詳衮（舊作詳穩，今改。）多戰死，天雲、及（右）皮室二軍傷陷略盡。【考異】遼史載茶、陀之敗，在十二月。據東國通鑑云：契丹駙馬蕭遜寧帥兵來侵，號十萬。王以平章事姜邯贊爲上元帥，大將軍姜民瞻副之，率兵二十萬八千三百屯寧州，至興化鎮，大敗之。遜寧引兵直趨京城，民瞻追及於慈州來口山，大敗之。侍郎趙元又擊於馬灘，斬獲萬餘級。春，正月，庚申，姜邯贊以契丹兵逼城，遣兵馬判官金宗鉉領兵一萬倍道入衞京城。辛酉，蕭遜寧至新恩縣，去京城百里，王命收城外民戶入內，清野以待。遜寧遣耶律好德齎書至通德門，告以回軍，潛遣候騎三百餘至金郊驛，王遣兵一百乘夜掩殺之。辛巳，契丹回軍至漣渭州，姜邯贊掩擊，斬五百餘級。二月，己丑朔，邯贊等邀戰于東郊，兩軍相持，勝負未決，金宗鉉引軍赴之，忽風雨南來，旌旗北指，乘勢奮擊，契丹奔北，追涉石川，至於盤嶺，僵尸蔽野，俘獲人口馬駝甲冑兵仗不可勝數，生還僅數十人，契丹兵之敗，未有如此之甚云。是遼師敗歸，實在次年二月。今考遼史，蕭巴雅爾之歸在次年三月，不應於十二月喪師，至三月始歸。遼史載伐宋之事，多以用兵之始連後事書之，疑當以東國通鑑爲得其實。但高麗紀本國之捷，不無夸大之詞，又誤以蕭巴雅爾爲蕭遜寧。今用遼史之例，參酌東國通鑑連屬書之。東國史略所載，亦誤作蕭遜寧。

58 參知政事張知白與宰相王欽若論議多相失，因稱疾辭位，丙午，罷爲刑部侍郎、翰林侍讀學士，知天雄軍。

59 是歲，遼放進士張克恭等三十七人。

三年 遼開泰八年。（己未、一〇一九）

1 春，正月，壬戌，遼建景宗廟於中京。封沙州節度使曹順爲燉煌郡王。

2 丁卯，翰林學士錢惟演等四人權同知貢舉。

3 乙亥，諸路貢舉人郭稹等四千三百人見於崇政殿。時稹冒緦喪貢舉，爲同輩所訟，殿三舉；同保人並贖金，殿一舉。時有司欲脫宋城王洙，問洙曰：「果保稹否？不然，可易也。」洙曰：「保之，不願易也。」遂與稹俱罷。

京西轉運使胡則言：「滑州進士楊世質等訴本州黜落，即取元試卷付許州通判鄢陵崔立看詳，立以爲世質等所試不至紕繆，已牒滑州依例解發。」詔轉運司具析不先奏裁，直令解發緣由以聞，其試卷仰本州繳進，世質等仍未得解發。及取到試卷，貢院言不合充薦，詔落世質等，而劾轉運使及崔立罪。

立初爲果州團練推官，役兵輦官物他州，道險，乃率衆錢傭舟載歸。知州姜從革論如率斂法，三人當斬，立曰：「此非私己，罪止杖耳。」從革初不聽，論奏，詔如立議。帝記其名，代還，特轉大理寺丞，知安豐縣。

立性淳謹，尤喜論事。大中祥符間，士大夫爭奏符瑞，立獨言：「水發徐、兗，旱連江、淮，無爲烈風，金陵大火，是天所以戒驕矜；而中外多上雲露、草木、禽蟲諸物之瑞，此何足爲治道哉！願敕有司：草木之異，雖大不錄，水旱之變，雖小必聞。」前後凡上四十餘事云。

4 是月，三司言：「使臣傳宣取物，承前止是口傳詔旨，別無憑由，致因緣盜取錢物。今請下入內內侍省置傳宣合同司，專差內臣一員主之，以絕斯弊。」從之。

5 二月，丁未，出皇太子所書御詩賜宰相。

6 遼以前南院樞密使耶律制心爲中京留守，以漢人行宮都部署王繼忠爲南院樞密使。

7 三月，戊午朔，日有食之。【考異】遼史不書是年日食，今從宋史。

8 乙丑，三司假內藏庫銀一十三萬。

9 丙寅，親試禮部奏名貢舉人，得進士王整以下六十三人賜及第，八十六人同出身，又賜學究、諸科各及第、出身有差。

10乙亥，遼蕭巴雅爾、耶律巴格自高麗還，以出師失律，數其罪而釋之。【考異】遼史本紀作東平王蕭韓寧、東京留守耶律巴格、國舅蕭巴雅爾等討高麗還，坐失律，數其罪而釋之。按上年遼人出師無韓寧之名，況其時巴雅爾方爲東平王，不應一時有兩東平王也。蓋由於巴雅爾字韓隱，譯音轉爲韓寧。遼人紀事之書，或書名，或書字，元人修遼史者不辨其爲一人，遂分書之耳，今訂正。

11壬午，遼主閱飛龍院馬。

12入內副都知周懷政，日侍內廷，權任尤盛，附會者頗衆。性識凡近，酷信妖妄。有朱能者，本單州團練使田敏家廝養，性凶狡，遂賂懷政親信得見，妄談神怪事以誘之。懷政大惑，援引能至御藥使、領階州刺史。俄於終南山修道觀，與殿直劉益輩造符命，託神言國家休咎，或臧否大臣。時寇準鎭永興，能爲巡檢，能詐言天書降。帝訪諸大臣，或言準素不信天書，今使準上之，百姓必大服，乃使懷政諭準。準始不肯，其壻王曙詒書要準，乃從之。是月，準奏天書降乾祐山中。【考異】劉攽撰寇準傳云：朱能獻天書，上以問王旦。旦曰：「始不信天書者寇準也。今天書降準所，當令準上之，則百姓將大服。」乃使周懷政諭準。準始不肯，而準壻王曙居中與懷政善，曙因要準，準乃從之。按王旦歿於天禧元年正月，而準上天書乃在三年三月，此攽之誤也。李燾疑爲王欽若之言，亦無確據。今姑闕其名云。

夏，四月，辛卯，備儀仗至瓊林苑迎導天書入內。太子右諭德魯宗道上疏，略曰：「天道福善禍淫，不言示化。人君政得其理，則作福以報之，失其道，則出異以戒之，又何書哉！

臣恐姦臣肆其誕妄以惑聖聽也。」知河陽孫奭上疏言：「朱能姦憸小人，妄言祥瑞，而陛下崇信之，屈至尊以迎拜，歸祕殿以奉安，上自朝廷，下及閭巷，靡不痛心疾首，反脣腹非。」又曰：「天且無言，安得有書！天下皆知能所爲，獨陛下一人不知耳，乞斬能以謝天下。」帝雖不聽，然亦不罪奭也。【考異】李燾曰：奭本傳載「天且無言，安得有書」之對在祥符初，恐誤也。移見祀汾陰前，又見于此。朱能所獻天書，其迎奉之禮蓋不減祥符，而國史、實錄諱之，遂不復詳，且失其時日。按稽古錄，于是年三月載寇準奏天書降乾祐山中。今用此爲據，繫之三月末。魯宗道、孫奭諫疏亦不得其時，因附于此。國老閒談以宗道所諫爲指祥符，則誤也，今追正之。記聞載奭諫語，比之正傳尤切直，恐奭不但一疏，今並載之，可見先朝容直臣也。

13 河東轉運使李放貢錢三十萬貫，糧百二十萬石，詔奬之。

14 己亥，召山南東道節度使、同平章事、判永興軍府寇準赴闕。

15 壬寅，召近臣詣眞遊殿朝拜天書。

16 是月，遼主如緬山。

17 五月，乙丑，左諫議大夫、知鄆州戚綸，責授岳州團練副使，以提點刑獄官李仲容奏綸有訕上語故也。

綸善談名理，喜言民政，頗近迂闊。事兄維，友愛甚厚。士子謁見者，必詢其所業，訪其志尙，隨才誘掖之。嘗云：「歸老後得十年在鄉閭講習，亦可以恢道濟世矣。」樂於薦士，每一奏十數人，皆當時知名者。晚節爲權倖所排，遂不復振。

18 壬申，遼以駙馬蕭克忠爲長寧軍節度使。

19 乙亥，以右正言劉燁判三司戶部句院，蓋執政者不欲其專任言責，故兼他職。

20 辛巳，監察御史劉平爲鹽鐵判官，章頻爲度支判官。御史於是復兼省職。

21 遼遷寧州、渤海戶於遼、土二河之間。

22 甲申，寇準自永興來朝。準將發，其門生有勸準者曰：「公若至河陽稱疾，堅求外補，此爲上策。儻入見，卽發乾祐天書之詐，尚可全平生正直之名，斯爲次也。最下，則再入中書耳。」準不懌，揖而起，卒及于禍。

23 六月，戊子，保信軍節度使丁謂自江寧來朝，召之也。

24 遼錄征高麗戰歿將校之子弟，未幾，復益封其妻。

25 己丑，遼以伊勒希巴舊作夷离畢，今改。蕭諧哩舊作解里，今改。爲西南面招討使，御史大夫蕭嘉濟舊作要只，今改。爲伊勒希巴。

26 先是江淮發運使賈宗言：「諸路歲漕，自眞、揚入淮、汴，歷堰者五，糧載剝卸，民罷牽挽，艦舟由此速壞。今議開揚州古河，繚城南接運渠，毀龍舟、新興、茱萸三堰，通漕路以均水勢，歲省官費十萬，功利甚厚。」詔按視，以爲當然。於是役成，水注新河，與三堰平，漕船無阻，公私大稱其便。

27 甲午，左僕射、平章事王欽若，罷爲太子太保。

時欽若恩遇浸衰，人有言其受金者，欽若自辨，乞下御史臺覆實，帝不悅，曰：「國家置御史臺，固爲人辨虛實邪！」欽若惶恐，因求出藩。會商州捕得道士譙文易畜禁書，能以術使六丁六甲神，自言嘗出入欽若家，得欽若所遺詩及書。帝以問欽若，欽若謝不省，遂罷相。尋命判杭州。

28 丁酉，以李允則爲客省使、知鎭州，兼鎭、定鈐轄。

允則在雄州十四年，河北既罷兵，允則治城壘不輟。遼人疑違誓約。既而有以爲言，詔詰之。允則奏言：「初通好不卽完治，他日復安敢動乎！」帝以爲然。

城北舊有甕城，允則欲合大城爲一，先建東岳祠，出黃金百兩爲供器，導以鼓吹，居人爭獻金銀。久之，密自撤去，聲言盜自北至，遂下令捕盜，三移文北界。乃興板築，揚言以護祠，而卒就關城，浚壕，起月隄，自此甕城之人悉內城中。

始，州民多以草覆屋，允則取材木西山，大爲倉廩營舍。敎民陶瓦甓，標里閈，置廊市。城上悉累甓，下環以溝塹，蒔麻，植榆柳。廣闊承翰所修屯田，架橋引水，作石梁，列隄道，以通安肅、廣信、順安軍。歲修禊事，召界河戰櫂爲競渡，縱北人遊觀，潛寓水戰。州北舊設陷馬坑。城上起樓爲斥堠，望十里，自罷兵，人莫敢登。允則曰：「南北既講和矣，安用此爲！」命撤樓夷坑，爲諸軍蔬圃，浚井疏洫，列畦壟，築短垣，縱横其中，植以荆棘，而其地益險阻。因治坊巷，徙浮圖北垣上，登望三十里。下令安撫司所治境，有隙地悉種榆，久之，榆滿塞下。

上元舊不然燈，允則結采山，聚優樂，使民縱遊。明日，偵知遼將欲間行入城觀之，允則與同僚伺郊外，果有紫衣人至，遂與俱入傳舍，不交一言，出女奴羅侍左右，劇飲而罷，且置其所乘驢廡下，使遁去，卽遼之南京統軍也。後數日，其人得罪。

嘗燕軍中，而甲仗庫火，允則作樂行酒不輟。少頃，火熄，命悉瘞所焚物，密遣使持檄瀛州，以茗籠運器甲，不浹旬，兵數已完，人無知者。樞密院移詰之，對曰：「兵械所藏，儆火甚嚴，方宴而燔，必姦人所爲，舍宴救焚，事或不測矣。」

一日，民有訴爲遼人毆傷而遁者，允則不治，與傷者錢二千，衆以爲怯。逾月，遼人以其事來詰，答以無有。蓋他諜欲以毆人爲質驗，比得報，以爲妄，乃殺諜。雲翼卒亡入北界，允則移文督還，遼人報以不知所在，允則曰：「在某所。」遼人駭，不敢隱，卽歸卒，乃斬以徇，後無敢亡者。

允則不事威儀，間或步出，遇民可與語者，延坐與語，以是洞知人情，盜發輒獲，人亦莫知其由。身無兼衣，食無重羞，不蓄資貨，當時邊臣鮮能及之者。

29 戊戌，以寇準爲中書侍郎兼吏部尚書、平章事，保信軍節度使丁謂爲吏部尚書，參知政事。故事，節度使除拜當降麻，翰林學士盛度以爲參知政事當屬外制，遂命知制誥宋綬草辭，謂甚恨焉。

謂在中書，事準甚謹。嘗會食，羹汚準鬚，謂起，徐拂之，準笑曰：「參政國之大臣，乃爲官長拂鬚邪？」謂甚愧之，由是傾搆始萌矣。

30 己亥，遼以特里袞舊作惕隱，今改。耶律哈噶舊作合葛，今改。爲南府宰相，以南面林牙耶律韓留爲特里袞。

31 滑州決河〔河決〕，泛澶、濮、鄆、齊、徐境，遣使救被溺者，卹其家。

32 丁未，以吏部侍郎林特爲尚書左丞、玉清昭應宮副使。特性邪險，善附會，故丁謂始終善特，亟引用之。

33 秋，七月，辛酉，知河南府馮拯言：「父老、僧道、舉人等列狀，願赴闕請車駕封中岳。」帝曰：「茲事體大，未可輕議。」令拯慰遣之。

34 三司假內藏錢五十萬貫，絹十萬匹。

35 學士院言：「準詔，大理評事胥偃與試，偃乃盛度壻，又錢惟演親戚，欲乞下別處。」詔送舍人院試。自是有親嫌者並如例。

36 戊辰，殿前都指揮使、忠武節度使曹璨卒。車駕臨奠，贈中書令，謚武懿，錄其子姪。璨起貴胄，以孝謹稱。習知韜略，雖無攻戰之效，然累歷邊任，領禁衞十餘年，善撫士卒。晚節頗傷吝嗇，物議少之。璨母嘗閱其家帑，見積錢數萬，召璨謂曰：「汝父履歷中外，未嘗有此積也，可知不及汝父遠矣！」

37 三司假內藏錢帛二百四十五萬。

38 庚午，遼主觀市，曲赦市中繫囚。

39 己卯，羣臣表上尊號曰體元御極感天尊道應眞寶運文德武功上聖欽明仁孝皇帝，不允；凡五上，從之。

40 庚辰，屯田員外郎鍾離瑾言：「竊見諸州長吏，才境內雨足苗長，卽奏豐稔，其後霜旱蝗螟災沴，皆隱而不言，上罔朝廷，下抑氓俗。請自今諸州有災傷處，卽時騰奏，命官檢視。如所部豐登，亦須俟夏秋成日乃奏。如奏後災傷者，聽別上言；隱而不言，則論其罪。」從之。

41 八月，丁亥，以天書再降，大赦天下。

42 滑州龍見河決（決河）。

43 彰德軍留後馬知節以疾留京師，踰年，表求外任，命知貝州兼部署。將行，請對，帝閔其羸，令歸本鎭，上黨、大名之民爭來迎謁。疾浸劇，俄求還京師，卒。遺命諸子令辭詔葬。帝深軫悼之，贈侍中，謚正惠，官其子孫四人。

知節習兵事，以方略自任。頗涉文藝，每應詔，亦爲詩詠，所與游接，必一時名士。爲治專務抑豪強，恤孤弱。性剛直敢言，未嘗少自卑屈。求之武人，蓋鮮儷云。

44 辛卯，太白晝見。大會釋、道於天安殿，建道場，凡萬三千餘人。己亥，帝臨視，以藥銀鑄大錢，面賜之。

45 戊申，自瓊林苑迎奉天書入內。

46 庚戌，遣使安撫水災州軍，有合寬恤改更事件，與轉運使、副、所在長吏會議施行。

47 九月，乙丑，賜大理寺丞王質進士及第。質，旦弟之子，獻文召試故也。

48 己巳，遼以石用中參知政事。

49 壬申，遼主錄囚；甲戌，復錄囚。

50 詔：「自今應犯贓注廣南、川峽幕職、州縣官，委逐路轉運使常加糾察，再犯贓罪者，永不錄用。」時司勳員外郎梁象言：「川峽幕職、州縣官，曾坐贓左降者，多復恣貪，蹂擾遠民。請自今犯贓者不注川峽官，並除廣南遠惡州軍。」帝以廣南猶吾民也，且非自新之道，故特有是詔。

51 辛巳，參知政事李迪言：「皇太子舉動由禮，言不輕發，視伶官雜劇，未嘗妄笑。」帝曰：「常日居內廷，亦未嘗妄言也。」寇準曰：「皇太子天賦仁德，嚴重溫裕，實邦家之慶也。」

52 壬午，遼主駐土河川。

53 冬，十月，遼詔下諸道，事無鉅細，已斷者每三月一次條奏。

54 癸巳，命橫帳三房不得與卑小帳族爲婚，凡嫁娶必奏而後行。

55 己酉，知審刑院盛度言：「在京及諸路止有斷案三道，値降聖節不奏，自餘絕無刑牘，請宣付史館。」寇準曰：「此陛下以德化民，精意欽恤所致。」詔獎度等。

56 十一月，辛酉，閤門、太常禮院上大禮稱慶合班圖，皇太子序坐在宰相上，太子懇讓。帝以諭輔臣，寇準等面陳儲副之重，不可謙抑，望遵儀制。凡再請，乃許。

57 詔：「自今給事中、諫議大夫、中書舍人母、妻並封郡君。」初止封縣，樞密直學士、給事中王曙，寇準女婿也，因改舊制，議者非準專私而不忌云。

58 己巳，謁景靈宮。是日，月重輪。庚午，饗太廟。辛未，合祭天地于南郊，大赦天下。丁丑，謁玉淸昭應宮，還，御天安殿，受册尊號。

59 十二月，丙戌，富州蠻首向光澤表納疆土。帝曰：「朝廷得之安用！當是其親族不相容耳。」命轉運司察之，果然。

60 辛卯，遼主駐中京。

61 癸巳，以任中正、周起並爲樞密副使。

62 河中府處士李瀆、陝州處士魏野皆卒，詔各贈祕書省著作郎，賜其家米帛，州縣常加存恤，二稅外蠲其差役。

63 乙巳，遼以廣平郡王宗業爲中京留守，大定尹耶律制心爲特里袞。

64 辛亥，高麗王王詢遣使如遼，請貢方物，遼主命納之。

65 是歲，燕地饑疫，民多流殍，遼主以翰林學士楊佶同知南京留守事，發倉廩，賑乏絕，貧民鬻子者計傭而出。先是佶嘗知易州，治尚清簡，徵發期會必信，民便之。

四年 遼開泰九年。（庚申、一〇二〇）

1 春，正月，乙丑，以華州觀察使曹瑋爲宣徽北院使、鎭國軍留後、僉署樞密院事。僉署兼領藩鎭，自瑋始也。

2 丙寅，開揚州運河。

3 丙子，改諸路提點刑獄爲勸農使、副使兼提點刑獄公事。詔：「所至視民籍差等，有不如式者懲革之。勸卹農民，以時耕墾，招集逃散，檢括稻〔陷〕稅，凡農田事悉領之。」仍各賜農田敕一部。

4 二月，帝有疾，不視朝。

5 癸未，遣使安撫淮南、江、浙、和〔利〕州飢民。

6 丁亥，戶部員外郎兼太子右諭德魯宗道奏：「請自今羣臣除故枉法受贓外，其因事計贓情可閔者，並奏裁。」從之。又請：「選人有罪，令銓曹於刑部、大理寺兩司中止問一處。」詔銓曹：「自今刑部、大理寺定選人罪名不一，卽送審刑院速詳定以聞。」

7 滑州言河塞，詔獎之。己亥，命翰林學士承旨晁迥致祭。庚子，羣臣詣崇德殿稱賀。賜修河官吏、使臣、將士有差。是役，凡賦諸州薪石楗橛芟竹之數千六百萬，用兵夫九萬人。帝親製文刻碑以紀其功。

8 辛丑，發唐、鄧八州常平倉賑貧民。

9 是月，遼主如鴛鴦濼。

10 三月，戊辰，改禎州爲惠州。

11 癸酉，詔川峽、廣南舉人勿拘定額。

12 乙亥，以益、梓州路物價翔踊，命知制誥呂夷簡、引進副使曹儀乘傳賑卹之。夷簡等請「所至勞問官吏、將校，仍取繫囚，與長吏等原情從輕決遣；民願出穀救饑民，元詔第加酬獎，望給空名告敕付臣往。」從之。

13己卯，左僕射兼中書侍郎、平章事向敏中卒。帝即時臨哭，贈太尉、中書令，謚文簡，子壻並遷官。

敏中端厚愷悌，善處繁劇，累在衡軸，門無私謁，謹于采拔，不妄推薦，居大位幾三十年，時以重德目之。

14夏，四月，（乙酉），兩月並見於西南。

15翰林學士承旨晁迥，累表求解近職，庚寅，授工部尚書、集賢院學士，判西京留司御史臺，許一子官河南以就養。

命工部侍郎楊億爲翰林學士。大中祥符末，億自汝州代還，久之不遷，或問王旦曰：「楊大年何不且與舊職？」旦曰：「大年頃以輕去上左右，人言可畏，賴上終始保全之。今此職欲出自淸衷，以全君臣之契也。」踰六年，乃復入禁署。

16分江南轉運使爲東西兩路，從戶部判官滕涉之請，以便按巡也。

17丁亥，大風晝晦。（校者按：此條應移15前。）

18丙申，杖殺前定陶縣尉麻士瑤于青州，黥配其親屬家僮有差，籍其家。

初，士瑤祖希夢，事劉銖爲府掾，專以掊克聚斂，用致鉅富。至士瑤，益豪縱，郡境畏之，過于官府。士瑤素帷簿不修，又私蓄天文禁書、兵器，殺人爲姦，雖鎭將、縣官，多被毆刺。先是侍御史姜遵，風聞士瑤幽殺其姪溫裕，奏遣監察御史章頻往鞫之，于是併得他罪，故悉加誅罰焉。時青州幕僚胡順之實首發其事云。

順之嘗爲浮梁縣令，杖豪富臧氏之不輸租者，又械杖本州職員、教練官，由是吏莫敢擾。及在青州，高麗嘗入貢，道出州境，中貴人挾以爲重，使州官旅拜於郊，順之獨不拜，因上書論辨，朝廷是之。

19 先是度支員外郎、直集賢院膠水祁暐出知濰州，母亡，殯於州城之南。暐既解官，就殯所築小室，號泣守護，蔬食三載，徒跣經冬，足墮二指。州以狀聞，己亥，降詔旌美。及其歸葬，又賜粟帛，令州長吏每月就所居存問。

20 初，感德軍節度使、知陝州王嗣宗，以老病再表願入朝，優詔召還。以足疾不任朝謁，復上表求再知許州。宰相寇準素惡其爲人，庚申，特命以左屯衞上將軍致仕。

嗣宗歷事三朝，所至以嚴明御下。性傲佷，家有恩讎簿，已報者則句之，晚年交游，皆入讎簿。爲中丞日，嘗忿宋白、郭贄、邢昺七十不請老，屢言于帝，請敕其休致。及晚歲，疾甚，猶眷厚祿，徘徊不去，嘗謂人曰：「僕惟此一事未能免物議耳。」然敦睦宗族，待諸姪如己子，臨終，令以孝經、弓劍、筆硯置壙中云。

21 五月，遼耶律資忠自高麗還。資忠之被留也，遼主時憶之，每與羣臣宴，輒曰：「資忠亦有此樂乎？」資忠留高麗六年，忠節不屈，懷念君親，見諸著述，編爲西亭集。至是高麗送其歸，遼主郊迎，同載以歸，命大臣宴勞，留禁中數日，謂曰：「朕將屈卿爲樞密，何如？」對曰：「臣不才，不敢奉詔。」乃以爲林牙、知特里袞事。【考異】遼史本紀云：耶律資忠使高麗還。又云：王詢奉表稱藩納貢，歸所留王人只剌里。只剌里在高麗六年，忠節不屈，以爲林牙。是以耶律資忠、只剌里爲兩人也。按當時自資忠外不聞被留者，據資忠傳云：小字札剌，是卽只剌里。其使高麗在開泰三年，至九年始還，中間被留者六年，歸爲林牙是也。遼人紀事之書，或書名，或書小字，修史者互擧之，遂若兩人兩事矣，今訂正。

高麗王詢表請稱藩納貢，遼主許之。

22 癸酉，遼以耶律宗教檢校太傅，宗誨爲啓聖軍節度使，劉愼行爲太子太傅，仍賜保節功臣。

23 六月，丙申，右僕射兼中書侍郎平章事寇準，罷爲太子太傅、萊國公。

先是準爲樞密使，曹利用副之。準素輕利用，議事有不合者，準輒曰：「君武夫，豈解此大體邪！」利用由是銜之，而丁謂以拂鬚故亦恨準，及同爲樞密使，遂合謀欲排準。翰林學士錢惟演，見謂權盛，附麗之，與講姻好，而惟演女弟實爲馬軍都虞候劉美妻。時帝不豫，艱于語言，政事多中宮所決，謂等交通詭祕，其黨日固。劉氏宗人橫于蜀，奪民鹽井，帝以皇后故欲舍其罪，準必請行法，重失皇后意，謂等因媒蘖之。

準嘗獨請間曰：「皇太子人望所屬，願陛下思宗廟之重，傳以神器，以固萬世基本。丁謂佞人也，不可以輔少主，請擇方正大臣爲羽翼。」帝然之。準密令翰林學士楊億草表請太子監國，且欲援億以代謂。億畏事泄，夜，屏左右爲之辭，至自起翦燭跋，中外無知者。既而準被酒漏言，謂等益懼，力譖準，請罷政事，帝不記與準初有成言，諾其請。會日暮，召知制誥晏殊入禁中，示以除目，殊曰：「臣掌外制，此非臣職也。」乃召惟演。須臾，惟演至，極論準專恣，請深責，帝曰：「當與何官？」惟演請用王欽若例，授準太子太保，帝曰：「與太傅。」又曰：「更與加優禮。」惟演請封國公，出袖中具員册以進，帝於小國中指「萊」字。惟演曰：「如此，則中書但有李迪，恐須別命相。」帝曰：「姑徐之。」殊既誤召，因言恐泄機事，不敢復出，遂宿於學士院。

24 壬寅，御試禮部奏名舉人九十三人。

25 秋，七月，庚戌朔，日有食之。【考異】宋史不書是年日食，今從遼史。

26 癸亥，參知政事李迪、兵部尚書馮拯、翰林學士錢惟演對於滋福殿。初，寇準罷，帝欲相迪，迪固辭，于是又以屬迪。有頃，皇太子出拜帝前曰：「陛下用賓客爲相，敢以謝。」帝顧謂迪曰：「尙可辭邪？」

是日，惟演又力排寇準曰：「準自罷相，轉更交結中外以求再用，曉天文卜筮者皆徧召，以至管軍臣僚，陛下親信內侍，無不著意；恐小人朋黨，誑惑聖聽，不如早令出外。」帝曰：「有何名目？」惟演曰：「聞準已具表乞河中府，見中書未除宰相，兼亦聞有人許以再用，遂不進此表。」帝曰：「與河中府何如？」惟演乞召李迪諭旨，因言：「中書宜早命宰相。」帝難其人，惟演對：「若宰相未有人，可且用三兩員參知政事。」帝曰：「參政亦難得人。」問：「今誰在李迪上？」惟演以曹利用、丁謂、任中正對，帝默然。惟演又言：「馮拯舊人，性純和，與寇準不同。」帝亦默然。既而曰：「張知白何如？」惟演言：「知白清介，使參政則可，恐未可爲宰相。」帝頷之。惟演又言：「寇準朋黨盛，王曙又其女壻，作東宮賓客，誰不畏懼！今朝廷人三分，二分皆附準矣。臣言出禍從，然不敢不言。」帝曰：「卿勿憂。」惟演再拜而退。

27甲子，大雨，流潦泛溢公私廬舍大半，有壓死者。

28丙寅，以參知政事李迪爲吏部侍郎兼太子少傅、平章事，兵部尙書馮拯爲樞密使、吏部尙書、同平章事。是日告謝，卽賜襲衣、金帶，鞍勒馬，正謝日亦如之，非常比也。

29先是馮拯以兵部尙書判都省，帝欲加拯吏部尙書、參知政事，召學士楊億使草制。億曰：「此舍人職也。」帝曰：「學士所職何官？」億曰：「若除樞密使同平章事，則制書乃學士所當草也。」帝曰：「卽以此命拯。」

拯既受命，樞密領使者凡三人，前此未有，人皆疑怪。曹利用、丁謂因各求罷，帝徐覺其誤，召知制誥晏殊語之，將有所易置，殊曰：「此非臣職也。」遂召錢惟演入，對曰：「馮拯故參知政事，今拜樞密使，當矣。但中書不應止用李迪一人，盍用曹利用、丁謂！」帝曰：「誰可？」惟演曰：「丁謂文臣，任中書爲便。」又言：「曹利用忠赤，有功國家，亦宜與平章事。」帝曰：「諾。」庚午，以樞密使、吏部尚書丁謂平章事，樞密使、校檢太尉曹利用加同平章事，皆用惟演所言，然所以待寇準者猶如故。謂等懼甚，謀益深。壬寅，準入對，具奏謂及利用等交通蹤跡，又言：「臣若有罪，當與李迪同坐，不應獨被斥。」帝卽召迪至前，質之。兩人論辨良久，帝意不樂，迪再三目準令退。及俱退，帝復召迪入對，作色曰：「寇準遠貶，卿與丁謂、曹利用並出外。」迪言：「謂及利用須學士降麻，臣但乞一知州。」帝沈吟良久，色漸解。迪退，復作文字呈進，帝意遽釋，乃更詔謂入對，謂請除準節鉞，令出外，帝不許。

30甲戌，昭宣使、英州團練使、入內副都知周懷政伏誅。

初，帝疾浸劇，自疑不起，嘗臥枕懷政股，與之謀，欲命太子監國。懷政實典左右春坊事，出，告寇準，準遂請間建議。已而事泄，準罷相，丁謂等因疏斥懷政，使不得親近，然以帝及太子故，未卽顯加黜責。懷政憂懼不自安，陰謀殺謂等，復相準，奉帝爲太上皇，傳位太子，廢皇后。與其弟禮賓副使懷信謀，潛召客省使楊崇勳、內殿承制楊懷吉、閤門祗候楊懷玉議其事，期以二十五日竊發。

前一夕，崇勳、懷吉詣謂等第告變，謂中夜微服乘婦人車，過曹利用計之，及明，利用入奏于崇政殿。懷政時在殿東廡，卽令衞士執之，詔宣徽北院使曹瑋與崇勳就御藥院鞫訊，不數刻，具引伏。帝坐承明殿臨問，懷政但祈哀而已。命載以車，赴城西普安佛寺斬之。

【考異】涑水記聞云：眞宗不豫，寇萊公與內侍省都知周懷政密言於上，請傳位皇太子，上許之，皇后以下皆不預知。旣而月餘無所聞，二月二日，上幸後苑，命後宮挑生菜，左右皆散去，懷政伺上獨處，密懷小刀至上所，涕泣言曰：「臣前言社稷大計，陛下已許，而月餘不決，何也？臣請剖心以明忠款。」因以刀劃其胸，僵仆於地，流血淋漓。上大驚，因是疾作，左右扶輿入禁中，皇后命收懷政下獄，按問其狀。又於宮中索得萊公奏言傳位事，乃命親軍校楊崇勳密告云：「寇準、周懷政等謀廢上立太子。」遂誅懷政而貶萊公。據此，則懷政初無密謀廢立之事，史所載出於崇勳密告，似未足信。但懷政死在七月，而記聞以爲二月二日，明係差誤。今仍從長編，而附注溫公說，亦疑以傳疑之意也。

謂等并發朱能所獻天書妖妄事，亟遣入內供奉官盧守明、鄧文慶馳驛詣永興軍捕能。懷政旣誅，有欲并責太子者，帝意惑之，李迪從容奏曰：「陛下有幾子，乃欲爲此計！」帝大悟，由是東宮得不搖。

丁丑，太子太傅寇準降授太常卿，知相州，翰林學士盛度、樞密直學士王曙並罷職，度知光州，曙知汝州，皆坐與周懷政交通，曙又準之壻也。

續資治通鑑卷第三十五

賜進士及第兵部尙書兼都察院右都御史總督湖北湖南等處地方軍務兼理糧餉世襲二等輕車都尉 畢沅 編集

宋紀三十五 起上章涒灘（庚申）八月，盡玄黓閹茂（壬戌）十二月，凡二年有奇。

眞宗膺符稽古神功讓德文明武定章聖元孝皇帝

天禧四年 遼開泰九年。（庚申、一〇二〇）

1 八月，太子太保判杭州王欽若，自以備位東宮，請入朝；甲申，召之，令乘傳赴京師。

2 徙知相州、太常卿寇準知安州。

初，李迪與準同在中書，事之甚謹；及準罷，丁謂意頗輕迪。於是謂等不欲準居內郡，白帝，欲遠徙之。帝命與小州，謂退而署紙尾曰：「奉聖旨，除遠小處知州。」迪曰：「向者聖旨無遠字。」謂曰：「君面奉德音，欲擅改聖旨以庇準邪？」二人忿爭自此始。

3 朱能聞使者至，自度不免，衷甲以出，殺盧守明，帥部兵、挈家屬叛逸。既而能衆潰，入桑林自縊死。

4 乙酉，以樞密副使任中正、禮部侍郎王曾並參知政事，翰林學士錢惟演爲樞密副使。

5 辛卯，以太常丞、直龍圖閣馮元爲左正言兼太子右諭德。初，太子爲壽春郡王，王旦薦元宜講經資善堂，帝以元少，更用崔遵度。于是遵度卒，乃命元代之。

6 壬寅，太常卿、知安州寇準坐朱能叛，再貶道州司馬。準過零陵，踰大坡，護兵先後不屬，溪洞蠻夷乘間抄掠。其酋長聞而責之曰：「柰何奪賢宰相行李邪？」趣遣人還所掠。其在道州，晨具朝服如常時，起樓，置經史道釋書，暇則誦讀，賓至笑語，若初無廊廟之貴者。自準罷相，繼以三黜，帝初不之知。歲餘，帝忽問左右曰：「吾目中久不見寇準，何也？」左右亦莫敢對。

7 癸卯，以右司諫、判戶部勾院劉燁爲工部員外郎兼侍御史知雜事。

初，河決滑州，大興力役，道殍相望。燁請策免宰相以答天變，時寇準、丁謂實在中書。及王曙坐準貶官，在朝無敢往見者，燁歎曰：「朋友之義，獨不行于今日歟！」往餞之，經夕而還。謂亦不罪也。

8 是月，高麗遣使如遼，賀千齡節。【考異】高麗與遼始通，遼史闕書，今從東國通鑑書之。徐氏後編作太平元年十二月高麗致貢於遼，誤也。

9 九月，己酉朔，以兵部員外郎、知制誥呂夷簡爲刑部郎中，權知開封府。夷簡爲治嚴辨有聲，帝識其姓名于屛風，意將大用之也。

10 丙辰，御崇德殿視事。帝自中春不豫，止視事于長春殿，至是體平，始御前殿。

11 戊午，遼以駙馬蕭紹宗爲平章事。

12 己未，罷樞密副使周起爲戶部侍郎、知青州，僉署樞密院事曹瑋爲宣徽南院使、環慶路都部署兼管句秦州兵馬。起素善寇準，瑋亦不附丁謂，謂惡之，幷指爲準黨，故俱罷。起性謹密，凡奏事及答禁中所問，隨輒焚草，故其言外無知者。

13 丁卯，赦天下繫囚，除十惡已殺人、官典犯贓、盜官物、持仗放火、僞造符印外，咸除之。其周懷政、朱能黨類，除已行勘斷外，餘咸許自新，一切不問。

14 遼羣臣請上尊號，遼主不許；表三上，乃許之。

15 壬申，賜京城酺。

16 太子太保王欽若自杭州來朝，令入赴內殿起居。

17 甲戌，給事中、知河陽孫奭言：「父戶部郎中致仕翌，年九十，按禮文，『九十者其家不從政，』今父母八十者許解官侍養，望許退歸田里。」優詔不許。

18 冬，十月，戊寅朔，中書門下言：「機務淸簡，請依唐制，隻日視事，雙日不坐。」從之。

19 壬午，御正陽門觀酺，皇太子侍坐，凡五日。帝自不豫，罕復臨幸，至是人情大悅。

20戊子，遼西南招討使奏：「党項部有小族輸貢不時，常有他意，宜以時遣使督之。」遼主曰：「邊鄙小族，歲有常貢，邊臣驕縱，徵斂無度，彼懷懼不能自達耳。第遣清愼官將，示以恩信，無或侵漁，自然效順。」

21己丑，以前起居郎、直史館陳堯佐知滑州。時滑州方庀徒築隄，堯佐創木龍以殺水怒，隄乃可築。既又築長隄以護之，人號爲陳公隄。

22壬辰，以太子太保王欽若爲資政殿大學士，仍令日赴資善堂侍皇太子講讀。

23十一月，乙卯，令勸農使兼提點刑獄官，自今以提點刑獄勸農使、副爲稱。

24修尙書省，命龍圖閣學士陳堯咨總其事。

25丁巳，遼以漆水郡王耶律制心爲南京留守、析津尹、兵馬都總管。己未，以伊勒希巴（舊作夷离畢。）蕭孝順爲南面諸行營（宮）都部署，加左僕射。

26庚申，內出聖製七百二十二卷示輔臣；壬戌，宰臣丁謂等請鏤板宣布，仍命禁中別創殿閣緘藏，詔可。尋于龍圖閣後修築，是爲天章閣。又請令中書、樞密院取時政記中盛美之事，別爲聖政錄，從之，仍命錢惟演、王曾編次。

27乙丑，對輔臣于承明殿。帝曰：「朕邇來頗漸康復，然國事未免勞心。今太子年德漸成，皇后賢明，臨事平允，深可付託；欲令太子涖政于外，皇后居中詳處，卿等可議之。」輔臣請令中書、樞密院大臣各兼東宮職任，帝許之。

28 自寇準貶斥，丁謂浸擅權，至除吏不以聞。李迪憤懣，嘗慨然語同列曰：「迪起布衣，十餘年至宰相，有以報國，死且不恨，安能附權臣爲自安計乎！」及議兼職時，迪已帶少傅，宜得中書侍郎、尚書，謂執不可，第兼左丞，迪不能堪，變色而起。丙寅，晨朝待漏，謂又欲以林特爲樞密副使，仍領賓客，迪曰：「特去歲遷右丞，今年改尚書，入東宮，皆非公選，物議未息，況已奏除詹事，何可改也！」因詬謂，引手版欲擊之；謂走，得免。同列極意和解，不聽，遂入對于長春殿。

內臣奉制書置榻前，帝曰：「此卿等兼東宮官制書也。」迪進曰：「東宮官屬不當增置，臣不敢受此命。因斥謂姦邪弄權，私林特、錢惟演而嫉寇準，特子殺人，寢而不治，準無罪遠斥，惟演以姻家使預政，曹利用、馮拯相爲朋黨，臣願與謂同下憲司置對。」頃之，謂、迪等先退，獨留樞密使、副議之。帝怒甚，初欲付御史臺，利用、拯曰：「大臣下獄，不惟深駭物聽，況丁謂本無紛競之意，而(與)李迪置對，亦未合事宜。」帝曰：「曲直未分，安得不辨！」既而意稍解，乃曰：「朕當卽有處分。」惟演進曰：「臣與謂姻親，忽加排斥，願退就班列。」帝慰諭久之，乃命學士劉筠草制，各降秩一級，罷相，謂知河南府，迪知鄆州。

制書猶未出，丁卯，迪請對于承明殿，又請見太子于內東門，其所言人莫聞。而謂陰圖復入，惟演亦恐謂出則己失援，白帝欲留之，并請留迪，因言：「遼使將至，宰相絕班，馮拯舊臣，可任中書。」帝可之，戊辰，命謂以戶部尙書、迪以戶部侍郎歸班。事頗迫遽，其制詞，舍人院所草也；錡所草制訖不行。是日，惟演及中正、曾等並如初議，遷秩領東宮官，而太子議政詔書及拯、利用等制皆格。

己巳，謂入對于承明殿，帝詰所爭狀，謂曰：「非臣敢爭，乃李迪忿詈臣耳，臣願復留。」遂賜坐，左右欲設墩，謂顧曰：「有旨復平章事。」乃更以杌子進。于是入內都知張景宗、副都知鄧守恩傳詔，送謂赴中書，令依舊視事，仍詔迪出知鄆州。

謂始傳詔令錡草復相制，錡不奉詔，乃更召晏殊。錡自院出，遇殊樞密院南門，殊側面而過，不敢揖，蓋內有所愧也。

先是帝久不豫，語言或錯亂，嘗盛怒，語輔臣曰：「昨夜皇后以下皆之劉氏，獨留朕于宮中。」衆皆不敢應，迪進曰：「果如是，何不以法治之？」良久，帝悟，曰：「無是事也。」后適在屛間聞之，由是惡迪。迪所以不得留，非但謂等媒孽，亦中宮意爾。

29 庚午，詔：「自今除軍國大事仍舊親決，餘皆委皇太子，與宰臣、樞密使已下就資善堂參議行之。」皇太子上表陳讓，優詔不允。初議欲令太子總軍國事，丁謂以爲不可，曰：「卽日上體平，何以處此？」李迪曰：「太子監國，非古制邪？」力爭不已。迪旣罷出，故有是詔。

30 以馮拯爲右僕射、中書侍郎兼少傅、平章事。

31 辛未，詔：「自今羣臣五日于長春殿起居，其餘隻日視朝于承明殿。」

32 壬申，皇太子見宰相、樞密使於資善堂，諸司職掌以次參謁。

33 十二月，丁丑朔，翰林學士楊億卒，謚曰文，錄其子。

億天性穎悟，于書無所不覽；文思敏速，不加點竄，對客談笑，揮毫無廢，而精密有規裁；尤長典章制度之事，時多取正。喜誨誘後進，賴以成名者甚衆。性耿介，敦尙名節，多周給親友，所得廩賜隨盡。

34 乙酉，皇太子親政。詔內臣傳稟須覆奏。自是輔臣每會議，皇太子秉笏南面而立，中書、樞密院以本司事遞進承令旨，時政之外，京朝、幕職、州縣官、使臣、禁卒咸引對焉。事畢，接見輔臣如常禮。

35 丁亥，遼禁僧然身煉指。

36 戊子，遼詔中京建太祖廟，制度祭器，皆從古制。

37 丁酉，以資政殿大學士、司空王欽若爲山南東道節度使、同平章事，判河南府。

初，欽若與丁謂善，援引至兩府。及謂得志，稍叛欽若，欽若恨之。時帝不豫久，事多遺忘，欽若先以太子太保在東宮，位三少上，謂不悅，因改授司空。欽若宴見，帝問曰：「卿何故不之中書？」對曰：「臣不爲宰相，安敢之中書！」帝顧都知，送欽若詣中書視事。謂令設饌以待之，曰：「上命中書設饌耳。」欽若既出，使都知入奏，以無白麻，不敢奉詔，因歸私第，有詔，學士院降麻，謂乃除欽若使相，爲西京留守。帝但聞宣制，亦不之悟也。

38 閏月，丁卯，以嘉勒斯賚（舊作唃厮囉。）爲邊患，詔陳堯叟（咨）等巡檢。

39 帝久不豫，前一日，因藥餌泄瀉，前後殿罷奏事。乙亥，力疾御承明殿，召輔臣，諭以盡心輔導儲貳之意，出手書一幅付之。自是體中漸平，凡旬浹（浹旬），乃復常焉。

時太子雖聽事資善堂，然事皆決於后，中外以爲憂。錢惟演，后戚也，王曾語惟演曰：「太子幼，非中宮不能立；中宮非倚太子，則人心亦不附。加恩太子則太子安，太子安乃所以安劉氏也。」惟演以爲然，因以白后，兩宮由是益親，人遂無間。

40 是歲，遼放進士張仲舉等四十五人。

41 趙德明始城懷遠鎭而居之，號興州。

五年 遼太平元年。（辛酉、一〇二一）

1 春，正月，丁丑朔，帝御延慶殿見輔臣。

2 乙未，遣使撫京東水災。

3 丁酉，以右諫議大夫張士遜爲樞密副使。

4 翰林學士劉筠見帝久疾，丁謂擅權，歎曰：「姦人用事，安可一日居此！」因表求外任。授右諫議大夫，知廬州。

5 二月，丁未，給事中、知河陽孫奭，再表求解官養父；庚戌，命知兗州，以奭父時居鄆州，兗、鄆相邇故也。

6 乙卯，遼主如鈌〔鈸〕河。壬戌，獵於高祁〔柳〕林。

7 庚午，以光祿寺丞孔聖祐襲封文宣公，知仙源縣事。

8 三月，辛巳，御正陽門觀酺。

9 戊戌，天章閣成。庚子，奉安御集、御書于天章閣，遂宴輔臣於閣下。

10 先是大食國進象及方物於遼，爲子請婚。是月，復來請，遼主封皇族女爲公主嫁之。

11 夏，四月，遼東京留守奏女眞三十部長請各以其子詣闕祗候，遼主命與其父俱來受約。

12 乙卯，遼主錄囚。

丁卯，置萊州。

13 是月，遼主清暑於緬山。

14 五月，乙亥朔，慮囚，降天下死罪。

15 癸未，詔皇太子讀春秋。

16 六月，丙午，太白晝見。

17 己未，國子監請以御製至聖文宣王贊及近臣所撰十哲、七十二賢贊鏤版；詔可。

18 秋，七月，甲戌朔，日有食之。先是司天測儀天曆當食既，前九日，帝避正殿，分命中使祈禱。是日，食四分而止。翼日，羣臣表賀。【考異】遼史及契丹國志俱不書是年日食，宋史書之。

19 乙亥，遼遣庫哩（舊作骨里，今改。）取石晉所上玉璽於中京，以是冬將行大册禮也。【考異】五代會要云：晉高祖受命，特製寶一座，文曰「皇帝御寶」。開運末，契丹齎以北還。孔平仲珩璜新論云：石晉再作受命寶，文曰「受天明命，惟德永昌」。鄭文寶傳國璽譜云：胡嶠記契丹入梁園，晉末帝奉上璽綬，契丹主怪玉璽制用疏朴不工，又非眞紐，疑有隱易者，晉人具以實對。文寶，淳化中司計陝右，有乾州永昌縣主簿趙應良者，北燕人，自謂少年事契丹，爲丞相高公堂後官，嘗從至燕子城，登重閣，閱晉舊物，得覩璽綬，與胡嶠所記略同，皆以石晉所上者非秦璽也。珩璜新論又載遼主詩云：「一時製重寶，千載助興王。中原既失守，此寶歸北方。子孫宜愼守，世業當永昌。」是遼人固以爲秦璽矣。

20 準布（舊作阻卜。）貢於遼。

21 戊寅，新作景靈宮、萬壽殿，爲帝祈福。

22 辛巳，遼主如沙嶺，旋獵於潢河。

23 九月，遼主如中京。

24 宋綬等使遼還，上契丹風俗。

25 戊寅，吐蕃嘉勒斯賚請降。

26 冬，十月，丁未，德哷勒舊作敵烈，今改。部貢馬於遼。

27 戊申，遼主錄囚。

28 祥源觀成。

29 詔獎淮南、江、浙、荆湖發運副使周寔，以其自春至冬運上供米凡六百餘萬石故也。

30 壬子，輔臣以帝違豫浸久，表引漢宣帝、唐高宗故事，請五日一御便殿，從之。

31 庚申，遼主幸通天觀，觀魚龍曼衍之戲；翼日，復觀之。還，升玉輅，自內三門入萬壽殿，奠酒七廟御容，因宴宗室。

32 十一月，癸未，遼主御昭慶殿，羣臣上尊號曰睿文英武遵道至德崇仁廣孝功成治定昭聖神贊天輔皇帝。大赦，改元太平，中外官進秩有差。

33 遼皇子梁王宗眞，幼聰明，長而魁偉，豁達大度，善騎射，好儒術，通音律，遼主及后皆愛之，甲申，册爲皇太子。【考異】遼立太子在十一月甲申，徐氏後編以改元太平、册立太子俱繫於十二月，今從遼史改正。

34 山南東道節度使、同平章事、判河南府王欽若有疾，累表請就醫京師，未報。丁謂密使人給欽若曰：「上數語及君，甚思一見；君第上表徑來，上必不訝也。」欽若信之，卽令其子右贊善大夫從益移文河南府，輿疾而歸。謂因言：「欽若擅去官守，無人臣禮。」命御史中丞薛映就第按問，欽若惶恐伏罪。戊子，降授司農卿，分司南京，奪從益一官。轉運使及河南府官皆被責，仍頒諭天下。

35 十二月，乙巳，以內殿崇班皇甫繼明同句管（當）三館、祕閣公事。咸平中，初命劉崇超監三館、祕閣圖籍，其後因循與判館聯署掌事，時論非之。崇超素與王欽若厚善，丁謂爲相，別用繼明以分其權，更號監圖籍曰句當公事。自是內臣遂與大學士同職，時論愈非之。

36 遼特里袞舊作惕隱，今改。耶律貧忠之在高麗也，其弟昭爲著帳郎君，坐罪，沒家產。至貧忠還，遼主遇之甚厚，復昭橫帳，且還舊產，以外戚女妻之。是時樞密使蕭哈綽、舊作合卓，今改。少師蕭巴格，舊作把哥，今改。方有寵於遼主，貧忠性伉直，不肯俛附，嘗於遼主前詆之。遼主怒，奪貧忠官。昭博學善屬文，先以從獵拔里堵山，爲羯羊所觸而死。

37 先是遼主鑄錢，文曰「統和元寶」，至是復鑄「太平元寶」錢，新舊互用。

乾興元年遼太平二年。（壬戌、一〇二二）

1 春，正月，辛未朔，詔改元。

2 遼主如納水。

3二月，庚子朔，大赦天下。詔自今中外所上表章，省去尊號。羣臣再表請復稱，不允。乃別上尊號曰應天尊道欽明仁孝，癸卯，詔從之，然亦不果受册。

4辛丑，【考異】遼以辛丑爲二月朔，與宋異。遼主駐魚兒濼。

5甲辰，封丁謂爲晉國公，馮拯爲魏國公，曹利用爲韓國公。

6甲寅，對宰相於寢殿之東偏。帝不豫浸劇，戊午，崩於延慶殿。遺詔：「皇太子卽皇帝位，尊皇后爲皇太后，淑妃楊氏爲皇太妃。」是日，百官見太子於延慶殿之東楹。遣內殿承制、閤門使薛貽廓告哀於遼。京城內外，並增兵衞，罷工役。

初，輔臣共聽遺命於皇太后，退，卽殿廬草制，軍國大事兼權取皇太后處分。丁謂欲去「權」字，王曾曰：「皇帝沖年，政出房闥，斯已國家否運，稱權尚足示後；況言猶在耳，何可改也！且增減制書有法，表則之地，先欲亂之乎？」謂不敢言。【考異】宋史王曾傳，稱丁謂欲去「權」字，因曾言而止。與長編合。而丁謂傳云：眞宗崩，議草遺制，軍國大事兼取皇太后處分，謂乃增以「權」字，與曾傳正相矛盾，今從長編及曾傳。然遺制出自中書，而謂爲首相，終能聽用曾言，不去「權」字，亦自可取。史稱太后因是惡之，非無因也。曾又言：「尊禮淑妃太遽，須他日議之，不必載遺制中。」謂怫然曰：「參政顧欲擅改制書邪？」曾復與辨，而同列無助，曾亦止。時中外洶洶，曾正色獨立，朝廷賴以爲重。

己未，大赦，除常赦所不原者。百官進官一等，優賞諸軍。山陵諸費，無以賦民。

庚申，命宰臣丁謂爲山陵使。

先是羣臣議太后臨朝儀，王曾援東漢故事，請五日一御承明殿，太后坐左，帝坐右，垂簾聽政。既得旨，而丁謂獨欲帝朔望見羣臣，大事則太后召對輔臣決之，非大事悉令雷允恭傳奏，禁中畫可以下。曾曰：「兩宮異處而柄歸宦者，禍端兆矣。」謂不聽。癸亥，太后忽降手書，處分盡如謂所議，蓋謂不欲令同列預聞機密，故潛結允恭使白太后，卒行其意。及學士草辭，允恭先持示謂，閱訖乃進。甲子，始聽政於崇政殿西廡。

7 乙丑，以生日爲乾元節。

8 丙寅，宰臣丁謂加司徒，馮拯加司空，樞密使曹利用加左僕射，並兼侍中。王曾謂丁謂曰：「自中書令至諫議大夫、平章事，其任一也；樞密珥貂可耳。今主幼，母后臨朝，君執魁柄，而以數十年曠位之官一旦除授，得無公議乎？」謂不聽。

9 戊辰，貶道州司馬寇準爲雷州司戶參軍，戶部侍郎、知鄆州李迪爲衡州團練副使，仍播其罪於中外；準坐與周懷政交通，迪坐朋黨傅會也。始議竄逐，王曾疑責太重，丁謂熟視曾曰：「居停主人恐亦未免耳。」蓋指曾嘗以第舍假準也，曾遂不復爭。知制誥宋綬當直，草責詞，謂嫌其不切，即用己意改定。詔所稱「當醜徒干紀之際，屬先皇違豫之初，罹此震驚，遂至沈劇。」皆謂語也。

謂惡準、迪，必欲置之死地，遣中使齎敕就賜二人。中使承謂指，以錦囊貯劍揭於馬前，示將有所誅戮狀。至道州，準方與羣官宴，驛吏言狀，州吏皆悚懼出迎，中使避不見；問其所以來之故，不答。衆惶恐不知所爲，準神色自若，使人謂之曰：「朝廷若賜準死，願見敕書。」中使不得已，乃授以敕。準卽從錄事參軍借綠衫著之，短纔至膝，拜敕於庭，升階復宴，至暮乃罷。及赴貶所，道險不能進，州縣以竹輿迎之，準謝曰：「吾罪人，得乘馬幸矣。」冒炎瘴，日行百里，左右爲泣下。

中使至鄆州，迪聞其異於他日，卽自裁，不殊，其子東之救之，乃免。人往見迪者，中使輒籍其名；或饋之食，留至臭腐，棄捐不與。迪客鄧餘怒曰：「豎子！欲殺我公以媚丁謂邪？鄧餘不畏死，汝殺我公，我必殺汝！」從迪至衡州，不離左右，迪由是得全。或語謂曰：「迪若貶死，如士論何？」謂曰：「異日好事書生記事，不過曰『天下惜之』而已。」

初，迪貶衡州，丁謂戒使者，持詔促迪上道。通判鄆州范諷輒留數日，爲治裝祖行。諷，正辭子也，先知平陰縣，會河決王陵埽，水去而土肥，失阡陌，民數爭不能決。諷爲手書分別疆理，民皆持去，以爲定券，無復爭者。及通判淄州，歲旱蝗，他穀皆不粒，民以蝗不食菽，猶可藝，而患無種，諷行縣至鄒平，發官廩貸民，卽出三萬斛。比秋，民皆先期而輸。在鄆州日，詔塞決河，州募民入芻楗，而城邑與農戶等，諷曰：「貧富不同而輕重相若，非詔書使度民力之意，有司誤也。」即改符，使富人輸三之二。因請下諸州，以鄆爲率，朝廷從其言。

10曹瑋責授左衛大將軍，知萊州。瑋時任鎮、定都部署，丁謂疑瑋不受命，詔河北轉運使韓億馳往收其兵。先是億嘗忤謂意，謂欲緣是幷中億。而瑋得詔，即日上道，從弱卒十餘人，不以弓韔矢箙自隨，謂卒不能加害。

11三月，壬申，以給事中李及知杭州。及治尙簡嚴而樂道人善，以錢塘風俗輕靡，屏絕宴游。一日，冒雪出郊，衆謂當置酒召客；乃獨造林逋，淸談至暮而歸。居官數年，未嘗市吳中物，比去，惟市白樂天集一部。

12以龍圖閣直學士魯宗道權判流內銓。宗道在選調久，患銓格煩密，及知吏所以爲姦狀，於是多所釐正，又悉書科條揭于廡下，人皆便之。

13丙子，賜羣臣御飛白書各一軸。帝始未嘗飛白書，一日，至眞宗靈御前見所陳飛白筆，遂取而試書，體勢遒勁，有如夙習，因以分賜。

14戊寅，中書請自禫祭後，隻日於崇政殿或承明殿視事，雙日如先帝故事，前後殿皆不坐。詔：「雙日雖不視事，亦當宣召近臣入侍講讀。」

15 乙酉，作受命寶，其文曰「恭膺天命之寶」，命參知政事王曾書。

16 庚寅，初御崇德殿聽朝，皇太后設幄次於承明殿，垂簾以見輔臣。

17 是月，遼地震，雲、應二州屋摧地陷，嵬白山裂數百步，泉湧成流。

18 光祿寺丞尉氏馬季良，家本茶商，劉美女壻也。夏，四月，壬寅，召試館職，太后遣內侍賜食，促令早了，主試者分爲作之。

19 戊午，加贈皇太后三代，父通爲彭城郡王，母龐氏爲遂國太夫人，兄美爲侍中。

20 遣薛田使於遼，告卽位也。

21 遼主如緬山清暑。

22 五月，己巳朔，遼參知政事石用中卒。

23 丁丑，詔先朝日曆、起居注未上者，亟修纂之，以大中祥符元年後史官失於撰集故也。

24 六月，己亥朔，上大行皇帝謚曰文明章聖元孝，廟號眞宗。

25 遼主聞眞宗崩，集蕃、漢大臣舉哀號慟，因謂其宰相呂德懋曰：「聞嗣皇尙少，恐未知通好始末，苟爲臣下所間，柰何？」及薛貽廓至，具道朝廷之意，遼主喜，謂后曰：「汝可致書宋太后，使汝名傳中國。」乃設眞宗靈御於范陽憫忠寺，建道場百日，爲眞宗飯三京僧。復命沿邊州郡不得作樂，下令國中，諸犯眞宗諱悉易之。

遣殿前都點檢耶律藏引舊作僧隱，今改。等祭奠、弔慰。時太常博士程琳爲接伴，遼使者謂琳曰：「昔先帝嘗通使承天太后，今太后獨無使，何也？」琳曰：「南北爲兄弟，則先皇帝視承天猶叔母，故無嫌。今皇太后乃嫂也，禮不通問。」使者語屈。

26 庚申，西京作坊使入內押班雷允恭伏誅。

允恭與丁謂交結，倚勢驕恣。始，宦官以山陵事多在外，允恭獨留不遣，自請於太后，太后不許。允恭泣曰：「臣遭遇先帝，不在人後，而獨不得效力陵上，敢請罪。」太后曰：「吾慮汝妄有舉動，適爲汝累。」允恭泣告不已，乃以爲山陵都監。

三月，乙亥，允恭馳至陵下，司天監邢中和爲允恭言：「今山陵上百步，法宜子孫，類汝州秦王墳。」允恭曰：「如何不用？」中和曰：「恐下有石若水耳。」允恭曰：「先帝無他子，若如秦王墳，當卽用之。」中和曰：「山陵事重，按行覆驗，時日淹久，不及七月之期。」允恭曰：「第移就上穴，我走馬入見太后言之。」允恭素貴橫，衆莫敢違，卽改穿上穴。乃入白太后，太后曰：「此大事，何輕易如此！」允恭曰：「使先帝宜子孫，何爲不可！」太后意不然之，曰：「出與山陵使議可否。」允恭見謂，具道所以。謂亦知其不可，而重逆允恭意，唯唯而已。允恭卽入奏曰：「山陵使亦無異議矣。」

旣而上穴果有石，石盡水出，衆議藉藉。修奉山陵部署懼不能成功，中作而罷，奏請待命。謂庇允恭，依違不決。癸巳，入內供奉官毛昌達還自陵下，具奏其事。太后遣人詰謂，謂始請遣使按視。

丙申，遣入內供奉官羅崇勳等就鞏縣訊鞫允恭罪狀以聞。癸卯，又遣權知開封府呂夷簡、龍圖閣直學士魯宗道同內臣覆視皇堂，咸請復用舊穴，乃詔輔臣會謂第議。明日，再命王曾覆視。謂請俟曾還，與衆議不異，始復役。詔復役如初，唯皇堂須議定乃修築。曾卒從衆議。

允恭坐擅移皇堂，并盜金珠、銀帛、犀玉帶等，杖死於鞏縣，籍其家；弟允中決配郴州編管，邢中和決配沙門島。

27 初，丁謂與雷允恭協比專恣，內挾太后，同列無如之何。太后嘗以帝臥起晚，令內侍傳旨中書，欲獨受羣臣朝。謂適在告，馮拯等不敢決，請謂出議之。及謂出，頗陳其不可，且詰拯等不卽言，由是稍失太后意。又嘗議月進錢充宮掖之用，太后滋不悅。

允恭既下獄，王曾欲因山陵事并去謂，而未得間，一日，語謂曰：「曾無子，將以弟之子爲後，明日朝退，當留白此。」謂不疑曾有他意也。曾因獨對，具言謂包藏禍心，故令允恭擅移皇堂於絕地，太后大驚。謂徐聞之，力自辨於簾前，未退，內侍忽捲簾曰：「相公誰與語？駕起久矣。」謂惶恐不知所爲，以笏叩頭而出。癸亥，輔臣會食資善堂，召議事，謂獨不與，知得罪，願哀請。錢惟演遽曰：「當致力，無大憂也！」馮拯熟視惟演，惟演踧踖。及對承明殿，太后諭拯等曰：「謂身爲宰相，乃與允恭交通，因出謂嘗託允恭令後苑匠所造金酒器示之。」又出允恭嘗干謂求管句皇城司及三司衙司狀，因曰：「謂前附允恭奏事，皆言已與卿等議定，故皆可其奏；近方識其矯誣。且營奉先帝陵寢而擅有遷易，幾誤大事。」拯等奏曰：「自先帝登遐，政事皆謂與允恭同議，稱得旨禁中，臣等莫辨虛實。賴聖神察其姦，此宗社之福也。」太后怒甚，欲誅謂，拯進曰：「謂固有罪，然帝新卽位，亟誅大臣，駭天下耳目。且謂豈有逆謀哉？第失奏山陵事耳。」太后怒少解，令拯等議降黜之命。任中正言謂被先帝顧託，雖有罪，請如律議功，曾曰：「謂以不忠，得罪宗廟，尙何議邪！」乃責謂爲太子少保、分司西京。故事，宰相罷免皆降制，時欲亟行，止令拯等召舍人草詞，仍榜朝堂，布諭天下。

丙寅，參知政事任中正罷爲太子賓客、知鄆州，坐營救丁謂故也。中正弟中行、中師，並坐降黜。

28 秋，七月，辛未，王曾加中書侍郎、平章事，呂夷簡爲給事中，魯宗道爲右諫議大夫，並參知政事。

宗道爲諭德時，居近酒肆，嘗微行就飲肆中。偶眞宗亟召，使者及門，久之，宗道始自酒肆來。使者先入，約曰：「卽上怪公來遲，何以爲對？」宗道曰：「第以實告。」使者曰：「然則公當得罪。」曰：「飲酒，人之常情，欺君，臣子之大罪也。」眞宗果問使者，具以宗道所言對。帝詰之，宗道謝曰：「有故人自鄉里來，臣家貧，無杯杓，故就酒家飲。」帝以爲忠實可大用，嘗以語太后，太后識之。於是幷夷簡皆首蒙擢任。

29 禮儀院言：「大行山陵禮畢，莊穆皇后郭氏，嘗母儀天下，禮當升祔；莊懷皇后潘氏，本從藩邸追命，止當饗於后廟。」詔集議尙書省，學士承旨李維等請如禮儀院所定，從之。

30 丙子，以樞密副使錢惟演爲樞密使。

31 戊寅，詔眞宗陵名曰永定。始，丁謂請名陵曰鎭，及謂貶，馮拯謂三陵皆有「永」字，故易曰永定陵。然永定乃縣名也，而宣祖止名安陵，又以翼祖陵已名爲定，復追改爲靖。議者議拯不學，當時無正之者。

32 輔臣三上表，請皇太后遵遺制，每五日一臨便殿，依先定儀注，許令中書、樞密院奏事，與皇帝共加裁酌；皇太后不許；復上皇帝表，乃從之。

33 初，女道士劉德妙，嘗以巫師出入丁謂家，謂敗，逮繫德妙，內侍鞫之。德妙具言：「謂嘗教之曰：『汝所爲不過巫事，不若託老君言禍福，足以動人。』」於是卽謂家設神像，夜醮於園中，雷允恭數至請禱。及眞宗崩，引入禁中。又因穿地得龜蛇，令德妙持入內，紿言出其家山洞中。仍復教云：「上卽問若所事何知爲老君，第云相公非凡人，當知之。」謂又作頌，題曰「混元皇帝賜德妙」，語涉妖誕。辛卯，再貶謂崖州司戶參軍，諸子並勒停，籍其家，得四方賂遺，不可勝紀，仍以謂罪狀布告中外。

始，謂命宋綬草寇準責詞，綬請其罪，謂曰：「春秋無將，漢法不道，皆證事也。」綬雖從謂指，然卒改易謂本語不純用。及謂貶，綬猶當制，卽草詞曰：「無將之戒，舊典甚明；不道之辜，常刑罔赦。」論者快焉。

謂初逐準，京師爲之語曰：「欲得天下寧，當拔眼中釘；欲得天下好，莫如召寇老。」不半歲，謂亦貶。謂道出雷州，準遣人以一蒸羊逆之境上。謂欲見準，準拒絕之。聞家僮謀欲報仇，乃杜門使縱博，毋得出，伺謂行遠乃罷。

34 壬辰，詔：「中外臣僚有曾與丁謂往來者，一切不問。」

35 甲午，輔臣請「皇太后、皇帝五日一御承明殿，凡軍馬機宜及臣下陳乞恩澤，並呈稟取旨；若常事，卽依舊進入，候印畫付外；或事從別旨，有未可行者，卽於御前納下，再俟處分。」從之。

36 八月，壬寅，以禮部郎中張師德等爲遼后生辰國信使。遼后生辰專遣使始此。

37 乙巳，帝與皇太后御承明殿，垂簾決事，始用王曾議也。時馮拯繼丁謂爲首相，頗欲躡謂故迹，曾獨曉以禍福，且逆折之，拯不敢肆。自是事一決於兩宮。

初，謂定太后稱「予」。謂敗，中書與禮儀院參議，每下制令稱「予」，而便殿處分事稱「吾」；太后詔止稱「吾」。

38九月，己巳，詔：「伎術官自今不得如京朝官用考課遷陟。」先是司天監丞徐起等言遇先帝御樓，及帝卽位，止遷一官，願如京朝官例，遷兩官。朝廷惡其倖進，條約之。

39己卯，詔以天書從葬永定陵，用王曾、呂夷簡之議也。【考異】李燾曰：天書從葬永定陵，據國史，實呂夷簡建議，魏泰東軒雜記則以爲王曾，今兩存之。

40辛卯，靈駕發引，帝不視事者十日，其後雖視事，猶御便殿。初，有司請悉壞靈駕所經道路城門、廬舍，以過車輿、象物。侍御史知雜事謝濤言：「先帝東封西祀，儀物大備，猶不聞有所毁撤。且遺詔務從儉薄，今有司治明器侈大，以勞州縣，非先帝意，願下少府裁損之。」太后不可。帝時與太后俱坐閣中，乃言曰：「城門卑者當毁之，民居不當毁也。」太后以爲然。

41是月，遼主駐魯古思淀。

42冬，十月，丁酉朔，遼賜宰臣呂德懋、參知政事吳叔達、樞密副使楊又玄、右丞相馬保忠錢物有差。

43 己酉，葬文明章聖元孝皇帝於永定陵，廟號眞宗。

44 己未，祔眞宗神主於太廟，廟樂曰大明之舞。以莊穆皇后配饗，仍詔立莊穆忌。

初，太后欲具平生服玩如宮中，以銀罩覆神主；參知政事呂夷簡言：「此未足以報先帝。今天下之政在兩宮，惟太后遠姦邪，奬忠直，輔導聖德，則所以報先帝者宜莫如此。」

45 甲子，帝與皇太后始復御承明殿。

46 是月，遼主至上京，曲赦畿內囚。

47 十一月，丁卯朔，樞密使錢惟演罷爲保大軍節度使，知河陽。初，丁謂逐寇準，惟演與有力焉。及序樞密題名石，獨刊去準名，曰「逆準削而不書」。謂禍既萌，惟演慮幷得罪，遂擠謂以自解。馮拯惡其爲人，因言：「惟演以妹妻劉美，實太后姻家，不可與政，請出之。」乃有是命。

惟演至河陽，嘗請曲賜鎭兵特支錢。太后將許之，侍御史知雜事蔡齊曰：「賞罰者，上人所操，非臣下所當請。且天子新卽位，惟演連姻后家，乃請偏賞以自爲恩，搖撼衆心，不可許。」卽劾奏惟演。遂罷賜錢。

48 戊辰，以李沆、王旦、李繼隆配饗眞宗廟庭。

49 以翰林學士劉筠爲御史中丞。先是三院御史言事，皆先白中丞。筠舉舊儀，榜之臺中，令各舉糾彈之職，毋白中丞、雜知。

50 癸酉，命翰林學士承旨李維、翰林學士晏殊修眞宗實錄；尋復命翰林侍講學士孫奭、知制誥宋綬、度支副使陳堯佐同修。

51 乙亥，以皇太后生日爲長寧節。

52 庚辰，判國子監孫奭言：「知兗州日，建立學舍以延生徒，至數百人，臣雖以俸錢贍之，然常不給。自臣去郡，恐漸廢散，乞給田十頃爲學糧。」從之。諸州給學田始此。

53 辛巳，始御崇政殿西閣，召翰林侍講學士孫奭、龍圖閣直學士兼侍講馮元講論語，侍讀學士李維、晏殊與焉。初詔雙日御經筵，自是雖隻日亦召侍臣講讀。王曾以帝新即位，宜近師儒，故令奭等入侍。帝在經筵，或左右瞻矚，則奭拱默以俟。每講，體貌必莊，至前世亂君亡國，必反覆規諷，帝爲竦然改聽。

54 壬午，以尚書右丞張知白爲樞密副使。

55 國子監舊制皆用近臣及宿儒典領，以後頗任貴游子弟之初仕者，與管庫資序略均。壬辰，始命馮元同判國子監，仍詔自今毋得差補蔭京朝官。

56 是月，吐蕃李立遵來附。

57 十二月，辛丑，高麗王詢卒，其子欽遣使告於遼，遼主即命使册欽爲高麗國王。【考異】東國通鑑作契丹册欽爲輔國大將軍、檢校太師、守太保兼侍中，高麗國公。遼史作册爲王，今從遼史。

58 甲辰，詔輔臣崇政殿西廡觀孫奭講論語，既而帝親書唐賢詩以分賜焉。自是每詔輔臣至經筵，多以御書賜之。

59 京城穀價翔貴，戊申，出常平倉米賤糶以濟民。

60 丁卯，詔：「應典賣田產影占傜役者，聽人告，以所隱田三之一予之。」

61 加馮拯昭文館大學士，監修國史，王曾集賢殿大學士。自是上相必加昭文、監史，次相加集賢。若上相罷免，則以次而升。如除三相，則分監修國史於次相云。

62 是歲，遼放進士張漸等四十七人。

續資治通鑑卷第三十六

賜進士及第兵部尚書兼都察院右都御史總督湖北湖南等處地方軍務兼理糧餉世襲二等輕車都尉畢沅編集

宋紀三十六 起昭陽大淵獻(癸亥)正月，盡柔兆攝提格(丙寅)三月，凡三年有奇。

仁宗體天法道極功全德神文聖武睿哲明孝皇帝 諱禎，初名受益。眞宗第六子，母李宸妃，大中祥符三年四月十四日生；章獻皇后無子，取爲己子，養之。七年，封慶國公；八年，封壽春郡王；天禧元年，兼中書令；明年，進封昇王；九月丁卯，册爲皇太子。

天聖元年 遼太平三年。(癸亥、一〇二三)

1 春，正月，丙寅朔，詔改元。帝讀詔，號泣者久之，謂左右曰：「朕不忍遽更先帝之號也。」

2 遼主如納水。以耶律藏引(舊作僧隱。)爲平章事。

3 庚午，遼初使來賀長寧節。

4自建隆以來，吳、蜀、江南、荊湖、南粵，皆號富強，相繼降附，太祖、太宗因其蓄藏，守以恭儉簡易。方是時，天下生齒尚寡，而養兵未甚蕃，任官未甚冗，佛、老之徒未甚熾，百姓亦各安其生，不爲巧僞放侈，故上下給足，府庫羨溢。承平既久，戶口歲增，兵籍益廣，吏員亦衆，佛、老、塞外，耗蠹中國，縣官之費，數倍昔日，百姓亦稍縱侈，而上下始困於財矣。權三司使李諮嘗言：「天下賦調有常，今西北寢兵二十年，而邊餽如故，他用浸廣，戍兵雖未可減，其末作浮費非本務者，宜一切裁損，以寬斂厚下。」鹽鐵判官俞獻卿亦言：「天下穀帛日益耗，物價日益高，人皆謂稻苗未立而和糴，桑葉未吐而和買，自荊湖、江、淮間，民愁無聊。轉運使務刻剝以增其數，歲益一歲，又非時調率、營造，一切費用，皆出於民，是以物價益高，民力積困也。自天禧以來，日侈一日，又甚於前。卮不盈者漏在下，木不茂者蠹在內，陛下宜與公卿大臣朝夕圖議而救正之。」帝納其言。癸未，命御史中丞劉筠、提舉諸司庫務薛貽廓與三司同議裁減冗費。

5詔中書樞密院同議塞滑州決河。

6先是茶制，惟川、峽、廣南聽民自買賣，禁其出境，餘悉榷，犯者有刑。在淮南則蘄、黃、廬、舒、壽、光六州，官自爲場，置使總之，謂之山場者十三，六州采茶之民皆隸焉，謂之園戶，歲課作茶，輸其租，餘則官悉市之。其售於官者，皆先受錢而後入茶，謂之本錢。又，百姓歲輸稅願折茶者，謂之折稅茶。總爲歲課八百六十五萬餘斤，其出鬻皆就本場。在江南則宣、歙、江、池、饒、信、洪、撫、筠、袁十州，廣德、興國、臨江、建昌、南康五軍，兩浙則杭、蘇、明、越、婺、處、溫、台、湖、常、衢、睦十二州，荆湖則江陵府，潭、鼎、澧、鄂、岳、歸、峽七州，荆門軍，福建則建、劍二州，歲如山場輸租折稅，餘則官悉市而斂之。總爲歲課，江南千二十七萬餘斤，兩浙百二十七萬九千餘斤，荆湖二百四十七萬餘斤，福建三十九萬三千餘斤，皆轉輸要會之地，曰江陵府，曰眞州，曰海州，曰漢陽軍，曰無爲軍，曰蘄州之蘄口，爲六榷貨務。凡民欲茶者，皆售於官，其以給日用者，謂之食茶，出境則給券。商賈之欲貿易者，入錢若金帛京師榷貨務，以射六務、十三場茶，給券，隨所射與之，謂之交引。願就東南入錢若金帛者，聽計直予茶如京師。凡茶入官以輕估，其出以重估，縣官之利甚博，而商賈轉於西北以至散於塞外，其利又特厚焉。縣官鬻茶，歲課緡錢，雖贏縮不常，景德中至三百六十餘萬，此其最厚者也。

然自西北宿兵既多，饋餉不足，因募商人入中芻粟，度地里遠近，增其虛估，給券，以茶償之。後又益以東南緡錢、香藥、象齒，謂之三說。而塞下急於兵食，欲廣儲偫，不受〔愛〕虛估，入中者，以虛錢得實利，人競趨焉。及南北和好罷兵，邊儲稍緩，物價差減，而交引虛錢未改，則其法既弊，虛估日益高，茶日益賤，入實錢金帛日益寡，而入中者非盡行商，多其土人,既不知茶利厚薄,且急於售錢,得券則轉鬻於茶商,或京師坐賈號交引鋪者,獲利無幾。茶商及交引鋪,或以券取茶,或收畜貿易以射厚利,由是虛估之利皆入豪商巨賈,券之滯積,雖二三年茶不足以償,而入中者以利薄不趨,邊備日蹙,茶法大壞。景德中,丁謂爲三司使,嘗計其得失,以爲邊糴纔及五十萬,而東南三百六十餘萬茶引盡歸商賈,當時以爲至論。厥後雖屢變以救之,然不能無弊。丁亥,詔置計置司,以樞密副使張士遜、參知政事呂夷簡、魯宗道總之。

庚寅,計置司考茶法利害,奏言:「十三場茶,歲課緡錢五十萬,天禧五年,纔及緡錢二十三萬。每券直錢十萬,鬻之,售錢五萬五千,總爲緡錢實十三萬,除九萬餘緡爲本錢,歲纔得息錢三萬餘緡,而官吏廩給不與焉。是則虛數雖多,實利殊寡。」因請罷三說,行貼射之法。其法,以十三場茶買賣本息,幷計其數,罷官給本錢,使商人與園戶自相交易,一切定爲中估,而官收其息。如鬻舒州羅源場茶,斤售錢五十有六,其本二十有五,官不復給,但使商人輸息錢三十有一而已。然必輦茶入官,隨商人所指而與之,給券爲驗,以防私售,故有貼射之名。若歲課貼射不盡,則官市之如舊;園戶過期而輸不足者,計所負數,如商人入息。舊輸茶百斤,益以二十斤至三十五斤,謂之耗茶,亦皆罷之。其入錢以射六務茶者,如舊制。大率使茶與邊糴各以實錢出納,不得相爲輕重,以絕虛估之弊。從之。

7庚子，發卒增築京城。

8二月，丙申，鑄「天聖元寶」錢。

9初，祥符天書既降，建天慶、天祺、天貺、先天降聖節，及眞宗誕節，本命三元，用道家法，內外爲齋醮，京城之內外，一夕數處。帝卽位，幷太后誕節亦如之，糜費甚衆。至是或以爲言，而宰相馮拯，因奏海內久安，用度宜有節，帝及太后曰：「此先帝意也。」卽詔禮儀院裁定。禮儀院請帝及太后誕節、本命宜如舊，他節命八宮觀迭醮。舊一歲醮四十九，請損爲二十；大醮二千四百分，請損爲五百，齋官第給湯茗。詔增醮分爲千二百，餘悉可。

10遼以丁振爲武信軍節度使，進封蘭陵郡王。

11遼蕭巴雅爾舊作排押，今改。之敗於高麗也，遼主使人責之曰：「汝輕敵深入，以至敗績，何面目來見乎！朕當皮面然後戮之。」及歸，止坐免官。至是念其南伐之功，復以爲西南面都招討，進封幽〔豳〕王。

12三月，己巳，禮儀院又請罷天慶等五節天下賜宴。詔新定設醮州府，賜宴如舊，餘悉罷。

13減玉清昭應宮、景靈宮、會靈觀、祥源觀清衞卒以分配諸軍，其工役送八作司；兗州景靈宮、太極觀清衞準此。

14 辛卯，始行淮南十三山場貼射茶法。

15 司天監上新曆，賜名崇天，保章正張奎、靈臺郎楚衍等所造也。

16 夏，四月，己亥，以吏部郎中、龍圖閣待制薛奎權知開封府。奎爲政嚴敏，擊斷無所貸，人畏憚之，目爲「薛出油」。其語上達，帝因問奎，謝曰：「臣知擊姦，安避此！」帝益加重焉。

17 辛丑，中書言：「諸道轉運使、副，河北、河東、陝西部署、鈐轄、都監并奉使契丹臣寮辭見，請並許上殿奏事。」從之。

初但令兩府大臣附奏，太常丞祥符丁度言：「臣下出外，必有所陳，今一切令附奏，非所以防壅蔽也。」故中書爲言，卒得請。帝初即位，度上書論六事，又嘗獻王鳳論於皇太后，以戒外戚云。

18 罷禮儀院，從樞密副使張士遜等請也。太常禮院，典禮所出，大中祥符中，又增置禮儀院，以輔臣領其事，於是始罷。

19 丁巳，詔：「翰林學士至三司副使、知雜御史，各舉堪充諫官、御史者，以名聞。」先是上封者請復置諫官、御史三五員，蓋宋初左·右諫議大夫、司諫、正言多不專言責，而御史或領他局，天禧初，詔兩省置諫官，御史臺置侍御史以下各六員，不兼職務，每月須一員奏事，其後員缺不補，故言者及之。

20 欽州深在山谷間，人苦瘴毒，推官建安徐的請徙州瀕水。轉運使以聞，且留的再任辦役；辛酉，詔從其請。的短衣持梃，與役夫同勞苦，築城郭，立樓櫓，畫地居軍民，治府舍、倉庫、溝渠、廛肆，民皆便之。

21 五月，甲子，行陝西、河北入中芻糧見錢法。

22 庚寅，議皇太后儀衞，制同乘輿。

23 是月，遼主清署（暑）緬山；未幾，賜緬山名曰永安。

24 六月，戊申，河南府言永定陵占民田十八頃，凡估錢七十萬。帝曰：「營奉先帝陵寢而償民田直，可拘以常制邪！」特給百萬。

25 乙卯，禁毀錢鑄鐘。

26 秋，七月，戊寅，遼以南府宰相耶律哈噶舊作合葛，今改。爲上京留守，封漆水郡王。

27 壬午，蠲天下逋欠，以即位赦恩也。自是因赦除欠負，遂爲例。

28 丙戌，遼以皇后生辰爲順天節。

初，后見愛於睿智太后，太后歿後，遼主恩禮有加，爲置宮闈司，補官屬，得出教令。元妃妒之彌甚。先是遼主南伐，掠深州小兒趙安仁，俘爲閹，漸爲內侍省押班，元妃密令伺后短長，后宮中動靜，元妃無弗知者。久之，無所得。后善琵琶，乃誣后與琵琶工燕文顛、李文福私，遼主不之信。又爲國書投遼主帳中，遼主得之，曰：「此必元妃所作也。」命焚之。安仁見讒間不行，而后權方盛，懼禍，謀亡歸宋。事泄，后欲誅之，元妃營救於遼主曰：「安仁父母兄弟俱在南朝，每一念及，神魂隕越。今爲思親而亡，亦孝子用心，實可憐憫。」遼主赦之。【考異】東都事略以元妃誣言爲實事，蓋傳聞之誤，今從契丹國志酌書之。又，「李文福」，事略作「有福」，今亦從國志。

29 八月，乙巳，以太常博士建安曹修古爲監察御史，孔延魯、劉隨並爲左正言。延魯常爲寧州軍事推官，數與州將爭事。有蛇出天慶觀眞武殿中，州將率官屬往奠拜之，欲上其事。延魯徑前以笏擊蛇，碎其首，觀者大驚，已而莫不歎服。遷大理寺丞，知仙源縣，主孔氏祠事。孔氏故多放縱者，延魯一繩以法。上言廟制卑陋，請加崇飾，從之。延魯後更名道輔。

30 甲寅，有芝生天安殿柱，召輔臣觀之，退，奉表稱賀。乙卯，詔羣臣就觀，監察御史開封鞠詠言：「陛下新卽位，河決未塞，霖雨害稼，宜思所以應災變。臣願陛下以援進忠良、退斥邪佞爲國寶，以訓勸兵農、豐積倉廩爲天瑞，草木之怪，何足尙哉！」

先是錢惟演自河陽赴亳州，因朝京師，圖入相。詠奏：「惟演憸險，嘗與丁謂爲婚姻，緣此大用；後揣知謂姦狀已萌，懼牽連得禍，因出力攻謂。今若遂以爲相，必大失天下望。」太后遣內侍持奏示之，惟演猶顧望不行。詠語左正言劉隨曰：「若相惟演，當取白麻廷毁之。」惟演聞，乃亟去。

31 馮拯病，太后有復相王欽若意，欽若時以刑部尚書知江寧府，帝爲飛白書王欽若字。適欽若有奏至，太后因取字緘置湯藥合，遣中人齎以賜，且口宣召之，輔臣皆不與聞。己未，欽若至國門，庚申，入見。九月，丙寅，馮拯罷爲武勝節度使兼侍中，判河南府；欽若守司徒兼門下侍郎、平章事、昭文館大學士。

初，拯五上表乞罷相，於是遣使撫問。還，奏其家儉陋，被服甚質，太后賜以衾裯、錦綺屛。然拯平居自奉侈靡，顧禁中不知也。爲相氣貌嚴重，宦者傳詔至中書，不延坐。林特常詣拯第，累日不得通；白以咨事，使詣中書，既至，又遣堂吏謂之曰：「公事，何不自達朝廷？」卒不見。

欽若再入中書，謂平時百官敍進，皆有常法，爲遷敍圖以獻，冀便省覽，然亦不能大用事如眞宗時矣。同列往往駁議，欽若不堪，曰：「王子明在政府日，不爾也。」魯宗道曰：「王文正先朝重德，固非他人可企。公若執政平允，宗道安敢不服！」

32 閏月，戊戌，寇準卒於雷州。

33 馮拯病，不能赴河南，己亥，卒；贈太師、中書令，謚文懿。

34 癸卯，始命寇準爲衡州司馬，準已卒，弗及知也。其妻宋氏乞歸葬西京，許之。道出荆南公安縣，人皆設祭於路，折竹植地，挂紙錢焚之。踰月，枯竹盡出筍，衆因爲立廟，號竹林寇公祠。

35 淮南、江、浙、荆湖制置發運使封丘趙賀，言蘇州太湖塘岸壞及並海支渠堙廢，水侵民田，卽詔賀與兩浙轉運使徐奭領其事，伐石增隄，浚積潦，自吳江東赴海；流民歸占者二萬六千戶，歲出苗租三十萬。

先是賀通判漢州，蜀吏喜弄法，而賀精明，吏不敢欺，人稱爲「趙家關」，言如關梁不可越也。後爲江淮制置發運使，所部漕船，舊皆由主吏自遣，受賕不平，或數得詣富饒郡，因以商販，貧者至不堪其役。賀乃籍諸州物產厚薄，分劇易爲三等，視其功過自裁定，由是吏巧不得施。

36 癸丑，詔審官院，自今知州軍、同判、知縣人並引對於便殿。【考異】同判，卽通判，避太后父諱改名。張淏雲谷雜紀載莊獻上仙後，臣寮上言：「自大行皇后同聽政之日，天下奏章、臣寮白事，皆回避『通』字。今山園將畢，不可濫九廟而存諱。欲乞有若以通進司爲承進司、通奉大夫爲中奉大夫、通事舍人爲宣事舍人、通州爲崇州、通判爲同判、通直郎爲同直郎、通引官爲承引官、普通門爲普和門之類，及將來舉人程試，一切俾復如舊，無有所避。」是其證也。宋史列傳中，往往追改同判爲通判者，今皆正之。

37 冬，十月，辛酉朔，徙陝西緣邊軍馬屯內地。

38 監察御史鞠詠嫉王欽若阿倚，數睥睨其短，欽若心忌之。會詠兼左巡，率府率安崇俊入朝失儀，詠言崇俊少在邊有勞，此不足罪。欽若奏詠廢朝廷儀，責授太常博士、同判信州。

39 遼主自秋獵於赤山，是月，駐遼河。

40 十一月，辛卯朔，遼以皇姪宗範爲歸德軍節度使，北府宰相蕭孝穆爲南京留守，封燕王，南京留守耶律制心封〔爲〕南院大王，兵馬都總管仇正爲燕京轉運使。

41 戊戌，詔禁江南諸路師巫邪術。先是知洪州夏竦，索部中師巫得一千九百餘戶，勒令歸農，毀其淫祠，因奏請朝廷嚴賜條約，故降是詔。

42 初，蜀民以鐵錢重，私爲券，謂之交子，以便貿易，富民十六戶主之。其後富者稍衰，不能償所負，爭訟數起。大中祥符末，薛田爲轉運使，請官置交子務以榷其出入，久不報。寇瑊守蜀，遂乞廢交子不復用。會瑊去而田代之，詔田與轉運使張若谷度其利害。田、若谷議：「廢交子不復用，則貿易非便，但請官爲置務，禁民私造。」戊午，詔從其請，始置益州交子務，以百二十五萬六千三百四十爲額。瑊，臨汝人；若谷，南劍人也。

43 大理寺丞、知彭山縣盧察乞官襄州以掃灑墳墓，帝許之。

44 十二月，壬戌，遼以皇姪宗範爲平章事，封三韓郡王。

45 江州陳蘊，聚居二百年，食口二千，而蘊年八十，且有行義，州以聞。帝曰：「良民一鄉之表，旌之則爲善者勸矣。」甲子，授蘊本州助教。

46 丁卯，遼以蕭永爲太子太師。

47 辛未，詔吏部流內銓選幕職官知大縣，闕京朝官故也。

48 己卯，遼皇子重元爲秦國王。重元，元妃之少子也。

二年遼太平四年。（甲子、一〇二四）

1 春，正月，癸卯，命御史中丞劉筠等四人權知貢舉。

2 詔修景靈宮之萬壽殿以奉眞宗，署曰奉眞；庚辰，命王欽若爲禮儀使。

3 遼主如鴨子河；二月，己未朔，【考異】遼史本紀失書朔，今依朔考補入。獵達魯（舊作撻魯。）河，改鴨子河爲混同江，達魯河爲長春河。

4 三月，戊子朔，詔禮部：「諸科舉人不能對策者，毋輒黜落。」先是上封者言，經學不究經旨，乞於本科問策一道。至是對者多紕繆，帝特下詔寬之。

5 己丑，同提點開封府界公事磁州張君平言：「南京、陳、許、徐、宿、亳、曹、單、蔡、潁等州，古溝洫與畿內相接，歲久不治，故京師數罹水患，請委官疏鑿之。」詔從其請。

6丁酉，奉安眞宗御容於景靈宮奉眞殿。

7皇太后諭宰臣曰：「比擇儒臣侍上講讀，深有開益。」宰相因言工部郎中單父馬宗元，通經有行義，可使入奉經筵，辛丑，命宗元直龍圖閣。

8癸卯，王欽若等上眞宗實錄一百五十卷，降詔褒諭。

9乙巳，御崇政殿，賜進士安陸宋郊、長洲葉清臣、吳縣鄭戩等一百五十四人及第，四十六人同出身。不中格者六人，以嘗經眞宗御試，特賜同三禮出身。丙午，又賜諸科一百九十六人及第，八十一人同出身。【考異】宋史云，賜禮部奏名進士諸科及第出身四百八十五人，今從長編。郊與其弟祁，俱以詞賦得名，禮部奏祁第三，太后不欲以弟先兄，乃擢郊第一而置祁第十；人呼曰「二宋」，以大、小別之。劉筠得清臣所對策，奇之，故擢第二。以策擢高第，自清臣始。

10壬子，賜鄉貢進士張瓌、太常寺太祝呂宗簡進士及第，仍附春榜。瓌，洎之孫，宰臣王欽若之壻；宗簡，參知政事夷簡弟也。

11夏，四月，知池州李虛己，言州縣春初豫支錢和買紬絹，民或不欲者，強之則爲擾。辛酉，詔三司諭州縣毋得抑配，非土產者罷之。

12初，帝乳母許氏，爲宮人所讒出宮，嫁苗繼宗，及是邀駕自陳　丙寅，封臨潁縣君，以繼宗爲右班殿直。尋加許氏當陽郡夫人，復入宮。

13 五月，丁亥朔，司天監言日當食不食，宰相奉表稱賀。

14 乙未，錄繫囚。

15 六月，己未，百官表請聽樂，不許；表五上，乃許之。因論王欽若曰：「今雖勉從衆請，秋宴但當用樂之半；其諸游幸，則心所未忍也。」

16 遼南院大王耶律制心卒。

制心守上京，多惠政，時酒禁方嚴，有捕獲私醞者，制心一飲而盡，笑而不詰。或勸以奉佛，制心曰：「吾不知佛法，惟心無私，則近之矣。」

贈政事令，追封陳王。

17 壬申，罷天慶、天祺、天貺、先天降聖節宮觀然燈。

18 甲戌，遼以蕭迪里舊作敵烈，今改。爲南院大王。

19 秋，七月，戊子，詔以冬至有事於南郊。

20 壬辰，遣殿中侍御史王碩、內殿承制朱緒點檢山場所積茶。

初，朝廷既用李諮等貼射法，行之期年，豪商大賈不能軒輊爲輕重；而論者或謂邊糴償以見錢，恐京師府藏不足以繼，爭言其不便。會江淮制置司言茶有滯積壞敗者，請一切焚棄。朝廷疑變法之弊，下書責計置司，令碩等行視。既而諮等條上利害甚悉，且言：「推行新法，功緒已見。蓋積年侵蠹之源，一朝閉塞，商賈利於復故，欲有以動搖，而論者不察其實，助爲游說。願力行之，無爲流言所易。」於是詔有司榜諭商賈以推行不變之意，賜典吏銀絹有差。

21 初，禁寺觀毋得市田。及眞宗崩，內遣中使賜荆門軍玉泉山景德院白銀三千兩，令市田，言爲先帝植福，後仍不得爲例。由是寺觀稍益市田矣。【考異】見聞錄云：章獻太后，成都人，少隨父下峽，至玉泉寺，有長老善相人，謂其父曰：「君貴人也。」及見后，則大驚曰：「君之貴，以此女也。」又曰：「遠方不足留，盍游京師乎！」父以貧爲辭，長老乃贈以中金百兩，至京師。及皇太后垂簾聽政，玉泉長老者已居長蘆矣。后屢召不至，遣使就問所須，則曰：「道人無所須也。玉泉寺無僧堂，長蘆無山門，后其念之。」后以本閣服用物下兩寺爲錢以建。獨長蘆寺臨江，門起水中，旣成，輒爲蛟所壞。后必欲起之，用生鐵數萬斤壘其下，門乃成，蛟畏鐵也。今玉泉僧堂梁記云后所建。稍益市田，據食貨志。

22 癸丑，奉安眞宗御容於玉清昭應宮安聖殿。

23 八月，丙辰朔，宴崇政殿，初用樂之半。樂工奏技，帝未始矚目，終宴，猶有戚容。時詔下成都府，召優人許朝天等補教坊，左正言劉隨，以爲賤工不足辱詔書。監察御史李紘亦言：「陛下即位，尙未能顯巖穴之士，而首召伶官，非所以廣德美於天下。」朝天等遂罷歸。紘,昌齡從子也。

24 詔:「舉官已遷改而貪汚者,舉主以狀聞;聞而不以實者,坐之。」

25 遼以駙馬蕭都哩舊作匹敵,今改。爲殿前都點檢。

26 己卯,幸國子監,謁先聖文宣王。召從臣升講堂,令直講、屯田郎中馬龜符講論語,賜龜符三品服。已而觀七十二賢贊述,閱三禮圖,問侍講馮元三代制度。又幸昭烈武成王廟。還,幸繼照堂,宴從臣。

27 甲申,太白入太微垣。

28 九月,辛卯,祠太一宮,賜道左耕者茶帛。

29 庚子,皇太后手書賜中書門下,以故中書令郭崇孫女爲皇后,諭輔臣曰:「自古外戚之家,鮮能以富貴自保,故兹選於衰舊之門,庶免他日或撓聖政也。」

30 冬,十月,辛巳,詔:「自今詔書,令刑部摹印頒行。」時判部青州燕肅,言舊制,集書吏分錄,字多舛誤,四方覆奏,或致稽違,因請鏤版宣布。或曰:「版本一誤,則益甚矣。」王曾曰:「勿使一字有誤可也。」遂著於令。【考異】李燾曰:王子融云:寇萊公嘗議摹印赦書以頒四方,衆不可而止。其後四方覆奏赦書字誤,王沂公始用寇議,令刑部鎖宿雕字人,模印宣布。子融稱議初出於萊公,不知何據,今但從正史、實錄,稍增益之。

31 丙辰，奉安眞宗御容於洪福院。

32 是月，遼主駐遼河。

33 十一月，乙未，朝饗玉淸昭應宮、景靈宮。丙申，饗太廟。丁酉，合祭天地於圜丘，大赦。百官上尊號曰聖文睿武仁明孝德皇帝，上皇太后尊號曰應元崇德仁壽慈聖皇太后。賜百官、諸軍加等。

34 乙巳，立皇后郭氏。時張美人有寵，帝欲立之，太后不可而止，故后雖立而頗見疏。

35 辛亥，王欽若封冀國公，曹利用改封魯國公，並加恩。故事，輔臣例遷官，參知政事呂夷簡與同列豫辭之，遂著爲式。【考異】宋敏求春明退朝錄云：建隆至天禧，每朝廷大禮，二府必進官。天聖二年南郊，呂夷簡懇請，乃止。自是加恩而已。按咸平初，孫何建議已嘗釐革，而敏求初不之及。蓋咸平釐革之後，未幾，宰執仍有以大禮進官者，至是始因夷簡之請而著爲式耳。

36 十二月，丙寅，權判都省馬亮言：「天下僧以數千萬計，間或爲盜，民頗苦之。請除歲合度人外，非時更不度人；仍令自今毋得收曾犯眞刑及文身者係籍。」詔可。

37 是冬，遼大閱，聲言獵幽州。二府皆請備粟練師以待不虞，樞密副使張知白獨言：「遼人修好未遠，今其舉兵者，以上初政，觀試朝廷耳，豈可自生釁邪！若終以爲疑，莫如因今河決，發兵以防河爲名，萬一有變，亦足應用。」未幾，果無事。【考異】長編云：雄州候兵報有兵入鈔邊界，已乃知渤海人叛契丹，行剽兩界也。然遼史不載此事，疑宋人自相恐喝耳。涑水記聞謂契丹借塞內牧馬，王欽若請與之。尤爲謬舛。

38遼主嘗微服出獵，有耶律罕班舊作韓八，今改。者，游京師，寓行宮側，惟囊衣匹馬而已。遼主見而問之，罕班初不識，漫應曰：「我北院部人，覓官耳。」遼主與語，知其才，陰識之。會北院奏南京疑獄久不決，遼主召罕班馳驛審錄，舉朝皆驚。罕班量情處理，人無冤者，遼主嘉之。又令籍羣牧，馬闕其二，同事者考尋不已，罕班略不加詰，卽先馳奏，遼主益信任焉。

【考異】遼史聖宗紀不載罕班，興宗紀始書以罕班爲北院大王。至其本傳所載聖宗信任諸事，不具年月，今附見於此。

39是歲，遼放進士李烔等四十七人。

三年遼太平五年。（乙丑，一〇二五）

1春，正月，乙酉，遼主如混同江。

2戊子，遼遣宣徽南院使蕭從順等來賀長寧節，見於崇政殿，皇太后垂簾，置酒殿中以宴之，御史中丞薛奎館伴。從順欲請見，且言南使至北者皆見太后，而北使來獨不得見，奎折之曰：「皇太后垂簾聽政，雖本朝羣臣亦未嘗得見也。」從順乃已。及辭，從順有疾，命宰臣王曾押宴都亭驛。從順問曾曰：「南朝每降使車，悉皆假攝，何也？」曾曰：「使者之任惟其人，不以官之高下。今二府八人，六常奉使，惟其人，不以官也。」從順默然。既而從順稱疾留館，不以時發，帝遣使問勞，挾太醫診視，相屬於道。樞密使曹利用請一切罷之，乃引去。

3 二月，戊午，遼禁其境內服用明金及金線綺，國親當服者，奏而後用。

4 乙丑，權御史中丞薛奎，罷爲集賢院學士、知幷州，或譖奎漏禁中語也。既而秦州闕守，帝以奎屢官西邊，習其土風，卽改奎知秦州。秦州宿重兵，經費常不足，奎務儉約，教民水耕，謹商算，歲中廩粟積者三百萬，征算衍者三十萬，覈民隱田數千頃，復得芻粟十餘萬。

5 是月，遼主如魚兒濼。

6 三月，丙子，徙知河南府陳堯佐知幷州。每汾水漲，州人憂溺，堯佐爲築隄，植柳數萬本，作柳溪亭，民賴其利。

7 壬辰，遼以左丞相張儉爲武定軍節度使，以殿前都點檢蕭都哩爲契丹行宮都部署。

8 是月，遼主如長春河。魚兒濼有聲如雷，其水一夕越沙岡四十里，別無〔爲〕一陂。

9 夏，四月，壬子朔，詔卹刑獄。

10 是月，以龍圖閣直學士、刑部郎中劉燁知河南府。燁世家河南，衣冠舊族。嘗權發遣開封府事，獨召見，太后問曰：「知卿名族，欲一見卿家譜，恐與吾同宗也？」燁曰：「不敢。」他日，數問之，燁無以對，因僞風眩，仆而出，乃免。

11 五月，庚寅，錄繫囚。

12 癸巳，幸御莊觀刈麥，聞民舍機杼聲，賜織婦茶帛。

13 遼主淸暑永安山。以蕭從順爲太子太師，吳叔達翰林學士，道士馮若谷加太子中允。命張儉移鎭大同。

14 六月，癸酉，環、原州屬羌叛，寇邊，環慶都監趙士隆等死之。遣使者安撫陝西。

15 秋，七月，戊子，詔諸路轉運使察擧知州、同判不任事者。

16 壬寅，以前戶部郎中夏竦起復知制誥。竦急於進取，喜任數術，世目爲姦邪。嘗上疏乞與修眞宗實錄，不報。既而丁母憂，潛至京師求起復，依中人張懷德爲內助，而王欽若雅善竦，因左右之，故有是命。

17 遼主獵於平地松林。

18 八月，辛亥，知益州薛田言：「本州解發擧人，自張詠以來，例給館券至京，今得三司移文，乃責吏人償所給官物，恐非朝廷之意。」帝曰：「漢貢士皆郡國續食，今獨不能行之遠方邪！其令悉蠲之。」

19 戊午，夔州路提點刑獄盛京，言忠州鹽井歲增課，奉節、巫山縣營田戶逃絕，里胥代納戶稅，萬州戶納穀稅錢，皆爲民害，詔悉除之。京，度之從兄也。

20 初，李諮等既條上茶法利害，論者猶爭言其不便。辛未，命翰林侍讀學士孫奭、知制誥夏竦等再加詳定。

21 九月，庚辰朔，始遣使賀遼后正旦。

22 遼主駐南京。

23 己亥，遼始遣使來賀宋太后正旦。

24 冬，十月，乙卯，太白犯南斗。

25 辛酉，以翰林學士、禮部侍郎晏殊爲樞密副使。

26 庚午，以宰臣王欽若爲譯經使。唐譯經使以宰相明釋學者兼領之；宋初翻譯經論，令朝官潤文，及丁謂相，始置使；而欽若乃因譯經僧法護等請爲使，議者非之。

27 十一月，己卯朔，孫奭等言：「十三場茶積而未售者六百一十三萬餘斤，蓋許商人貼射，則善者皆入商人，其入官者皆粗惡不時，故人莫肯售。又，園戶輸歲課不足者，使如商人入息，而園戶皆細民貧弱，力不能給，繁擾益甚。又，姦人倚貼射爲名，強市盜販，侵奪官利。其弊如此，不可不革。請罷貼射法，官復給本錢市茶，而商人入錢以售之。」於是茶法復壞。

28 庚子，遼主幸內果園宴，京民聚觀。求進士得七十二人，命賦詩，第其工拙，以張昱等一十四人爲太子校書郞，韓欒等五十八人爲崇文館校書郞。【考異】徐氏後編以內果園試士爲九月事，今從遼史本紀作十一月。

29王欽若既兼譯經使，始赴傳法院，感疾亟歸，車駕臨問，賜白金五千兩。戊申，卒。皇太后臨奠出涕，贈太師、中書令，謚文穆，遣官護葬事，錄親屬及所親信二十餘人。建隆以來，宰相卹恩，未有此比。

欽若狀貌短小，項有附疣，時人目爲「瘿相」。智數過人，每朝廷有所興造，委曲遷就以中上意。性傾巧，敢爲矯誕。太后以先朝所寵異，故復用之。及吳植事敗，太后滋不悅，同列稍侵之，欽若悒悒以歿。後有詔塑像茅山，列於仙官。

30遼北院樞密使蕭哈綽舊作合卓，今改。有疾，遼主欲臨視之，哈綽謝曰：「臣無狀，猥蒙重任；今形容毀瘁，恐陛下見而動心。」遼主乃止。會北府宰相蕭朴問疾，哈綽握其手曰：「吾死，君必爲樞密使，愼勿舉勝己者。」朴聞而鄙之。乙丑，卒。

十二月，戊辰，遼以蕭朴爲北院樞密使，【考異】遼史本紀作北府宰相蕭普古爲北院樞密使，列傳作「蕭朴」。按「普古」合聲即爲「朴」。遼於一人姓名字系多前後分載，今定從傳作「蕭朴」。封蘭陵郡王。

31先是朝班以宰相爲首，親王次之，使相又次之，樞密使雖檢校三師兼侍中、尙書、中書令，猶班宰相下。咸平初，曹彬以樞密副（校者按：副字衍。）使兼侍中，位戶部侍郎、平章事李沆下，循舊制也。乾興中，王曾由次相爲會靈觀使，曹利用由樞密使領景靈宮使，時以宮觀使爲重，詔利用班曾之上，議者深以爲非。至是曾進昭文館大學士、玉淸昭應宮使，同集殿廬，將告謝，而利用猶欲班曾上，閤門不敢裁。曾抗聲目吏曰：「但奏宰相王曾等告謝。」班既定，利用鬱鬱不平，張士遜慰曉之。庚申，詔宰臣、樞密使序班如故事。而利用志驕，倚居次相張知白上。及聞召張旻於河陽爲樞密使，利用疑代己，始悔懼焉。

殿前副指揮使楊崇勳，嘗詣中書白事，屬微雨新霽，崇勳穿泥鞾登階，王曾頷之，不以常禮延坐。崇勳退，劾奏其失，送宣徽院問狀。翼日，曾入對，請傳詔釋罪，太后問其故，曰：「崇勳武夫，不知朝廷之儀。舉劾者，柄臣所以振紀綱；寬釋者，人君所以示恩德。如此，則仁愛歸於上而威令肅於下矣。」

32 癸亥，徙崖州司戶參軍丁謂曹（雷）州司戶參軍。

謂以家寓洛陽，常爲書自責，敍國厚恩，戒家人毋輒怨望，遣人致於西京留守劉燁，祈付其家，戒使伺燁會衆寮時達之。燁得書，不敢私，即以聞，帝見之感惻，故有是命。宰相言：「謂，天下不容其罪而竄之，今不緣赦宥，未可內徙。」帝曰：「謂斥海上已數年，欲令生還嶺表耳。」

33 乙丑，淮南節度使、檢校太師、同平章事張旻依前充樞密使。太后微時，嘗寓旻家，旻事之甚謹，后深德之，故復掌樞府。尋改名耆。

34 是歲，燕民以年穀豐熟，遼主車駕臨幸，爭以土物來獻。遼主禮高年，惠鰥寡，賜酺飲。

至夕，六街燈火如晝，士庶嬉游，遼主亦微行觀之。【考異】徐氏後編，繫南京酺飲於九月，今從遼史作十二月。

35 丁丑，遼禁工匠不得銷毀金銀器。

四年 遼太平六年。（丙寅、一〇二六）

1 春，正月，癸未，遼使蕭迪里等入見。遼又遣人持酒果與迪里等。帝問宰相王曾曰：「送酒果者三十餘人，已至鄭〔莫〕州，聽其來否？」曾曰：「宜止其來，而以舟兵代之，轉酒果付迪里可也。」帝曰：「善！」

2 知益州薛田言：「兩川犯罪人配隸他州，雖老疾得釋者，悉留不遣；自今請無拘停。」帝曰：「遠民無知犯法，而終身不得還鄉里，豈朕意乎！察其情有可矜者，聽遣還。」

3 庚辰，遼主如鴛鴦濼。

4 二月，己酉，遼以同知樞密院黃翩爲兵馬都部署，引軍城混同江、疏木河之間。黃龍府請建堡障三，烽臺十，遼主命侯農隙築之。

東京留守耶律巴格舊作八哥，今改。奏黃翩領兵入女眞界徇地，俘獲不可勝計，得降者二百七十戶。遼主獎諭之。【考異】遼史屬國表不載黃翩入女眞徇地之役，蓋闕書也。翩以二月己酉受命帥師，其俘獲而歸，不得其日，今從本紀連書之。

5庚戌，玉清昭應宮使王曾請下三館校道藏，從之。帝因曰：「道書多言飛鍊金石，豈若老氏五千言之約哉！」

6壬戌，遣官祀九宮貴神。帝謂輔臣曰：「祀日適與眞宗大忌同，其施樂邪？」王曾曰：「但設而不作耳。」又問古今樂之異同，曾曰：「古樂用於天地、宗廟、社稷、山川、鬼神，而聽者莫不和悅。今樂則不然，徒娛人耳目而蕩人心志，自昔人君流連荒亡者，莫不由此。」帝曰：「朕於聲技未嘗留意，內外宴游，皆勉強爾。」

7己巳，遼以南京水，遣使賑之。

8庚午，命：「党項別部塌西，設契丹節度使治之。」

9三月，庚寅，遼以大同軍節度使張儉入爲南院樞密使、左丞相兼政事令。遼主方眷倚儉，參知政事吳叔達與儉不相能，遼主怒，出叔達爲康州刺史。

10御史臺自薛奎後，中丞闕人不補，侍御史知雜事韓億獨掌臺務者踰年。壬午，始命權知開封府汝陰王臻權御史中丞。臻建言：「三司、開封府諸曹參軍及赤縣丞、尉，率用貴游子弟，驕惰不任事，請易以孤寒登第、更仕宦書考無過者爲之。」又言：「京百司吏人入官，請如長定格，歸司三年。」並從之。

11是月，準布舊作阻卜，今改。侵遼，西北路招討使蕭惠破之。

續資治通鑑卷第三十七

賜進士及第兵部尚書兼都察院右都御史總督湖北湖南等處地方軍務兼理糧餉世襲二等輕車都尉　畢　沅　編集

宋紀三十七

起柔兆攝提格（丙寅）四月，盡屠維大荒落（己巳）七月，凡三年有奇。

仁宗體天法道極功全德神文聖武睿哲明孝皇帝

天聖四年　遼太平六年。（丙寅、一〇二六）

1 夏，四月，安德節度推官李佑，唐莊宗曾孫也，上書求便官以洒掃陵廟，因改授西京留守推官。帝謂輔臣曰：「唐莊宗百戰有天下，嬖用伶官以及禍，可歎也！」王曾曰：「陛下日聽政事，又以前代治亂爲龜鑑，天下之福也。」

2 知寧州、職方員外郎楊及，嘗因乾元節獻繡佛。帝謂輔臣曰：「及，佞人也。民安政舉，乃守臣之職，焉用爲此（此爲）！」辛亥，令邸吏還之。

3 丙寅，遼主如永安山。

4 五月，己卯，詔禮部貢舉。

5 判刑部燕肅上奏曰：「唐大理卿胡演進月囚帳，太宗詔，凡決死刑，京師五覆奏，諸州三覆奏，全活甚衆。貞觀四年，斷死罪二十九；開元二十五年，才五十八。今天下生齒未加於唐，而天聖三年，斷大辟二千四百三十六，視唐幾至百倍。京師大辟雖一覆奏，而州郡之獄有疑及情可閔者，至上請而法寺多舉駁，官吏得不應奏之罪，故皆增飾事狀，移情就法，失朝廷欽恤之意。望準唐故事，天下死罪皆得一覆奏。」下其章中書，王曾謂：「天下皆一覆奏，則死囚充滿狴犴，久不得決；請獄疑若情可矜者聽上請。」壬午，詔曰：「朕念生齒之繁，抵冒者衆；法有高下，情有重輕，而有司巧避微文，一切致之重辟，豈稱朕好生之志哉！其令天下死罪情理可矜及刑名疑慮者，具案以聞，有司毋得舉駁。」

6 戊子，錄囚。

7 辛卯，遼以東京統軍使蕭慥古爲契丹行宮都部署。

8 癸卯，遼命西北路招討使蕭惠將兵伐甘州回鶻。

9 閏月，戊申，減江、淮歲漕米五十萬石，除舒州、太湖等九茶場民逋錢十三萬緡。

10 辛亥，復陝西永豐渠以通解鹽。

11 甲子，詔輔臣於崇政殿西廡觀侍讀學士宋綬等講唐書。帝曰：「朕覽舊史，每見功臣罕能保始終者，若裴寂、劉文靜，俱佐命元功，不免誅辱。」王曾對曰：「寂等之禍，良由功成而不知退也。」綬兼句當三班院，因請解所兼，專事勸講。太后命擇前代文字可資孝養、補政治者以備帝覽，遂錄進唐謝偃惟皇誡德賦，又錄孝經、論語要言及唐太宗所撰帝範二卷、明皇朝臣寮所獻聖典三卷、君臣政理論二卷上之。

12 六月，丁亥，建、劍、邵武等州、軍大水，賑之。

13 庚寅，大雨震電，京師平地水數尺。辛卯，避正殿，減常膳。

癸巳，以西上閤門使曹儀、洛苑副使·內侍押班江德明提舉修葺在京營房庫務，內殿崇班麥守忠相度疏導積水。水之作也，宰執方晨朝，未入，俄有旨放朝。王曾亟附中使奏曰：「天變甚異，乃臣等燮理無狀，豈可退安私室，恬然自處！」亟請入見，陳所以備禦之道。同列有先歸者，聞之皆愧服。時又傳言汴口決，水且大至，都人恐，皆欲東奔。帝以問曾，曾曰：「河決奏未至，民間譌言不足慮。」已而果然。

初，汴水大漲，衆洶洶憂京城，乃用樞密院奏，敕八作司決陳留隄及城西賈陂岡〔岡陂〕地，泄之於護龍河。水既落，命開封府界提點張君平調卒復治其隄防。秋，七月，丙午，賜役卒緡錢。

詔：「官物漂失，主典免償；流徙者所在撫存之。」

戊申，御長春殿，復常膳。

14 (乙丑),罷永興軍、秦、坊等州新醋務。

15 遼主獵於黑嶺。

16 辛未,詔:「兩川所造錦綺、鹿胎透背欹正等,歲減上供之半,其大小綾及花紗,仍令改織絹以供邊費。」先是上封者以此爲言,帝謂輔臣曰:「朕意正欲如此,宜亟行之。」王曾等曰:「錦綺纂組,有害無益,臣約一錦之費,可爲絹數匹。陛下崇儉節費以惠遠人,臣等敢不奉詔。」

17 帝謂輔臣曰:「比以天暑罷講讀,適已召孫奭等說書,卿等公事退,可暫至經筵。」王曾曰:「陛下留意經術,雖炎暑不輟,有以見聖學之高明也。」

壬申,詔諸路轉運使舉所部官通經術者。

18 八月,丁亥,築泰州捍海堰。

先是堰久廢不治,歲患海濤冒民田,監西谿鹽稅范仲淹言於發運副使張綸,請修復之。綸奏以仲淹知興化縣,總其役。議者謂濤患息則積潦必爲災,綸曰:「濤之患十九而潦之災十一,獲多亡少,豈不可乎!」役既興,會大雨雪,驚濤洶洶且至,役夫散走,旋濘而死者百餘人。衆讙言堰不可復,詔遣中使按視,將罷之。又詔淮南轉運使胡令儀同仲淹度其可否,令儀力主仲淹議。仲淹尋以憂去,猶爲書抵綸,言復堰之利。綸表三請,願身自總役。乃命綸兼權知泰州，築堰自小海寨東南至耿莊，凡一百八十里，而於運河置閘，納潮水以通漕。踰年，堰成，流逋歸者二千六百餘戶。民爲綸立生祠。令儀及綸各遷官。【考異】按長編載張綸兼權知泰州，乃五年八月辛卯，綸及胡令儀遷官，乃六年七月甲子朔，今并書之，仍別出。

19 遼蕭惠之討甘州回鶻也，徵兵諸路，獨準布舊作阻卜，今改。部長特喇舊作直剌，今改。後期，立斬以徇。至甘州，攻圍三日，不克而還。時特喇之子聚兵來襲，準布部有烏拜舊作烏八，今改。者，密以告惠，惠未之信。會西準布諸部皆叛，都監尼嚕古、舊作涅魯，今改。國舅帳太保阿卜魯舊作曷不呂，今改。等將兵三千來救，遇敵於哈屯舊作可敦，今改。城西南，爲其所敗，尼嚕古、阿卜魯俱死之，士卒潰散。惠倉卒列陣，準布諸部出不意，攻遼營。遼人請乘勢奮擊，惠曰：「我軍疲敝，未可用也。」烏拜請以夜斫諸部之營，惠又不許。及諸部兵退，惠乃設伏以邀擊之，前鋒始交，諸部散去。遼主遣特里袞舊作惕隱，今改。耶律洪古、林牙耶律華格舊作化哥，今改。將兵討之。

洪古，華格之弟也。遼主嘗刺臂血與洪古盟爲友，禮遇尤異，及討準布有功，拜南府宰相，改上京留守。

20 九月，乙卯，詔孫奭、馮元舉京朝官通經術者。

21 庚申，詔禮部貢院，諸科通三經者薦擢之。

22 錄周世宗從孫柴元亨爲三班奉職。

23 辛未，廢襄、唐二州營田務，以田賦民，每頃輸稅五分。

24 壬申，命翰林學士夏竦、蔡齊、知制誥程琳等重删定編敕。帝問輔臣曰：「或謂先朝詔令不可輕改，信然乎？」王曾曰：「此憸人惑上之言也。咸平中，删太宗朝詔令，十存一二。蓋去其繁密之文以便於民，何爲不可！今有司但詳其本末，又須臣等審究利害，一一奏稟，然後施行。」帝然之。

25 是月，遼主駐遼河。

26 冬，十月，甲戌朔，日有食之。【考異】遼史不書是年日食，今從宋史。

27 丙子，哈斯罕舊作曷蘇館，今改。諸部長朝於遼。未幾，哈斯罕部乞建旗鼓，遼主從之。

28 （辛卯），淮南轉運司言楚州北神堰、眞州江口堰修水閘成。初，堰度舟，歲多壞，而監眞州排岸潯陽陶鑑、監楚州稅元城王乙，並謂置水閘堰旁，以時啓閉。及成，漕舟果便，歲省堰卒十餘萬。乃詔發運司，他可爲閘處，令規畫以聞。鑑、乙並優遷。【考異】按王安石誌王乙墓，云乙言楚州可去堰爲閘，歲省卒二十一萬七千，工錢一百三十萬，米六萬八千石，與實錄不同，未知誰是。長編又言鑑孫愷嘗爲成都府轉運副使，有文字記此甚詳。

29 先是孫奭、馮元共薦大理寺丞安丘楊安國爲國子監直講，於是幷召安國父兗州州學講書光輔入見。帝令說尚書，光輔曰：「堯、舜之事，遠而未易行，臣願講無逸一篇。」時年七十餘矣，而論說明暢。帝欲留爲學官，光輔固辭。（十一月）乙卯，以光輔爲國子監丞，遣還。

30 遼蕭惠爲招討使累年，屢遭侵掠，士馬疲困。十一月，有小校訴其三罪，遼主命按之，旋降惠爲南京侍衞馬步軍都指揮使。

31 十二月，丁丑，卹畿內饑。

32 辛巳，遼主詔北面諸部廉察州縣之官，不治者罷之。又詔：「大小職官，有貪暴殘民者立罷，終身不錄；其不能廉直，雖處重任，亦代之；清勤者，雖卑位，亦當薦拔。」

33 遼自蕭哈綽、舊作合卓，今改。蕭朴相繼爲樞密使，專尚吏才，好自聽訟，時人轉相效習，風俗日衰。遼主下詔曰：「朕以國家以南、北二院分治契丹、漢人，蓋欲去貪枉，除煩擾也。若貴賤異等，則怨必生。夫小民犯罪，必不能動有司以達於朝，惟內族、貴戚，各恃恩行賄以圖苟免，如是則法廢矣。自今貴戚以事被告，不以事之大小，並令所在官吏按問，具申北、南院覆問，得實以聞；其不按輒申及受請託爲奏言者，以本犯人罪罪之。」

34 丁亥，帝白太后，欲元日先上太后壽乃受朝，太后不可。王曾奏曰：「陛下以孝奉母儀，太后以謙全國體；請如太后令。」因再拜稱賀。帝固欲先上太后壽，既退，出墨詔付中書。

五年遼太平七年。（丁卯、一○二七）

1春，正月，壬寅朔，初率百官上皇太后壽於會慶殿，遂御天安殿受朝。

2己未，樞密副使晏殊罷。

殊上疏論張耆不可爲樞密使，忤太后旨。會從幸玉清昭應宮，從者持笏後至，殊怒，以笏撞之折齒，御史彈奏，遂出知宣州。之州數月，改應天府，延范仲淹以教生徒。自五代以來，天下學校廢，興學自殊始。

3戊辰，以夏竦爲樞密副使。

4是月，遼主如混同江。

5二月，癸酉，命呂夷簡、夏竦修先朝國史，王曾爲提舉，翰林學士宋綬、樞密直學士劉筠、陳堯佐同修。初，內出劄子，以先朝正史久而未修，慮年祀浸遠，事或淪墜，宜令王曾修纂之。故事，宰臣自領監修國史；至是以曾提舉，乃別降敕焉。

6丙子，詔賑京東流民。

7三月，辛酉，御崇政殿，試禮部奏名進士，仍命翰林學士宋綬以下二十六人爲殿後彌封、謄錄、考覆、詳定、編排官，如先朝舊制。乙丑，賜進士王堯臣等一百九十七人及第，八十二人同出身，七十一人同學究出身，二十八人試銜；丙寅，賜諸科及第幷出身者又六百九十八人。堯臣，虞城人也。

夏，四月，癸酉，試特奏名進士及諸科；甲戌，賜同出身及試銜者凡三百四十二人。尋下詔戒諭諸道舉人，宜奮勵詞學，毋坐視歲月，冀望恩澤。

8 辛巳，遼杜防、蕭蘊等來賀乾元節，知制誥程琳爲館伴使。蘊出位圖，指曰：「中國使者至北朝坐殿上，位高；今北朝使至中國，位下，請升之。」琳曰：「此眞宗皇帝所定，不可易。」防又曰：「大國之卿當小國之卿，可乎？」琳曰：「南、北朝安有大小之異！」防不能對。詔與宰相議，或曰：「此細事，不足爭。」將許之。琳曰：「許其小，必啓其大。」固爭不可，乃止。

9 乙未，遼主獵於黑嶺。

10 帝嘗謂輔臣曰：「世無良醫，故夭橫者衆。」張知白對曰：「古方書雖存，率多舛繆；又，天下學醫者不得盡見。」乃命醫官院校定醫書。至是詔國子監摹印頒行，并詔翰林學士宋綬撰病源序。

11 五月，庚子朔，詔：「武臣子孫習文藝者，聽奏文資。」

12 丙午，閱諸班騎射。

13 辛亥，錄繫囚。

14 癸亥，楚王元佐薨，追封齊王，謚恭憲；後改封潞王。

15是月，遼主清暑永安山。

16西南招討司奏陰山中產金銀，請置冶，從之；復遣使循遼河北求產金銀之所。由是興冶采鍊，人賴其利。

17六月，甲戌，以京畿旱，禱雨於玉清昭應宮、開寶寺。

丙子，詔決畿內繫囚。

丁丑，雨。

18癸未，罷諸營造之不急者。先是太后大出金帛，重修景德寺，遣內侍羅崇勳主之。宰臣張知白因言：「按五行志，宮室盛則有火災。近者洞眞、壽寧觀相繼火，此皆土木太盛之證。」帝納其言。

19詔：「翰林學士依大中祥符五年故事，雙日鎖院，隻日降麻。」

20遼禁諸屯田不得擅貨官粟。

21癸巳，遼復使蕭惠討準布。

22秋，七月，己亥朔，賑秦州水災。

23遼主諭中外大臣曰：「制條中有遺闕及輕重失中者，其條上之，議增改焉。」

24乙巳，遼詔：「輦路所經，旁三十步內不得耕種者，不在所訟之限。」

25 丙辰，發丁夫三萬八千，卒二萬一千，緡錢五十萬，塞滑州決河。

26 詔察京東被災縣吏不職者以聞。

27 先是司天監主簿苗舜臣等，嘗言土宿留參，太白晝見，詔日官同考定。日官奏：「土宿留參，順不相犯；太白晝見，日未過午。」舜臣等坐妄言災變被罰。監察御史曹修古言：「日官所定，希旨悅上，不足爲信。今罰舜臣等，其事甚小，然恐自此人人畏避，佞媚取容，以災爲福。」禁中以翡翠爲服玩，詔市於南越，修古以爲重傷物命；且眞宗嘗禁采狨毛，故事未遠，宜罷之。時方崇建塔廟，議營金閣，費不可勝計，修古極陳其不可。八月，壬申，修古出知歙州。【考異】修古以臺官出典州，必坐論諫不合。本傳亦甚略，今從長編入數事。

28 九月，庚戌，閱龍衞神勇軍習戰。（校者按：此條自「庚戌」以下應移下29「癸卯」後。）

29 （癸卯），召輔臣至崇政殿西廡觀孫奭講書，各賜織成御飛白字圖。

30 陝西轉運司言，同、華等州旱，虸蚄蟲食苗。太常博士、祕閣校理、國史院編修官謝絳上疏曰：「去年京師大水，敗民廬舍，河渠暴溢，幾冒城郭；今年苦旱，百姓疫死，田穀焦槁，秋成絕望；此皆大異也。陛下夙夜勤苦，思有以攬塞時變，固宜改更理化，下罪己之詔，修順時之令，宣羣言以導壅，斥近幸以損陰。而聖心優柔，重在改作，號令所發，未聞有以當天心者。夫風雨寒暑之於天時，爲大信也；信不及於物，澤不究於下，則水旱爲沴。近日制命有信宿輒改，適行遽止，而欲風雨以信，其可得乎！

天下之廣，萬幾之衆，不出房闥，豈能盡知！而在廷之臣，未聞被數刻之召，吐片言之善；朝夕左右，非恩澤卽佞倖，上下皆蔽，其事不虛。昔兩漢日蝕、水旱，有策免三公以示戒懼。陛下進用丞弼，極一時之選；而政道未茂，天時未順，豈大臣輔佐不明邪？陛下信任不篤邪？必若使之，宜推心責成以極其效；謂之不然，則更選賢者。比來姦邪者易進，守道者數窮，政出多門，俗喜由徑。聖心固欲盡得天下之賢能，分職受事，而宰相方考資進吏，無所建白，循依違之迹，行尋常之政，臣恐不足回靈意，塞至戒。

古者穀不登則虧膳，災屢至則降服，凶年不塗塈。願陛下(下)詔引咎，損太官之膳，避路寢之朝，許士大夫斥諱上聞，譏切時病，罷不急之役，省無名之斂，勿崇私恩，更進直道。誠動乎上，惠洽於下，豈有時澤之艱哉！」

絳，濤之子也。

31 遼主駐遼河。

冬，十月，丁卯朔，詔：「諸帳院庶孽，並從其母論貴賤。」遼主留心翰墨，始畫譜牒以別嫡庶，由是爭訟紛起。樞密使蕭朴，有吏才，能知人主意，敷奏稱旨，時議多取決之。

32 辛未，太常博士、直集賢院、同知禮院王皡，上所撰禮閣新編六十卷。

初，天禧中，同判太常禮院陳寬請編次本院所承詔敕，其後不能就；皡因取國初至乾興所下詔敕，刪去重複，類以五禮之目，成書上之，賜五品服。皡，曾弟也。

33 乙酉，監修國史王曾言：「唐史官吳兢，於實錄正史外，錄太宗與羣臣對問之語爲貞觀政要。今欲采太祖、太宗、眞宗實錄、日曆、時政記、起居注，其間事迹不入正史者，別爲一書，與正史並行。」從之。

34 甲午，同皇太后幸御書院，觀太宗、眞宗御書。

35 壬辰，醫官院上所鑄俞穴銅人式二，詔一置醫官院，一置相國寺。（校者按：此條應移34「甲午」條前。）

36 丙申，滑州言塞決河畢。是日旬休，帝與太后特御承明殿，召輔臣諭曰：「河決累年，一旦復故道，皆卿等經畫力也。」王曾等再拜稱賀。詔速第修河僚勞效以聞，作靈順廟於新隄之側。十一月，丁酉朔，名滑州新修埽曰天臺埽，以其近天臺山麓故也。自天禧三年河決，至是九載，乃復塞。修河部署彭睿、權三司使河南范雍、知滑州寇瑊，並加秩；凡督役者第遷官，民經率配，免秋稅十之三。

37 乙未，遼皇姪匡義軍節度使中山郡王查噶、舊作查葛，今改。保寧軍節度使長沙郡王色嘉努、舊作謝家奴，今改。廣德軍節度使樂安郡王遂格，舊作遂哥，今改。奏言各將之官，乞選伴讀書史，遼主從之。（校者按：此條應移36「丙申」條前。）

38壬寅，工部郎中、直昭文館燕肅請造指南車，內侍盧道隆又上所創記里鼓車，詔皆以其法下有司製之。

39甲辰，百官集尙書省，受薦饗景靈宮誓。乙巳，受饗太廟誓。丙午，受合祭天地誓。丁未，帝謂輔臣曰：「百官三日受誓，禮當然邪？」王曾等曰：「宮廟告饗，皆緣郊祀之事，止當一受誓爾。今循先朝舊制，請俟他日釐正之。」

40辛亥，朝饗景靈宮。壬子，饗太廟。大禮使王曾言：「皇帝執玉被袞，酌獻七室，而每室奏樂章，恐陟降爲勞，請節宮架之奏。」帝曰：「三年一饗，朕不敢憚勞也。」

癸丑，祀天地於圜丘。賀皇太后於會慶殿。

丁巳，恭謝玉淸昭應宮。

十二月，辛未，加恩百官。

41丁亥，詔：「百官、宗室受賂冒爲親屬奏官者，毋赦。」

42左正言孔道輔爲左司諫、龍圖閣待制。

時道輔使遼猶未還。遼宴使者，優人以文宣王爲戲，道輔艴然徑出。主客者邀道輔還坐，道輔正色曰：「中國與北朝通好，以禮文相接，今俳優之徒侮慢先聖而不之禁，北朝之過也。」【考異】長編載孔道輔還，言於宋帝曰：「契丹比爲黑水所破，其勢甚蹙。」按遼史，是時遼未嘗見敗於黑水。今不取。

43是歲，南郊肆赦，中外以爲丁謂將復還。殿中侍御史臨河陳琰〔炎〕上疏曰：「丁謂因緣憸佞，竊據公台，今禋柴展禮，必潛輸琛貨，私結要權，假息要荒，冀移善地。李德裕止因朋黨，不獲生還；盧多遜曲事主〔王〕藩，卒無牽復；請更不原赦。」帝然之。

六年遼太平八年。（戊辰、一〇二八）

1春，正月，己酉，罷兩川乾元節歲貢織佛。

2詔：「自今南郊軍賞有闕，其三司官吏並劾罪。」

先是南郊賞賜軍士，而汾州廣勇軍所得帛不逮他軍，一軍大譟，捽守佐堂下劫之，約予善帛，乃免。城中戒備，遣兵圍廣勇營。轉運使孫沖適至，命解圍弛備，置酒張樂，推首惡十六人斬之，遂定。初，守佐以亂軍所約者上聞，詔給善帛。使者至潞，沖促之還，曰：「以亂而得所欲，是誘之亂也。」卒留不予。

3戊午，詔：「諸路提點刑獄朝臣、使臣，交割本職公事與轉運使、副使，仍令轉運司條所省事件以聞。」或言提點刑獄官過爲煩擾，無益於事故也。

4庚申，党項侵邊界，邊帥擊破之。

5甲子，遼詔州縣長吏勸農。

6是月，遼主如混同江。

7二月，辛未，同知禮院王皥言：「謚者，行之表也。近日臣寮薨卒，雖官品合該擬謚，其子弟自知父祖别無善狀，慮定謚之際，斥其謬戾，皆不請謚。竊以謚法自周公以來，垂爲不刊之典，蓋以彰善癉惡，身歿之後，是非較然，用爲懲勸。今若任其遷避，則爲惡者肆志而不悛。欲乞今後凡有臣寮薨謝，不必候本家請謚，並令有司舉行。如此，則隱慝無行之人有所沮勸矣。」從之。

8壬午，工部尚書、平章事張知白卒。知白在相位，愼名器，常以盛滿爲戒。雖顯貴，其清約如寒士。贈太傅、中書令。禮官謝絳議謚文節，御史王嘉言言：「知白守道徇公，當官不撓，可謂正矣，請謚文正。」王曾曰：「文節美謚矣。」遂不改。嘉言，禹偁子也。

知白九歲，其父終邢州，殯於佛寺；及遼師侵河北，寺宇多頹廢，殯不可辨。知白既登第，徒行訪之，得佛寺殿基，恍然識其處；旣發，其衣衾皆可驗。衆歎其誠孝。

9戊子，遼燕京留守蕭孝穆，請於拒馬河接宋境上，置戍長以巡察，遼主從之。

10三月，丙申朔，日有食之。【考異】遼史不載是年日食。今從宋史。

11戊申，太后幸劉美第，左司諫劉隨奏疏勸止。太后納其言，自後不復再往。【考異】宋祁作劉隨墓誌銘云：太后不宜數幸外家，恐誤。今從長編。

12 壬子，以張士遜爲禮部尚書、同平章事。

張知白既卒，帝謀代之者，宰相王曾薦呂夷簡，樞密使曹利用薦張士遜。太后以士遜位居夷簡上，欲用之，曾言輔相當擇才，不當問位，太后許用夷簡。夷簡因奏事，言士遜事帝於壽春府最舊，且有純懿之德，請先用之，太后嘉其能讓。

13 癸丑，以姜遵爲樞密副使。

遵長於吏事，其治尚嚴猛，所誅殘者甚衆，時人號爲「薑擦子」。太后遣內侍於永興軍營浮屠，遵希太后旨，悉毀漢、唐碑碣以代磚甓，躬自督治。既成，乃得召用。

14 己未，以范雍爲樞密副使，班姜遵上。

15 是月，遼主駐長春河。

16 夏，四月，戊辰，詔審官、三班院、吏部流內銓、軍頭司，各引對所理公事。自帝爲皇太子，輔臣參決諸司事於資善堂，至是始還有司。

17 丁丑，貸河北流民復業者種食，復是年租賦。

18 癸未，命龍圖閣待制燕肅、直史館康孝基同議蠲減三司歲所科上供物。凡中都歲用百貨，三司視庫務所積豐約，下其數諸路，諸路度風土所宜及民產厚薄而率買，謂之科率。諸路用度非素蓄者，亦科率於民。然用有緩急，則物有輕重，故方上（上方）所須，輕者反重，賤者反貴，而民有受其弊者。肅等既受命，建言京師庫務所積可給一二年者，請勿復科買，詔從之。

19 庚寅，以星變，齋居不視事五日，降畿內囚死罪，流以下釋之，罷諸土木工，賑河北流民過京師者。

時命僧道禬禳於文德殿，殿中侍御史李紘奏曰：「文德殿，布政會朝之位，每災異輒聚緇黃讚唄於間，何以示中外！」

右司諫劉隨，因星變言：「國家本支蕃衍，而定王之外，封策未行，望擇賢者，用唐故事，增廣嗣王、郡王之封，以應祖宗意。」監察御史鞠詠條上應變五事，又言：「太子少保致仕晁迥，雖老而有器識，宜蒙訪對，其必有補。」

20 五月，乙未朔，交趾寇邊，詔廣南西路轉運司發谿峒丁壯捕之。時文思使焦守節知邕州，遣人入交趾，諭以利害，李公蘊拜章謝罪。

21 遼主清暑永安山。

22 庚戌，詔：「溫、鼎、廣等州歲貢柑，不得以貢餘爲名，餉遺近臣。」始，王曾言於帝，請斷貢餘。帝曰：「貢且勞矣，況其餘乎！」亟命罷之。

23樞密副使姜遵言:「咸陽民元守亮歲貢梨,朝廷給賜,常倍其直,守亮恃此夸其里中,因以淩弱,請絕其獻。」帝曰:「朕不知守亮敢恃此以橫也。」辛亥,詔罷之。

24六月,丙寅,罷戎、瀘諸州穀稅錢。

25周虢州防禦使柴貴,世宗弟也,其孫肅自陳求官。帝問王曾曰:「肅果柴氏之後乎?」曾對曰:「得貴告身驗之,信然。」帝曰:「世宗開拓土宇,爲吾國家也,後裔其可忘哉!」命爲三班奉職。

26秋,七月,遼以南院大王耶律迪里舊作敵烈,今改。爲上京留守。

27戊戌,遼主獵於平地松林。

28乙未,開封府推官、監察御史館陶王沿爲河北轉運副使。沿上言:「本朝制兵刑,未幾於古。自契丹通好三十年,二邊地常屯重兵,坐耗國用,而未知所以處之。請敎河北強壯,以代就糧禁卒之闕,罷招廂軍,以其冗者隸作屯田,行之數年,當漸銷減,而強壯悉爲精兵矣。

古者刑平國,用中典,而比者以敕處罪,多重於律。律以絹(估罪者,敕以緡)直代之;律坐髡鈦而役者,敕黥竄以爲卒。比諸州上言,謫卒太多,衣食不足,願勿復謫者七十餘州。以律言之,皆不至是,是以繁文罔之而置於理也。誠願刪深文而用正律,以錢定罪者,悉從絹估，賒貸爲卒者，止從髡鈦；此所謂勝殘去殺，無待百年者也。」

29 壬子，江寧府、揚、眞、潤州江水溢，壞官民廬舍，遣使安撫賑卹。

30 八月，乙丑，詔免河北水災州軍秋稅。

初，帝謂輔臣曰：「比令內侍往緣邊視水災，如聞有龍堰於海口，故水壅而不泄。可遣官致祭。」王曾曰：「邊郡數大水，蓋洪範所謂不潤下之證。海口恐非龍可堰，宜寬民賦以答天災。」故有是詔。

31 甲戌，淮南、江、浙、荆湖制置發運使張綸知秦州。

綸，天禧末爲發運副使。時鹽課積虧者十年，綸乃奏除通、泰、楚三州鹽戶宿負，官助其器用，鹽入優與之直，由是歲增課數十萬。復置鹽場於杭、秀、海三州，歲入課又三百五十萬。居三歲，增上供米八十萬。在江、淮踰六年，爲民興利除害甚衆。性喜施與，漕卒多凍餒道死者，綸見之，歎曰：「此有司之過，非所以體上仁也。」推俸錢市絮襦千數，衣其不能自存者。

32 乙亥，河決澶州王楚埽。

33 戊寅，翰林學士承旨兼龍圖閣學士劉筠知廬州。

筠三入翰林，意望兩府，及爲承旨，頗不懌，嘗移疾不出。或戲筠曰：「服清涼散必愈。」

蓋兩府乃得用清涼繖也。

筠前嘗知廬州，愛其土，遂築室城中，架閣藏前後所賜書，帝爲飛白書，曰「眞宗聖文祕奉之閣」。及再至，卽營冢墓，作棺，自爲銘刻之。後二歲，竟卒於書閣。

筠初爲楊億所識拔，後遂與億齊名，時號楊、劉。性不苟合，臨事明達，而其治尚簡嚴。然晚爲陽翟同姓富人奉〔奏〕求恩澤，清議頗少之。

34 丙戌，錄唐張九齡後。九齡九代孫錫，以九齡告身及明皇批答來獻。帝謂輔臣曰：「九齡，唐名相，宜旌其後。」卽授國子四門助教。

35 九月，己亥，詔：「京朝官任內，五人同罪，奏舉者減一任。」

36 乙巳，遣使修諸路兵械。

37 丙午，太常少卿、直昭文館陳從易爲左司郎中，兵部郎中、集賢院修撰楊大雅並知制誥。

自景德後，文士以雕靡相尚，從易獨自守不變；與大雅特相厚，皆好古篤行，無所阿附。天禧初，大雅提點淮南刑獄，按部過金陵境上，遇風舟覆，冠服盡喪。時丁謂鎭金陵，遣人遺衣一襲，大雅辭不受。王欽若亦不喜之。時議欲矯文弊，故並進用。大雅初名侃，避眞宗舊諱，改焉。

38 壬子，遼主如中京。北德哷勒舊作北敵烈，今改。部節度使耶律延壽請視諸部，賜旗鼓，從之。

39 是月，準布諸部長多降於遼。

40 冬，十月，甲申，除福州民逋官莊錢十二萬八千緡。初，王氏據福州時，有田千餘頃，謂之官莊。太平興國中，授券與民耕，歲輸賦而已。天聖二年，發運使方仲荀言：「此公田也，鬻之可復厚利。」遣屯田員外郎辛惟慶領其事，凡售錢三十五萬餘緡，詔減緡錢三之一，期三年畢償。監察御史朱諫以爲傷民，不可，詔復爲貧弱者寬期。至是知州章頻復以爲言，詔悉除之。

41 遼魏王耶律色軫舊作斜軫，今改。之孫婦指斥乘輿，其夫爲之容隱，事覺，連坐，幷籍其家。

42 遼主諭燕城將士：「若有敵至，總管備城之東南，統軍使守西北，馬步軍備野戰，統軍副使繕壁壘，課士卒，各練其事。」

43 十一月，丙申，遼太子宗眞納妃蕭氏，駙馬都尉克迪舊作匹敵，今改。之女也。

44 遼以耶律求翰爲北院大王。

45 癸卯，翰林學士宋綬等上所撰天聖鹵簿記十卷。初，南郊，綬攝太僕卿，陪玉輅，帝問儀物典故，占對辨給，因使綴集官撰記，帝歎其詳備。

46 十二月，丁卯，賜故杭州處士林逋諡曰和靖先生，仍賻其家。逋臨終賦詩，有「茂陵他日求遺稿，猶喜曾無封禪書」之句。既卒，州以聞，帝嗟惜之。初，逋嘗客臨江，李諮方舉進士，未有知者。逋曰：「此公輔器也。」及逋卒，諮適爲州守，爲素服，與其門人葬之。

47 遼主詔：「兩國舅及南北王府乃國之貴族，賤庶不得任本部官。」

48 是歲，遼放進士張宥等五十七人。

七年遼太平九年。(己巳、一〇二九)

1 春，正月，癸卯，樞密使曹利用罷，以侍中判鄧州。初，太后臨朝，中人與貴戚稍能軒輊爲禍福，而利用以勳舊自居，不恤也。凡內降恩，力持不予，左右多怨。太后亦嚴憚利用，稱曰侍中而不名。利用奏事簾前，或以指爪擊帶鞓，左右指以示太后曰：「利用在先帝時，何敢爾邪！」太后頷之。利用奏抑內降恩，雖屢卻，亦有不得已從之者。人揣知其然，或紿太后曰：「蒙恩得內降，輒不從。今利用家媪陰諸臣請，其必可得矣。」下之而驗。太后始疑其私，頗銜怒。

內侍羅崇勳得罪，太后使利用召崇勳戒敕之。利用去崇勳冠幘，詬斥良久，崇勳恨之。

會從子汭爲趙州兵馬監押，而州民趙德崇詣闕告汭不法事；奏上，崇勳請往按之，遂罷利用樞密而窮治汭罪。汭坐被酒衣黃衣，令人呼萬歲，杖死。

丙辰，貶利用爲左千牛衞上將軍，知隨州。

2 是月，遼主至自中京。

3 二月，庚申朔，參知政事魯宗道卒。宗道疾劇，帝臨問，賜白金三千兩。既卒，太后臨奠，贈兵部尚書。

宗道剛正疾惡，遇事敢言，不爲小謹。初，太常議謚曰剛簡，復改爲肅簡，議者以爲肅不若剛爲得其實云。【考異】王子融作王曾言行錄及百一篇，毀短宗道殊甚。然他書莫不稱宗道剛簡可畏，恐子融所云，或出私意，今不取。

4 甲子，詔：「文臣歷邊任有材勇，武臣之子有節義者，與換官，三路任使。」

5 丙寅，張士遜罷。

士遜以曹利用薦，得宰相，利用長樞密，憑寵自恣，士遜居其間，未嘗有是非之言，時人目之爲「和鼓」。及曹汭獄起，羅崇勳因譖利用，帝以問執政，衆顧望，未有對者。士遜徐曰：「此獨不肖子爲之，利用大臣，宜不知狀。」太后怒，將罷士遜，帝以其東宮舊臣，加刑部尚書，知江寧府，解通犀帶賜之。後領定國軍節度使，知許州。

6 以呂夷簡同中書門下平章事、集賢殿大學士。始，王曾薦夷簡可相，久不用。士遜將免，曾因對言：「太后不相夷簡，以臣度聖意，不欲其班樞密使張耆上爾。耆一赤腳健兒，豈容妨賢至此！」太后曰：「吾無此意，行用之矣。」於是卒相夷簡。

7 丁卯，以夏竦、薛奎參知政事，陳堯佐爲樞密副使。奎入謝，帝諭奎曰：「先帝常以卿爲可任，今用卿，先帝意也。」

8 癸酉，貶曹利用爲崇信軍節度副使，房州安置。利用又坐私貸景靈宮錢貶，命內侍楊懷敏護送，諸子各奪兩官，沒所賜第，籍其貲，黜親屬十餘人。宦者多惡利用，行至襄陽驛，懷敏不肯前，以語逼之。利用素剛，遂投繯而絕，以暴卒聞。【考異】利用之死，據長編在閏二月辛卯，今并見於此。

利用性悍梗少通，力裁僥倖，而其親舊或有緣恩以進者，故及於禍。然在朝廷，忠藎有守，始終不爲柔屈，死非其罪，人多寃之。

9 乙酉，以河水災，委轉運使察官吏不任職者易之。

10 癸巳，募民入粟以賑河北水災。

11 閏月，戊申，禁京城創造寺觀。時都人厭土木之勞，及詔下，咸喜。

12壬子，詔曰：「朕開數路以詳延天下之士，而制舉獨久置不設，意吾豪傑或以故見遺也，其復置此科。」於是稍增損舊名，曰：賢良方正、能直言極諫科，博通墳典、明於教化科，才識兼茂、明於體用科，詳明吏理、可使從政科，識洞韜略、運籌決勝科，軍謀宏遠、材任邊寄科，凡六，以待京朝官之被舉及應選者。又置書判拔萃科，以待選人之應書者。又置高蹈丘園科，沈淪草澤科，茂才異等科，以待布衣之被舉及應書者。又置武舉，以待方略智勇之士。其法，皆先上藝業於有司，有司較之，然後試祕閣，中格，然後天子親策之；若武舉，則仍閱其騎射焉。

初，盛度建言於眞宗，請設四科以取士。夏竦既執政，建請復制舉，廣置科目以收遺才。帝從之，更采度前議而降是詔。

13癸酉，置理檢使，以御史中丞爲之。其登聞檢院匭函改爲檢匣，如指陳軍國大事，時政得失，並投檢匣，令晝時進入，常事五日一進。其稱冤濫枉屈而檢院、鼓院不爲進者，並許指理檢使審問以聞。

時上封者言：「自至道三年廢理檢院，而朝廷得失，天下冤枉，浸不能自達。」帝讀唐史，見匭函故事，與近臣言之。夏竦因請復置使領，帝從其議。

乙卯，始命御史中丞王曙兼理檢使。

14 三月，乙丑，詔：「吏受賕自今毋用蔭。」時三司吏毋士安坐受賕，法應徒，而用祖蔭以贖論，特決杖勒停而降是詔。

15 辛巳，詔以遼饑民流過界河，令所過給米，分送唐、鄧等州，以閒田處之。

16 癸未，詔：「百官轉對，極言時政闕失，在外者實封以聞。」

時羣牧判官夏縣司馬池因轉對，言：「唐制，門下省，詔書出有不便者，得以封還。今門下雖有封駁之名，而詔書一切自中書下，非所以防過舉也。」內侍皇甫繼明等三人給事太后閤，兼領估馬，自言估馬有羨利，乞遷官。事下羣牧司，閱實，無羨利。繼明方用事，自制置使以下，皆欲附會爲奏，池獨不可，吏拜曰：「中貴人不可忤也。」池不聽。繼明等怒甚。會除開封府推官，敕至閤門，爲繼明黨所沮罷，乃以屯田員外郎出知耀州。

17 甲申，上封者言天下茶鹽課虧，請更議其法。帝以問三司使寇瑊，瑊曰：「議者未知其要爾。河北入中兵食，皆仰給於商旅，若官盡其利，則商旅不行，而邊民困於餽運矣。法豈可數更！」帝然之，因謂輔臣曰：「茶鹽，民所食，而強設法以禁之，致犯法者衆。但緣經費尙廣，未能弛之，又安可數更其法也！」

泰州鹽課虧緡錢數十萬，事連十一州，詔殿中丞張奎往按之。還奏：「三司發鈔稽緩，非諸州罪。」因言：「鹽法所以足軍費，非仁政所宜行。若不得已，令商人轉貿流通，獨關市收其征，則上下皆利，孰與設重禁壅閼之爲民病！」有詔，悉除所負。奎，臨濮人，全義七世孫也。

18 丙戌，遣官祈晴。帝因謂輔臣曰：「昨令視四郊，而麥已損腐，民何望焉！此必政事未當天心也。古者大辟，外州三覆奏，京師五覆奏，蓋重人命如此。其戒有司，審獄議罪，毋或枉濫。」又曰：「赦不欲數；然舍是無以召和氣。」夏，四月，庚寅，赦天下，免河北被水民賦租。京師自三月朔雨不止，前赦一夕而霽。

19 辛卯，南平王李公蘊卒。【考異】公蘊之卒，長編繫於天聖六年六月。今從宋史仁宗紀。其子德政遣人來告，以爲交趾郡王。

20 五月，乙〔己〕未（朔），詔禮部貢舉。

21 庚午，上封者言：「近邊內地州郡，多是儒臣知州，邊事武略，安肯留意！欲望自今選有武勇謀略內殿崇班以上三二十人，於河北、河東、陝西及西川、廣南，不以遠近，但路居衝要處充知州，得替日，具本處民間利害或邊事十件奏聞。或朝廷要人驅使，詢之於朝，則曰某人曾在某處，知某處事宜，則是先試之以近邊之事，後委之以臨邊之任，或爲州郡之防，或爲偏裨之將，不乏人矣。」樞密院請令武臣閤門祇候以上知州軍，代還日，分件言事。

22 遼主清暑永安山。

23 六月，戊子朔，【考異】遼史本紀失書朔，今依朔考補入。遼以長沙郡王色嘉努爲廣德軍節度使，樂安郡王遂格爲匡義軍節度使，中山郡王查葛爲保定軍節度使，進封潞王。

24壬辰，置益、梓、廣南路轉運判官，與轉運使分部按巡，位諸州同判上；別給印，分巡郎用之；仍詔磨勘及一年者遷一官。議者以爲自罷諸路提點刑獄，而益、梓、廣南止一轉運使，不能周知民事故也。

25丁未，大雷雨，玉清昭應宮災。宮凡三千六百一十楹，獨長生崇壽殿存。翼日，太后對輔臣泣曰：「先帝力成此宮，一夕延燔殆盡，猶幸一二小殿存爾。」樞密副使范雍，度太后有再興葺意，乃抗言曰：「不若燔之盡也！」太后詰其故。雍曰：「先朝以此竭天下之力，遽爲灰燼，非出人意。如因其所存，又將葺之，則民不堪命，非所以祗天戒也。」宰相王曾、呂夷簡亦助雍言。夷簡又推洪範災異以諫，太后默然。

太廟齋郎蘇舜欽，詣登聞鼓院上疏曰：「今歲自春徂夏，霖雨陰晦，未嘗少止，農田被災者幾於十九，臣以爲任用失人，賞罰弗中之所召也。而大臣歸咎於刑獄之濫，肆赦天下以爲禳救，是殺人者不死，傷人者不抵罪，而欲以合天意也。古者斷決滯獄以平水旱，不聞用赦。故赦下之後，陰霾及今。前志曰：『積陰生陽，陽生則災見焉。』乘夏之氣，發泄於玉清宮，震雨雜下，烈熖四起，樓觀萬疊，數刻而盡，非慢於火備，乃天之垂戒也。陛下當降服減膳，避正寢，責躬罪己，下哀痛之詔，罷非業之作，拯失職之民，庶幾可變災爲祐。浹日之問，未聞爲此，而將計工役以圖修復。都下之人，聞者駭惑，咸謂章聖皇帝勤儉十餘年，天下富庶，及作斯宮，海內虛竭。陛下卽位未及十年，數遭水旱，雖征賦咸入而百姓困乏。若大興土木，則費用不知紀極，財力耗於內，百姓勞於下，內耗下勞，何以爲國！今爲陛下計，莫若采〔求〕吉士，去佞人，修德以勤至治，使百姓足給而征稅寬減，則可以謝天意而安民情矣。夫賢君見變，修道除凶；亂世無象，天不譴告。今幸天見之變，是陛下修己之日，豈可忽哉！」舜欽時年二十一，易簡之孫，耆之子也。

26 甲寅，王曾罷。

始，太后受册，將御天安殿，曾執以爲不可。及長寧節上壽，止供張便殿。太后左右姻家，稍通請謁，曾多所裁抑，太后滋不悅。會玉清昭應宮災，累表待罪，乃出知青州。

27 以玉清昭應宮災，知宮李知損編管陳州；御史臺鞫火起，得知損嘗與其徒茹葷聚飲宮中故也。

初，太后怒守衛者不謹，悉下御史獄，欲誅之。中丞王曙上言：「昔魯桓、僖宮災，孔子以爲桓、僖親盡當毀者也。遼東高廟及高園便殿災，董仲舒以爲高廟不當居陵旁，故災。魏崇華殿災，高堂隆以臺榭宮室爲戒，宜罷之勿治，帝不聽，明年復災。今所建宮，非應經義，災變之來，若有警者。願除其地，罷諸禱祠，以應天變。」而右司諫范諷亦言：「此實天災，不當置獄窮治。」監察御史張錫言：「若反以罪人，恐重貽天怒。」言者既衆，帝及太后皆感悟，遂薄守衞者罪。

議者尚疑將復修宮，諷又言：「山木已盡，人力已竭，雖復修，必不成。臣知朝廷亦不爲此，其如疑天下何！願明告四方，使戶知之。」秋，七月，己巳，下詔以不復修宮之意諭天下。改長生崇壽殿爲萬壽觀。

乙酉，罷諸宮觀使幷輔臣所領諸宮觀使名，從呂夷簡、張耆、夏竦之請也。

續資治通鑑卷第三十八

賜進士及第兵部尚書兼都察院右都御史總督湖北湖南等處地方軍務兼理糧餉世襲二等輕車都尉畢沅編集

宋紀三十八 起屠維大荒落（己巳）八月，盡玄黓涒灘（壬申）十二月，凡三年有奇。

仁宗體天法道極功全德神文聖武睿哲明孝皇帝

天聖七年遼太平九年。（己巳、一〇二九）

1 八月，丁亥朔，日有食之。【考異】遼史不書日食，今從宋史。

2 詔：「罷天下職田，官收其入以所直均給之。」先是上封者言：「職田有無不均，吏或不良，往往多收以殘細民。」命資政殿學士晏殊與三司、審官、三班院、吏部流內銓參議，皆以爲然，故有是詔。

3 己丑，以呂夷簡爲昭文館大學士。

4 辛卯，夏竦復爲樞密副使，陳堯佐、王曙並參知政事，樞密使張耆改山南東道節度使。竦與夷簡不相悅，故以堯佐易之。

5 初，渤海自神册中附於遼，無榷酤鹽麴之稅，寬弛關市之征，渤海安之。自馮延修、韓紹勳以燕地平州之法繩之，民不堪命。會燕地荐饑，戶部副使王嘉獻策造船，使其民漕粟以賑之，水路艱險，多至覆沒，鞭扑搒掠，民怨思亂。東京舍利軍詳衮舊作詳穩，今改。大延琳因之爲變，遂囚留守、駙馬都尉蕭孝先及南陽公主，殺紹勳、嘉以悅衆，僭號興遼，改元天慶。

時遼主駐黑嶺，副留守王道平踰城走告變，卽徵諸道兵以時進討。時國舅詳衮蕭實迪舊作匹敵，今改。先率本管兵據要害，絕其西渡。延琳以書結保州戍主夏行美，使率渤海軍爲亂，行美執其人送統軍耶律普古，舊作蒲古，今改。普古遂殺渤海兵八百人，入據保州，斷其東路。延琳分兵西取瀋州，副使張傑聲言欲降，延琳信之，不急攻；既知其詐，攻之，守禦已備，不克而還。南北女眞皆從延琳，高麗貢使亦不至。【考異】東國通鑑云：契丹東京將軍大延琳遣大府丞高吉德告建國兼求援。延琳，渤海始祖大祚榮七世孫也，國號興遼，建元天興。按遼史作「天慶」，東國通鑑作「天興」，未詳孰是。至延琳之叛，自在八月，而東國通鑑作九月，則據乞援之月耳。

冬，十月，丙戌朔，遼以南京留守、燕王蕭孝穆爲都統，蕭實迪副之，蕭普努舊作蒲奴，今改。爲都監，討延琳。遇賊蒲水中，軍少卻，普努將右翼，實迪將左翼，夾攻之，先據高麗、女眞要衝，使不得求援，賊潰，追敗之於平山北。普努不介馬而馳，追殺餘賊。已而大軍圍東京，普努討諸叛邑，平吼山賊，延琳深溝自衞，固守不敢出。

6十一月，癸亥，冬至，帝率百官上皇太后壽於會慶殿，遂御天安殿受朝。祕閣校理范仲淹疏言：「天子有事親之道，無爲臣之禮；有南面之位，無北面之儀；若奉親於內而行家人禮可也。今顧與百官同列，虧君體，損主威，不可爲後世法。」疏入，不報，又疏請太后還政，亦不報，遂乞補外。尋出爲河中府同判。【考異】六一居士集范文正神道碑，謂太后將以至日大會前殿，上率百官上壽，因仲淹言而事遂已。杜大圭名臣集載富弼撰仲淹墓碑，亦云疏奏遂罷。按上壽前殿，當時實嘗行之，仲淹言之而不見省耳。碑文俱誤，今從長編。

7丙寅，遼以張傑爲瀋州節度使，超授保州戍將夏行美平章事。召皇城進士張人紀等二十二人入朝，試以詩賦，皆賜第。

8壬申，遼以駙馬都尉劉四端權知宣徽南院。

9十二月，庚寅，以知制誥李仲容判禮部。故事，茂才異等、高蹈丘園、沈淪草澤三科所上策論，先委禮部考核以聞，乃得召試。時直史館康孝基判禮部，定富弼等十人；帝改命仲容而以孝基同判，仍取弼等策論覆較之。弼，河南人也。

10辛亥，以左司諫、龍圖閣待制孔道輔知鄆州，坐糾察刑獄不當也。道輔嘗極論曹利用、羅崇勳弄權，時利用死而崇勳猶委任云。

八年遼太平十年。（庚午、一〇三〇）

1春，正月，丙寅，命資政殿學士晏殊權知禮部貢舉。

2甲戌，眞定府、定州路都部署、彰武節度使曹瑋卒，贈侍中，謚武穆。

瑋爲將不如其父寬，然用士得死力。平居意氣舒暇，及行師，多奇計，出入神速。一日，張樂飲僚吏，中坐，失瑋所在，明日，徐出視事，賊首已擲庭下矣。將兵幾四十年，未嘗少失利。眞宗遇邊奏，必手詔詰難至十數反，而瑋守初議，卒無以奪。開邊壕，率令深廣丈五尺，山險不可塹者，因其峭絕治之，使足以限敵，後皆以爲法。

臨淄人賈同嘗造瑋，瑋欲按邊，邀與俱。同問：「從兵安在？」曰：「已具。」既出就騎，見甲士三千環列，初不聞人馬聲。同歸，語人曰：「眞名將也。」王欽若方貴盛，聞同名，欲致之，固辭不往。久之，始同判兗州。天聖初，上書言：「自祥符已來，諫諍路塞，丁謂乘間造符瑞以欺先帝。今謂姦既白，宜明告天下，正符瑞之謬，使先帝免後世之議。」又言寇準忠規亮節，宜還之內地。時太后臨朝，而同言如此，人以爲難。再遷，知棣州，卒。

3集賢校理華陽彭乘懇求便親，詔乘知普州。蜀人得鄉郡自乘始。普人鮮知學者，乘爲興學，召其子弟爲生員，教育之，俗遂以變。

4辛巳，作會聖宮於西京永安縣。【考異】長編作「三聖宮」，今從宋史仁宗紀。

5 二月，戊子，詔：「五代時官三品以上告身存者，子孫依蔭律敍蔭，仍須得保官三人。」御史臺主簿兗州石介上疏以爲不可，坐罷。

6 遼主如龍化州。

7 三月，甲子，御崇政殿試禮部奏名進士；丙寅，試諸科。丁卯，賜進士咸平王拱壽等二百人及第，四十九人同出身；己巳，賜諸科及第、同出身者又五百七十三人。詔更拱壽名曰拱辰。

8 壬申，幸後苑，賞花釣魚。每歲從官賦詩，或預備，及是出不意，坐多窘者，優人以爲戲，左右皆大笑。翌日，盡取詩付中書，第其優劣。祕閣校理韓羲所賦獨鄙惡，落職，同判冀州。

9 乙亥，詔：「宗室嫁女，擇士族之有行義者；敢以財帛爲婚，御史臺、街司察舉之。」

10 以度支副使、刑部郎中錢唐唐肅爲龍圖閣待制。

肅清直廉儉，恬於仕進。在度支，會糴麥京師，數且足，有豪姓欲入官數十萬石，因權倖以干掖庭。太后面命肅，肅曰：「麥貯倉率不過二歲，多則腐朽不可食，況撓法邪！」卒不受。嘗知洪州，艤舟南康，不卽赴。或問之，肅曰：「職田以四月爲限，今遽往，得無趨利之譏乎！」踰月乃上。

11三司以方建太一宮及洪福等院，市材木於陝西。同判河中府范仲淹言：「昭應、壽寧，天戒不遠。今復侈土木，破民產，非所以順人心，合天意也。」尋徙陳州，又言：「恩倖多以內降除官，非太平之政，願以上官、賀婁爲戒。」事雖不行，帝嘉其忠。

12遼都統蕭孝穆圍東京，去城五里，四面築城堡，起樓櫓，使內外不相通。駙馬蕭孝先及南陽公主既爲大延琳所囚，聞遼師至，孝先與其妹穴地逃出。公主在後，爲守陴者所覺，遇害。公主，遼主之第四女也。【考異】遼史公主表：南陽公主下嫁蕭孝先。本紀先書駙馬都尉蕭孝先，後書駙馬延寧。本紀互舉其名字也，今從表。

13夏，四月，遼主如乾陵。以耶律行平爲廣平軍節度使，以夏行美爲中順軍節度使。

14五月，戊申，遼主淸暑柏坡。

15甲寅，賜信州龍虎山張道陵二十五世孫乾曜號虛靖先生，【考異】宋史作「澄素先生」，王氏續鑑從之。今據長編作「虛靖」。以其孫見素爲試將作監主簿，仍令世襲先生號，蠲其租課。

16六月，癸巳，監修國史呂夷簡等上新修國史於崇政殿。故事，史成，監修而下進秩，夷簡固辭之。

17乙巳，御崇政殿，試書判拔萃及武舉人。武舉法，先閱騎射，而試之以策爲去留，弓馬爲高下，每遇制舉則試焉。

18 戊申，以書判拔萃人宣州司理參軍曲江余靖爲將作監丞、知海陽縣，安德節度推官河南尹洙爲武勝節度掌書記、(知河陽縣)。

19 秋，七月，丁巳，詔修國朝會要。

20 丙子，策制舉人，御崇政殿，策試賢良方正能直言極諫太常博士成都何詠、茂才異等富弼。詠、弼對策，並及第四等。丁丑，以詠爲祠部員外郎、同判永興軍，賜五品服；弼爲將作監丞、知長水縣。

21 壬午，遼詔來歲行貢舉法。

22 八月，戊子，詔：「流配人道死者，其妻子給食送還鄉里。」

23 遼東京被圍既久，城中撤屋以爨。戊申，賊將楊詳世密送款，夜，開南門納遼軍，禽大延琳，渤海平。駙馬大力秋，坐延琳事伏誅。

24 九月，丙辰，罷百官轉對。自復轉對，言事者頗衆，大臣不悅，故復罷之。

25 乙丑，樞密副使姜遵卒。

26 劉美家婢出入禁中，大招權利，樞密直學士、刑部侍郎趙稹厚結之。己巳，擢稹樞密副使。命未出，人馳告稹，稹問曰：「東頭、西頭？」蓋意在中書也。世傳以爲笑。

27 宋初，鹽利皆歸縣官，其解池引水而成者曰顆鹽，淮、浙、蜀、廣煮海井鹻而成者曰末鹽，初皆通商貿易。咸平中，梁鼎請官自鬻解鹽，未幾，以公私煩擾，復舊商販。帝初卽位，置計置司，議茶鹽利害。茶法變貼射而鹽則官自鬻，利微而害博。兩池積鹽爲阜，其上生木合抱。選人王景上言，請通商平估以售，少寬百姓之力，太后以爲然，命盛度、王隨議更其制。

隨與權三司使胡則畫通商五利上之曰：「方禁商時，伐木造船以給輦運，而兵民罷勞，不堪其命，今去其弊，一利也。始以陸運，既差帖頭，又役車戶，貧人懼役，連歲逋逃，今悉罷之，二利也。舟運有沈溺之患，綱吏侵盜，雜以泥沙硝石，其味苦惡，疾生重腿，今皆得其眞鹽，三利也。國之錢幣，謂之貨泉，蓋欲使之通流，而富室大家多藏鏹不出，故民用皆蹙，今歲得商人六十餘萬，頗助經費，四利也。歲減鹽官兵卒、畦夫傭作之給，五利也。」冬，十月，丙申，詔罷三京二十八州軍榷法，聽商賈入錢若金銀京師，榷貨務給鈔，受鹽於解池，而申私販鬻之禁。詔下，蒲、解之民皆作感聖恩齋。自是雖賈商流行，而歲課之入官者耗矣。

28 壬寅，置天章閣待制，位龍圖閣待制之下，命鞠詠、范諷爲之。

29 是月，遼主駐長寧淀。

30 十一月，丙寅，朝饗景靈宮。丁卯，饗太廟。戊辰，合祀天地於圜丘，大赦，賀皇太后於會慶殿。

31辛亥，遼都統蕭孝穆等自東京凱旋，戎服入見，遼主賜宴勞之。翌日，封孝穆為東平王，賜佐國功臣號。駙馬蕭實迪封蘭陵郡王，蕭普努加侍中，以蕭惠為南京統軍使。尋以孝穆為東京留守。東京殘破之後，孝穆撫納流民，為政務寬簡，民安之。遼主詔渤海舊族，有勳勞材力者敍用，餘分居來、隰、遷、閏等州。

32十二月，癸未，加恩百官。

33壬辰，以雷州司戶參軍丁謂為道州司戶參軍。

34丁未，定難節度使、西平王趙德明遣使來，獻馬七十匹，乞賜佛經一藏，從之。

35是歲，河中府同判范仲淹上疏，請太后復辟，其略曰：「陛下擁護聖躬，聽斷大政，日月持久　今皇帝春秋已盛，睿哲明聖，握乾綱而歸坤紐，非黃裳之吉象也　豈若保慶壽於長樂，卷收大權，還上眞主，以享天下之養！」疏入，不報。

36高麗來貢。

九年　遼太平十一年，六月，改景福元年。（辛未、一〇三一）

1春，正月，丙辰，長寧節，百官初上皇太后壽於會慶殿。

2己未，龜茲國、沙州並遣使貢方物。庚申，資政殿學士晏殊言：「占城、龜茲、沙州、邛部川蠻夷往往有挈家入貢者，請如先朝故事，委館伴使詢其道路風俗，及繪人物衣冠以上史館。」從之。

3 辛酉，以刑部尚書、知許州張士遜爲定國節度使、檢校太傅。時士遜朝京師，冀復入相。天章閣待制鞠詠奏曰：「曹利用擅作威福，士遜與之親厚，援引至相位，陛下特以東宮僚屬用之。臣願割舊恩，伸公議，趣使之藩。」士遜乃赴許州。

4 丁卯，以祠部員外郎晁宗慤爲知制誥。宗慤，迥子也。宋綬嘗謂：「自唐以來，唯楊於陵身見其子嗣復繼掌書命，今始有晁氏焉。」

5 辛未，錢惟演改判河南府。惟演託病久留京師，既除陳州，遷延不赴，且圖相位。天章閣待制范諷奏曰：「惟演嘗爲樞密使，以皇太后姻屬罷之，示天下不私，今不可復用。」殿中侍御史須城郭勸亦催督惟演上道。惟演自言：「先壠在洛陽，願司宮鑰。」遂命惟演守河南，促其行。

6 翰林學士盛度請其子奉禮郎申甫於館閣讀書，從之。

7 二月，癸巳，詔復職田。

8 三月，壬子，禮部員外郎、天章閣待制鞠詠卒。

9 (癸亥)，賜靑州州學九經，從王曾之請也。自是州郡當立學者皆得賜書。

19遼主自春初如混同江，旋如長春河。遼主末年得消渴疾，語多忌諱，凡死亡者，左右侍臣俱不得言及之，至是增劇。

11夏，四月，戊寅，詔以隴州論平民五人爲刦盜抵死，主者雖更赦，並從重罰。

12五月，乙丑，錄囚。

13遼境諸河，以大雨横流，失其故道。

14六月，遼主疾大漸，驛召東京留守蕭孝穆、上京留守蕭孝先及左丞相張儉，使輔立太子，誡無失南朝信誓。己卯，遼主殂於大斧河之行宮，年六十一，謚曰文武大孝宣皇帝，廟號聖宗。

聖宗守約甚堅，未嘗稍啓邊隙。在位四十九年，理冤滯，舉才行，察貪殘，抑奢僭，錄死事子孫，振諸部貧乏，責近臣迎合，卻高麗女樂，在遼諸帝中號爲令主。及殂，太子卽位，改元景福。

初，聖宗知元妃與皇后有隙，病中屬太子曰：「皇后事我四十年，以其無子，故命汝爲嗣。我死，汝母子切無殺之。」元妃聞之，恚益甚。聖宗疾革，元妃詈皇后曰：「老物，寵亦有既邪！」令左右扶后出。聖宗遺詔以皇后爲皇太后，元妃爲皇太妃；元妃匿之，自尊爲皇太后，攝國政。

太后既得志，引蕭孝先與密謀，欲搆后以罪，以駙馬蕭實迪爲皇后所喜，深忌之。秦晉公主竊聞其謀，告實迪曰：「爾將無罪被戮，與其死，曷若奔女眞以全其生。」實迪曰：「朝廷詎肯以飛語害忠良！寧死，弗適他國。」會護衞馮嘉努、舊作馮家奴，今改。帳下醫耶律喜遜舊作喜孫，今改。希旨上變，誣北府宰相蕭綽布舊作浞卜，今改。及實迪謀逆，欲奉皇后攝政，徐議當立者，太后命鞫治之。辛丑，太后誅綽布、實迪及其黨七人，獄詞連及皇后。遼主聞之曰：「皇后侍先帝歷有歲年，撫育眇躬，當爲太后，今不果，反罪之，可乎？」太后曰：「此人若在，恐爲後患。」遼主曰：「皇后無子而老，雖在，無能爲也。」太后不從，卒載以小車，囚之上京。時遼臣懾太后威，無敢言者。樞密使蕭朴獨上書白皇后之誣，不報，朴感憤，至於嘔血。【考異】遼史蕭孝先傳云：興宗諒陰，欽哀弑仁德皇后，孝先與蕭浞卜、蕭匹敵謀居多。浞卜，今譯作綽布，匹敵，今譯作實迪，俱以皇后之懿親見忌於欽哀，致無罪而死；乃謂其與孝先同預密謀，則誣甚矣。興宗紀云：皇太后賜駙馬蕭鉏不里、蕭匹敵死，圍場都太師女直著骨里、祗候郎君詳穩蕭延留等七人皆棄市，籍其家。遷齊天皇后於上京。與實迪傳同，今從之。鉏不里，卽浞卜也。

15 雄州以遼聖宗訃聞。辛丑，輟視朝七日，在京及河北、河東緣邊亦禁音樂七日，遣使祭奠、弔慰及賀卽位。

16 秋，七月，丙午朔，遼太后率皇族大臨於太平殿，高麗遣使弔慰。遼主召晉王蕭普古等飲博，夜分乃罷。

17 遼奉陵軍節度使耶律吉實舊作乞石，今改。來告哀，帝爲成服於內東門之幄殿，向其國哭，五舉音而止，皇太后舉哭如上儀。遣近臣詣館弔慰，常服，黑帶，繫鞵，不佩魚。

18 丁未，遼主擊鞠。

19 庚戌，遼賑薊州饑。

20 乙卯，遼以比歲豐稔，罷給東京統軍司糧。

21 丁巳，遼主謁聖宗御容，哀慟久之，因命寫北府宰相蕭孝友、南府宰相蕭孝穆象於御容殿。

22 戊午，命孔道輔爲賀遼太后册禮使。遼太后册禮使自此始。

23 壬申，遼主謁神主帳，時奧隈蕭氏始入宮，亦命拜之。

24 癸酉，以翰林侍講學士、兵部侍郎孫奭爲工部尚書，知兗州。奭三請致仕，召對承明殿，敦諭之。奭以年踰七十固請，泣下，帝亦惻然。詔與馮元講老子三章，各賜帛二百匹。以不得請，求近郡，故優拜焉，仍詔須宴而後行。

25 甲戌，右正言陳執中罷度支判官，諫院供職。是時諫議大夫、司諫、正言皆不任諫職，須別降敕赴諫院者，乃曰諫官。

26 八月，丁丑，太子少保致仕馬亮卒，贈右僕射。亮有智略，敏於政事，然所至無廉稱。及卒，以壻呂夷簡在相位，得謚忠肅，人不以爲然。

27 權知開封府寇瑊卒。瑊初附丁謂，故早達。及謂敗，左遷，鬱鬱不自得。祕書丞彭齊賦喪家狗以刺之。

28 九月，戊申，遼主親視慶陵。

29 己巳，以右諫議大夫程琳爲給事中，權知開封府。王蒙正子齊雄捶老卒死，琳令有司驗狀。蒙正連姻太后，太后因琳入對，謂曰：「齊雄非殺人者，乃其奴嘗捶之耳。」琳曰：「奴無自專理，且使令與己犯同。」太后默然。遂論如法。

30 庚午，以吏部尚書、知天雄軍王曾爲彰德節度使，仍知天雄軍。遼使者往還，斂車徒而後過，無敢譁者。人樂其政，爲畫像而生祠之。

31 甲戌，遼遣使來謝弔慰。

32 冬，十月，戊寅，遼宰臣呂德懋卒。

33 己卯，以翰林學士宋綬爲龍圖閣學士、知應天府。時太后猶稱制，五日一御承明殿，垂簾決事，而帝未始獨對羣臣也。綬言：「宜約唐先天中制度，令羣臣對前殿，非軍國大事及除拜，皆前殿取旨。」書上，忤太后意，故命出守。

侍御史劉隨、殿中侍御史郭勸並言綬有詞學，當留於朝，不聽。

34 丙戌，下詔申儆庶官，因侍御使知雜事劉隨請也。其略曰：「比者搢紳之間，名節罔勵，矜勞者掠美以近名，希進者行險以徼寵，分屏翰者或奏請之靡厭，任按察者或寬縱之爲得；貪而無恥，故務營私，老而非材，曾不知退。用稽彝訓，申儆羣倫，苟少冒於官箴，將自投於公憲。」

35 遼遣使來，致其先主遺物。己酉，遣使來謝賀即位及太后册禮。

36 閏月，辛亥，遼有司請以遼主生辰爲永壽節，太后生辰爲應聖節，從之。

37 辛酉，遼主閱新造鎧甲。

38 癸亥，以鹽鐵副使趙州王鬷爲天章閣待制。

初，馬季良建言：「京師賈人常以賤價居茶鹽交引，請官置務收市之。」季良方用事，有司莫敢迕其意，鬷獨不可，曰：「與民競利，豈國體邪！」事遂寢。

39 丁卯，遼賑黃龍府饑。

40 戊辰，知兗州孫奭陛辭，曲宴太清樓，召太子少保致仕晁迥及近臣皆預。翌日，奭入謝，又命講老子，賜襲衣、金帶、鞍勒馬。及行，賜宴瑞聖園，又賜詩，詔近臣皆賦。

41 十一月，辛巳，徙三館於崇文院。先是三館、祕閣在左掖門內，左昇龍門外，大中祥符八年，大內火，權寓右掖門外，至是修崇文院成，復徙之。

42 丙申，遼葬文武大孝宣皇帝於慶陵。

初，耶律資忠爲聖宗所信任，以忤權貴，出爲昭德節度使，至是表請會葬，既至，伏梓宮大慟曰：「臣幸遇聖明，橫被讒譖，不獲盡犬馬之報。」氣絕而蘇。遼主命醫治疾，久之，言：「國舅孝先無憂國之心，陛下不當復用唐景福年號。」於是用事者惡之，遣歸鎭。尋卒。

43 丁亥，弛兩川礬禁。

44 十二月，癸丑，遼主至自慶陵。

太后聽政，遼主不親庶務；羣臣表請，遼主不從。

45 甲寅，詔吏部銓：「選人父母年八十以上者，權注近官。」

46 是歲，遼封李德明子元昊爲夏國公，以興平公主歸之。

明道元年　遼重熙元年。（壬申、一〇三二）

1 春，正月，壬申朔，遼太后御正殿，受遼主與羣臣朝。

2 乙亥，以知江陵府會稽杜衍爲河北都轉運使。初，命衍守荆南，殿中侍御史郭勸言衍清直，當留中朝，不聽。會河北乏軍費，乃命衍往經度之，不增賦於民而用足。

3丁丑，遼主如雪林。

4癸巳，詔：「按舉官奏劾所部官吏而反爲所訟者，自今無得受理。」

5二月，癸卯，監修國史呂夷簡上三朝寶訓三十卷。

6庚戌，以知許州定國節度使張士遜爲刑部尚書、同中書門下平章事。

7丁卯，以眞宗順容李氏爲宸妃。是日，宸妃薨。【考異】李燾謂宸妃之號，前此未見，恐是創置。而張淏雲谷雜記辨之：引唐武后紀高宗立武氏爲昭儀，進號宸妃。又來濟傳，武后被寵，特號宸妃。濟與韓瑗諫云：妃有常員，今別立號，不可。謂宸妃之號創於唐高宗，明肅之封章懿，蓋據於此。援引甚當，今采附於下。

妃始生帝，皇太后卽以爲己子。帝卽位踰十年，妃默處先朝嬪御中，未嘗自異，人畏太后，亦無敢言者，終太后世，帝不自知妃所出也。疾革，乃進位，年四十六。

始，宮中未治喪，宰相呂夷簡朝奏事，因曰：「聞有宮嬪亡者。」太后矍然曰：「宰相亦預宮中事邪？」引帝偕起。有頃，獨坐簾下，召夷簡問曰：「一宮人死，相公何與？」夷簡曰：「臣待罪宰相，內外事無不當預。」太后怒曰：「相公欲離間我母子邪？」夷簡曰：「太后不以劉氏爲念，臣不敢言；尙念劉氏，則喪禮宜從厚。」太后悟，遽曰：「李宸妃也，且柰何？」夷簡乃請治喪皇儀殿，用一品禮殯洪福寺。又謂內侍羅崇勳曰：「宸妃當以后服殮，用水銀實棺。」有司希太后旨，言歲月未利。時有詔欲鑿宮城垣以出喪，夷簡遽求對，太后揣知其意，遣崇勳問之，夷簡言：「鑿垣非禮，喪宜自西華門出。」太后復遣崇勳曰：「豈意卿亦如此！」夷簡曰：「臣位宰相，理當廷爭。太后不許，臣終不退。」崇勳三反，太后猶不許。夷簡正色謂崇勳曰：「宸妃誕育聖躬，而喪不成禮，異日必有受其罪者，莫謂夷簡今日不言也。」崇勳懼，馳告，太后乃許之。【考異】李燾曰：鑿垣事，據魏泰東齋記事，宸妃以二月二十六日薨，輟視朝三日。三月一日發哀成服，初四日贈三代，十四日葬，又輟朝。今并書之。

8 三月，壬申朔，遼命尙父、漆水郡王迪禮舊作敵烈，今改。復爲特里衮。舊作惕隱，今改。

9 遼太后自攝政，卽追封其曾祖爲蘭陵王，父爲齊王，諸弟皆王之，蕭氏奴爲團練、防禦、觀察、節度使者至四十餘人。燕民無賴者多占名樂工，爲蕭氏奴。

10 戊子，始行天聖編敕。

11 太常博士安丘明鎬，初爲蘄州幕職，知州鄧餘慶，貪暴不法，州事皆鎬持正之。薛奎領秦州、益州，皆辟鎬自隨。於是鎬罷益州同判，還朝，賜對，帝問輔臣以鎬所能者，奎曰：「鎬有文學，沈鷙能斷大事，願陛下亟用之。」己丑，命鎬權開封府推官，尋卽眞。

12 江、淮旱。戊戌，詔慮繫囚，流以下降一等，杖、笞釋之。

13 己亥，除婺、秀州丁身錢。

14 是春，遼主大蒐。太后慮遼主懷齊天皇后鞠育之恩，因其出蒐，遣人馳至上京弑后。

后曰：「我實無辜，天下共知，待我浴而後就死，可乎？」使者退，比復至，則后已殂矣，時年五十。因殺其左右百餘人，以庶人禮葬。

15 夏，四月，戊午，知棣州王涉，坐冒請官地爲職田，配廣南牢城。

16 六月，殿中侍御史冀人張存上疏言：「陛下嗣統以來，延納至言，罔有忌諱，函夏之人，共思讜直。自前秋詔罷百官轉對，去冬黜降御史曹修古等，昨又聞進士林獻可因奏封事遠竄嶺南，人心惶惑，中外莫測。臣恐自今忠直之言，與理亂安危之幾，蔽而不達。」因歷引周昌、朱雲、辛慶忌、辛毗事以廣帝意。

17 秋，七月，乙酉，參知政事王曙罷爲資政殿學士，知陝州，以疾自請也。【考異】宰輔編年錄，王曙以七月乙酉罷爲資政殿學士、戶部侍郎，知陝州。宋史云丁酉王曙罷，誤也。

18 辛卯，以門下省爲諫院，徙舊省於右掖門之西。先朝雖除諫官而未嘗置院，及陳執中爲諫官，屢請之。置諫院自此始。

19 遼主獵於平地松林。

20 八月，辛丑，以三司使、兵部侍郎晏殊爲樞密副使。【考異】辛丑，宰輔編年錄作庚子朔，今從長編與宋史。丙午，以晏殊參知政事。

21 遼主駐刺河源。是日，皇子洪基生。

22 甲寅，以楊崇勳爲樞密副使。

23 戊午，詔國子監重修七十二賢堂，其左丘明而下二十一人，並以本品衣冠圖之。

24 壬戌，修文德殿成。是夜，大內火，延及崇德、長春、滋福、會慶、崇徽、天和、承明、延慶八殿。帝與皇太后避火苑中；癸亥，移御延福宮。

甲子，以宰相呂夷簡爲修葺大內使，樞密副使楊崇勳副之。

乙丑，詔羣臣直言闕失。

先是大內火，百官晨朝而宮門不開。輔臣請對，帝御拱宸門，百官拜樓下，宰相呂夷簡獨不拜。帝問其故，曰：「宮庭有變，羣臣願一望清光。」帝舉簾見之，夷簡乃拜。

丁卯，大赦。詔：「營造殿宇，宜約祖宗舊制，更從減省。」

時宦者置獄治火事，得縫人火斗，已誣服，下開封府，使具獄。權知府事程琳辨其不然，乃命工圖火所經處，且言：「後宮人多而所居隘，其烓竈近板壁，歲久燥而焚，此殆天災，不宜以罪人。」監察御史宜興蔣堂亦言：「火起無迹，安知非天意！陛下宜修德應變，今乃欲歸咎宮人，以之屬吏。宮人付獄，何求不可，而遂賜之死，是重天譴也。」帝爲寬其獄，卒無坐死者。

是月，殿中丞河南滕宗諒、祕書丞大名劉越準詔上封事。宗諒言：「國家以火德王，火失其性，由政失其本，」因請太后還政，而越請太后還政，言尤鯁直，皆不報。

25 九月，丁亥，永興軍言左衛大將軍、分司西京李士衡卒。士衡前後筦計二十年，雖才智過人，然素貪，家貲至屢〔累〕鉅萬，建大第長安里中，儼若宮府云。

26 庚寅，重作册寶，以舊册寶爲火所焚也。有司言册寶法物，凡用黃金二千七百兩。詔易以銀而金塗之。

27 冬，十月，己酉，遼主如中京。

28 十一月，甲戌，以修大內成，恭謝天地於天安殿，遂謁太廟，大赦，改元。是日，還延福宮。

29 己卯，冬至，百官賀皇太后於文德殿，帝御天安殿受朝。

30 是日，遼主率羣臣上太后尊號曰法天應運仁德章聖皇太后；羣臣上遼主尊號曰文武神聖昭孝皇帝。大赦，改元重熙。不踰年而再改元，猶用耶律資忠之言也。

31 遼主以蕭薩班舊作撒八，今改。爲祗候郎君。薩班，孝穆之子也，性廉介，風姿爽明〔朗〕，善毬馬馳射。遼主每燕飲，喜諧謔，薩班雖承寵顧，常以禮自持，時人稱之。

32 遼蕭罕嘉努，舊作韓家奴，今改。少好學，博覽經史，通遼、漢文字，嘗爲右通進，典南京栗園，至是命同知三司使事。

33 定難節度使、西平王趙德明，凡娶三姓：衞慕氏，生元昊；咩迷氏，生成遇；訛藏；屈懷氏，生成嵬。元昊，小名嵬理。羌語謂惜爲嵬，富貴爲理。性凶鷙猜忍；圓面高準，長五尺餘；曉浮屠學，通蕃、漢文字，案上置法律書，常攜野戰歌、太一金鑑訣。忽引兵襲夜洛隔可汗王，破之，奪甘州。數諫德明無臣中國，德明輒戒之曰：「吾久用兵，終無益，徒自疲耳。吾族三十年衣錦綺衣，此宋天子恩，不可負也。」元昊曰：「衣皮毛，事畜牧，蕃姓所便。英雄之生，當王霸耳，何錦綺爲！」既陷甘州，復舉兵攻拔西涼府。至是德明死，元昊繼立，延州以聞。詔輟視朝三日，贈太師、尚書令兼中書令，命度支員外郎朱昌符爲祭奠使，賻絹甚厚。帝與皇太后爲德明成服苑中，百官奉慰。

34 辛卯，進封孟王元儼爲荆王。

35 癸巳，以元昊爲檢校太師兼侍中、定難節度使、西平王，命司封員外郎楊告爲旌節官告使。元昊既襲封，卽陰爲叛計。時改元明道，而元昊避父名，輒稱顯道於國中，雖貢奉，然僭已萌矣。初對使者，設席自尊大，而告徙坐卽賓位，不爲屈。又聞屋後有數百人鍛聲，知其必叛，獨畏懦不敢言。告，允恭子也。

36 丙申，詔蘇州所沒丁謂莊田還給其家，仍以其子前內殿承制珝爲供奉官。

37 是月，遼册元昊爲夏國王。

38十二月，庚子，詔以來年二月躬耕籍田，先請皇太后恭謝宗廟，權罷南郊之禮，其恩賞並就禮畢施行。

39辛丑，命禮官詳定籍田及皇太后謁廟儀注。始，太后欲純用帝者之服，參知政事晏殊以周官王后之服爲對，失太后旨；輔臣皆依違不決。薛奎曰：「太后必御此，若何而拜？」力陳其不可。太后爲改他服，雖終不納，猶少殺其禮焉。

40壬寅，以宣徽南院使兼樞密副使楊崇勳爲樞密使。崇勳曲謝，太后與帝言，先帝最稱崇勳質信，可任大事，又超遷之。

41壬子，以太子中允安陽韓琦爲太常丞，直集賢院。

初，琦舉進士第二，方唱名，太史奏日下五色雲見，左右皆賀。

42己未，上封者言：「比詔淮南民飢，有以男女雇人者，官爲贖還之。今民間不敢雇傭人，而貧者或無自存，望聽其便。」從之。

43庚申，命權三司使李諮同盛度、王隨議解鹽法。天聖八年，既聽解鹽通商，行之一年，歲入視天聖七年增緡錢十五萬，明年，更損九萬；其後歲益耗，故令諮等議之。度、隨皆初以通商爲便者也。

44是歲，同判陳州、太常博士范仲淹，以京師多不關有司而署官賞者，乃附驛上奏，以唐中宗朝罨赦斜封官爲戒；又屢論內降之弊。

45 遼以蕭孝友爲西北路招討使，封蘭陵郡王。先是蕭革爲招討使，專以威制西羌，諸部多叛。孝友下車，多加綏撫，每入貢，輒增其賜物，羌人以安。其後寖成姑息，諸部桀驁之風遂熾。孝友，太后之弟也。太后諸弟，惟孝穆位高益畏，太后有賜，輒辭不受，妻子無驕色。而孝先最爲驕橫，尤用事。

太后姊秦國夫人，早歲嫠居，有醜聲，太后見長沙王色嘉努舊作謝家奴，今改。美姿容，爲殺其妃而以秦國妻之。妹晉國夫人，喜戶部侍郎耿元吉貌美，太后從晉國之請，亦爲殺其妻，以晉國妻之。

46 遼放進士劉師貞等五十七人。

續資治通鑑卷第三十九

賜進士及第兵部尚書兼都察院右都御史總督湖北湖南等處地方軍務兼理糧餉世襲二等輕車都尉畢沅編集

宋紀三十九 起昭陽作噩(癸酉)正月，盡閼逢閹茂(甲戌)十二月，凡二年。

仁宗體天法道極功全德神文聖武睿哲明孝皇帝

明道二年 遼重熙二年。(癸酉、一〇三三)

1 春，正月，戊寅，罷館閣侍書。

初，光祿寺丞盛申甫、馬直方在館閣讀書，自陳歲久，請一貼職，帝止令大官給食，候三年與試；因詔後毋得復置。

2 己卯，詔發運使以上供米百萬斛，賑江、淮飢民。

3 癸未，鑄「明道元寶」錢。

4 壬辰，女直貢於遼。女直即女眞，避遼主名，改稱女直。

5 二月，庚子，詔：「江、淮民被災死者，官爲葬祭。」

6乙巳，皇太后服袞衣、儀天冠，饗太廟，爲初獻，皇太妃亞獻，皇后終獻。是日，上皇太后尊號曰應天齊聖顯功崇德慈仁保壽皇太后。丁未，祀先農，行藉田禮，禮成，御正陽門大赦。百官上尊號曰睿聖文武體天法道仁明孝德皇帝。

7三月，庚寅，皇太后不豫，大赦。丁謂特許致仕。

8甲午，皇太后崩於寶慈殿，遺誥：「尊太妃爲皇太后，軍國大事與太后內中裁處；賜諸軍緡錢。」乙未，帝御皇儀殿之東楹，號慟見輔臣，曰：「太后疾不能言，猶數引其衣，若有所屬，何也？」參知政事薛奎曰：「其在袞冕也，服之何以見先帝？」帝悟，以后服斂。命呂夷簡爲山陵使。既宣遺誥，閤門趣百官賀太后於內東門。御史中丞蔡齊目臺吏毋追班，入白執政曰：「上春秋長，今始親國政，豈宜使女主相繼稱制乎？」遂罷預政。

9是月，溫逋奇（舊作溫逋哥。）囚嘉勒斯賚（舊作唃厮囉。）於穽中，而出兵收不附己者。守穽人出之，嘉勒斯賚因集部衆討殺溫逋奇，而徙居青唐。

10夏，四月，丙申朔，下詔求言。刪去遺誥「皇帝與太后裁處軍國大事」之語。

11皇太后既崩，左右有以宸妃事聞者，【考異】通鑑續編云：荆王元儼爲帝言。帝始知爲宸妃所生，號慟累日不絕。壬寅，追尊宸妃爲皇太后；甲辰，詔改葬於永定陵，以大行皇太后山陵五使並兼追尊皇太后園陵使。或言太后死非正命，喪不成禮，帝亦疑焉。因易梓宮，帝遣太后弟李用和視之，則容貌如生，服飾嚴具。用和入告，帝歎曰：「人言其可信哉！」遇劉氏加厚。

12 戊申，帝聽政於崇政殿西廂。

13 庚戌，以流人林獻可爲三班奉職。

明道初，獻可抗言請太后還政，太后怒，竄於嶺南，至是特錄之。

14 壬子，羣臣上表請御正殿，不允；表三上，乃從之。詔：「內外毋得進獻以祈恩澤，及緣親戚通章表。」罷創修寺觀。帝始親政，裁抑僥倖，中外大悅。

15 癸丑，召知應天府宋綬、同判陳州范仲淹赴闕。

16 初，太后稱制，宦者江德明、羅崇勳、任守忠等，交通請謁，權寵頗盛，參知政事薛奎，言不遂斥逐，恐階以爲亂。帝不欲暴其罪狀，止黜之於外。

17 己未，呂夷簡，罷爲武勝節度使、同平章事，判澶州；樞密使張耆，罷爲左僕射、護國節度使，判許州，尋改陳州；樞密副使夏竦，罷爲禮部尙書，知襄州，尋改潁州；參知政事陳堯佐，罷爲戶部侍郎，知永興軍；樞密副使范雍，罷爲戶部侍郎，知荊南府，尋改揚州，又改陝州；樞密副使趙稹，罷爲尙書左丞，知河中府；參知政事晏殊，罷爲禮部尙書，知江寧府，尋改亳州。

帝始親政，夷簡手疏八事，曰正朝綱，塞邪徑，禁賄賂，辨佞壬，絶女謁，疏近習，罷力役，節冗費，其語甚切。帝與夷簡謀，以耆、竦等皆太后所任用，欲悉罷之。退，告郭后，后曰：「夷簡獨不附太后邪？但多機巧，善應變耳。」由是幷罷夷簡。及宣制，夷簡方押班，聞唱其名，大駭，不知其故。而夷簡素厚內侍副都知閻文應，因使爲中詗，久之，乃知事由后云。

18 宰臣張士遜加昭文館大學士，監修國史；資政殿大學士、工部尚書、判都省李迪同平章事，集賢殿大學士；戶部侍郎王隨參知政事；禮部侍郎、權三司使事李諮爲樞密副使；步軍副都指揮使王德用爲檢校太保、僉署樞密院事。

始，太后臨朝，有求內降補軍吏者，德用曰：「補吏，軍政也；敢挾此以干軍政，不可與。」太后固欲與之，卒不奉詔，乃止。帝閱太后閤中，得德用前奏軍吏事，奇之，以爲可大用，故擢任樞密。德用謝曰：「臣武人，待罪行間，不足以當大任。」帝遣使者趣入院。

19 以權御史中丞蔡齊爲龍圖閣學士，權三司使事；天章閣待制范諷爲右諫議大夫，權御史中丞。

時有飛語傳荆王元儼爲天下兵馬都元帥者，卽捕得，繫獄，逮及數百人，齊按之無迹。帝督責愈急，齊曰：「小人無知，不足治，且無以安荆王。」一夕三疏。帝大悟，止笞數人而已。

先是諷出知青州，時山東旱蝗，前宰相王曾，家多積粟，諷發取數千斛濟飢民，因請遣使安撫。於是以御史中丞召，其在青州不踰歲也。

20 以太常博士、祕閣校理范仲淹爲右司諫。仲淹初聞遺誥以太妃爲皇太后，參決軍國事，上疏言：「太后，母號也，自古無因保育而代立者。今一太后崩，又立一太后，天下且疑陛下不可一日無母后之助矣。」時已刪去參決等語，然太后之號訖不改，止罷册命而已。

21 降殿中丞、知吉州方仲弓爲太子中舍、監豐國監。

初，仲弓請依唐武后故事立劉氏七廟，太后見其奏，怒曰：「吾不作此負祖宗事！」裂而擲之，猶用是得知吉州。帝以累更赦宥，止薄責焉。

22 壬戌，始御崇政殿。

23 癸亥，上太后謚曰莊獻明肅。舊制，后謚二字，稱制加四字自此始。追尊李太后謚曰莊懿。

24 五月，丁卯，判河南府錢惟演請以莊獻、莊懿皇太后並祔眞宗室。惟演既罷景靈宮使，還河南，不自安，乃建此議以希帝意。

25 戊辰，詔禮部貢舉。

26 辛未，以屯田員外郎武城龐籍爲殿中侍御史。籍奏請下閤門取垂簾儀制盡焚之。又奏：「陛下躬親萬機，用人宜辨邪正，進擢近列，願采公論，毋令出於執政。」孔道輔嘗謂人曰：「言事官多觀望宰相意，獨龐君可謂天子御史也。」

27 癸酉，詔：「太后垂簾日詔命，中外毋輒以言。」

始，太后稱制，雖政出宮闈，而號令嚴明，左右近習亦少假借，賜與皆有節。賜族人御食，必易以鉛（釦）器，曰：「尙方器勿使入吾家也。」晚，稍進外家，任內官羅崇勳、江德明等訪外事，崇勳等以此勢傾中外，又以劉從德故黜曹修古等。然太后保護帝既盡力，帝奉太后亦甚備。及太后崩，言者多追斥垂簾時事。范仲淹言於帝曰：「太后受遺先帝，保佑聖躬十餘年，宜掩其小故以全大德。」帝大感悟，乃降是詔。

28 丙子，命張士遜撰藉田及恭謝太廟記，以翰林學士馮元爲編修官，直史館宋祁爲檢討官。既而祁言皇太后謁廟非後世法，乃止撰藉田記。

29 帝始召宋綬，將大用之，爲張士遜所沮。丁丑，以綬爲翰林侍讀學士兼龍圖閣學士，判都省。

30 六月，甲午朔，日有食之。

31 壬寅，錄周世宗及高季興、李煜、孟昶、劉繼元、劉鋹後。

32 辛亥，太子少傅致仕孫奭卒。帝謂張士遜曰：「朕方欲召奭還，而奭遂死矣！」嗟惜久之，罷朝一日，贈左僕射，謚曰宣。

奭勸講禁中二十餘年，討論典禮，必取前代中正合法事類陳之，故政府奉行無疑。當眞宗封禪時，獨正言諫諍不少阿。晚節勇退。疾甚，徙正寢，屏婢妾，謂其子瑜曰：「無令我死婦人手也！」

33 初，以錢惟演議下，禮院言：「夏、商以來，父昭子穆，皆有配坐。每室一帝一后，禮之正儀，前代無同日並祔之文。」詔都省與禮院議，皆以爲：「莊穆位崇中壼，與懿德有異，已祔眞廟，自協一帝一后之文。莊獻輔政十年，莊懿誕育聖躬，德莫與並，退就后廟，未厭衆心。按周禮大司樂職：『奏夷則，歌小呂，以饗先妣。』先妣者，姜嫄也，帝嚳之妃，后稷之母，特立廟而祭，謂之閟宮。宜於太廟外別立新廟，奉安二后神主，同殿異室，歲時薦饗，用太廟儀。別立廟名，自爲樂曲，以崇世饗。忌前一日不御正殿，百官奉慰，著之甲令。」詔從之。己未，命權知開封府程琳、內侍副都知閻文應度地營建新廟。

34 秋，七月，丁丑，詔知富平縣事張龜年增秩再任，以其治行風告天下。

35 癸未，降知永興軍陳堯佐知廬州，爲狂人王文吉所誣也。堯佐罷政，過鄭，文吉挾故怨，告堯佐謀反。帝遣中官訊問，復以屬御史臺。中丞范諷，夜半被旨，詰旦得其誣狀，上之，堯佐猶坐是左降。時復有誣諫官陰附宗室者，宰相張士遜置二奏帝前，且言：「憸人誣陷良善以搖朝廷，若一開姦萌，臣亦不能自保。」帝悟，置文吉於法，誣諫官事亦寢。

36 先是右司諫范仲淹以江、淮、京東災傷，請遣使循行，未報。仲淹請間，曰：「宮掖中半日不食，當如何？今數路艱食，安可不恤！」甲申，命仲淹安撫江、淮，所至開倉廩，賑乏絕，禁淫祀，奏蠲廬、舒折役茶，江東丁口鹽錢。飢民有食烏昧艸者，擷艸進御，請示六宮貴戚，以戒侈心。

又上疏曰：「祖宗時，江、淮饋運至少，而養六軍又取天下。今東南漕米歲六百萬石，至於府庫財帛，皆出於民，加之饑年，艱食如此。願下各有司，取祖宗歲用之數校之，則奢儉可見矣。

祖宗欲復幽薊，故謹內藏，務先豐財，庶於行師之時不擾於下。今橫爲墮費，或有急難，將何以濟！天之生物有時，而國家用之無度，天下安得不困！江、淮、兩浙諸路，歲有饋糧，於租稅外復又入糴，計東南數路不下二三百萬石，故雖豐年，穀價亦高。至於造舟之費及饋運兵夫給受賞與，每歲又五七百萬緡，故郡國之民率不暇給。

國家以饋運數廣，謂之有備。然冗兵冗吏，游惰工作，充塞京都。臣至淮南，道逢羸兵，自言三十人自潭州挽新船至無爲軍，在道逃死，止存六人，去湖南猶四千餘里，六人者比還本州，尚未知全活。乃知饋運之患，其害人如此。

今宜銷冗兵，削冗吏，禁游惰，減工作，既省京師用度，然後減江、淮饋運，租稅上供之外，可罷高價入糴。國用不乏，東南罷糴，則米價不起；商人既通，則入中之法可以兼行矣。眞州建長蘆寺，役兵之糧已四萬斛，棟宇像塑金碧之資又三十萬緡；施之於民，可以寬重斂；施之於士，可以增厚祿；施之於兵，可以拓舊疆。自今願常以土木之勞爲戒。」上嘉納之。

37 戊子，詔以蝗旱自責，去尊號「睿聖文武」四字，仍令中外直言闕政。

38 八月，甲午朔，遼遣使來祭奠、弔慰。

39 丙申，以太常丞、永新劉沆直集賢院。

沆前同判舒州，莊獻太后遣內侍張懷信修山谷寺，建資聖浮屠，懷信挾詔命，督役嚴急，州將至移疾不敢出，沆奏罷之。

40 贈工部員外郎曹修古爲諫議大夫。

修古鯁直，有風節。當莊獻時，權倖用事，人人顧望畏忌，而修古遇事輒言，無所回撓。忤太后旨，貶同判杭州；未行，改知興化軍，卒於官，貧不能歸葬。賓佐賻錢五十萬，季女泣白其母曰：「柰何以是累吾先人也！」卒拒不納。帝思修古忠，故優贈之，仍卹其家。

41 壬寅，名莊獻明肅太后、莊懿太后新廟曰奉慈。

42 癸卯，詔：「凡除轉運使及藩鎮、邊郡守臣，自今並許上殿奏事。」

43 甲辰，詔：「中外毋避莊獻明肅太后父諱。」

44 丁酉，遼主如溫泉宮。

45 壬子，宰臣張士遜等言：「比諸道旱蝗，請用漢故事册免，蒙賜詔不許。今陛下既減損尊名，願各降官一等，以塞天異。」帝慰勉之。

46 乙卯，遼遣使閱諸路禾稼。

47 丁巳，置端明殿學士，以翰林侍讀學士宋綬爲之。

48 三司言：「自耤田後，繼有賞賚，用度不足，請假於內藏庫。」庚申，出緡錢百萬賜之。帝謂張士遜曰：「國家錢本無內外，蓋以助經費耳。」自是歲歉或調發，則出內藏以濟之。

49 九月，丙寅，崇信節度使、同平章事、判河南府錢惟演落平章事，還本鎮。

初，惟演欲爲自安計，首建二后並配議。既與劉美爲親，又爲其子曖娶郭皇后妹，至是又欲與莊懿太后族爲婚。御史中丞范諷，劾惟演擅議宗廟；前在莊獻時權寵太盛，且與后族連姻，請行降黜。帝諭輔臣曰：「先后未葬，朕不忍遽責惟演。」諷袖告身對曰：「臣今奉使山陵，而惟演守河南，臣朝暮憂刺客，願納此，不敢復爲御史中丞矣！」帝不得已可之，諷乃趨出。丁卯，復奪曖一官，落集賢校理，聽隨惟演行，諸子皆補外州監當。

50 甲戌，幸洪福院，臨莊懿太后梓宮。丙子，壬午，臨如之。

51 丁丑，詔：「國忌日罷佛像前設神御。」

52 壬午，莊獻明肅皇太后靈駕發引，帝顧輔臣曰：「朕欲親行執紼，以申孝心。」乃引紼行哭，出皇儀殿門，禮官固請而止。遣奠正陽門外，遂詣洪福院，服素紗幞頭、淡黃衫，從官常服、黑帶奉引莊懿太后梓宮，遣奠廷中，皆改衰服。奉辭，隨梓宮攀號不已。左右固請止，帝泣曰：「劬勞之恩，終身何所報乎！」步送至院西南隅，仗轉乃還。

53 冬，十月，丁酉，祔葬莊獻明肅皇太后、莊懿皇太后於永定陵。

54 甲辰，詔：「兩川歲貢綾錦羅綺之屬，以三之二易爲紬絹，供軍需。」帝富於春秋，左右欲以巧自媚，後苑珠玉之工頗盛。殿中侍御史龐籍言：「今螽螟爲災，民憂轉死，陛下安得不以儉約爲師，惜國費以徇民急！」帝納其言。

55 己酉，祔莊獻明肅太后、莊懿太后主於奉慈廟。

56 辛亥，帝諭輔臣曰：「近歲進士試詩賦，多浮華，宜令有司兼取策論。」

57 以司封員外郎、祕閣校理吳遵路爲開封府推官。始，莊獻太后稱制，遵路條奏十餘事，語皆切直，忤太后意，出知常州。遵路至常州，即令轉市吳中米以備歲儉，已而果大乏食，民賴以濟，自他郡流至者亦十全八九。范仲淹安撫淮南，薦遵路，乞以遵路救災事迹頒諸州爲法，並付史館。遵路，淑子也。

58 癸丑，降東、西京囚罪一等，徒以下釋之。緣二太后陵應奉民戶，免租賦、科役有差。

59 戊午，張士遜罷爲左僕射，判河南府，樞密使楊崇勳罷爲河南三城節度使、同平章事，判許州。先是蝗旱仍見，士遜居首相，無所建明，帝頗復思呂夷簡。及百官詣洪福院上莊獻太后謚册，退而奉慰，士遜乃過崇勳園飲酒，日中不至，羣臣離立以俟。御史中丞范諷劾奏之，遂與崇勳俱罷；然制辭猶以均勞佚爲言。

60 以呂夷簡爲門下侍郎兼吏部尚書，同平章事；知河南府王曙加檢校太傅，充樞密使；僉署樞密院事王德用爲樞密副使；端明殿學士、刑部侍郎宋綬參知政事；權三司使事蔡齊爲樞密副使。

61 庚申，詔：「自今每日御前殿視事。」帝卽位之初，尙循眞宗晚年故事，惟隻日御殿，至是始復舊制。

62 自唐以來，民計田輸賦外，增取他物，復折爲賦，謂之雜變，亦謂之沿納，名品煩細。官司歲附帳籍，並緣侵擾，民以爲患。帝詔三司，沿納物以類并合。於是三司請悉除諸名品，并爲一物，夏秋歲入，第分粗細二色。百姓便之。

63 十一月，癸亥朔，參知政事薛奎，罷爲資政殿學士、戶部侍郎，判都省。

始，莊獻崩，二府大臣皆罷去，奎獨留，帝且倚以爲相。而奎得喘疾，數辭位，久之乃罷。

64 以龍圖閣待制孔道輔爲右諫議大夫，權御史中丞。

65 詔增宗室俸。

66 乙丑，追册美人張氏爲皇后。

67 寇準以責死既十一年，以庚寅赦書，始得太子太傅。甲戌，贈準中書令，復萊國公，其壻屯田員外郎張子臯復直史館。仍令齎詔賜其家，祭酹之。子臯，齊賢孫也。

68 戊寅，以大理評事保塞劉渙爲右正言。

初，渙上疏莊獻太后，請還政，太后怒，議黥面配白州。屬太后疾革，宰相呂夷簡故爲稽留，不卽行。至是渙以前疏自言，夷簡請褒擢。帝旣用渙，顧謂夷簡曰：「向者樞密院亟欲投竄，賴卿以免。」夷簡謝曰：「渙疏外，敢言；大臣或及此，則太后必疑風旨自陛下，使母子不相安矣。」帝喜，以夷簡爲忠。

69 己卯，徙判天雄軍王曾判河南府。

始，陳堯咨與曾有隙，曾實代堯咨於天雄，政有不便者徐更之，彌縫不見其迹。及去，堯咨復繼曾後，見府署及什器皆因堯咨舊規，但完葺無所改，歎曰：「王公度量，我不及也！」

70 十二月，丙申，帝謂輔臣曰：「朕退朝，凡天下之奏必親覽。」呂夷簡曰：「小事皆聽覽，恐非所以養聖神。」帝曰：「朕承先帝之託，萬幾之重，敢自泰乎！」又曰：「朕日膳不欲珍美，衣服多以繒縑，屢經澣濯，宮人或以爲笑。大官進膳，有蟲在食器中，朕掩而不言，恐罪及有司也。」夷簡因稱盛德。帝曰：「偶與卿等言之，非欲聞於外，嫌近名耳。」

71 復置諸路提點刑獄官，仍參用武臣。

72 甲辰，以京東饑，出內藏庫絹二十萬下三司，代本路上供之數。

73 丁未，出侍御史張沔知信州，殿中侍御史韓瀆知岳州。

先是宰相李迪除二人爲臺官，言者謂臺官必由中旨，乃祖法也。既數月，呂夷簡復入，因議於帝前。帝曰：「祖法不可壞也。宰相自用臺官，則宰相過失無敢言者矣。」迪等皆惶恐，遂出沔、瀆，仍詔：「自今臺官有缺，非中丞、知雜保薦者，毋得除授。」

74 戊申，出宮人二百。帝時屢出宮人，呂夷簡曰：「此誠美事，然出宮人，恐有失所者。」帝因曰：「曩太后臨朝，臣僚戚屬多進女，今已悉還其家矣。」

75 己酉，遼禁夏國使沿途私市金鐵。

76 初，郭皇后之立，非帝意，浸見疏；而后挾莊獻勢頗驕，後宮希得進。及莊獻崩，帝稍自縱，宮人尙氏、楊氏驟有寵；后性妒，屢與忿爭。尙氏嘗於帝前語侵后，后不勝忿，起批其頰。帝自起救之，后誤批帝頸。帝大怒，有廢后意。內侍副都知閻文應，白帝出爪痕示執政近臣。呂夷簡以前罷相故怨后，而范諷方與夷簡相接，諷乘間言：「后立九年無子，義當廢。」夷簡贊其言。帝意未決，外人藉藉頗有聞者。右司諫范仲淹因對，極陳其不可，且曰：「宜早息此議，不可聞於外也。」

居久之，乃定議廢后。夷簡先敕有司無得受臺諫疏。己〔乙〕卯，詔稱：「皇后以無子願入道，特封爲淨妃、玉京沖妙仙師，賜名淸悟，别居長寧宮。」臺諫疏皆不得入，仲淹即與權御史中丞孔道輔率知諫院孫祖德、侍御史蔣堂、郭勸、楊偕、馬絳、殿中侍御史段少連、左正言宋郊、右正言劉渙伏閤爭之，詣垂拱殿門伏奏：「皇后不當廢，願賜對以盡言。」守殿門者闔扉不爲通，道輔手撫銅鐶大呼曰：「皇后被廢，柰何不聽臺諫入言！」尋詔詣中書。道輔等語夷簡曰：「人臣於帝后，猶子事父母也　父母不和，固宜諫止，柰何順父出母乎？」衆譁然，爭進說。夷簡曰：「廢后自有故事。」道輔及仲淹曰：「人臣當道君以堯、舜，豈得引漢、唐失德爲法！公不過引漢光武勸上耳，是乃光武失德，何足法也！」夷簡不能答，拱立曰：「諸君更自見上力陳之。」道輔與仲淹等退，將以明日留百官揖宰相廷爭。而夷簡即奏臺諫伏閤請對，非太平美事，乃議逐道輔等。祖德，北海人；偕，坊州人；少連，開封人。

丙辰旦，道輔等始至待漏院，詔道輔出知泰州，仲淹知睦州，祖德等各罰銅二十斤。故事，罷中丞必有告辭，至是直以敕除，道輔比還家，敕隨至，又遣使押道輔及仲淹亟出城。仍詔：「諫官、御史，自今並須密具章疏，毋得相率請對，駭動中外。」絳、偕奏乞與道輔、仲淹俱貶，勸及少連再上疏，皆不報。【考異】李燾曰：正史、實錄並云范諷權御史中丞兩月矣，當云權三司使。又恐諷前有此議，今沒其官而不書，庶不相抵捂。郭勸傳云：郭后廢，議納陳氏。勸進諫曰：「正家以御天下，自后妃始。郭氏非有大故，不當廢。陳氏無世閥，不可儷宸極。」疏入，后已廢，而陳氏議遂寢。按議納陳氏在明年秋，不與廢郭后同時，今不取。

將作監丞、簽判河陽富弼上疏曰：「皇后自居中宮，不聞有過，陛下忽然廢斥，物議騰涌。自太祖、太宗、眞宗三后未嘗有此。陛下爲人子孫，不能守祖考之訓，而遂有廢后之事，治家尙不以道，柰天下何！范仲淹爲諫官，所極諫者，乃其職也，陛下何故罪之！假使所諫不當，猶須含忍以招諫諍；況仲淹所諫，大愜衆心，陛下乃縱私忿，不顧公議，取笑四方，臣甚爲陛下不取也。陛下以萬乘之尊，廢一婦人，甚爲小事，然所損之體則大。夫廢后謂之家事而不聽外臣者，此乃唐姦臣許敬宗、李世勣諂佞之辭，陛下何足取法！陛下必欲廢后，但可不納所諫，何必加責以重己過！今匹庶之家或出妻，亦須告父母，父母許，然後敢出之。陛下貴爲天子，且莊獻、莊懿山陵始畢，墳土未乾，便廢黜后氏，不告宗廟，是不敬父母也。今陛下舉一事而獲二過於天下：廢無罪之后，一也；逐忠臣，二也；此二者，皆非太平之世所行，臣實痛惜之！仲淹以忠直不撓，莊獻時論冬仗事，大正君臣之分。陛下以此擢用之，旣居諫列，聞累曾宣諭，使小大之事，必諫無隱。是陛下欲聞過失，雖古先聖哲亦無以過。今仲淹聞過遂諫，上副宣諭之意而反及於禍，是陛下誘而陷之，不知自今何以使臣！雖日加宣諭，諫臣以仲淹爲戒，必不信矣。願追還仲淹，復其諫職，減二過之一，庶乎諫路不絕，朝綱復振，斯社稷之慶也。」疏入，不報。

77 時仍歲蝗旱，執政謂宜有變更以導迎和氣。丁巳，詔改明年元曰景祐。【考異】歸田錄云明道以犯契丹諱故遽改，此說誤也。遼景宗小字明記，故遼史稱李德明爲李德昭；然不能行之於宋。即使宋人爲遼避諱，不應至二年始改也。長編云：上初改元曰天聖，議者謂「天」字於文爲「二人」，二聖人者，執政以悅太后也。後改明道，於文爲「日月」，並與天聖義同，故又改焉。蓋得其實。

78 禁邊臣增置堡砦。

79 參知政事王隨言：「淮南積鹽一千五百萬石，至無屋以貯，露積苫覆，歲以損耗。又，亭戶輸鹽得本錢，或無以給，故亭戶貧困，往往起爲盜賊。其害如此 願得權聽通商三五年，使商人入錢京師，又置折博務於揚州，使輸錢及粟帛以資國用。」遂詔宋綬等與三司使、江·淮制置使同議可否，皆以爲：「聽通商則恐私販肆行，侵蠹縣官。請敕制置司監造船，運至諸路，使皆有二三年之畜。復天禧元年制，聽商人入錢粟京師及淮、浙、江南、荆湖州、軍易鹽。在通、泰、楚、海、眞、揚、漣水、高郵貿易者，毋得出城，餘州聽詣縣鎭，毋至鄉邨。其入錢京師，增鹽予之。並敕轉運司經畫本錢以償亭戶。」詔皆施行。

80 遼以北府宰相蕭孝先爲樞密使。孝先在樞密府，好惡自恣，權傾人主，朝多側目。

景祐元年 遼重熙三年。（甲戌、一〇三四）

1 春，正月，甲子，許京兆府立學，賜九經，仍給田五頃。

2 發江、淮漕米賑京東飢民。

3 丁卯，侍御史充賀遼正旦使章頻卒於遼境。遼主詔有司賻贈，命近侍護喪以歸。【考異】夢溪筆談云：天聖中，侍御史知雜事章頻使遼，死於遼地。按遼史，重熙三年，正月，丁卯，宋使章頻卒。時宋已改元景祐，筆談誤也。

4 戊辰，詔鑄「景祐元寶」錢。

5 丁丑，命翰林學士浦城章得象等五人權知貢舉。

6 壬午，以太常博士滕宗諒爲左正言。宗諒，先與劉越同上莊獻太后疏請歸政者也。

7 癸未，令：「南省就試進士、諸科十取其二，進士五舉年五十、諸科六舉年六十、嘗經殿試進士三舉、諸科五舉及嘗預先朝御試者，雖試文不合格，毋輒黜，皆以名聞。」自此率以爲常。

8甲申，以淮南歲饑，出內藏絹二十萬下三司，代其歲輸。

9始置崇政殿說書，命都官員外郎賈昌朝、屯田員外郎趙希言、太常博士王宗道、國子博士楊安國爲之，日以二人入侍講說。初，孫奭出知兗州，帝問誰可代講說者，奭薦昌朝等，因命中書試說書，至是特置此職以處之。

10辛卯，遼主如春水。

11是月，趙元昊寇府州。

12二月，壬辰朔，權停解州鹽池種鹽三年，以本池所貯可支十年故也。

13遼北院樞密使蕭朴，出爲東京留守。自太后專制國事，一委弟蕭孝先。朴屢言仁德皇后之冤，太后嗛之，故外遷。

14乙未，罷書判拔萃科，更不御試。自今幕職、州縣官經三考以上，非緣邊及川、廣、福建者，許應賢良方正能直言極諫等六科；其京朝官至太常博士及進士諸科取解而被黜落者，毋得復應茂才異等三科及武舉。用知制誥李淑議也。

15先是召知鳳翔府、兵部員外郎司馬池知諫院，池上表懇辭。帝謂宰相曰：「人皆嗜進，池獨嗜退，亦難能也。」加直史館，復知鳳翔。嘗有疑獄上讞，大理輒復下，掾屬惶恐引咎，池曰：「長吏者，政事所由，非諸君過。」乃獨承其罪。有詔勿劾。

16 辛丑，詔：「禮部貢院，諸科舉人，應七舉者，更不限年，並許特奏名。」

17 甲辰，權減江、淮漕米二百萬石，候歲豐補之。

18 戊申，詔麟、府州賑蕃、漢飢民。

19 三月，開封府判官謝絳言：「蝗亙田野，坌入郛郭，跳擲官寺，井匽皆滿，而使者數出，府縣監捕驅逐，蹂踐田舍，民不聊生。魯史書螟，穀梁以爲哀公用田賦，虐取於民。今朝廷斂弛之法，近於廉平，以臣愚所聞，似吏不甚稱職而召其變。凡今典城牧民，有顓方面之勢，才者掠功取名，以嚴急爲術，或辨僞無實，數蒙奬錄；愚者期會簿書，畏首與尾；二者政殊而同歸於斂。夫爲國在養民，養民在擇吏，吏循則民安氣和而災息。願先取大州邑數十百，詔公卿以下舉任守州者，使得自辟屬縣令長，務求術略，不限資考，然後寬以約束，許便宜從事，期年條上理狀，或徙或留，必有功化風迹。如此而沴氣不弭，嘉休不至者，未之有也。」

20 丙子，詔：「御試進士題目書所出，摹印給之；更不許上請。」

21 戊寅，御崇政殿，試禮部奏名進士。己卯，試諸科。辛巳，試特奏名。已而得進士諸科八百八十三人，特奏名八百五十七人，賜及第、出身。

22夏，四月，壬辰，詔：「鎖廳擧人所試不合格者，除其罪。」始，天禧二年，宰相王欽若請鎖廳擧人試不合格者，並坐私罪，至是始除之。

23甲午，贈故翰林學士、禮部侍郎、知制誥楊億爲禮部尚書，諡曰文。故事，非常任二府及事東宮，則四品無贈官。樞密使王曙言：「億嘗爲寇準草奏，請太子親政，爲丁謂所排，不得志而歿。準旣贈中書令，億宜蒙旌賁。」故特贈之。初，準令億草奏，曙知其不可，嘗勸止。準敗，曙取奏草付其妻，縫置夾衣中。及朝廷欲理準舊勳，曙乃出之，其字漫滅，幾不可識矣。【考異】李燾曰：龍川別志載王曙藏楊億草稿及勸止寇準事當得實。但云立太子，廢劉后，逐丁謂，遣曙出使，誅不附己者，則誤矣。魏泰記事，云追贈楊億由李遵勗論列，與別志不同，今從別志。

24（丁酉），殿中侍御史龐籍爲開封府判官，尙美人遣內侍稱教旨，免工人市租。籍言：「祖宗以來，未有美人稱教旨下府者。」帝爲杖內侍，切責美人；仍詔有司：「自今宮中傳命，毋得輒受。」

25癸丑，詔置殿中侍御史、監察御史裏行。

26江東轉運使蔣堂言：「竊見諸路武臣知州軍者，多是素昧條教。欲乞自今除把束邊陲之處合選任近上武臣外，其餘州改差文資。」帝諭令樞密院，今後差武臣知州軍，並須擇人。

27 五月，庚申朔，遼主清暑沿柳湖。

28 乙丑，以權知開封府程琳爲三司使。

先是三司幷合田賦沿納諸名品爲一物，琳謂：「借使牛皮、食鹽、地錢合爲一，穀、麥、黍、豆合爲一，易於鉤校可也。然後世有興利之臣，復用舊名增之，是重困民無已時也。」琳又上疏，論「兵在精不在衆，河北、陝西軍儲數匱，而招募不已。其住營一兵之費，可給屯駐三兵，昔養萬兵者，今三萬矣。願罷河北、陝西募住營兵，勿復增置，遇闕卽選廂軍精銳者補之。仍漸徙營內郡，以便糧餉。」帝嘉納焉。

29 丁卯，禁民間織錦繡爲服。

30 以祕書丞張宗誼、孫沔並爲監察御史裏行。沔，會稽人也。

31 壬申，出內藏庫緡錢百萬賜三司。

32 以河南府學爲國子監。

33 壬午，錄繫囚。

34 遼太后旣攝政，慮遼主年長難制，與樞密使蕭孝先謀廢立，欲立少子重元，重元以所謀白遼主。遼主用內侍趙安仁策，【考異】契丹國志作遼主與耶律喜遜謀。今從遼史作趙安仁。勒衞兵出宮，召孝先至，諭以太后當廢狀，孝先震慴不能對。遂收太后符爾，遷於慶州，誅內侍數十族，釋孝先等不問。【考異】遼史本紀云：皇太后還政於上，躬守慶陵。宋史與遼紀略同。東都事略云：宗眞嘗以酒一器賜琵琶樂工，蕭氏怒，乃加扑箠。宗眞疑內品所告，陰遣人殺之，乃下吏雜治。宗眞曰：「我貴爲天子，與囚同答狀。」內不平。景祐元年，率兵逐其母，以黃布車送至慶州。契丹國志與事略互有詳略，大指相同。今據遼史后妃傳、宦者傳書之。

35 六月，己丑朔，賜陳州、揚州學田三頃。

36 壬辰，廣東轉運司言交州陳公永等六百餘人內附，李德政發兵境上捕逐，詔遣公永等還，仍諭德政撫存之。樞密副使蔡齊言：「蠻去暴歸德，請納之，給以荆湖閒田使自營。今縱去，必不復還舊部，若散入山谷，如後患何！」不聽。明年，蠻果爲亂。

37 淮南制置發運使劉承顏獻輪扇浴器。同知諫院郭勸言：「此非所宜獻，承顏欲以此媚上耳。乞付外毀棄，以戒邪佞。」甲辰，詔還之。

38 己酉，策試賢良方正能直言極諫太常博士晉江蘇紳、才識兼茂明於體用大理寺丞建安吳育、茂才異等宋城張方平及武舉人於崇政殿。育所對策入第三等，紳、方平並第四等次，以育爲著作佐郎、直集賢院、通判湖州，紳爲祠部員外郎、通判洪州，方平爲校書郎、知崑山縣。

39 閏月，戊午朔，賜杭州學田五頃。

40乙丑，府州言趙元昊自正月後數入寇，詔并州部署司嚴兵備之。

41乙亥，毀天下無額寺院。

42壬午，罷後苑作所用玳瑁、龜筒，從度支判官謝絳言也。

絳又言：「邇來用物滋侈，賜予過制，禁中須索，去年計爲緡錢四十五萬，自今春至四月，已僅二十萬。比詔裁節費用，而有司移文，但求咸平、景德簿書，不存則無所錯置。臣以爲不若推近及遠，遞攷歲用而裁節之，不必咸平、景德爲準也。」又言：「號令數變則虧體，利害偏聽則惑聰，請者務欲各行，而守者患於不一。請罷內降，凡詔令皆由中書、樞密院，然後施行。」

43甲申，詔：「御試制科舉人，自今張幕次於殿廡，仍令大官給食；武舉人以別日試之。」從知制誥宋郊言也。

44乙酉，以前西京留守推官安福歐陽修爲館閣校勘，樞密使王曙所薦也。

始，錢惟演留守西京，修及尹洙爲官屬，皆有時名，惟演待之甚厚。修等游飲無節，惟演去，曙繼至，數加戒敕，常厲色謂修等曰：「諸君知寇萊公晚年之禍乎？正以縱酒過度耳。」衆客皆唯唯。修獨起對曰：「寇公之禍，以老不知止耳。」曙默然，終不怒，更薦修及洙，置之館閣，議者賢之。【考異】李燾曰：修、洙得館職，據會要，皆王曙所薦。或稱責歐陽修等乃王曾，非也。錢惟演以明道二年九月去西京，曙即繼之。曙尋拜樞密使。景祐元年正月，王曾始爲留守，度其至時，修已不在西京矣。今從本傳。然曙既死，是年九月，洙初除館閣校勘，蓋曙先薦之也。

45 秋，七月，戊子朔，遼主始親政，授趙安仁左承宣、監門衞大將軍，充契丹漢人渤海內侍都知兼都提點。【考異】契丹國志云：命內庫都提點王繼恩、內侍都知趙安仁等監南北面蕃使臣僚。據遼史宦官傳，不言王繼恩與安仁並命，今從趙安仁傳。以耶律瑪陸舊作馬六，今改。爲崇德宮使。

瑪陸爲人，畏愼容物，或有面相陵折者，恬然若弗聞，不臧否人物，故益爲遼主所親狎。遼主嘗與護衞耶律仁先論政事，亟歎其才。仁先以爲不世之遇，言無所隱。遼主善之，授爲宿直將軍。

46 以太常博士、監察御史裏行衞人高若訥爲主客員外郎、殿中侍御史裏行。

47 初，命同判司天監楊惟德等以周天星宿度分及占測之術，纂而爲書，成三十卷，至是上之，惟德等皆遷官。

48 以翰林侍讀學士范諷爲給事中、龍圖閣學士，知兗州。

諷性倜儻，不拘細行。雅善李迪。常與張士遜議論不合，爲中丞，力擠士遜。援呂夷簡入相，又合謀廢郭后，欲夷簡引己置二府，然夷簡憚諷，終不敢薦也。諷建議，朝廷當差擇能臣，留以代大臣之不稱職者，夷簡聞而惡之。權三司使僅半歲，以疾免；既久不得意，憤激求出。將行，復謂帝曰：「陛下朝無忠臣，一旦紀綱大壞，然後召臣，何益！」夷簡愈惡之，故尋被讒黜。

49壬辰，遼主如秋山。召東京留守蕭朴爲南院樞密使，徙封楚王。

50己亥，詔：「諸路監司按所部官吏不法者，須密切體訪，毋得出榜召人告首。」

51乙巳，隨州言崇信軍節度使錢惟演卒，特贈侍中，官護葬事。惟演始以父歸國，故亟顯，然自以才能進。嘗曰：「翰林學士備顧問，司典誥，於書一有所不觀，何以稱職！」官兼將相，階勳品皆第一，而終不歷中書，故常謂人曰：「吾平生不足者，惟不得於黃紙尾押字耳。」

52常平倉舊領於司農寺，壬子，始詔諸路轉運使與州長吏舉所部官專主常平錢粟。既而淮南轉運副使吳道(遵)路言：「本路丁口百五十萬，而常平錢粟才四十餘萬，歲饑不足以救卹。願自經制，增爲二百萬，他毋得移用。」許之。

樞密直學士杜衍亦嘗建議曰：「豪姓蓄賈，乘時賤收，水旱則稽伏而不出，須其翔踴以牟厚利，而農民貴糴。九穀散於穰歲，百姓困於凶年，蓋緣常平倉制度不立，有名而無實。謂宜量州縣遠近，戶口衆寡，時其饑熟，取賤出貴，嚴以賞罰，課責官吏，出納無壅，增損有宜。公糴未充，則禁爭糴以規利者；糴畢而儲之，則察其以供軍爲名而假借者。夫香象珠殘，久藏府庫，非衣食之急。若州郡闕無錢，願斥賣以賜之，補助其乏。」

53 先是慶州柔遠蕃部巡檢嵬通，領兵入夏州界，攻破後橋新修諸堡。是月，趙元昊率萬餘衆來寇，稱報讎。邊緣都巡檢楊遵、柔遠塞監押盧訓，以騎七百戰於龍馬嶺，敗績。環慶路都監齊宗矩、走馬承受趙德宣、寧州都監王文援之，次節義烽。通事蕃官言蕃部多伏兵，不可過壕，宗矩不聽。伏兵發，宗矩被執。久之，以宗矩還。

54 八月，庚申，徙知定州、龍神衞四廂都指揮使劉平爲環慶路副都部署。

帝初擢平主四廂，謂左右曰：「平，所謂詩書之將也。」平在定州，嘗建言：「臣前在陝西，見元昊車服僭竊，勢且叛矣，宜嚴備之。」不聽。及是，戒平曰：「知卿有將略，故委以邊寄，卿其勉之！」加賜錢百萬。

55 資政殿學士、戶部侍郎薛奎卒，贈兵部尚書，諡簡肅。

奎在政府，謀議無所迎避，或時不如志，歸，輒歎咤不食，曰：「吾仰慚古人，俯愧後世耳！」尤善知人，范仲淹、龐籍、明鎬，自爲吏部選人，皆以公輔許之；歐陽修、王拱辰，皆其女壻也。

56 壬戌，有星孛於張、翼。

57 癸亥，樞密使、吏部侍郎、檢校太尉〔傅〕、同平章事王曙卒，贈太保、中書令，諡文康。

曙方嚴簡重，有大臣體。常言人臣患不節儉，及貴顯，深自抑損。子益恭，以蔭爲衞尉寺丞，淡於榮利，數解官。曙始參知政事，治第西京，既成，益恭作書陳止足之義，勸曙謝事退居，曙不果去。益恭終父喪，遂以司門員外郎致仕。

58 甲子，宰臣呂夷簡等上表請立皇后。

59 參知政事宋綬，以帝富於春秋，天下無事，慮燕樂有漸，乃上言：「馭下之道有三：臨事尙乎守，當機貴乎斷，兆謀先乎密。能守則姦莫由移，能斷則邪莫由惑，能密則事莫由變；斯安危之所繫，願陛下念之。至若朝務淸夷，深居閒燕，聲味以調六氣，節宣以順四時，愛養王躬，使不至傷過，乃保和平，無疆之福也。」

60 戊辰，帝不豫。

61 庚午，以王曾爲吏部尙書、同平章事、樞密使。

時南京留守推官奉符石介貽曾書曰：「主上卽位十有三年，不好游畋，不近聲色，恭儉之德，聞於天下。乃正月以來，聞既廢郭皇后，寵幸尙美人，宮庭傳言漸有失德。自七、八月來，所聞又甚，倡優婦人，朋淫宮內，飲樂無時，聖體因常有不豫，斯不得不爲慮也。今變異屢見，人心憂危，白氣徹霄，凶災荐歲，此天地神靈所以示戒警也。相公昔作元台，今冠樞府，社稷安危，皆繫於相公。當此之時，宜卽以此爲諫；諫止則已，諫不止則相公宜辭樞衡之任，庶幾有以開悟聰聽，感動上心。若執管仲不害霸之言，以嗜慾閒事，不欲極爭，則遂啓成亂階，恐無及矣。」

62 辛未，以星變，大赦，避正殿，減常膳，出內藏庫錢優賞在京將士。詔輔臣於延和殿閤奏事，其諸司事，權令輔臣處分。

63 壬申，詔：「淨妃郭氏出居於外，美人尚氏爲道士洞眞宮，楊氏別宅安置。長秋之位，不可久虛，當求德門以正內治。」

自郭后廢，尚、楊二美人益有寵，每夕侍寢，體爲之敝，或累日不進食，中外憂懼，皆歸罪二美人。楊太后亟以爲言，帝未能去。入內都知閻文應，早暮侍帝，言之不已，帝不勝其煩，乃頷之，文應卽命氈車載二美人出。二美人涕泣不肯行，文應搏其頰罵曰：「宮婢，尚何言！」驅使登車；翼日，降是詔。

64 甲戌，司天言孛星不見。

殿中侍御史龐籍，左司諫滕宗諒，並坐言宮禁事不實，乙酉，出籍爲廣東轉運使，宗諒知信州。

65 九月，己丑，羣臣上表請御正殿，復常膳；表三上，乃從之。

66 壬辰，羣臣上表請雙日不視朝，從之。仍詔中書、樞密院，雙日有合奏事，亦許便殿請對。

67丁酉，帝康復，御正殿，復常膳。

68范仲淹知睦州，不半歲，徙蘇州。州比大水，民田不得耕，仲淹疏五河，導太湖注之海，募游手興作。未就，又徙明州。轉運使言仲淹治水有緒，願留以畢其役，庚子，詔仲淹復知蘇州。

69太子少傅晁迥，既與太清樓宴，復召對延和殿閣，問洪範雨暘之應，迥據經以對。忽感疾卒，年八十四。詔罷一日朝，贈太子太保，謚文元。迥樂易純固，喜質正經史疑義，標括字類，無一日廢學。不喜術數，嘗曰：「自然之分，天命也；樂天不憂，知命也；推理安常，委命也；何必逆計未然乎！」

70尙、楊二美人出宮後，帝令參知政事宋綬面作詔云：「當求德門，以正內治。」既而左右引壽州茶商陳氏女入宮，帝欲立之爲后，綬諫曰：「陛下乃欲以賤者正位中宮，不與前日詔語戾乎？」後數日，樞密使王曾入對，又奏引納陳氏爲不可，帝曰：「宋綬亦如此言。」宰相呂夷簡、樞密副使蔡齊相繼論諫，兼侍御史知雜事楊偕、同知諫院郭勸復上疏，卒罷陳氏。

【考異】涑水記聞云：陳氏父號陳子城者，始因楊太后納女宮中，太后常許以爲后矣。至掖庭，將進御，句當御藥院閻士良聞之，遽見帝。帝方披百葉圖擇日，士良曰：「陛下閱此何爲？」帝曰：「汝奚問？」士良曰：「臣聞陛下欲納陳氏爲后，信否？」帝曰：「然。」士良曰：「陛下知子城使何官？」帝曰：「不知也。」士良曰：「子城使，大臣家奴僕官名也。陛下若納奴僕之女爲后，豈不愧公卿大夫邪！」帝遂命出之。士良，文應子也。此與他書不同，今從李燾長編。

甲辰，詔立皇后曹氏，彬之孫女也。郭后廢，始聘后入宮。乙巳，命宰相李迪爲册禮使，參知政事王隨副之，宋綬撰册文，並書册寶。有司奏用冬至日行册禮。監察御史裏行孫沔，言莊獻三年之喪未除，請終制而後行，祕書丞余靖亦以爲言，不報。

71 壬子，詔名太后所居殿曰保慶宮，自今並以保慶皇太后爲稱。

72 冬，十月，己未，遼主駐中會川。

73 庚申，罷淮南、江、浙、荆湖制置發運使，仍詔：「淮南轉運使兼領發運使司事；其制置茶鹽礬稅，各歸逐路轉運使司。」

74 改錢惟演謚曰思。

先是太常博士、同知禮院張瓌議：「惟演博學業文，此其所優；貪慕權要，釁生不足，此其所劣。謚法，敏而好學曰文，貪以敗官曰墨。請謚文墨。」其家訴於朝，詔覆議，以惟演無貪黷狀，而晚節率職自新，謚法，「追悔前過」，改謚曰思。詔：「自今定謚，須禮院集官衆議之。」

75 乙丑，詔：「閤門祗候，自今須尚書員外郎、諸司(使)以上及本路轉運使或提點刑獄一員，共七人舉之，方許引對。」

76 趙元昊自襲封，卽爲反計，多招納亡命，峻誅殺，以兵法部勒諸羌。始衣白窄衫，氈冠紅裏，頂，冠後垂紅結綬。自號嵬名吾祖，凡六日、九日則見官屬。初制禿髮令，元昊先自禿髮，及令國人皆禿髮，三日不從令，許衆殺之。每欲舉兵，必率酋豪與獵，有獲則下馬環坐飲，割鮮而食，各問所見，擇取其長。是歲春，始寇西邊，殺掠居人，下詔約束之。居國中，僭益甚，私改元曰開運，旣踰月，人告以石晉敗亡年號也，乃更廣運。【考異】宋史夏國傳云改廣民元年。今從長編。

母米氏族人山喜，謀殺元昊，事覺，元昊酖其母，殺之，沈山喜之族於河，遣使來告哀。【考異】宋史夏國傳，云母衞慕氏死，遣使來告哀，不云元昊酖其母，今從長編。米與衞慕，姓氏不同，然「米」與「慕」聲本相近，蓋卽一人，而譯語互異耳。詔起復，以閤門祗候王用中爲致祭使，【考異】「用中」，宋史作「中庸」，未審孰是。兵部員外郎郭勸爲弔贈兼起復官告使。元昊賂遺勸等百萬，勸悉拒不受。

77 癸酉，以淨妃、玉京沖妙仙師清悟爲金庭敎主、沖靜元師。美人楊氏聽入道，賜名宗妙。並居安和院，仍改賜院名曰瑤華宮。

78 （乙亥），作郊廟景安、興安、祐安之曲。

79 辛巳，賜舒州學田五頃。

80 壬午，命龍圖閣待制燕肅、集賢校理李照、直史館宋祁同按試王朴律準。肅時判太常寺，建言舊太常鐘磬皆設色，每三歲親祠，則重飾之。歲既久，所塗積厚，聲益不協，故有是命。帝親閱視律（準），題其背以屬太常。肅等即取鐘磬劃滌攷擊，用律準按試皆合。

81 十一月，己丑，册皇后。

82 己酉，詔親祠郊廟乃用御所制樂章，其有司攝事，樂章令宰臣呂夷簡、李迪分撰之。辛亥，詔太常寺：「自今享先農、釋奠文宣王、武成王，並用登歌樂，令學士院撰樂章。」

83 以東上閤門使曹琮爲衞州團練使。琮兄女爲后，禮皆琮主辦，於是奏曰：「陛下方以至公厲天下，臣既備后族，不宜冒恩澤，亂朝廷法；族人敢因緣請託者，願置於理。」時論稱之。尋出爲環慶路部署、知邠州。

84 屯田員外郎張亢者，奎弟也，豪邁有奇節。常通判鎭戎軍，上言：「趙德明死，其子元昊喜誅殺，勢必難制，宜亟防邊。」論西北攻守之計，章數十上。帝欲用之，會丁母憂。或傳遼聚兵幽、涿間，河北皆驚，十二月，癸酉，命亢爲如京使、知安肅軍。因入對，曰：「遼人歲享金帛甚厚，懼中國見伐，特張言耳，非其實也。」

85 趙元昊獻馬五十匹，求佛經一藏，賜之。

86 己卯，宣慶使、入內都知藍繼宗，以老疾罷爲景福殿使、邕州觀察使。

87 監察御史裏行孫沔言：「竊見上封事人同安縣尉李安世，輒因狂悖，妄進瞽言，下吏審問。自孔道輔、范仲淹被黜之後，龐籍、范諷置對以來，凡在搢紳，盡思緘默。又慮四方之人不知安世訕上犯顏，將謂安世獻忠獲罪，自遠流傳，爲議非美。伏望貸以寬恩，特免投竄，使彼偷安之士，永懷內愧之心。」後七日，責沔知潭州衡山縣。

沔未有責命時，復上書曰：「去秋以聖體愆和，準雙日不坐之請，是則一歲中率無百餘日視事，宰臣上殿奏事，止於數刻，天下萬務，得不曠哉！伏願陛下因歲首正朔之始，霈然下令，誕告多方，每旦恭己，辨色居位，推擇大臣，講求古道，降以溫顏，俾之極論。外則逐刺史、縣令無狀老懦貪殘之輩，內則罷公卿大夫不才謟佞詭誕之士。掖庭之中，簡去幽曠，官寺之內，抑損重任。教敦於上，民悅於下，皆目前可見之事，惟陛下力行而已。」書奏，再責監永州酒。

續資治通鑑卷第四十

賜進士及第兵部尚書兼都察院右都御史總督湖北湖南等處地方軍務兼理糧餉世襲二等輕車都尉畢沅編集

宋紀四十 起旃蒙大淵獻(乙亥)正月，盡強圉赤奮若(丁丑)七月，凡二年有奇。

仁宗體天法道極功全德神文聖武睿哲明孝皇帝

景祐二年 遼重熙四年。(乙亥、一〇三五)

1 春，正月，壬寅，徙江東轉運使蔣堂爲淮南轉運使兼發運司事。堂在淮南，歲薦部吏二百員，曰：「十得二三，亦足報國矣。」

2 以度支判官、工部郎中許申爲江南東路轉運使。凡鑄銅錢，十分其劑，銅居六分，鉛錫居三分，皆有奇嬴，此其大法也。申在三司，乃建議以藥化鐵雜鑄，銅居三分，鐵居六分，費省而利厚，朝廷從之，卽詔申用其法鑄於京師。然大率鑄錢雜鉛錫，則其液流速而易成；雜以鐵，則流澀而多不就，工人苦之。初命申鑄萬緡，踰月才得萬錢。申自度言無效，乃求爲江東轉運使，欲用其法鑄於江州，朝廷又從之。

詔申就江州鑄百萬緡，無漏其法。中外知其非是，而執政主之，以爲可行，然卒無成功。

先是鹽鐵副使任布，請鑄大錢一當十，而申欲以銅鐵雜鑄，朝廷下其議於三司。程琳奏曰：「布請用大錢，是誘民盜鑄而陷之罪。唐第五琦嘗用此法，訖不可行。申欲以銅鐵雜鑄，理恐難成，姑試之。」申詐得售，蓋琳亦主其議故也。【考異】李燾曰：琳傳載此事於天聖五年以前，誤也，當是景祐元年五月琳再爲三司使時。王子融云：布請鑄大錢，行之京城，程琳集官議。子融時判度支，曰：「今軍營半在城外，獨行大錢城中可也。」事遂寢。與琳傳異，今不取。

天章閣待制孫祖德言：「僞銅，法所禁，而官自爲之，是教民欺也。」固爭之，不從，遂出知兗州。

3 癸丑，置邇英、延義二閣，寫尚書無逸篇於屏。邇英在迎陽門之北，東向；延義在崇政殿之西，北向。【考異】宋史本紀：癸丑，置邇英、延義二閣，寫尚書無逸篇於屏。通鑑續編云詔蔡襄寫，今從長編。是日，御延義閣，召輔臣觀盛度進讀唐書，賈昌朝講春秋。既而曲宴崇政殿。

4 遼以奚六部太尉耶律罕瑠舊作韓留，今改。爲北面林牙。

罕瑠性不苟合，爲樞密使蕭諧哩舊作解里，今改。所忌。遼主初欲召用，諧哩言其目疾不能視，遂止。至是召見，謂曰：「朕欲早用卿，聞有疾，故待之至今。」罕瑠對曰：「臣昔有目疾，才數月耳，然亦不至於昏。第臣駑拙，不能事權貴，是以不獲早覲天顏。非陛下聖察，則愚臣豈有今日邪！」詔進述懷詩，遂主嘉歎，方將大用，卒。

5 二月，燕肅等上攷定樂器并見工人，戊午，御延福宮臨閱，奏郊廟五十一曲。因問李照：「樂何如？」照對：「樂音高二律，擊黃鍾則爲仲呂，擊夾鍾則爲夷則，是冬興夏令，春召秋氣。蓋五代樂壞，王朴創意造律準，不合古法。又，編鐘、鎛鐘無大小、輕重、厚薄、長短之差，銅錫不精；相傳以爲唐舊鐘亦有朴所製者。昔軒轅氏命伶倫截竹爲律，復令神瞽協其中聲，然後聲應鳳鳴，而管之參差亦如鳳翅，其樂傳之夐古，不刊之法也。願聽臣依神瞽律法，試鑄編鐘一虡，可使度量權衡協和。」詔許之，仍就錫慶院鑄。

6 庚申，太常博士、直史館宋祁上大樂圖義二卷。

7 帝未有儲嗣，取汝南郡王允讓子宗實入宮中，皇后拊鞠之，時生四年矣。

8 丁卯，知兗州范諷，責授武昌行軍司馬，廣東轉運使龐籍，降授太常博士、知臨江軍，光祿寺丞、館閣校勘宋城石延年落職，通判海州；仍下詔以諷罪申飭中外。

先是籍爲御史，數劾諷，宰相李迪右諷弗治，反左遷籍。籍既罷，益追劾諷不置，且言諷放縱不拘禮法，苟釋不治，則敗亂風俗。會諷亦請辨，乃詔即南京置獄，遣淮南轉運使黃總、提點河北刑獄張嵩訊之。籍坐所劾諷有不如奏，法當免；諷當以贖論。諷不待論報，擅還兗州。呂夷簡疾諷詭激，且欲因諷以傾迪，故特寬籍而重貶諷，凡與諷善者皆黜削。

延年嘗上書請莊獻太后還政，諷任中丞，欲引延年爲屬，延年力辭之，竟坐免。人謂籍劾諷不置，實夷簡陰教之。

9 戊辰，工部尚書、平章事李迪，罷爲刑部尚書、知亳州。

先是，帝御延和殿，召呂夷簡、宋綬決范諷獄，以迪素黨諷，不召，迪惶恐還第，翼日，遂罷相。然迪性淳直，實不察諷之多誕也。

10 以樞密使王曾爲右僕射兼門下侍郎、平章事、集賢殿大學士，參知政事王隨、樞密副使李諮並知樞密院事，參知政事宋綬爲樞密副使，給事中蔡齊、翰林學士承旨盛度爲參知政事，樞密副使王德用、御史中丞韓億並同知樞密院事。

11 己巳，改李迪知相州；庚午，復改授資政殿大學士，留京師，仍班三司使上。庚辰，降李迪爲太常卿、知密州。

始，迪再入相，自以受不世遇，知無不爲。及呂夷簡繼入中書，事頗專制，心忌迪，潛短之於帝，迪不悟。既坐范諷姻黨罷政，怨夷簡，因奏夷簡私交荆王元儼，嘗爲補門下僧惠清爲守闕鑒義。夷簡請辨，帝遣知制誥胥偃、度支副使張傳郎訊，乃迪在中書時所行，夷簡以齋祠不預。迪慚懼待罪，故貶。然補惠清實夷簡意，迪但行文書，顧謂夷簡獨私荆王，蓋迪偶忘之。他日，語人曰：「吾自以爲宋璟，而以夷簡爲姚崇，不知其待我乃如是也！」

12以右諫議大夫知天雄軍杜衍爲御史中丞。衍奏：「中書、樞密，古之三事大臣，所爲〔謂〕坐而論道者也。止隻日對前殿，何以盡天下之事！宜迭召見，賜坐便殿，以極獻替，月不過數四足矣。若末節細務，有司之職耳，陛下何必親決！」

13先是，遼主爲太子時，納駙馬都尉蕭實哩舊作匹里，今改。之女爲妃，及卽位，立爲后，未幾，以罪降爲貴妃。秦王蕭孝穆有長女，姿貌端麗，自遼主初卽位始入宮，踰年生子洪基。蕭氏性寬容，遼主益重之，三月，乙酉朔，册爲皇后。【考異】遼史興宗紀：景福元年，輿隈蕭氏始入宮，蓋卽仁懿入宮之始。重熙四年，三月，立皇后蕭氏，卽仁懿皇后也。然遼史於景福元年、重熙元年俱不載立后、廢后之事，蓋闕書也。今從后妃傳并書之。

14己丑，以杜衍權判吏部流內銓。先是選補科格繁長，主判不能悉閱，吏多受賕，出縮爲姦。衍既視事，卽敕吏取銓法，問曰：「盡乎？」曰：「盡矣。」乃閱視，具得本末曲折。明日，曉諸吏無得升堂，各坐曹聽行文書，銓事悉自予奪。由是吏不能爲姦利。居月餘，聲動京師。後改知審官院，其裁制如判銓法。

15以知蘇州、左司諫范仲淹爲禮部員外郎、天章閣待制。

16太常禮院言：「侍御史劉夔請去莊獻明肅太后、莊懿太后所加太字。蓋入廟稱后，繫於夫，在朝稱太，繫於子。然二太后奉安別廟，準禮應加太字。」帝以夔不習故典，詔本臺論之。

17 乙未，賜亳、秀、濮、鄭四州學田各五頃。

18 丁酉，置國子監直講一員，兼領監丞、主簿事。

19 戊申，出宜聖殿庫眞珠付三司，以助經費。

20 (壬子)，詔權停貢舉。

21 夏，四月，甲寅朔，遼主如涼陘。

22 丁巳，李照言：「奉詔製玉律以候氣，請下潞州求上黨縣羊頭山秬黍及下懷州河內縣取葭莩。」從之。

23 己未，詔翰林學士承旨章得象、天章閣待制燕肅與翰林侍讀學士馮元詳定刻漏。

24 始，李照既鑄成編鐘一虡以奏御，遂建請改制大樂，取京縣秬黍，累尺成律，鐘鑄審之，其聲猶高，更用太府布帛尺爲法。乃下太常(制)四律，照自制(爲)律管，以爲十二管定法。

25 戊寅，命馮元、聶冠卿、宋祁同修樂書。冠卿，新安人。

26 錄曹修古之姪覲爲試將作監主簿，仍聽爲修古後。

27 五月，甲申朔，詔曰：「王者奉祖宗，尙功德，故禋天祀地，則侑神作主，審諦合食，則百世不遷。恭惟太祖皇帝，受天命，建大業，可謂有功矣。太宗、眞宗，二聖繼統，重熙累洽，可謂有德矣。其令禮官攷合典禮，辨崇配之序，定二祧之位，中書門下詳閱以聞。」

28 庚寅，禁縷（鏤）金爲婦人首飾。

29 李照上九乳編鐘圖。鐘舊飾以旋蟲，改爲龍井。自創八音新器，又請別鑱石爲編磬，辛卯，命內侍挾樂工往淮陽軍治磬石。

照又言：「既改制金石，則絲、竹、匏、土、革、木亦當更治，以備獻享。」乃鑄銅爲龠、合、升、斗四物，以興鐘鎛聲量之率。及潞州上秬黍，照擇大黍縱累之，檢攷長短。尺成，與大府尺合，法愈堅定。

30 甲午，廣南東、西路並言蠻獠寇邊，高、竇、雷、化等州巡檢許政死之，遣左侍禁雍丘桑懌會廣、桂二州都監討捕。懌部分軍士，盡禽諸盜。還京師，樞密使（吏）求賂，爲改閤門祗候，懌不應；吏匿其功狀，止免短使而已。

31 庚子，從太常禮院議，太祖、太宗、眞宗廟並萬世不遷。南郊升侑上帝，以太祖定配，二宗迭配。

32 六月，辛酉，以親郊，並侑二聖及眞宗爲不遷主，遣官告於太廟。

33 左司諫商水姚仲孫言：「伏聞議者欲改制雅樂，謂舊律太高，裁之就下。然或制之未得其精，損之必差其度。臣聞其所爲，率多詭異。至如鍊白石以爲磬，範中金以作鐘，又欲以三神、五靈、二十四孝爲樂器之飾，臣雖愚昧，竊有所疑。望特詔罷之，止用舊樂。」帝欲究李照術之是非，故不聽。

先是太常鐘磬每十六枚爲一套〔虡〕，而四清聲相承不擊。乙丑，李照言：「十二律聲已備，餘四清聲乃鄭、衞之樂，請於編縣止留十二中聲，去四清磬鐘，則哀思邪僻之聲無由而起也。」馮元等駁之曰：「前聖制樂，取法非一，故有十三管之和，十九管之巢，三十六簧之竽，二十五弦之瑟，十三弦之箏，九弦、七弦之琴，十六枚之鐘磬，各自取義，寧有一於律呂，專爲十二之數也！鐘磬八音之首，絲竹以下受而爲均，故聖人尤所用心焉。春秋號樂，總言金奏，詩頌稱美，實依磬聲，此二器非可輕改。且聖人既以十二律各配一鐘，又設四清聲以附正聲之次，原其意蓋爲夷則至應鍾四宮而設也。夫五音，宮爲君，商爲臣，角爲民，徵爲事，羽爲物，不相陵謂之正，迭相陵謂之慢，百王所不易也。聲之重大者爲尊，輕清者爲卑，卑者不可加於尊，古今之所同也。故別聲之尊卑者，事與物不與焉。何則？事爲君治，物爲君用，不能尊於君故也。惟君、臣、民三者則自有上下之分，不得相越。故四清聲之設，正爲臣民相避，以爲尊卑也。今若止用十二鐘，旋相考擊，至夷則以下四管爲宮之時，臣民相越，上下交戾，則陵犯之音作矣，此甚不可者也。其鐘磬十六，皆本周、漢諸儒之說及唐家典法所載，欲損爲十二，惟照獨見。臣以爲如舊制便。」帝令權用十二枚爲一格，且詔曰：「俟有知音者，能攷四鐘，協調清濁，有司別議以聞。」

34 丁卯，出內藏庫紬絹百萬，下三司市糴軍儲。

35 己巳，以都官員外郎曹修睦爲侍御史。修睦，修古弟，用中丞杜衍薦也。

36 辛未，御崇政殿，召輔臣觀新樂。

37 秋，七月，壬午朔，遼主獵於黑嶺。因過祖州白馬山，見齊天后墳冢荒穢，又無影堂及灑掃人戶，惻然而泣，左右皆沾涕。遂詔上京留守耶律贊寧、鹽鐵使郎元化等於祖州陵園內選地改葬，其影堂廊庫並同宣獻太后園陵。【考異】遼史后妃傳，仁德皇后附葬慶陵，今從契丹國志。

38 遼樞密使蕭朴進封魏王，旋卒，贈齊王。

39 甲申，詔特賜寇準謚曰忠愍。

40 戊戌，羣臣請上尊號曰景祐體天法道欽文聰武聖仁孝德；表五上，從之。

41 庚子，侍御史曹修睦言：「李照所改歷代樂，頗爲迂誕，而其費甚廣，請付有司按劾。」帝以照所作鐘磬頗與衆音相諧，但罷其增造，仍詔諭修睦。

42 知杭州鄭回，言鎮東節度推官阮逸頗通音律，上其所撰樂論十二篇幷律管十三，詔令逸赴闕。

43 八月，甲寅，宴紫宸殿，初用樂。

44 己巳，命李照同修樂書。

45 辛未，詔：「薦獻景靈宮，朝饗太廟，郊祀天地，自今同日受誓戒。」始用王曾之言也。

46 甲戌，幸安肅門礮場閱習戰。

47 丁丑，內出景祐樂髓新經六篇賜羣臣。

48 己卯，以右諫議大夫、知兗州孔道輔爲龍圖閣直學士。

時近臣有獻詩百篇者，執政請除龍圖閣直學士。帝曰：「是詩雖多，不如孔道輔一言。」遂以命道輔。議者因是知前日之斥果非帝意也。

49 初命朝臣爲江、浙、荆湖、福建、廣南等路提點銀銅坑冶鑄錢公事，其俸賜恩例並與提點刑獄同。

50 九月，乙未，詔司天監製百刻水秤以測候晝夜。

51 丁酉，命李照爲刑部員外郎，賜三品服，以造新樂成故也。起五月造，止八月，成金石七縣，而照自造新樂笙、竽、琴、瑟、笛、篳篥等十二種，皆不可施用，詔但存大笙、大竽二種而已。照謂：「今篳篥，乃豳詩所謂葦管也，詩云：『一之日觱發，二之日栗烈。』且今篳篥，伶人謂之葦子，其名出此。」於是製大管篳篥爲雅樂，議者嗤之。

52 工部郎中、天章閣待制劉隨卒，擢待制未旬日也。

隨與孔道輔、曹修古同時爲言事官，皆以淸直聞。及是帝憐其貧，賜其家錢六十萬。

53 壬寅，御崇政殿按新樂，詔大臣與觀。

54 (甲辰)，賜鄭州學田五頃。

55 初，諸王邸散居都城，過從有禁，非朝謁從祠，不得會見。己酉，詔卽玉淸昭應宮舊地建宮，合十位聚居，賜名睦親宅。

56 遼主如長寧淀。

57 參知政事宋綬，上所編修中書總例四百一十九册；降詔褒諭。先是呂夷簡奏令綬爲此，既而謂人曰：「自吾有此例，使一庸夫執之，皆可爲宰相矣。」

58 冬，十月，辛亥朔，復置朝集院，以待外官之還京師者。

59 壬子，蔡州言左武衞大將軍、分司西京石普卒。普倜儻有膽略，頗通兵書、陰陽、六甲、星曆推步之術。太宗嘗曰：「普性剛驁，與諸將少合。」然藉其善戰，每厚遇之。

60 癸亥，復置羣牧制置使，仍詔自今止以同(知)樞密院或副使兼領之。

61 禮院言：「春秋何休、范寧等註，咸謂婦人無武事，獨奏文樂。前詔議奉慈之樂，有司援舊典，已用特磬代鎛鐘，取陰數尚柔，以靜爲體。今樂去大鐘而舞進干盾，頗戾經旨，請止用文德之舞。」奏可。

62 己巳，出內藏庫緡錢七十萬、左藏五十萬，下河北轉運司市軍儲。

63 許蘇州立學，仍給田五頃。

64 是月，遼主如王子城。

65 十一月，辛巳朔，以應天府書院爲府學，仍給田十頃。

66 壬午，遼改南京總管府爲元帥府。

乙酉，行柴册禮於白嶺，大赦。

67 戊子，廢后郭氏薨。

后之獲罪也，帝直以一時之忿，且爲閻文應等所譖，故廢之，既而悔之。后居瑤華宮，帝累遣勞問，又爲樂府詞以賜，后和答，語甚悽愴，文應大懼。會后小疾，文應與太醫診視，遷嘉慶院，數日，遽不起。中外疑文應進毒，然不得其實。時帝致齋南郊，不即以聞，及聞，深悼，以后禮葬。右正言、直集賢院王堯臣請推舉左右侍醫者，不報。

68 癸巳，朝饗景靈宮。甲午，饗太廟及奉慈廟。乙未，祀天地於圜丘，以太祖、太宗、眞宗並配，大赦。

乙巳，封宰臣呂夷簡爲申國公，王曾爲沂國公。丁未，加恩百官。

69 十二月，壬子，加嘉勒斯賫（舊作唃廝囉。）爲保順軍節度觀察留後。

70 癸丑，遼詔諸軍礮弩弓箭手以時閱習。

71 先是，遼築哈屯（舊作可敦，今改。）城以鎮西域諸部，縱民畜牧，反遭寇掠。党項部節度使耶律唐古上疏曰：「自建哈屯城以來，西蕃數爲邊患，每煩遠戍。歲月既久，國力耗竭，不若復守故疆，省罷戍役。」不報。

唐古旋致仕，乞勒其父烏珍功於石，遼主命學士耶律庶成製文，勒石上京崇孝寺。

72 昭宣使、入內都知閻文應，罷爲秦州鈐轄，尋改鄆州；其子句當御藥院士良，罷爲內殿崇班。時諫官姚仲孫、高若訥劾文應：「方命宿齋太廟，而文應叱醫官，聲聞行在；郭后暴薨，中外莫不疑文應置毒者；請幷士良出之。」故有是命。文應又稱疾願留，仲孫復論奏，乃亟去。

文應專恣，事多矯旨付外，執政不敢違。天章閣待制范仲淹，將劾奏其罪，卽不食，悉以家事屬其長子曰：「吾不勝，必死之。」帝卒聽仲淹言，竄文應嶺南，尋死於道。【考異】竄閻文應嶺南，尋死於道，此據富弼所作墓誌。按閻文應景祐二年十二月辛亥落入內都知，以昭宣使領嘉州防禦使，爲秦州鈐轄，後兩日改鄆州鈐轄，景祐四年四月乙丑徙潞州鈐轄。寶元二年九月癸卯文應卒，此據百官表；贈邠州觀察使，此據實錄；未嘗有竄嶺南指揮及死於道事迹，不知弼何據也。長編仍從弼墓誌書之。

73 趙元昊遣蘇奴兒將兵二萬五千攻嘉勒斯賚，敗死略盡，蘇奴兒被執。

元昊自率衆攻氂（貓）牛城，一月不下，既而詐約和，城開，乃大縱殺戮。又攻青唐、安二、宗哥、帶星嶺諸城，嘉勒斯賚部將安子羅以兵十萬絕歸路，元昊晝夜戰二百餘日，子羅敗，然兵溺宗哥河及飢死過半。

元昊又嘗侵嘉勒斯賚，並臨河湟，嘉勒斯賚知衆寡不敵，壁鄯州不出，陰間元昊，頗得其虛實。元昊已渡河，插旗識其淺，嘉勒斯賚潛使人移植深處。及大戰，元昊潰而歸，士視旗渡，溺死十八九，所擄獲甚衆。嘉勒斯賚來獻捷，朝廷議加節度使，同知樞密院韓億以爲二酋皆藩臣，今不能諭令解讎，不當因捷加賞，遂寢。

74 （癸亥），以范仲淹爲吏部員外郎，權知開封府。

仲淹自還朝，言事愈急，宰相陰使人諷之曰：「待制侍臣，非口舌之任。」仲淹曰：「論思正侍臣職也。」宰相知不可誘，乃命知開封，欲撓以煩劇，使不暇他議；亦幸其有失，亟罷去。仲淹處之彌月，京邑肅然稱治。

75 甲子，以左侍禁桑懌爲閤門祗候，賞平蠻獠功也。懌辭不受，請推其賞以歸己上者，不許。或譏懌好名，懌歎曰：「士當自信其心以行，若欲避名，則善皆不可爲也。」

76 （乙丑），許孟州立學，仍給田五頃。

77辛未，詔以北海縣尉孔宗愿爲國子監主簿，襲封文宣公。

78先是御史臺辟石介爲主簿，介上疏論赦書不當求五代及諸僞國後忤意，罷不召。館閣校勘歐陽修貽書中丞杜衍曰：「介一賤士，用之當否，未足害政，然可惜者，中丞舉動也。主簿於臺中，非言事官，然大抵居臺中者，必以正直剛明不畏避爲稱職。介足未履臺門之閾，已用言事見罷，眞可謂正直剛明不畏避矣。介之才不止主簿，直可爲御史也。今斥介他舉，必亦擇賢。夫賢者固好辯，若入臺又有言，則又斥而他舉乎？如此，則必得愚闇懦默者而後止也。」衍卒不能用。

太子中允、知淮陽軍梁適，亦疏論朱全忠，唐之賊臣，今錄其後，不可以爲勸，帝是其言，記適姓名禁中，尋召爲審刑院詳議官。適，顥之子也。

79遼蕭罕嘉努舊作韓家奴，今改。遷天成軍節度使，徙彰愍宮使。遼主與語，才之，命爲詩友。嘗從容問曰：「卿居外，有異聞乎？」罕嘉努對曰：「臣惟知炒栗，小者熟則大者必生，大者熟則小者必焦，使大小均熟，始爲盡美。不知其他。」罕嘉努嘗掌栗園，故託栗以諷諫。遼主大笑。命與樞密直學士耶律庶成作四時逸樂賦，稱旨。

制詔問治道之要。罕嘉努對曰：「臣伏見比年以來，高麗未賓，準布舊作阻卜，今改。猶強，戰守之備，誠不容已。乃者選富民防邊，自備糧糗，道路修阻，動淹歲月，比至屯所，費已過半，隻斗筭穀，鮮有還者。其無丁之家，倍其傭僦，人倍其勞，半途亡竄，故戍卒之食，多不能給，求假於人，則十倍其息，至有鬻子割田不能償者。或逋役不歸，在軍物故，則更補以少壯。其鴨綠江之東，戍役大率如此。況渤海、女直、高麗，合從連橫，不時征討，富者從軍，貧者偵候，加之水旱，菽粟不登，民以日困，蓋勢使之然也。

方今最重之役，無過西戍，若能徙西戍稍近，則往來不勞，民無深患。議者皆謂徙之非便，臣謂不然。準布諸部，自來有之，曩時北至臚朐河，南至邊境，人多散居，無所統一，惟往來鈔掠。及太祖西征，至於流沙，準布望風悉降，西域諸國，皆願入貢，因遷種落，內置三部，以益其國，不營城邑，不置戍兵，準布累世不敢爲寇。統和間，皇太妃出師西域，拓土既遠，降附亦衆。自後一部或叛，鄰部討之，使同力相制，正得馭遠人之道。及城哈屯，開境數千里，西北之民，傜役日增，生業日殫，警急既不能救，叛服亦復不恆，空有廣地之名而無得地之實。若貪土不已，漸至虛耗，其患有不可勝言者。國家大敵，惟在南方，今雖連和，難保他日。若南方有變，屯戍遼邈，猝難赴援，我進則敵退，我還則敵來，不可不慮也。

方今太平已久，正可恩結諸部，釋罪而歸地，內徙戍兵以增保障，外明約束以正疆界。每部各立酋長，歲修職貢，叛則討之，服則撫之，諸部既安，必不生釁。如是，則臣雖不能保其久而無變，知其必不深入侵掠也。

比年以來，羣黎凋敝，利於剽竊，良民往往化爲凶暴，甚者殺人無忌，亡命山澤。願陛下輕徭省役，使民務農，衣食既足，自安教化而重犯法矣。今宜徙哈屯城於近地，與西南副都部署烏庫、德哷勒舊作烏古、敵烈，今改。等聲援相接，罷黑嶺二軍，並開、保州，皆隸東京，益東北戍軍及南京總管兵，增修壁壘，候尉相望，繕樓櫓，浚城隍，以爲邊防，此方今之急務也。願陛下裁之！」擢翰林都林牙。

三年遼重熙五年。（丙子、一〇三六）

1春，正月，甲申，遼主如魚兒濼。

樞密使蕭孝先【考異】遼史本紀作「蕭延寧」，延寧即孝先之字。請改國舅乙室小功帳敞使爲將軍，從之。

2戊子，命李諮、蔡齊、程琳、杜衍、丁度同議茶法。諮以前坐變法得罪，固辭；不許。時三司吏孫居中等言：「自天聖三年變法，而河北入中虛估之弊，復類乾興以前，蠹耗縣官，請復行見錢法。」度支副使楊偕亦陳三說法十二害，見錢法十二利，以爲止用三說，所支一分緡錢足以贍一歲邊計。故命諮等更議，仍令召商人至三司，訪以利害。

3壬辰，追册故金庭教主、沖靜元師郭氏爲皇后，命知制誥丁度、內侍押班藍元用同護葬事。尋詔中書、門下停其謚册、祔廟。丁酉，葬於奉先資福院側，鹵簿儀物並用孝章皇后故事。

時上元節，有司張燈俟乘輿出。右正言王堯臣言后已復位號，今方在殯，不當游幸，同知禮院王拱辰亦以爲言，帝爲罷葬日張燈。

4己酉，許洪州、密州立學，仍各賜田五頃。

5先是帝以三司胥吏猥多，或老疾不知書計，詔御史中丞杜衍等與本司差擇之。有欲中衍者，揚言於外曰：「衍請盡黜諸吏。」於是三司後行朱正、周貴、李逢年(吉)等百人輒相率詣宰相呂夷簡第宣訴，夷簡拒不見。又詣王曾第，曾以美言諭之，因使列狀自陳。既又詣衍第投瓦礫，肆醜言。明日，衍對，請下有司推究。而曾具得其姓名。二月，乙卯，正、貴杖脊配沙門島，逢年(吉)等二十二人決配遠州軍牢城，其爲從者皆勒停。

6丙辰，詔翰林學士馮元、禮賓副使鄧保信與鎮江節度推官阮逸、湖州鄉貢進士海陵胡瑗較定舊鐘律。

瑗以經術教授吳中，范仲淹前知蘇州，薦瑗知音，白衣召對崇政殿，與逸俱命。

7太常少卿、直昭文館開封扈偁言：「京師天下之本，而士民僭侈無法，一襲衣直不翅千萬，請條約之。」壬戌，詔兩制與禮院同詳定制度以聞。

8三月，復入中見錢算請官茶法。凡商賈入錢於京師者，給南方茶；入芻糧於邊者，給京師及諸州錢。

9乙未，御崇政殿，召輔臣觀所定鐘律。丙申，翰林侍讀學士馮元等上秬黍新尺，別爲鐘磬各一架。

10戊戌，詔曰：「致仕官舊皆給半俸，而仕嘗顯者，或貧不能自給，非所以遇高年，養廉恥也。自今大兩省、大卿正監、〔監、正〕刺史、閤門使以上，致仕給俸如分司官，長吏歲時以朕意勞賜之。」

11權判戶部勾院葉清臣上疏請弛茶禁，以歲所課均賦郭鄉邨人戶，其略曰：「議者謂榷費（校者按：費字衍。）賣有定率，征稅無彝準，通商之後，必虧歲計。臣按管氏鹽鐵法，計口受賦。茶爲人用，與鹽鐵均，必令天下通行以口定賦，民獲善利，又去嚴刑。口出數錢，人不厭取，比於官自榷易，驅民就刑，利病相須，炳然可察。」詔三司與詳定所相度以聞。皆以爲不可行。

12是月，李諮等請罷河北入中虛估，以實錢償芻粟，實錢售茶，皆如天聖元年制。又以北商持券至京師，舊必得交引鋪保任并三司符驗，然後給錢，以是京師坐賈，率多邀求，三司吏稽留爲姦，乃悉罷之。命商持券徑趨榷貨務，驗實，立價〔償〕之錢。又言：「前已用虛估給券者，給茶如舊，仍給景祐二年以前茶。」又言：「天聖四年嘗許陝西入中，茶商利之，爭欲售陝西券，故不復入錢京師，請禁止。」并言：「商人輸錢五分，餘爲置籍召保，期年半悉償，失期者倍其數。」事皆施行。諮等復言：「奭等變法，歲損利不可勝計。今一旦復用舊法，恐豪商不便，依託權貴以動朝廷，請先期申諭。」於是帝爲下詔戒敕，而縣官濫費自此少矣。

13 詔權停貢舉。

14 夏，四月，遼以潞王查噶舊作查葛，今改。爲南府宰相，崇德宮使耶律瑪陸舊作馬六，今改。爲特里袞。舊作惕隱，今改。

15 甲子，遼主幸后弟蕭無曲第，曲水泛觴賦詩。【考異】遼后爲蕭孝穆女，孝穆二子，阿剌、撒八，無名無曲者，或遼史闕書，或書其漢字也。

16 丁卯，遼頒新定條制。

17 己巳，遼主與大臣分朋擊鞠。

18 五月，戊寅朔，范仲淹言：「臣近親奉德音，以孔道輔曾言遷都西洛，臣謂未可也。國家太平，豈可有遷都之議！但西洛帝王之宅，負關、河之固，邊方不寧，則可退守。宜漸營廩食，陝西有餘，可運而下，東路有餘，可運而上，數年之間，庶幾有備。太平則居東京通濟之地以便天下，急難則居西洛險固之宅以守中原。易曰：『王公設險以守其國。』此之謂也。先王修德以服遠人，然安不忘危，故不敢去兵。陛下內惟修德，使天下不聞其過，外惟設險，使四夷不敢生心，此長世之道也。」【考異】李燾曰：據仲淹乞修京城劄子云：景祐三年，五月初，請修西京。今附見朔日。

19 丙戌，天章閣待制、權知開封府范仲淹，落職知饒州。

仲淹言事無所避，大臣權倖多惡之。時呂夷簡執政，仕進者往往出其門。仲淹言：「官人之法，人主當知其遲速升降之序，進退近臣，不宜全委宰相。」又上百官圖，指其次第曰：「如此爲序遷，如此爲不次，如此則公，如此則私，不可不察。」夷簡滋不悅。

帝嘗以遷都事訪諸夷簡，夷簡曰：「仲淹迂闊，務名無實。」仲淹聞之，爲四論以獻：一曰帝王好尚，二曰選賢任能，三曰近名，四曰推委，大抵譏指時政。又言：「漢成帝信張禹，不疑舅家，故有王莽之亂，臣恐今日朝廷亦有張禹壞陛下家法，不可不早辨也。」夷簡大怒，以仲淹語辨於帝前，且訴仲淹越職言事，薦引朋黨，離間君臣。仲淹亦交章對析，辭愈切，由是降出。侍御史韓縝，希夷簡意，請以仲淹朋黨榜朝堂，戒百官越職言事，從之。

時治朋黨方急，士大夫畏宰相，少肯送仲淹者。天章閣待制李紘、集賢校理王質，皆載酒往餞，質又獨留語數夕。或以誚質，質曰：「希文賢者，得爲朋黨，幸矣。」希文，仲淹字也。質嘗知蔡州，州人歲時祠吳元濟廟。質曰：「安有逆醜而廟食者！」毀之，更立狄仁傑、李愬像，祠之。

范仲淹既貶，諫官、御史莫敢言，祕書丞、集賢校理余靖言：「仲淹前所言事在陛下母子、夫婦之間，猶以其合典禮故加優奬；今坐刺譏大臣，重加譴責。儻其言未協聖慮，在陛下聽與不聽耳，安可以爲罪乎！汲黯在廷，以平津爲多詐，張昭論將，以魯肅爲粗疏，漢皇、吳主，兩用無猜。陛下自親政以來，三逐言事者，恐非太平之政也。請速改前命。」壬辰，靖落職監筠州酒稅。

乙未，貶太子中允、館閣校勘尹洙爲崇信軍節度掌書記，監郢州酒稅。

先是洙上言：「臣嘗以范仲淹直諒不回，義兼師友。自其被罪，朝中多去〔云〕臣亦被其薦論，仲淹既以朋黨得罪，臣固當從坐，乞從降黜，以明典憲。」宰相怒，遂逐之。

戊戌，貶鎭南節度掌書記、館閣校勘歐陽修爲夷陵縣令。

初，右司諫高若訥言：「范仲淹貶職之後，遵奉敕榜，不敢妄有營救。今歐陽修移書抵臣，言仲淹平生剛正，通古今，班行中無與比者。責臣不能辨仲淹非辜，猶能以面目見士大夫，出入朝中稱諫官，及謂臣不復知人間有羞恥事。仍言今日天子與宰臣以迕意逐賢人，責臣不敢言。臣謂賢人者，國家恃以爲治也，若陛下以迕意逐之，臣合諫；宰臣以迕意逐之，臣合爭。范仲淹頃以論事切直，亟加進用；今茲狂言，自取譴辱，豈得謂之非辜！恐中外聞之，謂天子以迕意逐賢人，所損不細。請令有司召修戒諭，免惑衆聽。」因繳進修書，修坐是貶。

西京留守推官仙游蔡襄，作四賢一不肖詩，四賢，指仲淹、靖、洙、修；不肖，斥若訥也。

泗州通判陳恢，尋上章乞根究作詩者罪，左司諫韓琦，劾恢越職希恩，宜重貶，不報，而襄事亦寢。

光祿寺主簿蘇舜欽上疏言：「孔道輔、范仲淹，剛直不撓，致位臺諫，後雖改他官，不忘獻納。二臣者非不知緘口數年，坐得卿輔，蓋不願負陛下委注之意；而皆罹中傷，竄謫而去，使正臣奪氣，鯁士咋舌。昔晉侯問叔向曰：『國家之患孰爲大？』對曰：『大臣持祿而不及諫，小臣畏罪而不敢言，下情不得上通，此患之大者。』今國家班設爵位，當責其公忠，安可教之循默！賞之使諫，尚恐不言，罪其敢言，孰肯獻納！物情閉塞，上位孤危，軫念於茲，可爲驚怛！覬望陛下發德音，寢前詔，勤於采納，可常守隆平。若詔榜未削，欺罔成風，則不惟堂下遠於千里，竊恐指鹿爲馬之事復見於今朝矣。」【考異】宋史舜欽傳及舜欽集皆稱乙亥詔書，誤也，今改之。舜欽集云：此疏以五月二十八日上，今附見月末。按景祐元年，舜欽登第，授光祿主簿、知蒙城縣。二年正月丁父憂，三年五月上此疏，居喪纔一年後耳。冒喪論事，前賢固不以爲譏，何哉？

20 丁未，遼主如呼圖里巴山舊作胡土白山，今改。避暑。

21 六月，戊申朔，許越州立學，仍給田五頃。

22 壬子，許階州立學，仍給田五頃。

23 壬戌，遼命修南京宮闕、府署。

24 甲子，許眞定府、博州、鄆州立學，各給田五頃。

25 壬申，虔、吉州水溢，賜溺家錢有差。

26 秋，七月，己卯，新作延寧觀。本王中正舊第，保慶太后出奩中物市其地而建之。初，有詔罷修寺觀，及是諫官、侍御史以爲言。帝謂輔臣曰：「此太后奩中物耳。諫官、御史欲邀名邪？」參知政事宋綬進曰：「彼豈知太后所爲，但見興土木違近詔，即論奏之。且事有疑似，傳聞四方，爲聖政之累，何可忽也！」

27 戊子，馮元、聶冠卿、宋祁等上景祐廣樂記八十一卷，己丑，元等並進官。

28 （庚寅），右諫議大夫、集賢院學士孫沖上所撰五代紀七十卷，降詔褒答。

29 乙未，初置大宗正司，以寧江節度使允讓知大宗正事，彰化留後守節同知大宗正事。時諸王子孫衆多，既聚居睦親宅，故於祖宗後各擇一人，使司訓導，糾違失。凡宗族之政令，皆關掌奏，事毋得專達，先詳視可否以聞。【考異】李燾曰：本志云景祐二年置大宗正司，會要云慶曆時置大宗正司，並誤也。

30 己亥，命丁度、高若訥、韓琦同詳定黍尺鐘律。

還盧多遜家懷州所沒田宅。

31 庚子，太平興國寺災。是夕，大雨，震電，火起寺閣中，燔開先殿及寺舍數百楹。

朝廷始議修復，崇政殿說書賈昌朝言：「易震卦之象曰：『洊雷震，君子以恐懼修省。』春秋傳曰：『人火曰火，天火曰災。』竊惟近年寺觀屢災，此殆天示譴告。請勿繕治，以示畏天戒，愛人力之意。」從之。

32 泗州新作普濟院成，詔給田十頃；保慶太后施錢所建也。

33 辛丑，遼主錄囚。有耶律札巴舊作把八，今改。者，誣其弟罕格舊作韓哥，今改。謀殺己，有司奏當反坐。臨刑，其弟泣訴：「臣惟一兄，乞貸其死。」遼主閔而許之。

遼有司獲盜八人，皆棄市。既而獲眞盜，八家訴冤，中書令張儉再三申理，遼主勃然曰：「卿欲朕償命邪！」儉曰：「八家老稚無告，少加存卹，使得收葬，足慰存歿矣。」遼主從之。

34 八月，己酉，班民間冠服、居室、車馬、器用犯制之禁。

35 右司諫、直集賢院韓琦言：「樂音之起，生於人心，是以喜怒哀樂之情感於物，則噍殺嘽緩之聲隨而應之，非器之然也。故孔子曰：『樂云樂云，鐘鼓云乎哉！』孟子對齊宣王云，今樂猶古樂，能與百姓同樂，則古今一也。臣奉詔與丁度等詳定阮逸、胡瑗、鄧保信所造鐘律，粗攷前志，參驗今法，二家之說，差舛未安。竊以祖宗舊樂，遵用已久，屬者徇一臣之偏議，變數朝之同律，賜金增秩，優賞其勞，曾未周歲，又將易制，臣慮後人復有從而非之者，不惟有傷國體，實亦虛費邦用。臣竊計之，不若窮作樂之原，爲致治之本，使政令平簡，民人熙洽，海內擊壤鼓腹以歌太平，斯乃治古之樂，可得以器象求乎！就達其原，又當究今之所急者。且西北二陲，久弛邊備，陛下與左右大臣宜先及之，緩茲求樂之議，移訪安邊之策，然後將王朴、逸、瑗、保信三法，別詔稽古之臣，取其中合典志者以備雅奏，固亦未晚。」詔丁度等速詳定以聞。

36 九月，庚辰，幸睦親宅，宴宗室及從官。

37 己丑，出內藏庫緡錢五十萬，下河北轉運司市糴邊儲。

38 賜河南府新修太室書院名曰嵩陽書院。

39 (辛卯)，詔淮南轉運使歲一詣闕奏事。先是罷發運使及歲入奏計，至是祠部郎中楊告領轉運使兼發運事，請復之。

40 壬辰，以阮逸爲鎭安節度掌書記、知城父縣，胡瑗試校書郎。初，召逸、瑗作鐘磬律度，丁度等詳定，言按之與古多不合，帝猶推恩而遣之。

41 乙未，以崇政殿說書·國子監直講王宗道、國子監說書楊中和並爲睦親宅講書，仍兼國子監講說。睦親宅講書始此。

42 冬，十月，甲寅，新作朝集院成。

43遼主自秋末獵黃華山，獲熊三十六。是月，幸燕京，御元和殿，以日射三十六熊賦、幸燕詩試進士於廷，賜馮立、趙徽等四十九人及第，以立爲右補闕，徽以下皆爲太子中舍，賜緋衣、銀魚，遂大宴。遼御試進士自此始。丞相張儉等又請幸禮部貢院，歡飲至暮而罷。

44遼主甚重張儉，進見不名，賜詩褒美。儉衣唯紬帛，食不重味，月俸有餘，賙給親舊。方冬，奏事便殿，遼主見其衣袍弊惡，密令近侍以火夾穿孔記之，屢見不易。遼主問其故，儉曰：「臣服此袍已三十年。」時尙奢靡，故以此微諷諭之。遼主憐其清貧，令恣取內府物。儉奉詔持布三端而出，益見獎重。儉有弟五人，遼主欲俱賜進士第，儉固辭。

45十一月，戊寅，保慶太后楊氏崩。

始，帝起居飲食，后必與俱，擁祐勤備。性慈讓，帝嘗召其姪永節、永德見禁中，欲授諸司副使，后辭曰：「小兒豈勝大恩，倘小官可也。」乃並命爲左右侍禁。莊獻崩，后嗣享尊號，帝奉箋稱臣，后固辭。又歲奉緡錢二萬助湯沐，后復辭，帝不從。帝未有嗣，后從容勸帝選宗子養宮中，由是英宗自宮邸未齔養后所。后無疾而終，殯於皇儀殿，敕知樞密院事王隨爲園陵監護使。禮官請爲后服緦麻，帝改用唐武宗服義安王太后故事，加服小功，以五日易月而除，不視前後殿朝凡八日，不朝前殿四日，御素紗巾幞、淺黃袍、黑革帶，侯虞主祔奉慈廟，始服常服。內出緡錢千萬佐園陵費，上謚曰莊惠，祝册文並稱孝子嗣皇帝。

46 十二月，戊申，詔：「宣敕劄子，非經通進、銀臺司，毋得直下諸處。」初，龍圖閣直學士李統〔紘〕領銀臺司，具言宣敕劄子皆不經本司，封駁之職遂廢不舉，請用舊制申明之，故有是詔。

47 丙寅，戶部侍郎、知樞密院李諮卒。帝幸其第臨奠，輟視朝一日，贈右僕射，謚憲成。諮性明辨，周知世務，在樞密府，務革濫賞，其戎馬功簿之目，能悉數帝前，號爲稱職。

48 丁卯，以同知樞密院事王德用知樞密院事，翰林學士承旨、禮部侍郎章得象同知樞密院事。

得象爲人莊重，楊億嘗稱爲公輔器，或問之，答曰：「閩士多輕狹，而得象渾厚有容，此所以貴也。」在翰林十二年，莊獻太后臨朝，宦官熾橫，太后每遣內侍至學士院，得象必正色嚴待之，或不交一言，議者以此稱焉。

49 趙元昊自制蕃書十二卷，國人紀事悉用蕃書，私改廣運三年爲大慶元年。再舉兵攻回紇瓜、沙、蘭〔肅〕三州，盡有河南〔西〕故地。將謀入寇，恐嘉勒斯賚（舊作唃厮囉。）擬其後，復舉兵攻蘭州諸羌，南侵至馬銜山，築城瓦川會，留兵鎮守，絕吐蕃與中國相通路。【考異】沈括云：元昊叛，其徒遇乞先創造蕃字，獨居一樓上，累年方成，至是獻之。元昊乃改元，制衣冠禮樂，下令國中，悉用蕃書、胡禮，自稱大夏國。史載用蕃書，即改元大慶。二年，元昊遂改天授禮法延祚元年。今以用蕃書附見改元大慶時。

50折惟中卒，以其子繼宣權知府州事。

51初，遼醫人鮮知切脈審藥，遼主命耶律庶成譯方脈書行之，自是人皆通習。

四年遼重熙六年。（丁丑、一〇三七）

1春，正月，戊寅，賜蔡州學田十頃。

2（壬午），詔均諸州解額。

3甲午，內藏庫主者言：「歲斥緡錢六十萬以助三司，蓋始於天禧三年，時詔書切戒三司毋得復有假貸。自明道二年距今才四年，而所貸錢帛凡九百十七萬二千有餘，請以天禧詔書申飭之。」奏可。

4二月，己酉，祔葬莊惠皇太后於永安陵之西北隅。

5初，殿中侍御史張奎請親祀高禖，庚戌，禮院上其儀，詔從之。

6己未，祔莊惠太后神主於奉慈廟。

7乙丑，置赤帝像於宮中，以祈皇嗣。

8（丙寅），賜常州學田五頃。

9三月，甲戌朔，置天章閣侍講，以賈昌朝、王宗道、趙希言、楊安國爲之。

10追復盧多遜爲工部尙書，以其子察援赦自陳也。

11 戊寅，詔禮部貢舉。

12 遼以秦王蕭孝穆爲北院樞密使，徙封吳王。孝穆嘗語人曰：「樞密選賢而用，何事不濟！若自親煩碎，則大事凝滯矣。」故其所薦拔，皆忠直之士。然遼自蕭哈綽舊作合卓，今改。爲樞密，以吏才進，其後轉相倣效，多不知大體。孝穆乃歎曰：「不能移風易俗，臣子之道，固若是乎！」

晉王蕭孝先出爲南京留守。蕭孝先失太后之援，居恆鬱鬱不樂。

13 丙申，內出莊惠太后閤金千餘兩，市莊園、邸舍以給萬壽觀。時於萬壽觀建廣愛殿，奉安莊惠御容故也。

14 同知禮院吳育，言舊藏禮文故事，類例不一，請擇儒臣與本院官約古今制度，參定爲一代之法，從之。

15 夏，四月，乙巳，賜宣州學田五頃。

16 丁未，詔學士院，自今制策登科人並試策論各一道。時將作監丞富弼獻所爲文，命試館職，弼以不能爲詩賦辭，上特令試策論，因有是詔。弼尋授太子中允、直集賢院。

17 甲子，宰臣呂夷簡罷爲鎮安節度使、同平章事，判許州；王曾罷爲左僕射、資政殿大學士，判鄆州；參知政事宋綬罷爲尙書左丞、資政殿學士；蔡齊罷爲吏部侍郎，歸班。

天聖中，曾爲首相，夷簡參知政事，事曾甚謹，曾力薦夷簡爲亞相。未幾，曾罷，夷簡爲首相，居五年罷，不半歲復位。李迪爲次相，與夷簡不協，夷簡欲傾迪，乃援曾入使樞密，不半歲迪罷，即代之。始，曾久外，有復入意，綬實爲達意於夷簡，夷簡即奏召曾。及將以曾代迪，綬謂夷簡曰：「孝先於公，交契不薄，宜善待之，勿如復古也。」夷簡笑諾其言。綬曰：「公已位昭文，處孝先以集賢可也。」夷簡曰：「吾雖少下之何害！」遂請曾爲首相，帝不可，乃爲亞相。孝先，曾字；復古，迪字也。既而夷簡專決，事不少讓，曾不能堪，論議多不合。曾數求去，夷簡亦屢丐罷，帝疑焉，問曾曰：「卿亦有所不足邪？」曾言夷簡招權市恩，時外傳夷簡納知泰〔秦〕州王繼明饋賂，曾因及之。帝詰夷簡，至交論帝前。夷簡乞置對，而曾亦有失實者，帝不悅。綬素與夷簡善，齊議事間附曾，故并綬、齊皆罷。

18 以知樞密院事王隨、戶部侍郎知鄭州陳堯佐並爲平章事，呂夷簡嘗密薦二人可用故也。以參知政事盛度知樞密院事，同知樞密院事韓億及三司使程琳、翰林學士承旨石中立並參知政事，樞密直學士王鬷同知樞密院事。

19 乙丑，召宋綬入侍經筵。

20 遼主獵野狐嶺。

21 閏月，遼主獵龍門縣西山。

22 乙亥，知徐州李迪言：「所部滕縣與兗州接境，欲因行縣祠岱岳，并至景靈宮祝聖算，禱皇嗣。」帝謂韓億等曰：「大臣當詢民間利病以分朝廷之憂，祈禱之事，豈爲政邪！」詔止之。

23 知制誥王舉正，以宰相陳堯佐之壻，引故事避嫌，戊寅，改爲龍圖閣待制。舉正，化基子也。

24 賜故將作監丞張唐卿家錢帛米麥。

唐卿進士第一人及第，通判峽州，吏事如素習。未幾，丁父憂，毀瘠嘔血而卒，故有是賜。

25 光州言祕書監致仕丁謂卒。王曾聞之，語人曰：「斯人智數不可測，在海外猶用詐得還。若不死數年，未必不復用。斯人復用，則天下之不幸，可勝道哉！吾非幸其死也。」

26 五月，翰林侍講學士兼龍圖閣學士、戶部侍郎馮元卒，特贈戶部尚書，謚章靖。

元性簡厚，非慶弔，未嘗過謁兩府。執親喪，自括髮至祥練皆按禮變服；不爲世俗齋薦，遇祭日，與門生對誦孝經而已。多識古今臺閣品式，與孫奭齊名，凡議典禮，多出二人。然論者謂元所陳但務廣博，不如奭之能折衷也。

27 己酉，遼主清暑炭山。以耶律罕班舊作韓八，今改。爲北院大王。罕班爲政尚寬仁，部族安之。

28甲寅，遼主入〔錄〕囚，以南院大王耶律信寧故匿重囚及侍婢贓污，命撻以劍脊而奪其官。都監坐阿附及侍婢罪，皆論死，詔貸之。丙辰，以信寧爲西南路招討使。

29庚申，遼主出飛龍廐馬，賜皇太弟重元及北南面侍臣有差。

30丙寅，有芝生於化成殿柱，召近臣宗室觀之，仍出御製瑞芝詩賜宰臣王隨以下，翼日，儒臣并爲賦頌以獻。右司諫韓琦言：「春秋之法，但記災異，至於祥瑞，略而不書。臣愚望陛下特以災異爲重，於政教之間，思所未至者，隨其變而應之。至於珍祥奇瑞，雖陛下仁愛所感，亦望日謹一日，以雖休勿休爲念。」

31六月，壬申朔，遼主宴羣臣，酒酣，賦詩，吳國王蕭孝穆、北府宰相蕭巴薩（舊作八撒。）皆屬和。

32甲戌，奉安太祖御容於揚州建隆寺。景德中，嘗卽寺置殿，繪御容，而其制庳陋。會占者言東南有王氣，乃易以塑像，更命新殿曰章武。

33乙亥，杭州大風，江潮溢岸高六尺，壞隄千餘丈，遣中使致祭。

34己卯，遼主祀天地。癸未，賜南院大王耶律洪古命，遼主親製誥辭，并賜詩以寵之。

【考異】遼史列傳，耶律洪古字胡篤堇，聖宗紀或書宏古，或書胡覩堇，興宗紀或書洪古，或書胡覩袞，今統作洪古。

35戊子，以御製神武祕略賜河北、河南、陝西緣邊部署、鈐轄、知州軍，每得代，更相付授。

始，韓億同知樞密院事，建言武臣宜知兵書而禁不傳，請纂集其要賜之。帝於是作神武祕略凡三十篇，分十卷，仍自作序焉。

36 甲午，太子（皇姪）左監門率府副率宗實，特遷右內率府率。

37 丙申，詔開封府、國子監及別頭試，自今封彌、謄錄如禮部，從左司諫韓琦請也。

38 詔頒行禮部韻略。

39 秋，七月，辛丑朔，遼以南北樞密院獄空，賞賚有差。

40 壬寅，遼主以皇太弟重元生子，賜詩及寶玩器物，曲赦死罪以下。

41 癸卯，遼主如秋山。

42 丁未，詔河東、河北州郡密嚴邊備。

43 辛酉，詔三司出銀十五萬兩下河北路，絹十萬下河東路，助糴軍糧。